Wissenstexturen

Berliner Beiträge
zur Wissens- und Wissenschaftsgeschichte

Begründet von Wolfgang Höppner

Herausgegeben von Lutz Danneberg
und Ralf Klausnitzer

Band 17

Zu Qualitätssicherung und Peer Review
der vorliegenden Publikation

Die Qualität der in dieser Reihe
erscheinenden Arbeiten wird
vor der Publikation durch
beide Herausgeber der Reihe geprüft.

Notes on the quality assurance and peer
review of this publication

Prior to publication,
the quality of the work
published in this series is reviewed
by both of the editors of the series.

Gunhild Berg (Hrsg.)

Wissenstexturen

Literarische Gattungen als
Organisationsformen von Wissen

Bibliografische Information der Deutschen Nationalbibliothek
Die Deutsche Nationalbibliothek verzeichnet diese Publikation
in der Deutschen Nationalbibliografie; detaillierte bibliografische
Daten sind im Internet über http://dnb.d-nb.de abrufbar.

Umschlagabbildung:
Johann Georg Krünitz: Oekonomische Encyklopädie.
Berlin 1824, 138. Bd., Tf. 1, Fig. 7801.
Universitätsbibliothek Trier. www.kruenitz.uni-trier.de

Gedruckt auf alterungsbeständigem,
säurefreiem Papier.

ISSN 1867-920X
ISBN 978-3-631-64570-3 (Print)
E-ISBN 978-3-653-03768-5 (E-Book)
DOI 10.3726/978-3-653-03768-5
© Peter Lang GmbH
Internationaler Verlag der Wissenschaften
Frankfurt am Main 2014
Alle Rechte vorbehalten.
Peter Lang Edition ist ein Imprint der Peter Lang GmbH.

Peter Lang – Frankfurt am Main · Bern · Bruxelles · New York ·
Oxford · Warszawa · Wien

Das Werk einschließlich aller seiner Teile ist urheberrechtlich
geschützt. Jede Verwertung außerhalb der engen Grenzen des
Urheberrechtsgesetzes ist ohne Zustimmung des Verlages
unzulässig und strafbar. Das gilt insbesondere für
Vervielfältigungen, Übersetzungen, Mikroverfilmungen und die
Einspeicherung und Verarbeitung in elektronischen Systemen.

Diese Publikation wurde begutachtet.

www.peterlang.com

Inhaltsverzeichnis

Vorwort vii

Gunhild Berg
Literarische Gattungen als Wissenstexturen. Zur Einleitung
und zur Konzeption des Bandes 1

Sektion A
Texträumliche Wissensschauen

Hans Adler
Gattungswissen: Die Idylle als Gnoseotop 23

Sarah Ruppe
Das wissenschaftliche Gebirgspanorama und panoramatisches
Schreiben um 1800 43

Michael Bies
Porträts, gerahmt und ungerahmt. „Ansichten" von
Natur und Volkswirtschaft im 19. Jahrhundert 63

Olaf Briese
Literarische „Genrebilder". Visualisierung von Großstadt
bei Rellstab, Glaßbrenner und Beta 81

Sektion B
Zeitwissen: Texturierungen von Vergangenheit,
Gegenwart und Zukunft

Tobias Heinrich
Porträts, Denkmäler, Galerien. Zur Genese bildhafter
Denkfiguren in der Biographik um 1800 105

Rainer Godel
Die Novelle – eine autarke Gattung? Zur Relevanz
medienhistorischer, anthropologischer und epistemologischer
Kontexte für die Gattungskonstitution im 19. Jahrhundert 125

Barbara Thums
Wissen vom (Un)Reinen: Zum diskursiven Zusammenspiel
von Idylle und Moderne 145

Robert Leucht
Die Gattung ‚Zukunftsbild', 1871-1900. Literarisierung
und Politisierung von Zukunftswissen 165

Sektion C
Literarische Organisationen des Faktischen

Annette Graczyk
Das Fragment in der Aufklärung 189

Sarah Seidel
Der Dialog(roman) als anthropologische und poetologische
Erzählform der Spätaufklärung – Johann Jakob Engel
und August Gottlieb Meißner 207

Stephanie Bölts
Rhapsodisches Wissen. Die Rhapsodie als Organisationsform
von Wissen um 1800 227

Gunhild Berg
Der deutschsprachige Experimentalroman. Begriff
und Wissenstextur einer (nicht)existenten
Gattung narrativer „Studien" 247

David Oels
Der Tatsachenroman und seine Vorgeschichte 277

Autorinnen und Autoren 297

Vorwort

Die Beiträge dieses Bandes gehen auf einen Workshop zurück, der im März 2013 am Zukunftskolleg der Universität Konstanz im Rahmen des von der Herausgeberin geleiteten DFG-Projekts „‚Versuch' und ‚Experiment'. Konzepte des Experimentierens zwischen Naturwissenschaft und Literatur (1700-1960)" stattfand. In der Konzeption und der Vorbereitung des Workshops war Nicole Rettig (Konstanz) während ihrer Projektmitarbeit sehr engagiert. Ich danke ihr sowie den Teilnehmerinnen und Teilnehmern für ihre konstruktive Kooperation, die sich in den Aufsätzen nun niederschlägt. Mein besonderer Dank gilt Hans Adler (Madison, WI) für seine Perspektiven erweiternden Beiträge und Rainer Godel (Halle/ Saale) für seine ungebrochene Anteilnahme und seine stets hilfreiche Kritik an diesem Projekt. Für ihr Interesse an diesem Thema und die Aufnahme des Bandes in die Reihe „Berliner Beiträge zur Wissens- und Wissenschaftsgeschichte" danke ich Ralf Klausnitzer und Lutz Danneberg. Die Redaktion der Beiträge hat Hanna Vielberg (Konstanz) mit aller Sorgfalt übernommen. Die Drucklegung wurde aus Mitteln des Zukunftskollegs der Universität Konstanz gefördert.

Innsbruck, im August 2014   Gunhild Berg

Gunhild Berg

Literarische Gattungen als Wissenstexturen.
Zur Einleitung und zur Konzeption des Bandes

Gattungen sind eine Aussageweise und damit eine Organisationsform von Wissen.[1] Mit dieser These folgt der vorliegende Band den Forschungen zu einer Poetologie des Wissens, der zufolge Form und Aussageweise die Bedingungen und Möglichkeiten des überhaupt Sag- bzw. Schreibbaren und damit das Wissbare bestimmen.[2] Eine solche wissenspoetologische Untersuchung begreift das Auftauchen nicht nur neuer, sondern aller Wissensobjekte „zugleich als Form ihrer Inszenierung".[3] Derartiges inszenatorisches Potenzial bietet die historisch variierende Formensprache kommunikativer, fiktionaler wie nichtfiktionaler Gattungen. Sie bieten Programme der Darbietung bzw. Darstellung, die Aussageweisen formieren. Indem sich ein Text einer bestimmten Gattung einschreibt oder eine neue Gattung erschreibt, schließt er nicht nur andere Realisationsformen aus, sondern weckt er auch spezielle Erwartungen, determiniert er sowohl Inhalt und Form seiner Aussage als auch seine Anschlussfähigkeit.[4]

Gefragt wird in diesem Band demgemäß nicht danach, wie das Wissen einer Epoche in Gattungen kommt oder welches Wissen literarische Gattungen verbreiten, sondern danach, welches Wissen Gattungen ihrer Form nach repräsentieren, welches sich historisch wandelnde Wissen ihren Strukturen und Strukturierungsleistungen inhärent ist. Denn Wahl und Ausstellung der literarischen Form reflektieren immer auch die Bedingungen des ihnen zugrundeliegenden Wissens.

Eine wissenspoetologische Untersuchung von historischen Gattungen geht daher davon aus,

---

1 Grundlegende Orientierung bietet Foucaults Definition von Wissen als „Gesamtheit von Elementen (Gegenständen, Formulierungstypen, Begriffen und theoretischen Entscheidungen) […], die […] im Feld einer einheitlichen diskursiven Formation gebildet sind" (Foucault: Archäologie, S. 921).
2 Vgl. Vogl: Poetologie; Borgards, Neumeyer: Ort der Literatur. – Zur „Poetologie des Wissens", ihren Positionen und weiteren Vertretern vgl. zusammenfassend jüngst Krämer: Intention, S. 98-112.
3 Vogl: Einleitung, S. 13.
4 Vgl. Voßkamp: Gattungen.

[...] daß jede Wissensordnung bestimmte Repräsentationsweisen ausbildet und privilegiert, und sie interessiert sich demnach für die Regeln und Verfahren, nach denen sich ein Äußerungszusammenhang ausbildet und abschließt und die Darstellungen diktiert, in denen er seine performative Kraft sichert.[5]

An drei zentrale Aspekte dieser These Joseph Vogls schließen die folgenden kursorischen Überlegungen an: 1. an das Wissen über „Regeln und Verfahren" der Repräsentation, 2. an die spezifischen Darstellungsformen, unter denen hier Gattungen verstanden und untersucht werden, 3. an die performative via ästhetische Kraft dieser generischen Programme, die kognitives Verständnis oder sogar epistemische Evidenz sichern kann und soll.

1 Diskursives Regelwissen

Erkenntnis- und Repräsentationsweisen präfigurieren ein Untersuchungsfeld, wobei sie Wahrnehmungsinhalte und damit epistemische Dinge, mögliche Objekte des Wissens und Zugangsweisen zu ihnen sanktionieren, andere ausschließen und so das Wissbare grundlegend determinieren.[6] Mikroskop, Panoramen, Daguerreotypien beispielsweise präformieren, indem sie Wirklichkeitsausschnitte zurichten, die Wahrnehmungsweisen akademischer Forschung und wissenschaftlicher Disziplinen. Als generische Repräsentationsweisen eines solchen Wissens wirken sie indes auch als epistemologische Regularien, die über szientifische Untersuchungen hinausreichende diskursive und nichtdiskursive Praktiken strukturieren und demzufolge auch reglementieren.

Die Regeln und Verfahren der Aussagenbildung stellen selbst wieder implizit ein Wissen dar, nämlich ein Wissen über die Verfahren, mit denen Wissen strukturiert wird. Neben einem deklarativen Wissen, d. h. dem propositionalen Wissensgehalt einer Wissensordnung, wird hierfür in erster Linie deren prozedurales und strategisches Wissen relevant.[7] Ein solches Verfahrenswissen über Reglements und Strukturierungen manifestiert sich in diskursiven wie generischen Formationen und ihren Texturen, die Wissen selektieren, strukturieren und restringieren. Indem Gattungen als Aussageweisen mit ihrer Form(ul)ierung Wissen zu allererst herstellen, lassen sie es erscheinen, sind Gattungen also Wissensformate und Wissenspraktiken.[8] Zugleich fungiert dieses Reglement als

---

5   Vogl: Einleitung, S. 13.
6   Vgl. im Anschluss an Hayden White Vogl: Einleitung, S. 13.
7   Zur Unterscheidung propositionalen und prozeduralen Wissens vgl. Klausnitzer: Literatur und Wissen, S. 31.
8   Vgl. ebd., S. 26.

Legitimierungsstrategie. Als epistemologisches Korsett leitet und stützt es einen Geltungsanspruch, den die Gattungsstrukturen festigen. Die Entscheidung für bestimmte Genres und Diskursarten organisiert Wissensfelder nicht nur, sondern begründet sie auch,[9] kann sie also er-schreiben, neu entwickeln, sie konsolidieren und legitimieren. Gattungen können daher als Form und Teil eines Geltungsanspruchs verstanden werden, mit dem die Wahrheit eines propositionalen Gehalts einer bestimmten Aussage nicht nur behauptet, sondern zugleich begründet und gefestigt wird.[10] Gattungstexturen stabilisieren Wissensansprüche.

Die Arten und Weisen der narrativ entfalteten Texturen bergen einen wissenspoetisch evozierten Erkenntnismehrwert, der das Erkenntnispotenzial der literarischen Form sowohl ausstellt als auch reflektieren lässt. Die lesbar gemachten Strukturen des Wissens sind folglich auch dazu geeignet, Wahrnehmungs- und Erkenntnisweisen im Sinne eines Wissens über Wissensstrukturen einzuüben. Denn dem Begriffs- und Sprachsystem vergleichbar wirken Gattungen als Mittel der Internalisierung „beliebiger institutionell festgesetzter Begründungs- und Auslegungszusammenhänge", die Erfahrungen typisieren, sie Kategorien zuteilen und in einen intersubjektiv (mit)teilbaren „Wissensvorrat" einspeisen.[11] Dass Gattungen „konventionalisierte Wirklichkeitsstrukturierungen" seien,[12] lässt sich nun spezifizieren: Gattungen sind konventionalisierte Wissensstrukturierungen.

Das Interesse des Bandes richtet sich folglich sehr viel weniger auf die Abbildung eines Wissensbereichs in Gattungen als vielmehr auf literarische Gattungen als Konstituenten von Wissen. Insofern Gattungen Wissen strukturieren, sind sie Ordnungshypothesen in der Wissenskonstruktion, weshalb ihr Wandel epochale Korrekturen in den hypothetischen Grundannahmen menschlichen Wissens indiziert. Wissenswandel, so darf folglich angenommen werden, korrespondiert Gattungswandel.

2 Generische Wissenstexturen

Was aber sind Gattungen? In der jüngeren Gattungsforschung bietet Klaus W. Hempfers Definition der Gattung als konstruierte Textgruppen unterschiedlichen

---

9 Vgl. Vogl: Einleitung, S. 15.
10 Zum Verhältnis von Darstellungsform und Wissensanspruch vgl. Danneberg, Niederhauser: Lehre, bes. S. 9-12.
11 Berger, Luckmann: Konstruktion, S. 41, 43, 145.
12 Steinmetz: Gattungen, S. 55.

Allgemeinheitsgrades ein breit anschlussfähiges Gattungsverständnis.[13] Rüdiger Zymner fasst verschiedene neuere Positionen der Gattungsforschung zusammen, wenn er Gattungen als „Konstrukte oder Konventionen, darin aber zugleich auch historisch-soziale Institutionen" versteht.[14] Seine Beschreibung dieser „Organisationsformen von Sprachverwendung" betont die Regelhaftigkeit und Beständigkeit der generischen „Sinngebungsmuster, die eine ordnende, stabilisierende und auch entlastende Funktion haben."[15] Die unterschiedlichen Dimensionen der Regulierungsfunktionen von Gattungen integriert der von Marion Gymnich und Birgit Neumann entwickelte „Kompaktbegriff Gattung", der „die textuelle (inhaltliche wie formale) Dimension, die individuell-kognitive Dimension, die kulturell-historische Dimension und die funktionale Dimension" von (literarischen) Gattungen vereint.[16] Den disziplinär unterschiedlich ausgerichteten Gattungskonzeptionen zufolge sind Gattungen diskursiv relevant, nicht allein, weil sie verschiedene thematische Diskussionsfelder miteinander verknüpfen können, sondern vielmehr, weil sie an der Formierung thematisch übergreifender, diskursrelevanter Aussage*weisen* mitwirken; und auch systemtheoretisch, weil sie Komplexität reduzieren und Kontingenzen entgegenwirken, indem sie eine kommunikative Textur als Operanten (strukturelle Kopplung) in und zwischen gesellschaftlichen Teilsystemen zur Verfügung stellen. Sie sind kognitionspsychologisch relevant, weil sie das Verständnis von zu schreibenden wie von geschriebenen Texten vorstrukturieren, und feldtheoretisch, weil sie nicht nur hermeneutische, sondern auch sozioökonomische Erwartungen bündeln können.

Die wissenspoetologische Gewichtung ihrer epistemischen Relevanz marginalisiert also nicht die kulturelle, soziale und kognitive Funktion von Gattungen als „literarisch-sozialen Institutionen", „Bedürfnissynthesen" gegenüber historischen Problemlagen oder kognitiven Schemata.[17] Denn sobald generische

---

13 Vgl. Hempfer: Generische Allgemeinheitsgrade, S. 15. – Einen Überblick über die wichtigsten Gattungskonzeptionen in der älteren und jüngeren Literaturwissenschaft bieten Gymnich, Nünning: Einleitung; und Zymner (Hrsg.): Handbuch Gattungstheorie, S. 7-46.
14 Vgl. Zymner: Gattungstheorie, S. 132.
15 Vgl. ebd.
16 Gymnich, Neumann: Vorschläge. – Hinsichtlich dieser Dimensionen können „signifikante" Gemeinsamkeiten zwischen (literarischen) Werken bestehen, die dann Gattungsgruppierungen begründen. Vgl. Gymnich, Nünning: Einleitung, S. 3. Die Frage zu entscheiden, wann „Signifikanz" vorliegt, möge den Einzelfällen gattungstheoretischer und -systematischer Diskussion überlassen bleiben.
17 Vgl. Voßkamp: Literaturgeschichte; László, Viehoff: Literarische Gattungen.

Ordnungseinheiten aktiviert werden, werden Annahmen geweckt und „stabile Muster der selektiven Wahrnehmung und Bewertung von Informationen in Gang" gesetzt.[18]

Neben der integrativen Konzeption von Gattungen als verschieden relationierten Merkmalsbündeln reklamieren Gymnich und Neumann die Notwendigkeit, Gattungen „in ihrer historischen Kontextualität, [...] in ihrer Interaktion [...] zu koexistierenden Gattungen und synchronen Medien zu untersuchen und dabei die Themen, Verfahren und Motive zu bestimmen, die sich als strukturierende Prinzipien durch ein Spektrum von Texten bzw. Medien ziehen".[19] Solchen „strukturierenden Prinzipien" entspricht Wilhelm Voßkamps Beschreibung der „dominanten Strukturen" von Gattungen, die sich herauskristallisieren, stabilisieren und verfestigen.[20]

Aufgrund der spezifischen Literarizität dieser Wissen ordnenden Strukturen werden diese hier „Texturen" genannt. Gemeint sind damit die texturierten Formierungen, kurz: Vertextungen von Wissen in fiktionalen wie nichtfiktionalen Literaturen. Der Begriff „Texturen" profitiert dabei wesentlich von der Konzeption Moritz Baßlers, der nachdrücklich auf die in ihrem scheinbaren Bedeutungsverzicht Bedeutung tragenden Formaspekte, auf die syntagmatischen, im Unterschied zu den paradigmatischen Strukturelementen nicht austauschbaren Texturelemente des literarischen Textes aufmerksam gemacht hat.[21]

Gattungen bergen mithin ein Wissen, das hier als Wissenstexturen, nämlich als in Gattungsmustern textlich manifeste Wissensstrukturierungen, im Fokus steht. Das Kompositum *Wissenstextur* ist dabei mit Bedacht mehrdeutig: Es meint sowohl das Wissen über innerliterarische, generische Strukturmuster als auch das Wissen über die außerliterarische Referenzialität, das gattungsspezifische Textschemata konstituieren oder initiieren können, und ebenso eine Kombination von beiden Bedeutungsdimensionen, die dann entweder auf eine in eine literarische Gattung *transformierte* außerliterarische Wissensreferenz abzielen kann oder auf eine literarischen und nichtliterarischen Gattungsgrenzen

---

18 Klausnitzer: Literatur und Wissen, S. 34 (Hervorhebg. im Orig. getilgt; G. B.).
19 Vgl. Gymnich, Neumann: Vorschläge, S. 42.
20 Vgl. Voßkamp: Gattungen, S. 30.
21 Da die Beiträge jedoch die generisch basierte Verständlichkeit und nicht wie Baßler die Unverständlichkeit von Texten untersuchen, wurde in ihrem Rahmen auf Baßlers kategorische Differenzierung zwischen „Strukturen" (paradigmatischen, paraphrasierungsfähigen Inhaltselementen eines Textes) und „Texturen" (syntagmatischen, nicht paraphrasierungsfähigen Formelementen eines Textes bzw. Kunstwerks) verzichtet. Vgl. dazu Baßler: Entdeckung der Textur, S. 15.

vorausliegende *gemeinsame* Wissensrelation, die in sowohl fiktionalen wie auch nichtfiktionalen Gattungen wirkt.

Das in der Gattung referenzierte Verhältnis von inner- zu außerliterarischen Wissensrelationen kann nicht *a priori* bestimmt werden. Denn die Wahl der Gattung begründet die Organisation von Wissensfeldern, und *vice versa* greifen „elementare Figuren modernen Funktionswissens [...] tief in die Fragen der Erzählweise und der narrativen Struktur[en]" ein, wie Vogl am modernen Roman exemplifiziert.[22] Wissensordnungen in Wissensfeldern und literarische wie nichtliterarische Wissenstexturen bedingen einander wechselseitig.

Gattungen sind ein signifikanter Artikulationstyp, der auf implizitem Regelwissen basiert, innerliterarisches Wissen konstruiert und außerliterarisches Wissen spezifisch literarisch inszeniert.[23] Der propositionale Gehalt des Wissens, das sie texturieren, ist also inner- wie außerliterarisch diskursiviert:[24] Das intraliterarische Gattungswissen eines Textes kann auf Wissen aus Poetiken, Gattungslehren, Musterbüchern oder kulturell tradierten Gattungsschemata referieren oder ein der Gattungsstruktur inhärentes Wissen sein, das durch den einzelnen Text als Gattungsvertreter aktualisiert wird. Der Einzeltext bedient sich dabei eines Gattungswissens, das einen Erwartungshorizont aufbaut, den seine Aktualisierung dieses Wissens auch in der Bestätigung des Gattungswissens durch seine performative Erweiterung nicht unverändert lässt. Einer klassischen poetischen Theorievorstellung gemäß ist dieses Wissen für etablierte literarische Gattungen theoretisch immer abrufbar, auch wenn propositionaler Gehalt, Relevanz und Status dieses Wissens historisch variieren. Das extraliterarische Gattungswissen eines Textes kann auf Propositionen ebenso wie auf Denk- oder Wahrnehmungsmodi oder auf Objekte der außersprachlichen Wirklichkeit rekurrieren (z. B. das „Panorama", der „Guckkasten" oder die „Skizze").

Gattungen bergen also ein den Arten und Referenzsystemen nach vielfältiges Wissen, das sie selbst über sich produzieren und transportieren.[25] Diese diskursive

---

22 Vgl. Vogl: Einleitung, S. 15.
23 Zwischen Gattungskriterien aus dem sprachlich-literarischen System und Kriterien aus der Korrelation des sprachlich-literarischen mit anderen Systemen unterscheidet Hempfer. Vgl. Hempfer: Gattungstheorie, S. 150-191.
24 Obgleich in Frage stehen muss, ob es ein außerliterarisches Wissen überhaupt gibt, liegt den Beiträgen aus vorwiegend pragmatischen Gründen der Textanalyse die heuristische Unterscheidung von inner- und außerliterarischem Wissen zugrunde.
25 ‚Wissen in Literatur' meint eine komplexe Verhältnisbeziehung, die hier nicht vollständig aufgespannt werden kann. Vgl. dazu pointiert wie erhellend Danneberg, Spoerhase: Wissen, bes. S. 30 f.

Interrelation des Gattungswissens bedeutet für den einzelnen Text keine schlichte Vermittlungs- im Sinne einer Transportaufgabe solchen Wissens, sondern seine Präsentation, die dieses Wissen in der textlichen Aussageweise mitkonstituiert. Gattungen fungieren als Form und Medium der Wissenstexturierung.

3 Das Beispiel paratextueller Gattungssignale

Generische Wissenstexturen transformieren inner- wie außerliterarische Wissensstrukturen, -ordnungen und -elemente und stehen daher in einem transitiven „wissenskulturellen Komplementär- und Konkurrenzverhältnis"[26] zu anderen Gattungen, Medien und Diskursarten. Seine Zugehörigkeit zu intra- oder extraliterarischen Wahrnehmungsmustern oder -schemata flaggt ein Text mit Gattungssignalen aus. Dazu zählen u. a. paratextuelle Signale wie Begriffe, typographische Gestaltung und feste Eröffnungsformeln.

Dass Gattungssignale inner- wie außerliterarische Ordnungskonventionen aufrufen, stellt dabei eine Möglichkeit dar, nichtliterarisches Wissen in den Text zu bringen bzw. dieses Wissen an seine Interpretation heranzutragen. Ein solcher Rekurs organisiert das im Text verhandelte Wissen und trägt – aus Lesersicht – zum Wissen über die Ordnung des im Text offerierten ‚Sinns' bei. Peritextuell gesetzte Gattungsbegriffe beispielsweise machen die außer- und/oder innerliterarische Wissensrelation, die der Text aufbaut, explizit. Dafür ist der gewählte Terminus selbst wesentlich, denn synonyme wie antonyme Bezeichnungen für Gattungen präfigurieren verschiedentliche innertextliche Strukturmuster. Dadurch rubrizieren sie den Text nach verbindlichen Kriterien und dienen „als heuristische Größen zur Klassifikation und Ordnung von Texten".[27] Mit ihrer Begrifflichkeit verknüpfen Gattungstermini außer- mit innerliterarischem Wissen. Insofern der Gattungsterminus selbst zum inkorporierten Textbestandteil wird, ist er Wissenstextur.

Indem sie textliche Repräsentationsweisen selektieren, Rezeptionserwartungen steuern und inner- wie außerliterarisches Wissen auf einzelne literarische Texte anwendbar werden lassen, regulieren generische Wissenstexturen die Produktion und Rezeption von Texten. Sie wecken Schemata der Informationsverarbeitung, aktivieren und modifizieren Regelwissen. Positiv gesprochen, reduzieren sie Komplexität und kanalisieren sie Kontingenz. Dadurch präselegieren sie die Möglichkeiten, einen literarischen Text zu verstehen, und präjudizieren den Rezeptionsprozess. Negativ gesprochen, disponieren generische

---

26 Vgl. Gymnich, Neumann: Vorschläge, S. 42.
27 Klausnitzer: Literatur und Wissen, S. 40.

Wissenstexturen eine bestimmte Auffassungsweise und limitieren die Auffassungsmöglichkeiten des Textes. Gattungsnamen steuern und beschränken überdies nicht nur die Rezeption des einzelnen Textes, ihre Verwendung trachtet überdies nach inner- wie außerliterarischem Prestige, das in verschiedenen historischen und diskursiven Kontexten unterschiedlich groß sein kann. Mit der terminologisch im Paratext ausgestellten Zuordnung eines Textes zu einer Gattung profitiert der einzelne Text dabei von der Wirkmächtigkeit der Worte, die nicht allein über einen Begriff oder eine Idee wirken, sondern auch über die ihrem Wortkörper inhärente, niemals konnotationsfreie Ausstrahlungskraft, kurz: über das symbolische Kapital des Worts.[28] Dass das begrifflich okkupierte Renommee literatursoziologisch, ästhetisch wie epistemisch wirkt, bestätigen historische Konjunkturen, zu denen Autoren mit ihrer Gattungswahl elitäre und/ oder avantgardistische Distinktionen suchen oder der Literaturmarkt Moden werbewirksamer paratextueller Gattungsbezeichnung lanciert.[29] Hinzu kommt, dass das performative Ausagieren einer texturierten Wissensordnung eine Evidenz birgt, die über die syntagmatische Gestalt des Textes hinausreicht, indem sie zusätzlich auch die Glaubwürdigkeit und die Ansprüche textexterner Wissensordnungen adaptiert und für die Argumentation wie Überzeugungskraft des Textes reklamiert.

Generische Wissenstexturen bestimmen also die Rezeption von Texten, und zwar sowohl im literatursoziologischen Sinne, dem zufolge das (sozioökonomische) Ansehen einer Gattung ihre Verkaufszahlen (mit)bestimmt, als auch im epistemischen Sinne, dem zufolge die Adaption renommierter Argumentationsmuster und Wissensformate die evidentiellen Effekte steigert, sowie im ästhetischen Sinne, dem zufolge der Bruch mit ästhetischen Konventionen und Erwartungen zu Bewunderung, Unverständnis oder Ablehnung führen kann. Die ästhetische Entscheidung für oder gegen eine bestimmte Form bzw. Gattung ist daher mehrfach relevant, da sie nicht nur wissenspoetologisch eine epistemologische Entscheidung darstellt, sondern überdies eine bestimmte Erwartungshaltung an ein Prestige weckt, das sich mit der diskursiven wie generischen Wissensordnung verbindet, der sich der Text zuschreibt.

---

28 Vgl. Bourdieu: Unterschiede, S. 748 ff.
29 Zu denken wäre an den Imagewandel des Romans im 18. Jahrhundert oder an den verlagsökonomisch schweren Stand der Lyrik in der Gegenwart. – Gattungen als wertästhetische „Ideologieträger" beschreibt Borgstedt: Topik, S. 73-85, Zitat auf S. 78.

4 Historische Konjunkturen. Zur Konzeption des Bandes

Die Beiträge des Bandes analysieren dieses Wissen, das Gattungen über sich selbst produzieren, indem es das einzelne einer Gattung zugehörige Werk texturiert und performativ ausagiert. Sie richten sich demzufolge nicht auf allgemeine Probleme der literaturwissenschaftlichen Gattungstheorie. Vielmehr konzentrieren sie sich mithilfe konkreter literaturwissenschaftlicher Analysen auf historische Problemlagen im Rahmen der Gattungsgeschichtsschreibung. An der Position und Funktion konkreter Gattungen im historischen Wissensgefüge zeigen sie deren spezifisch formal evozierte, epistemische Leistungsfähigkeit. Bei den historischen Wissensordnungen geht es also weniger um ‚ganze' historische Wissenssysteme als räumlich, hierarchisch und anderweitig strukturierte (Diskurs-) Formationen, in die sich literarische Gattungen einfügen (als Experimentalsysteme, Hypothesenmaschinen, populärwissenschaftliche Distributionsformen u. a.) oder zu denen sie äquivalente Gattungssysteme darstellen können (als literarische in Analogie etwa zu biologischen Systemen),[30] als vielmehr um die historisch konkrete Interaktion und Interrelation von textlich-literarischen mit außerliterarischen Wissensstrukturen als in ihrer Zeit epistemologisch relevanten Formen und Aussagemodi von Wissen.

Die Analysen des Bandes konzentrieren sich auf den Zeitraum vom späten 18. bis in die erste Hälfte des 20. Jahrhunderts mit gegenstandsbedingten Konjunkturen um 1790/ 1800, 1840/ 1850 und 1880/ 1890.[31] Denn in Zeiten der Normpoetik spielen Prozesse der Veränderung sicherlich eine geringere Rolle als Prozesse der Bestätigung. Doch nach dem Autoritätsverlust der Regelpoetiken führte die Öffnung literarischer Gattungen für nichtliterarische Ordnungsmuster zu neuen, oft programmatisch postulierten Gattungen, die vorbildlich, „normbildend" wirkten wie A. G. Meißners „Kriminalerzählungen" oder sich nicht durchsetzen konnten wie sein „Dialogroman".

Aber gerade bei ‚neuen' literarischen Gattungen, die nicht an ein etabliertes Gattungswissen anschließen können, stellt sich das Problem verschärft, wie sie verstanden werden können, woher sie das ihren Gattungsregeln eigene Wissen beziehen, das den Lektüreprozess eines Textes regelt.[32] Ein Indiz dafür bieten die

---

30 Vgl. u. a. Krause, Pethes (Hrsg.): Literarische Experimentalkulturen; Gamper (Hrsg.): Experiment und Literatur; Bies, Gamper, Kleeberg (Hrsg.): Gattungs-Wissen.
31 Die genannten Konjunkturen resultieren aus den Befunden der Beiträge.
32 Vgl. dazu Gymnich: Entstehungstheorien. – Gattungsneubildungen ausschließlich mithilfe von Rekurrenz und Variation bestehender Gattungen erklären zu wollen, erscheint zu Recht als problematisch.

Paratexte literarischer Werke, die häufig anzeigen, welcher literarischen oder extraliterarischen Konvention sich ein Text zuordnet. Wie stark Gattungsbegriffe Lesererwartungen provozieren und damit das Textverständnis ihrer Leser präjudizieren, illustriert folgende Anekdote, die Johann Heinrich Merck 1781 über seinen Freund und Kollegen, den Mediziner August Gottlieb Richter, mitteilte: Richter habe ihm

> redlich eingestand[en], wie er in seiner LeseGesellschafft, da ihm der Meßcatalogus präsentirt worden, sich Woldmarn eine Seltenheit aus der Naturgeschichte, in ganzem Ernst, als ein seltenes *Produkt der Naturgeschichte* ausgezeichnet habe u. sehr betroffen gewesen seye, als man ihm einen Roman gebracht habe, wo er nichts von verstanden hätte.[33]

Denn was Richter erhielt, war Friedrich Heinrich Jacobis Roman *Woldemar*, der 1779 erstmals erschienen war.[34] Merck erklärt die falsche Erwartung Richters folgendermaßen:

> Der Mann ist ein Mediciner, u. hat von Nichts als Zoologie, u. Anatomie Begriff. Als ich mich näher erkundigte, so kam die Sache heraus, daß er glaubte, es seye eins von den Thieren, denen Buffon so gerne neue Nahrung [Nahmen?; G. B.] giebt, eine Art von Faulthier, oder Affe.[35]

Die paratextuelle Referenz auf die „Naturgeschichte" setzt bei Richter eine konkrete Gattungserwartung frei, der er sein disziplinenspezifisch biologisches Wissen zugrunde legt. Seine Erwartung wird jedoch enttäuscht, da der Roman zwar ein in der Naturgeschichte virulentes Thema adaptiert, aber spezifisch literarisch ausagiert.[36] Mehr noch, es macht ihn sogar „betroffen", es irritiert ihn, dass die ihm geläufige Wissensordnung den ihm vorliegenden Text nicht prädeterminiert, weshalb er dem eigenen Eingeständnis nach von dem ganzen Buche „nichts" versteht.

Das Beispiel *Woldemar* zeigt, wie voraussetzungsreich das Verständnis literarischer Texte und Gattungen ist. Die spezifisch literarische, generische Wissenstextur setzt den Rahmen, aus dem heraus die Form und darüber der Inhalt des Textes verständlich werden sollen. Nicht immer misslingt dies wie im Falle Richters gänzlich. Doch deutlich wird, wie schwer es neuen Gattungsmustern

---

33 Merck: Brief, S. 322.
34 Jacobi: Woldemar.
35 Merck: Brief, S. 322 f.
36 Dieser anthropologische Wissenskontext, den Menschen als Teil der belebten Natur ins Zentrum zu stellen, ist es denn auch, der Wolf Lepenies interessiert, der diese Anekdote Mercks anführt; vgl. Lepenies: Naturgeschichte, S. 21 f.

und -begriffen fallen muss, Anschlussfähigkeit herzustellen. Wenn die Gattungsbezeichnung eines Textes aber selbst dann, wenn sie originell ist, verstanden werden kann – und darauf deutet die einstimmige Heiterkeit des zeitgenössischen Anekdotenerzählers und seines Publikums hin –, dann wohl nur in der Kombination von naturwissenschaftlicher und literarischer Wissensordnung oder vor einem beiden vorausliegenden gemeinsamen Horizont.

Texte schreiben sich Wissensschemata oder Ordnungsmustern ein – sowohl in extraliterarische, diskurs- oder disziplinenübergreifende Ordnungsgenera als auch in intraliterarische Gattungstraditionen. So erleben ältere Gattungen neue Konjunktur(en), wie die „Idylle" im 18., die „Novelle" im 19. Jahrhundert und der „soziale Roman" im Vormärz und im Naturalismus. Dieser Rekurs auf ein literarisch traditionsreiches Formeninventar schreibt poetologisch scheinbar fixierte Gattungen fort. Aber sogar dann, wenn ein Text vorgibt, sich an bereits etablierten Gattungstraditionen zu orientieren, modifiziert die performative Kraft des Einzeltextes das Gattungswissen, zumal unter den Bedingungen eines unvermeidlich veränderten kulturellen Kontextes.

Die Flut neuer Gattungen, die im späten 18. Jahrhundert auf den Markt drängten, spricht nicht nur für frühkapitalistische Vermarktungsstrategien eines angehend autonomen Literatursystems, sondern zeigt vielmehr auch einen epistemischen Bruch. Das in seiner Unüberschaubarkeit als nicht mehr in Gänze erfassbar begriffene Wissen wird textlich in Gattungen handhabbar zu machen gesucht, und zwar nicht schlicht durch Reduktion oder Simplifizierung, sondern durch textspezifische Transformationen: Durch „Abbreviatur, [...] Anordnung und Strukturierung" sind Gattungen „Instanzen", die „gewissermaßen die Rahmenbedingungen für solche Sinngebung" setzen.[37] Gattungswissen aus Regelwissen und Textsignalen trägt also zur Bewältigung von Text und Wissen gezielt bei. Es wird zu dessen Strukturmerkmal und verweist zugleich auf die Grenzen des Darstellbaren wie des Wissbaren.

Die Welt- und Erdgeschichte verkörpert um 1800 beispielhaft dieses Problem der wachsenden Menge des Wissens und der Nichtüberschaubarkeit des Ganzen. Gattungsrepräsentationen der Biographie und der geologisch-geographischen Beschreibung erfordern einen fixen Referenz- oder erhöhten Standpunkt, um überhaupt etwas aus dieser Fülle wahrnehmen und erfassen zu können. Denn die anthropologische, psychophysische Reaktion auf dieses erkenntnispraktische Problem ist das Schwindelgefühl, das sich beim Blick auf das Ganze des Weltgeschehens wie der alpinen Bergketten einstellt. Für diese

---

37 Raible: Gattungen, S. 348.

wissensgeschichtliche Situation bezeichnend sind daher literarische Gattungen, die Übersicht oder gar Ordnung herzustellen versprechen wie das „Panorama", die „Galerie" oder die „Ansichten", wohingegen andere Gattungen Partialität, Kontingenz und Vorläufigkeit markieren wie die „Rhapsodie", das „Fragment" oder die „Skizze". Dabei handelt es sich um Ordnungsraster und Formate, die wissensgeschichtlich präsent sind und zum einen eben Architekturen, Räume, musikalische oder bildende Kunstwerke strukturieren, zum anderen aber auch literarische Gattungen und Texte. Mit den Bezeichnungen artikulieren die Texte „Bedürfnissynthesen"[38] aus außerliterarischen Repräsentationsweisen von Wissen und literarischer Aussageform. Extratextuelle Referenzrahmen wie die mit bestimmten extraliterarischen Themen, Begriffen, Objekten, Mustern oder Bildern bereits assoziierten Aussage-, Darstellungs- oder Inszenierungsweisen beeinflussen daher literarische Formen, Gattungsstrukturen, kurzum: Texturen.

5 Zum Zusammenhang der Beiträge

Der Sammelband vereint eng korrespondierende Einzelbeiträge, deren Anordnung sich an drei Dimensionen des Wissens orientiert, die im Zeitraum der Untersuchungen in der Folge der kantischen Urteilskritik nicht nur erkenntnistheoretisch diskutiert, sondern auch Erkenntnis bzw. ihre Repräsentation strukturierend manifest werden. Diese drei Dimensionen sind die Anschauungsformen von A) Raum und B) Zeit sowie C) die Selbstreflexionen der Gattungen über das Verhältnis von Faktizität und Fiktionalität. Diese Dimensionen umfassen dabei auch A) Erkenntnis erweiternde Strategien verräumlichter Anschaulichkeit als „Wissensschauen" und B) mediale Konstruktions- bzw. Texturierungsleistungen des Wissens von der Zeit und den Zeiten. Spezifisch literale Texturierungen des Wissens zeigen C) die labile Grenzziehung zwischen Faktualem und Fiktionalem, d. h. die Konstruiertheit, ja Ununterscheidbarkeit von empirisch oder naturwissenschaftlich vermeintlich exakten Fakta in ihrer sprachlich-textlichen, generisch texturierten Repräsentation.

Sektion A) Texträumliche Wissensschauen

Sektion A des Bandes stellt die texträumliche Wissensdimension, die zugleich ästhetisch dazu geeignet ist, Wissenstopoi zu arrangieren, zu perspektivieren und Wissensordnungen anschaulich werden zu lassen, ins Zentrum:

---

38 Begriff von Voßkamp: Literaturgeschichte, S. 40.

Von ihrer literarischen, transferfähigen Gattungsform ausgehend beschreibt Hans Adler die „Idylle" als metastrukturelle Wissensform der Moderne. Philosophie und Wissenschaft stellen eine „Idylle" her, ein „Gnoseotop", unter der generischen Bedingung idyllischer Ordnung und im Bewusstsein zeitlicher und systematischer Beschränktheit ihres Wissens. Während die Wissenschaftskultur diese Idylle im Modus der Noesis zu sichern sucht, so Adler, reflektieren Philosophie und Kunst indes auf ihre Bedingungen und Grenzen.

Gattungen räumlich projizierter geologischer, natur- und kulturhistorischer Wissensschauen führen mehrere Beiträge vor: Olaf Briese legt dar, wie mithilfe optischer Medien Großstadtdarstellungen in den Gattungen literarischer „Guckkästen", „Panoramen" und „Daguerreotyp[i]en" perspektiviert werden, die die Stadt im Ausschnitt, im Überblick oder in der Momentaufnahme wiederzugeben suchen. Sarah Ruppe untersucht visuell wie literarisch „panoramatische" Gebirgsdarstellungen, die die alpinen Ansichten in Bild und Text auch im Textraum miteinander verknüpfen. Michael Bies rekonstruiert die Gattung der „Ansichten", die für scheinbar unvermittelte Themen aus der Reiseliteratur und Naturkunde einerseits und der frühen Volkswirtschaftslehre des 19. Jahrhunderts andererseits Verwendung fand, womit die „Ansichten" ihr Wissenspotenzial durch ihre Perspektivierungsmacht bei eben insbesondere thematisch nicht vergleichbaren Inhalten beweisen.

Sektion B) Zeitwissen: Texturierungen von Vergangenheit, Gegenwart und Zukunft

Dem zeitgenössischen Wissen über die Zeit und ihrer Konstruktion als Vergangenheit, Gegenwart und Zukunft ist die Sektion B des Bandes gewidmet, um die in der Folge der Historisierung einsetzende spezifisch literarische Strukturierungsleistung von Gattungen für das Wissen von der Zeit in den ökonomischen, politisch-ideologischen, medialen, anthropologischen und naturwissenschaftlichen Kontexten des 19. Jahrhunderts genauer zu fassen.

So verklammern die Beiträge zu biographischen Schreibweisen in den literarischen Gattungen „Porträt", „Denkmal", „Galerie" und zum „Zukunftsbild" den Abschnitt zum Zeitwissen. Mit Blick auf das Ich, so Tobias Heinrich, sucht die historiographische Beschreibung individuellen Lebens in der Rückschau Geschichte zu erfassen, Erinnerung zu modellieren, am Weltenlauf entlang zu flanieren und so Vergangenheit in die Gegenwart um 1800 zu überführen. Das „Zukunftsbild", das Robert Leucht vorstellt, verbindet Gegenwart und Zukunft mithilfe moderner natur- und sozialwissenschaftlicher Einsichten. Die von Leucht untersuchten literarischen Visionen konstruieren die Konsequenzen tagesaktueller Probleme mit ihren Verbesserungen oder Verschlimmerungen in eine politisch gestaltbar gedachte Zukunft der Gesellschaft um 1900.

Rainer Godel zeigt die engen funktionalen Bezüge der Wissensstruktur des ‚Neuen' zwischen literarischer „Novelle", journalistischer ‚novella', anthropologischer ‚Neugierde' und ökonomischem Wert der ‚Neuigkeit'. Die der literarischen Novelle dabei stets abverlangte Neuheit zielt dabei, so Godel, nicht auf die literarische Produktion immer neuer Themen, sondern ist ein Darstellungsmodus, der in erster Linie neuartig erzählt, und die Novelle damit zur kapitalistischen, schnell veraltenden Ware werden lässt. Gegenwart changiert am Übergang von Vergangenem zum Zukünftigen. Die ‚neue' Novelle gehört zum Zeitpunkt ihrer Veröffentlichung in der Tagespresse bereits wieder der Vergangenheit an. Wie die Gegenwart sich als Moderne gegenüber der Vergangenheit konstituiert, legt Barbara Thums an der Gattung „Idylle" im 19. Jahrhundert dar. Ihre Funktion ist es, wie Thums veranschaulicht, einen Sehnsuchtsort aufzurufen, der dem Gefühl des unwiederbringlichen Verlusts von Reinheit und Unschuld entspricht.

Sektion C) Literarische Organisationen des Faktischen

Die Beiträge der Sektion C des Bandes konzentrieren sich auf das selbstreflexive Potenzial literarischer Gattungen an der Grenze zwischen Fakt und Fiktion, welche referenziell gezogen, abgeschritten, ignoriert, überschritten oder unterwandert werden kann.

Die Beiträge zur „Rhapsodie" und zum „Fragment" zeigen, dass beide Gattungen über fragiles und bruchstückhaftes faktisches Wissen reflektieren und beide die narrative, imaginative, fiktionale Aussageweise bevorzugen. Das „Fragment", das auf ein verlorenes Ganzes verweist, mobilisiert die Einbildungskraft des Rezipienten. Annette Graczyk pointiert daher das „Fragmentieren" als eine Wissens- und Erkenntnispraktik schon der Aufklärer. Die Gattung „Fragment" zeigt einen Verlust an Wissen an, bevor künstlich hergestellte Fragmente, wie ihr Beispiel künstlicher Ruinen des späten 18. Jahrhunderts plausibilisert, jene Teilstückhaftigkeit nur noch imitieren und sie programmatisch fingieren. Stephanie Bölts verdeutlicht in ihrem Beitrag zur „Rhapsodie", die als Gattung u. a. „Fallgeschichte" und philosophischen „Aphorismus" kombiniert, die Stoffmetapher des ‚Abgerissenen' und ‚Zusammengenähten' anhand von J. C. Reils medizinischen Texten, in denen die hypothetische psychopathologische mit der literarischen Wissensordnung korrespondiert. Die im späten 18. Jahrhundert neu erfundene Gattung des „Dialogromans" schien sowohl der sozialen Disposition des Menschen zum Dialogischen als auch der psychologischen Erkenntnismethode des Gesprächs bestens zu entsprechen. Doch dass dieses anthropologisch versierte

Gattungsprogramm nicht aufging, arbeitet Sarah Seidel an den Plänen und Umsetzungen von J. J. Engel und A. G. Meißner heraus.

Die Selbstreflexion literarischer Gattungen über die Grenze zwischen Faktizität und Fiktionalität kommt beispielhaft in den Verhandlungen über naturwissenschaftliche Fakta und Methodik in literarischen Formen zum Tragen, wie Gunhild Berg am Scheitern des „Experimentalromans" in der deutschsprachigen Literatur des Naturalismus, die stattdessen den „sozialen Roman" des Vormärz fortschreibt, und David Oels am Erfolg des „Tatsachenromans" im Laufe des 19. und seiner Blüte im 20. Jahrhundert zeigen. Oels verdeutlicht, wie der „Tatsachenroman" die „Krise des Historismus", des Romans und der „Wirklichkeit" kompensiert, indem er Tatsächlichkeit (wieder-)herstellt.

Die Beiträge des Bandes korrespondieren nicht allein innerhalb der Sektionen miteinander, sondern interferieren zudem auch sektionsübergreifend: Sie arbeiten sich hinsichtlich der gewählten Gattungstypen an teils denselben, teils synonymen oder ähnlichen Gattungen ab oder betrachten ähnliche Gegenstände aus verschiedenen gattungsspezifischen Perspektiven, wodurch sie sowohl thematisch kooperieren als auch einander respondieren und die Konvergenzen von generischen und diskursiven Wissensordnungen anzeigen:

So interagieren die Beiträge zur „Idylle", die die Gattung in zweierlei Hinsicht diskutieren: als „gnoseotopisches" Strukturmuster moderner Erkenntnisbeschränkung einerseits (Hans Adler) und als symbolisches Residual einer vor langer Zeit verlorenen Unschuld in der Erkenntnis und im menschlichen Umgang mit der Welt andererseits (Barbara Thums). Aus der Sicht weniger der Begrenztheit als vielmehr der Partialität beschreibt Annette Graczyk das „Fragment" als Strukturprinzip moderner Erkenntnisproblematik. Auf die verlorene Ganzheit des „Fragments" antwortet die vorläufige Unvollständigkeit und Hypothesenhaftigkeit der literarischen „Rhapsodie" (Stephanie Bölts), die epistemologisch wie anthropologisch legitimiert beständig nach Erweiterung und Neuem verlangt. Diesen Drang bedient die Neuigkeitenmaschinerie der journalistischen wie novellistischen Tagesproduktion (Rainer Godel), die sich mit dem (früh)kapitalistischen favorisierten Gattungsmodell der Novelle in den engen Grenzen eines idyllischen Gnoseotops bewegt.

Optisch kodierte Wahrnehmungsschranken des Subjekts als Wahrnehmendes wie als Wahrgenommenes repräsentieren die „Ansichten" (Michael Bies) wie auch die biographischen „Porträts", „Denkmäler" und „Galerien" (Tobias Heinrich). Perspektive und Bildausschnitt, die die Gattungsvertreter vorstellen, selektieren Wissen, stellen aber zugleich (dezidiert beschränkten) Überblick und Zusammenschau, mithin Verräumlichungen erzählend-sequentiell angeordneten Wissens her. Erhöht wird die Plausibilität der Textur wie die Evidenz der Argumentationen von „Ansichten" (Michael Bies) und „Zukunftsbildern" (Robert Leucht), indem die Empirie der insbesondere in der Genremalerei des Realismus gepflegten Anschauung sich mit dem ästhetischen Reiz der literarischen Darstellung verbindet. Der Wandel visueller Kodierungen, optischer Wissensordnungen und literarischer Moden bestimmt den Gattungswechsel von „Panoramen" zu „Guckkästen" und „Daguerreotyp[i]en" in den frühen Großstadtdarstellungen (Olaf Briese). Wie das Alpengebirge (Sarah Ruppe) wird Berlin so lange im panoramatischen Überblick zu erfassen gesucht, bis die Unüberschaubarkeit der wachsenden Stadt nur mehr den Augenblick auf das auf Augenhöhe festgehaltene Bruchstück erlaubt.

Ähnliche Darstellungsproblematiken des Wissens vom Menschen teilen sich aus der Perspektivierung verschiedener Gattungen etwa Biographik, Anthropologie und Psychologie. Sie zeigen erfolgreiche wie nicht erfolgreiche Darstellungsoptionen psychologisch-anthropologischer Exploration im „Dialogroman" (Sarah Seidel), biographischer Faktenfülle in der Form literarischer „Charakteristiken" (Tobias Heinrich) und psychopathologisch detaillierter Krankheitsverläufe in „Rhapsodien" (Stephanie Bölts). Nicht nur erinnerungswürdigen Zeitgenossen (Tobias Heinrich) und sozial typisierten Figuren (Gunhild Berg), sondern auch dem „Ding" der modernen Warenwelt in seinen technischen Produktions- und Distributionsprozessen (David Oels) erschreiben divergierende Gattungsformate wie „Denkmal", „sozialer Roman" und „Tatsachenroman" eine je eigene Biographie.

Unter natur- und sozialwissenschaftlichen Vorzeichen zeigen literarische Gattungen wie die narrativen sozialen „Studien" (Gunhild Berg), das „Zukunftsbild" (Robert Leucht) und der „Tatsachenroman" (David Oels) die historischen Annahmen über die soziale Prädetermination des Menschen, die sozialwissenschaftliche Erkennbarkeit wie Veränderbarkeit der Gesellschaft und die soziale bzw. sozialhistorische Bedingtheit von Erkenntnis. Die literarischen Texturierungen von wissenschaftlich erkannten und naturgesetzlich formulierten Fakta schreiben sich in diese naturwissenschaftlich gestützten Wissensordnungen ein, nicht ohne sie zu verändern.

Narrative Re-Visionen, Veränderungen in den Strukturierungsvorgängen von Wissens- und Gattungsbeständen bringen propositionale Änderungen, Ein- und Ausschlüsse ebenso wie strukturelle Referenzen auf Wissen und Nicht-Wissen mit sich.[39] Neben den langfristig etablierten, traditionsreichen geben gerade originelle, obgleich kurzlebige Gattungen Aufschluss über die Funktionsweise

---

39 Zum Verhältnis von Literatur und Nichtwissen vgl. Adler, Godel (Hrsg.): Formen des Nichtwissens; Bies, Gamper (Hrsg.): Literatur und Nicht-Wissen.

literarischer Gattungen hinsichtlich des Verhältnisses von historischen Problemlagen zu gattungsinnovativen „Bedürfnissynthesen", von Strukturierungsleistung zu Anschlussfähigkeit. Scheinbar marginale Gattungen, die literarhistorisch nicht reüssierten, zeigen Verwerfungen sowie die Transformabilität von (Nicht)- Wissen auf und weisen wissenshistorisch auf ungelöste Fragen oder prekäres Wissen hin. In Frage stehen also die Ordnung stiftenden wie diese Ordnung auflösenden Ausprägungen literarischer Gattungen sowie die historisch konkreten wissenskulturellen Bedingungen, die Gattungen beförderten oder Neugründungsversuche verhinderten.

Literatur

Adler, Hans; Godel, Rainer (Hrsg.): Formen des Nichtwissens der Aufklärung. München 2010.

Baßler, Moritz: Die Entdeckung der Textur. Unverständlichkeit in der Kurzprosa der emphatischen Moderne 1910-1916. Tübingen 1994.

Berger, Peter L.; Luckmann, Thomas: Die gesellschaftliche Konstruktion der Wirklichkeit. Eine Theorie der Wissenssoziologie. Eingeleitet von Helmuth Plessner. Frankfurt/M. 2009.

Bies, Michael; Gamper, Michael (Hrsg.): Literatur und Nicht-Wissen. Historische Konstellationen 1730-1930. Göttingen 2012.

Bies, Michael; Gamper, Michael; Kleeberg, Ingrid (Hrsg.): Gattungs-Wissen. Wissenspoetologie und literarische Form. Göttingen 2012.

Borgards, Roland; Neumeyer, Harald: Der Ort der Literatur in einer Geschichte des Wissens. Plädoyer für eine entgrenzte Philologie. In: Walter Erhart (Hrsg.): Grenzen der Germanistik. Rephilologisierung oder Erweiterung? Stuttgart, Weimar 2004, S. 210-222.

Borgstedt, Thomas: Topik des Sonetts. Gattungstheorie und Gattungsgeschichte. Berlin, New York 2009.

Bourdieu, Pierre: Die feinen Unterschiede. Kritik der gesellschaftlichen Urteilskraft. Übers. von Bernd Schwibs und Achim Russer. Frankfurt/M. 1982.

Danneberg, Lutz; Niederhauser, Jürg: Von Aristoteles' geheimer Lehre zu Sokals Experiment – zur Einleitung. In: Dies. (Hrsg.): Darstellungsformen der Wissenschaften im Kontrast. Aspekte der Methodik, Theorie und Empirie. Tübingen 1998, S. 9-20.

Danneberg, Lutz; Spoerhase, Carlos: „Wissen in Literatur" als Herausforderung einer Pragmatik von Wissenszuschreibungen: sechs Problemfelder, sechs Fragen und zwölf Thesen. In: Tilman Köppe (Hrsg.): Literatur und Wissen. Theoretisch-methodische Zugänge. Berlin, New York 2011, S. 29-76.

Foucault, Michel: Über die Archäologie der Wissenschaften. Antwort auf den „Cercle d'épistémologie". In: Dits et Ecrits. Schriften. Hrsg. von Daniel Defert. Bd. 1. Frankfurt/M. 2001, S. 887-930.

Gamper, Michael (Hrsg.): Experiment und Literatur. Themen, Methoden, Theorien. Göttingen 2010.

Gymnich, Marion: Entstehungstheorien von Gattungen. In: Rüdiger Zymner (Hrsg.): Handbuch Gattungstheorie. Stuttgart, Weimar 2010, S. 135-137.

Gymnich, Marion; Neumann, Birgit: Vorschläge für eine Relationierung verschiedener Aspekte und Dimensionen des Gattungskonzepts. Der Kompaktbegriff Gattung. In: Marion Gymnich, Ansgar Nünning (Hrsg.): Gattungstheorie und Gattungsgeschichte. Trier 2007, S. 31-52.

Gymnich, Marion; Nünning, Ansgar: Einleitung. Probleme, Aufgaben und Perspektiven der Gattungstheorie und Gattungsgeschichte. In: Dies. (Hrsg.): Gattungstheorie und Gattungsgeschichte. Trier 2007, S. 1-28.

Hempfer, Klaus W.: Gattungstheorie. Information und Synthese. München 1973.

Hempfer, Klaus W.: Generische Allgemeinheitsgrade. In: Rüdiger Zymner (Hrsg.): Handbuch Gattungstheorie. Stuttgart, Weimar 2010, S. 15-19.

Jacobi, Friedrich Heinrich: Woldemar. Eine Seltenheit aus der Naturgeschichte. Flensburg, Leipzig (Korten) 1779.

Klausnitzer, Ralf: Literatur und Wissen. Zugänge – Modelle – Analysen. Berlin, New York 2008.

Krämer, Olav: Intention, Korrelation, Zirkulation. Zu verschiedenen Konzeptionen der Beziehung zwischen Literatur, Wissenschaft und Wissen. In: Tilman Köppe (Hrsg.): Literatur und Wissen. Theoretisch-methodische Zugänge. Berlin, New York 2011, S. 77-115.

Krause, Marcus; Pethes, Nicolas (Hrsg.): Literarische Experimentalkulturen. Poetologien des Experiments im 19. Jahrhundert. Würzburg 2005.

László, János; Viehoff, Reinhold: Literarische Gattungen als kognitive Schemata. In: Siegener Periodicum zur internationalen empirischen Literaturwissenschaft (SPIEL) 12 (1993) 1, S. 230-251.

Lepenies, Wolf: Naturgeschichte und Anthropologie im 18. Jahrhundert. In: Historische Zeitschrift 231 (1980) 1, S. 21-41.

Merck, Johann Heinrich: Brief an Herzog Carl August von Sachsen-Weimar vom 20. 10. 1781. In: Briefe. Hrsg. von Herbert Kraft. Frankfurt/M. 1968, S. 321-323.

Raible, Wolfgang: Was sind Gattungen? Eine Antwort aus semiotischer und textlinguistischer Sicht. In: Poetica 12 (1980) 3/4, S. 320-349.

Steinmetz, Horst: Gattungen. Verknüpfungen zwischen Realität und Literatur. In: Dieter Lamping, Dietrich Weber (Hrsg.): Gattungstheorie und Gattungsgeschichte. Ein Symposium. Wuppertal 1990, S. 45-69.

Vogl, Joseph: Einleitung. In: Ders. (Hrsg.): Poetologien des Wissens um 1800. München 1999, S. 7-16.

Vogl, Joseph: Für eine Poetologie des Wissens. In: Karl Richter u.a. (Hrsg.): Die Literatur und die Wissenschaften 1770-1930. Stuttgart 1997, S. 107-127.

Voßkamp, Wilhelm: Gattungen als literarisch-soziale Institutionen. Zu Problemen sozial- und funktionsgeschichtlich orientierter Gattungstheorie und -historie. In: Walter Hinck (Hrsg.): Textsortenlehre, Gattungsgeschichte. Heidelberg 1977, S. 27-42.

Voßkamp, Wilhelm: Literaturgeschichte als Funktionsgeschichte der Literatur (am Beispiel der frühneuzeitlichen Utopie). In: Thomas Cramer (Hrsg.): Literatur und Sprache im historischen Prozeß. Vorträge des Deutschen Germanistentages Aachen 1982. Bd. 1: Literatur. Tübingen 1983, S. 32-54.

Zymner, Rüdiger: Gattungstheorie. Probleme und Positionen der Literaturwissenschaft. Paderborn 2003.

Zymner, Rüdiger (Hrsg.): Handbuch Gattungstheorie. Stuttgart, Weimar 2010.

Sektion A
Texträumliche Wissensschauen

Hans Adler

Gattungswissen: Die Idylle als Gnoseotop

1 Präambel[1]

Mit den folgenden Überlegungen gehe ich auf die Ausgangsthese dieses Bandes – dass literarische Gattungen Formen menschlichen Wissens seien – ein. Um meine Perspektive auf diese These zureichend profilieren zu können, ist es nötig – erstens – vier grundlegende Annahmen (Axiome) zum Problembereich vorauszuschicken, – zweitens – den Begriff „Gnoseotop" vorzustellen und – drittens – den vertrauten Begriff „Idylle" neu zu definieren. Um Erwartungen, die sich habituell mit dem Begriff der Idylle verbinden, von vornherein auf Enttäuschungen einzustellen, sei schon hier darauf hingewiesen, dass das Folgende nur mittelbar sich als Beitrag zur literarischen Gattungstheorie der Idylle versteht. Die These dieses Beitrags ist, dass die Idylle als Wissensform – primär also in ihrer epistemischen Funktion – in ihren Grundelementen die passende Denk- und Darstellungs-Form für den Wissensbegriff der Moderne (zweites

---

[1] Diese Präambel hat sich nach Erfahrungen in Vorträgen einer früheren Version dieses Aufsatzes (am FRIAS in Freiburg und am Zukunftskolleg in Konstanz) als erforderlich erwiesen. Während der Neologismus „Gnoseotop" mit relativem Wohlwollen zur Kenntnis genommen wurde, löste die transferfähige Minimaldefinition der Idylle geradezu allergische Reaktionen aus. Das überrascht nicht, wenn man in Rechnung stellt, dass die Idylle als Gattung hochgradig emotional konnotiert ist. Die vorwiegend inhaltliche Beschreibung der Idylle mit den Elementen Frieden, Harmonie, Natur, Liebe, Simplizität, Spiel u.a. bedient tiefliegende Wünsche. Die Konfrontation dieser Wunschwelt mit der extratextuellen Realität – selbst im Rahmen der unten näher spezifizierten Erkenntnisbeschränkungen – enthüllt freilich das Kindliche dieses Blicks auf die Idylle. Der folgende Beitrag versucht, mit dieser „Denkgewohnheit" (Gerhart von Graevenitz) zu brechen und die Fruchtbarkeit des Gattungsbegriffs „Idylle" für die Moderne – unsere Gegenwart eingeschlossen – aufzuzeigen. Die Beispiele, die ich zur Stützung und Illustration meiner These beiziehe, sind vorwiegend dem 18. und frühen 19. Jahrhundert entnommen, da im 18. Jahrhundert – in Auseinandersetzung mit dem prekären Verhältnis zwischen Cartesianismus und theologischer Gnoseologie – mit der grundsätzlich angenommenen Erkenntnisinsuffizienz des Menschen die ‚gnoseologische Kränkung' (in Analogie zu den drei „Kränkungen", die Freud anführt) ausformuliert wird und im frühen 19. Jahrhundert diese ‚Kränkung' ihren Niederschlag und in der Modernisierung der Idylle als Wissensform ein Pharmakon fand.

Drittel des 17. Jahrhunderts bis heute) ist. Sie ist indes nicht nur die ‚passende' Form, sondern es folgt aus dem Konnex zwischen Idylle und Gnoseotop, dass es zur Idylle als Wissensform der Moderne keine Alternative gibt.

1.1 Vier Axiome[2]

Vier Annahmen grundlegender Art (Axiome) sollen die Vorgaben zur Statik meiner Argumentation liefern:

1.1.1 „Realität" ist hypothetische Realität[3]

Menschliches Wissen ist nicht schlichtes ‚Wissen von den Dingen', sondern ständig sich wandelndes Resultat der Auseinandersetzung menschlicher Erkenntnisfähigkeiten und -fertigkeiten mit andringenden Erfahrungen, die ihrerseits nicht eine Serie von vom Erkenntnissubjekt unabhängigen, ‚objektiven' *facta bruta* sind, sondern Resultat einer nicht hintergehbaren anthropologischen ‚Passung' sowohl der menschlichen Wahrnehmung als auch der strukturierenden, das heißt reduktionistischen Verarbeitung dieser Wahrnehmungen. Johann Gottfried Herder und Immanuel Kant haben diese subjektive – aber nicht individualistische – Determination menschlichen Wissens 1769 (Herder)[4] und 1787 (Kant)[5] mit der Metapher der „kopernikanischen Wende" zu erfassen versucht. Die damit gemeinte radikale Neuinterpretation des Status menschlicher Erkenntnis durch grundlegenden Perspektivenwechsel ist der heiße Kern dessen, was wir *Moderne* nennen. Die grundlegende These der Moderne ist: Wir erkennen die Welt nicht so, wie sie ist, sondern so, wie wir sie aufgrund unserer ‚Ausstattung' zu erkennen vermögen. Kurz gefasst: Erkenntnis der Welt ist hypothetische

---

2 Es ist mir bewusst, dass für die folgenden Axiome genau das gilt, was sie im Folgenden zum „Wissen" sagen. Axiome haben das zu eigen, dass ihre Begründung nicht in dem System geleistet werden kann, das sie begründen. Paradigmatisch dafür sei aus der bekannten Präambel der amerikanischen Unabhängigkeitserklärung zitiert: „We hold these Truths to be self-evident, that all Men are created equal ..." Der entscheidende Punkt in dieser Erklärung ist der Terminus „self-evident", soll heißen: nicht begründungspflichtig, weil konsensuell, ‚fraglos' legitimiert.
3 Ich kann hier nicht auf Alfred North Whiteheads Begriff des „hypothetischen Realismus" eingehen, merke aber an, dass ich Whiteheads Interpretation der kantischen kopernikanischen Wende deshalb nicht teile, weil Kants erkenntniskritischer ‚Subjektivismus' nicht – wie Whitehead annimmt – ein Individualismus ist. Vgl. dazu Faber: Gott als Poet, S. 259.
4 Vgl. Herder: Philosophie, S. 134. Vgl. dazu Adler: Metaschema.
5 Vgl. Kant: Kritik, B XVI.

Strukturierung der Welt nach Maßgabe menschlicher Auffassungs- und Verarbeitungskapazität. Simplifikation (Theorie), Ordnung (Struktur) und Orientierung (Praxis) sind bei diesem Geschäft die Leit- und Zielvorgaben. Fortschritt im Wissen besteht nicht in kumulativer Anhäufung positiven Wissens, sondern in der erfahrungsbedingten Korrektur der hypothetischen Grundlage menschlichen Wissens. ‚Realität' als Erkenntnisprodukt ist in dieser Hinsicht immer *hypothetische Realität*. Ihre Gewissheit ist die *Wahrscheinlichkeit*, von Jakob Bernoulli definiert als „gradus certitudinis, & ab hac differt ut pars à toto."[6]

1.1.2 „Begriffe" sind kontext-abhängige Entitäten, die einen ‚Wert' haben

Methodologisch entspricht der Annahme einer unhintergehbaren hypothetischen Realität eine weitere Annahme, nämlich die, dass ein Begriff seine Funktion und Bedeutung nur in einem – *seinem* – Begriffs- und Wissenssystem haben kann, in dem er durch seinen „Wert" definiert ist.[7] Außerhalb des Systems verliert der Terminus seinen Status als Begriff und sedimentiert entweder im historischen, ‚toten' Bestand des Lexikons oder wird als ‚Wort', genauer: als Bezeichnendes (*signifiant* im Sinne Saussures) frei für neue Funktionen und Werte. Eine methodische Konsequenz aus diesem Axiom ist, dass Begriffe ‚an ihrem Ort' aufgesucht werden müssen, um zu verstehen, was sie ‚begreifen'. Das ist Teil des hermeneutischen Grundkonsenses. Methodisch bedeutet es, dass Begriffe historisch und systematisch kontextualisiert werden müssen, um Anachronismen und Retro-Semantisierungen[8] zu vermeiden. Kurz: „Wissen" ist immer historisches Wissen.

1.1.3 „Wissen" ist Wissen in rekursiv eingebetteten Horizonten

„Wissen" ist Wissen von etwas unter gegebenen Bedingungen. Entscheidend für die Absicherung des Wissens ist die immer in Rechnung gestellte wissenskonstitutive Rolle der ‚Bedingungen'. Ausgehend von der Annahme, dass „Wissen" sich konstituiert in der Beziehung zwischen Subjekten, die „Wissen" hervorbringen und Objekten, die die Wissensproduktion stimulieren, ist dasjenige

---

6 (… ein Grad der Gewissheit, und [er] unterscheidet sich von dieser [sc. der Gewissheit] wie der Teil vom Ganzen.) Bernoulli: Ars conjectandi, Abschnitt 4,1.
7 Das Konzept des strukturalen „Werts" ist ein Kernstück von Ferdinand de Saussures Sprachtheorie. Vgl. Saussure: Cours, S. 115 f. und 155-166, sowie Saussure: Écrits, S. 80. Vgl. dazu Adler: Wert.
8 Vgl. dazu Adler: Nation.

„Wissen" das sicherste, das seine eigene Bedingtheit und Beschränkung mit reflektieren kann. Wissen wird stabilisiert durch Wissen vom letztendlich nicht-hintergehbaren Nichtwissen. Eine Leitfunktion bei der Erstellung von Wissensfeldern ist die Herstellung von Ordnung in der Komplexität der Erfahrungswelt. Diese Ordnung ist unerlässlich für die Planung menschlichen Handelns. Eine Ordnung ist dann zureichend stabil, wenn den Subjekten des Wissens ihre Grenzen präsent sind. „Wissen" ist indes kein Feld, das einem Nichtwissen schlicht entgegengesetzt ist. „Wissen" lässt sich vielmehr denken im Bild von konzentrischen Kreisen (mit ungewissem Ausgang, gewissermaßen ein ‚Ausfransen' an der äußersten Peripherie), wobei die jeweils größeren Kreise aus der Perspektive der kleineren Kreise Bereiche des Nichtwissens (und/oder potentiellen Wissens) darstellen, während die jeweils kleineren Kreise integrale Bestandteile des Wissens der größeren abgeben. Radikale Innovationen und ‚Paradigmenwechsel' sind Prozesse, die die Grenzen zwischen Wissen und Nichtwissen verschieben, und zwar nicht im Sinne einer quantitativen Erweiterung (Modell der Beseitigung ‚weißer Flecken' auf der Landkarte), sondern einer Umstrukturierung des Verhältnisses der konzentrischen Kreise zueinander.

Ein Mangel dieses Bildes für „Wissen" als Struktur konzentrischer Kreise liegt in der Zweidimensionalität, dem aber auch ein dreidimensionales Bild, etwa von konzentrischen Kugeln, nicht abhelfen würde. Entscheidend ist, dass Wissen jeweils in Nichtwissen/potentielles Wissen eingebettet ist, ohne dass eine äußere Grenze präzise bestimmbar wäre. Das Feld eines Wissens ist eingebettet in das ‚Jenseits' seines Horizonts. Dieses ‚Jenseits' kann seinerseits ein Wissensfeld sein, dessen Entdeckung' als epistemische Wende begriffen wird und das wiederum eingebettet ist in das ‚Jenseits' dieses Horizonts, usw. Wissenskonstitution kann so beschrieben werden als rekursive Einbettung von Wissensfeldern, die nur für eine intentionale top-down Kommunikation offen sind. Das ‚Jenseits' kann aber auch ein Ungeordnetes, Katastrophisches sein, das als solches ‚rational' nicht fassbar ist und als Bedrohung oder Angst in das Diesseits des Horizonts des eingebetteten Wissens hineinragt. Die Sprengung des Horizonts eines Wissensfelds ‚von innen' ist nicht in Termini intentional geplanter Handlung beschreibbar. Es gibt, wie Dieter Henrich anschaulich formuliert hat, immer „Theorielagen, in denen voranzukommen heißt, sich auf Glatteis zu begeben."[9]

---

9 Henrich: Rahmenbedingungen, S. 538.

1.1.4 Literarische Gattungen sind – wie Stile – transferfähige Formen des Wissens. Einige literarische Gattungen – wie die Idylle – sind diskursiv transferfähig

Literarische Gattungen können mit Jurij Lotman als „sekundäre modellbildende Systeme" aufgefasst werden.¹⁰ Ich folge Lotman hier insofern, als er eine „Gattung" als ein über der Umgangssprache errichtetes System von Regeln auffasst. Ich folge Lotman nicht in der Annahme, dass „Gattung" als „Sprache" begriffen werden kann.¹¹ Es geht mir bei dem Begriff der „Gattung" auch nicht, wie Emil Staiger, um eine „fundamentalpoetische" Gattungsbestimmung, deren „Idee [...] so unverrückbar wie die Idee des Dreiecks oder wie die Idee von ‚rot', objektiv" feststeht.¹² Dass Staiger in seinen *Grundbegriffen der Poetik* den Transfer von seiner Fundamentalpoetik zu einem „Beitrag der Literaturwissenschaft an die philosophische Anthropologie" anstrebt,¹³ ist trotz terminologischer Ähnlichkeiten mit meiner Sicht auf Gattungen und Wissensformen deshalb nicht verträglich, weil es Staiger über eine – durchaus kritische – Heidegger-Aneignung letztendlich nicht um die Beziehung von (literarischer) Gattung und Wissen, sondern um vermeintliche Grundformen „menschlichen Daseins" geht:¹⁴ „Die Begriffe lyrisch, episch, dramatisch sind literaturwissenschaftliche Namen für fundamentale Möglichkeiten des menschlichen Daseins überhaupt [...]"¹⁵ – dies ist Staigers Transfer der Gattungen „auf etwas [...], das nicht nur zur Literatur gehört",¹⁶ gleichwohl auf irreduzible Weise nur in ihren Gattungen zur Anschauung kommt. Staigers Wunsch, mit seiner Gattungslehre in fundamentalpoetologischer Hinsicht „einen Sektor jener exakten [!] Wissenschaft vom Dasein, welche die Ontologie verkündet, ausgearbeitet zu haben",¹⁷ teile ich nicht, weil Staiger die Historizität und genuine Diskursivität dieses Ontologie-Begriffs ignoriert. Ein Resultat dieser Pseudo-Essentialisierung ist, dass Staiger

---

10 Lotman: Struktur, S. 22 ff.
11 Ich folge hier auch nicht Klaus Hempfers klassifikatorischem Begriff „Gattung" als „Oberbegriff für alle Textgruppenbezeichnungen" (vgl. Hempfer: Gattungstheorie, S. 17 ff.).
12 Staiger: Grundbegriffe, S. 9.
13 Ebd., S. 12. Vgl. auch. Schlaffer, der schreibt: Staigers Gattungsbegriffe „wollen begreifen, aus welchen vorpoetischen Bedingungen poetische Werke überhaupt entstehen können." (Schlaffer: Staigers Grundbegriffe, S. 4)
14 Ebd., S. 209.
15 Ebd. Vgl. auch ebd., S. 220.
16 Vgl. ebd., S. 209.
17 Ebd., S. 221 f.

historisch-nationale Ausformungen von Gattungen in ihren „Differenzen" für „ärgerlich" hält.[18] Auch bei Staiger wird die geradezu verzweifelte Sorge um die Welt als objektiv verbürgte Ordnung deutlich.[19] In einem „Nachwort" zu seinen *Grundbegriffen der Poetik* (1946) von 1948 heißt es:

> [...] je mehr wir uns so des geistigen Erbes versichern, desto besser sehen wir ein, daß der Mensch im Verlauf seiner langen Geschichte nicht wild in Möglichkeiten taumelt, daß auch die Zeugen des Menschseins nicht ein unentwirrbares Geschrei erheben, sondern, wenn wir recht zu hören verstehen, in zeitbedingten Sprachen doch mehr oder minder das gleiche sagen.[20]

Entscheidend ist, dass „Gattungen" in diesem Zusammenhang in ihrer jeweiligen Spezifik Formen sprachlicher Artikulation sind. Als solche ermöglichen sie innovative künstlerische Sichtweisen, bringen sie in der Konfrontation mit bestehenden Denkgewohnheiten zur Anschauung und definieren sie (im Sinne von de-finieren, d.h. begrenzen, umreißen). Ohne hier näher auf das Feld der literarischen Gattungstheorie im engeren Sinn eingehen zu können, transferiere ich den Begriff der *Idylle* aus dem Bereich der Literaturtheorie und -geschichte in den Bereich der Gnoseologie, d.h. der Wissens- und Erkenntnistheorie, ohne dass sie – die Idylle – das Anschauliche des *eidyllions* verlieren muss.[21] Dieser Transfer bringt Literatur und Philosophie über die Idylle in Kontakt, so dass das Konzept der Idylle hybridisiert wird. Ziel dieser „Übertragung" ist nicht, dem philosophischen Diskurs zu einer Metapher zu verhelfen. Es geht vielmehr darum, die Grunddefinition der Idylle fruchtbar zu machen für Überlegungen zu anthropologisch vertretbaren Dimensionen menschlichen Wissens. Die Grunddefinition der Idylle ist die der Ordnung in zeitlicher und räumlicher Beschränkung. Beide – Ordnung und Beschränkung – sind dabei in ihrer Artifizialität markiert, implizit etwa durch Distanzierung von ‚Kultur' und durch ‚Naturalisierung',[22] explizit etwa durch katastrophale Einbrüche (H. v. Kleist)

---

18 Ebd., S. 225.
19 Dies und macht seine Enttäuschung im „Zürcher Literaturstreit" einigermaßen verständlich, wenngleich nicht auch akzeptabel.
20 Staiger: Grundbegriffe, S. 253.
21 Die Befangenheit in den Grenzen der literarischen Kleinform hindert selbst profunde Kenner der Materie, die Gattung Idylle als Wissensform zu begreifen. So schränkt Friedrich Sengle ein, dass Idyllen *„kleine* Literaturwerke" sind, so dass die „frühbiedermeierlichen Idylliker" bloß „Vorarbeit" leisten und „eine Art Quellgebiet für andere Formen" bereitstellten (Sengle: Biedermeierzeit, S. 743).
22 Das Dictum, dass ‚Natur Kultur sei', hat eine lange Tradition, die in zwei gegenläufigen Interpretationssträngen manifest ist. Zum einen erfährt das

oder programmatische Rahmung (J. Paul). Der Transfer besteht im Folgenden darin, menschliches Wissen und daraus hervorgehende Wissenschaft in deren ordnungsstiftenden, zugleich aber temporär beschränkten Formen zu begreifen und andeutend zu beschreiben. Zugespitzt lautet die These: Ziel von Philosophie und Wissenschaft ist die Produktion von Idyllen.

1.2 Begriffsklärungen

Die beiden Begriffe, die in diesem Beitrag zueinander ins Verhältnis gesetzt werden sollen, sind die Begriffe „Idylle" und „Gnoseotop".

1.2.1 Idylle

Der Begriff „Idylle" ist wohlbekannt als *terminus technicus* in Literatur und Malerei. Um ihn für unsere Überlegungen nutzbar zu machen, ist eine Besinnung auf die Minimaldefinition der Idylle erforderlich, damit ein Transfer in das Feld der Wissens- und Erkenntnistheorie möglich wird, ohne einerseits der Idylle ihr Eigentümlichstes zu nehmen und ohne, andererseits, die Idylle zu einer bloß illustrativen Metapher im philosophischen Diskurs zu degradieren. Voraussetzung für diesen Transfer ist eine weitgehende Abstraktion von den traditionellen inhaltlichen Bestimmungen der Gattung „Idylle". Die Minimaldefinition der Idylle als Gattung ist die der Ordnung in der und durch die zeitliche und räumliche Beschränkung. Als Wissensform mit Imaginationspotential repräsentiert und ermöglicht sie nicht nur Ordnung in der Beschränkung, sondern sie *thematisiert* oder *indiziert* die Beschränkung auch mehr oder weniger explizit. Damit ist sie eine Wissens- und Anschauungsform, die die Bedingungen ihrer Möglichkeit in mehr oder weniger reflektierter Weise ‚vor sich her' trägt, soll heißen: die Idylle lebt von dem Bewusstsein, dass die in ihr und durch sie vorgestellte Ordnung hypothetisch bedingt oder wunschorientiert ist und/oder

---

Natur-gleich-Kultur-Dictum eine theologische Deutung der Natur als ‚Kultur', die von der alles durchwaltenden Vernunft Gottes als Demiurg ausgeht. Alexander Popes „All nature is but art, unknown to thee" mit der fulminanten *conclusio* der ersten *Epistle*: „Whatever is, is RIGHT" aus seinem *Essay on Man* liefert eine wirkungsstarke Vorgabe (Pope: Essay on Man, S. 280). Der andere Interpretationsstrang – in Ansätzen seit Johann Gottfried Herder – ist anthropologisch gegründet und trägt der Tatsache, dass die menschliche ‚Natur' evolutionärem und historischem Wandel unterworfen ist, Rechnung. Vgl. zur Diskussion der These, „Menschliche Natürlichkeit ist künstlich" in ihrer anthropologischen Dimension (Bio-/Gnoseotop; Horizont; Idylle) Plessner: Anthropologie, insbes. S. 376-384.

spielerisch-experimentell aufgefasst wird. Mit diesem Transfer der Idylle aus dem literarischen in den gnoseologischen Diskurs wird die ‚Kleinform' als Form des gnoseologisch Umfassenden Repräsentantin der Dimension menschlichen Wissens überhaupt.

1.2.2 Gnoseotop

Der Begriff „Gnoseotop" ist ein Neologismus und meint wörtlich den „Wissensbereich" oder „Erkenntnisraum".[23] „Gnoseotop" ist in Analogie zu „Biotop" gebildet. So wie das „Biotop" den begrenzten *Lebens*bereich bezeichnet, in dem Lebewesen ‚sich auskennen' und ihr Überleben einigermaßen erwartbar organisieren können, bezeichnet das „Gnoseotop" den begrenzten *Erkenntnis*bereich, in dem Menschen Erfahrungen zu systematischem Wissen (Ordnung) transformieren können, gleichzeitig aber sich der mit jedem Wissen verbundenen zeitlichen und systematischen Beschränkung mehr oder minder bewusst sind. Die Grenze dieses ‚Topos' ist subjektbedingt und damit historischem und evolutionärem Wandel unterworfen. Für das Gnoseotop gilt das oben von den Axiomen zu meinen Überlegungen Gesagte: 1) Die „Realität" des Gnoseotops ist hypothetisch; 2) Die ordnungsstiftenden Begriffe des Gnoseotops sind kontext-abhängig und haben nur im System des jeweiligen Gnoseotops ihren „Wert". 3) Das Wissen, welches das Gnoseotop konstituiert, ist rekursiv eingebettet in umfassendere Wissenssysteme, gewissermaßen in Gnoseotope höherer Ordnung. 4) Die ‚passende' Anschauungsform des Gnoseotops ist die Idylle.

2 Wissen in Horizonten

Dass menschliche Erkenntnis und menschliches Wissen begrenzt sind, ist keine neue Einsicht und dürfte in dieser Allgemeinheit als Truismus auch kaum bestritten werden. Ich fasse diese Tatsache nicht als Defizit oder ‚Mangel' auf, sondern als konstitutives Element dessen, was wir „menschlich" nennen, in Ernst Cassirers Worten: „[...] der Mensch ist, was er ist, nur in der Einschränkung seiner Erkenntniskräfte."[24] Die Moderne bietet als Gegengewicht zu dieser potenziell verunsichernden Einsicht zwei Perspektiven:

---

23 Es sei daran erinnert, dass der Terminus „Gnoseologie" im 18. Jahrhundert als *terminus technicus* für die Wissens- oder Erkenntnislehre üblich war. Konnotationen mystischer Provenienz (via „gnosis") waren mit dem Begriff nicht verbunden. In diesem Sinne intendiere ich auch den Begriff „Gnoseotop" konnotationsneutral.
24 Cassirer: Freiheit und Form, S. 77.

Gattungswissen: Die Idylle als Gnoseotop

Zum einen die Idee des *Fortschritts*, die für lange Zeit kumulativ ausgelegt wurde, so dass die Wissens- und Wissenschaftsgeschichte grundsätzlich dem Komparativ folgte und damit nach vorn offen und auch stimulierend wirkte. Zum anderen wurden – verstärkt seit dem 18. Jahrhundert, nach Vorläufen seit Descartes – Ideen einer *Subjektivierung* (nicht: Individualisierung!) von Erkenntnis und Wissen entworfen und ausgebaut, die aus der Not der Beschränktheit menschlichen Wissens die Tugend des Wissens von dieser Beschränkungen machte.

Nach zahlreichen Entwürfen von Modellen epistemologischer Bescheidenheit in sokratischer und in christlicher Tradition[25] – einer der Höhepunkte war sicherlich Nikolaus von Kues' Schrift *De docta ignorantia* von 1440[26] – waren es die kopernikanischen Wenden von Johann Gottfried Herder (1769)[27] und Immanuel Kant (1787),[28] die die Theorie menschlicher Erkenntnis in die gleiche Richtung trieben, aber von inkompatiblen Voraussetzungen ausgingen. Diese Kontroverse soll hier nicht vorgestellt werden.[29] Festzuhalten ist, dass der Horizont menschlichen Wissens eigens ein konstitutives Element menschlichen Wissens wird, ohne deshalb in eine resignative Haltung verfallen zu müssen. Herders Anthropologie und Kants Transzendentalphilosophie tragen der für

---

25 Vgl. die in vollem Gottvertrauen vollzogene, beeindruckende (und erschütternde) Quasi-Total-Reduktion des Ich angesichts der Unmöglichkeit gesicherten positiven Wissens bei Fénelon: Démonstration, S. 663 f.
26 Vgl. dazu Adler: Das gewisse Etwas.
27 „Alle Philosophie, die des Volks sein soll, muß das Volk zu seinem Mittelpunkt machen, und wenn man den Gesichtspunkt der Weltweisheit in der Art ändert, wie aus dem Ptolomäischen, das Kopernikanische System ward, welche neue fruchtbare Entwickelungen müssen [sich] hier nicht zeigen, wenn unsre ganze Philosophie Anthropologie wird." (Herder: Philosophie, S. 134)
28 „Bisher nahm man an, alle unsere Erkenntnis müsse sich nach den Gegenständen richten; aber alle Versuche über sie a priori etwas durch Begriffe auszumachen, wodurch unsere Erkenntnis erweitert würde, gingen unter dieser Voraussetzung zunichte. Man versuche es daher einmal, ob wir nicht in den Aufgaben der Metaphysik damit besser fortkommen, daß wir annehmen, die Gegenstände müssen sich nach unserem Erkenntnis richten, welches so schon besser mit der verlangten Möglichkeit einer Erkenntnis derselben a priori zusammenstimmt, die über Gegenstände, ehe sie uns gegeben werden, etwas festsetzen soll. Es ist hiermit ebenso, als mit den ersten Gedanken des Kopernikus bewandt, der, nachdem es mit der Erklärung der Himmelsbewegungen nicht gut fortwollte, wenn er annahm, das ganze Sternenheer drehe sich um den Zuschauer, versuchte, ob es nicht besser gelingen möchte, wenn er den Zuschauer sich drehen, und dagegen die Sterne in Ruhe ließ." (Kant: Kritik, B XVI)
29 Vgl. dazu Adler: Ästhetische, sowie ders.: Metaschema.

die Moderne bestimmenden Idee Rechnung, dass menschliches Wissen nicht in einer mehr oder minder aufbereiteten Datensammlung, die eine ‚objektive' Welt repräsentiere, besteht, sondern in hypothetischen Projektionen auf eine als solche nicht begreifbare Welt. Während Kant von der Bestimmung menschlicher Erkenntnis durch die Anschauungsformen Raum und Zeit einerseits (*Transzendentale Ästhetik* der *KrV*) und Denkmustern zur Verarbeitung des sinnlich Perzipierten (*Transzendentale Logik* der *KrV*) ausgeht, rekurriert Herder auf anthropologische Bedingungen der Erkenntnis, die dem Körper und den Sinnen und damit Zeit und Evolution einen gewichtigen Platz einräumen. Der wohl bedeutendste Unterschied zwischen Kant und Herder ist der, dass Kants Bedingungen der Möglichkeit menschlicher Erkenntnis keine historische Dimension haben, während für Herder der ‚genetische' (entstehungsgeschichtliche) Aspekt menschlicher Erkenntnisorgane eine zentrale Rolle spielt. Vernunft ist für Kant ein unerschütterliches Datum; für Herder leitet sich Vernunft ab von „vernehmen", deshalb *ist* der Mensch nicht einfach, sondern *wird*: „Wir werden, was wir sind." Hier setzt Helmuth Plessners Anthropologie mit der „Ästhesiologie des Geistes" oder „Hermeneutik der Sinne" an.[30]

Für unseren thematischen Zusammenhang – Literaturgattungen als Wissensformen – ist wichtig, dass beide, Herder und Kant, Erkenntnis und Wissen als konstitutiven Regeln unterworfen auffassen, so dass jede Erkenntnis und alles Wissen nur als *bedingtes* Wissen recht begriffen wird. Das heißt, dass die Bedingungen menschlicher Erkenntnis und menschlichen Wissens als Elemente dieses Wissens in Rechnung gestellt werden müssen, kurz: menschliches Wissen schafft eine unsichere Sicherheit. *Sicher* ist dieses Wissen, insofern es sich in der Praxis bewährt und damit auch den Rückschluss auf eine zuverlässige menschliche, auf Erfahrung gegründete Erkenntnisfähigkeit nahelegt. *Unsicher* ist dieses Wissen, insofern es bedingt ist, den Gegenstand des Wissens also nicht erfasst, wie er ist (‚an sich'), sondern nur, insoweit der Mensch aufgrund intrinsischer Bedingungen Zugang zum Gegenstand des Wissens hat, was so viel bedeutet wie: Erkenntnis und Wissen bilden ihre Gegenstände nicht einfach ab, sondern schaffen sie, indem sie Erfahrungsdaten Form und Ordnung geben, die wiederum die folgenden Erkenntnisprozeduren beeinflussen. Es sind also grundsätzlich und jederzeit unvorhersehbare, unerklärliche und unvorstellbare Ereignisse möglich, die die durch das Wissen gewonnene Ordnung affizieren können.

Diesen Bereich des Wissens, der sich als selbstgestiftete Ordnung in der Erfahrung bewährt hat, aber wegen seiner Bedingtheit keine letztendliche

---

30 Plessner: Anthropologie, S. 380.

Gewissheit und Sicherheit bietet, nenne ich in Analogie zum Biotop ein *Gnoseotop* – denjenigen Bereich menschlichen Denkens und Handelns, der durch eine konstruktive, an die Erfahrung herangetragene Ordnung artikuliert ist, aber nicht ohne seinen Horizont und das darüber Hinausliegende, Unbekannte, und, weil unbekannt, Ungeordnete gedacht werden kann. Das menschliche Gnoseotop ist der überlebensnotwendige Schutzraum, in den jedoch jederzeit das Unbekannte als Innovation oder als Katastrophe einbrechen kann. Es geht mir bei dieser Markierung des Gnoseotops und des mit ihm verbundenen gnoseologischen Un-Orts nicht um eine Terrain-Aufteilung, die etwa durch Entdeckungen zu einer kartografischen Vervollkommnung des Gnoseotops durch tendenziell vollständige Reduktion der gnoseologischen *terra incognita* führte. Intern mag ein Gnoseotop Blindflecken haben, wichtiger ist hier, dass es als Ganzes in das Ortlose des Nichtwissens eingebettet ist, was dem Wissen allererst Form gibt und in dieser formgebenden Funktion Wissen als Versuch, der andrängenden Komplexität von Erfahrungen hypothetisch Herr zu werden, profiliert. Für die Struktur des Gnoseotops gilt, worauf Dieter Henrich hingewiesen hat:

> [...] es gibt keine Vernunft, die nicht verlangt, daß Bereiche ausgegrenzt und als solche anerkannt werden, in denen gesichertes Wissen erworben werden kann. [...] Sie muß [...] um den Bereich, in dem definitive Theorie in Aussicht steht, Grenzen ziehen, jenseits derer mehr als die bedeutungslose Leere und oft sogar unverzichtbare Lebensgrundlagen anzusetzen sind.[31]

Eine Konsequenz daraus ist, dass die Selbstaufklärung der Vernunft nicht nur das Geschäft der Vernunft selbst sein kann und dass das Resultat einer solchen Selbstaufklärung eine veränderte Vernunft ist.

Alexander Gottlieb Baumgarten hatte vor Herder und Kant die Territorialisierung von Erkenntnis und Wissen durch eine Differenzierung in verschiedene Logiken in den Grenzen ihrer jeweiligen Horizonte gelöst. Im Abschnitt über den „Reichtum des Stoffes" in seiner *Ästhetik* liefert Baumgarten den Grundriss einer Theorie menschlicher Erkenntnishorizonte. Es heißt dort:

> Der HORIZONT (der Gesichtskreis) der MENSCHLICHEN ERKENNTNIS umfasst eine begrenzte Anzahl von Stoffen aus der unbegrenzten Gesamtheit der Gegenstände, die einem durchschnittlichen menschlichen Geist klar sein können. Davon bilden die [sc. Stoffe], die von einem durchschnittlichen Geist vollkommener vorgestellt werden können, den LOGISCHEN HORIZONT (das Gebiet und den Gesichtskreis) der Vernunft und des Verstandes. Diejenigen [sc. Stoffe], die durch einen durchschnittlichen

---

31 Henrich: Rahmenbedingungen, S. 542.

ästhetischen Geist schön glänzen können, bilden den ÄSTHETISCHEN HORIZONT (das Gebiet und den Gesichtskreis des schönen Analogons der Vernunft).[32] Die grundlegende Annahme Baumgartens ist, dass der menschlichen Vorstellung Dinge gegeben sind, die im logischen oder ästhetischen Modus aufgefasst werden, und er bestimmt, was dies- und jenseits des ästhetischen Horizonts liegt,[33] subsumiert die Poetik unter den ästhetischen Horizont[34] und stellt kurz die Möglichkeit einer Aspektenlehre, d.h. einer Perspektivik vor.[35]

Ohne auf Baumgartens differenzierte Lehre von den Wahrheiten, die zwischen den Polen der ästhetischen und der logischen Wahrheiten im engeren Sinne etabliert wird, hier eingehen zu können,[36] sei festgehalten, dass er sich genötigt sieht, nicht nur eine Pluralisierung der Logiken vorzunehmen, sondern auch eine Mehrzahl nicht aufeinander reduzierbarer Wahrheiten zu entwerfen. Nun ist Baumgarten aber in der einigermaßen glücklichen Lage, dass ihn die angenommene Pluralität von Wahrheiten nicht zu einem Weltbild führt, das sich nicht mehr als Einheit zusammendenken ließe. Als geschulter rationalistischer Metaphysiker nimmt er an, dass eine alles überwölbende Wahrheit (*veritas metaphysica*) jenseits des Horizonts menschlicher Vernunft alle Wahrheiten widerspruchsfrei unter sich vereinige. Das Missliche an dieser metaphysischen Wahrheit ist freilich, dass sie dem Menschen, der im Horizont seiner Vermögen befangen ist, nicht zugänglich ist. Sie ist der Schlussstein des Systems, beruhend auf der Annahme, dass das Universum eins und eine Einheit sei, was philosophisch vor dem Hintergrund einer horizontbegrenzten Erkenntnislehre zu begründen nicht leichtfällt. Mit der anthropologischen Wende, das Subjekt der Erkenntnis ins Zentrum des Kreises zu setzen, dessen Peripherie der Horizont des Erkenntnissubjekts ist, fällt eine gesicherte Einsicht ins Trans-Periphere weg. Da dieses ‚Jenseits' aber angenommen werden muss, ist jede noch so profunde Einsicht ins ‚Diesseits' der Peripherie unsicher und ‚partiell'.[37] Dieses ‚Partielle'

---

32 Baumgarten: Ästhetik, § 119, S. 97 (Übersetzung leicht modifiziert; H.A.).
33 Vgl. ebd., § 120 f.
34 Vgl. ebd., § 122.
35 Vgl. ebd., § 123.
36 Vgl. dazu Adler: Prägnanz, insbes. S. 26-48.
37 Das Teil-Ganze-Verhältnis wird immer wieder von Alexander Pope bemüht: „A mighty maze! but not without a plan! […] Tis but a part we see, and not a whole. […] All are but parts of one stupendous whole, / Whose body Nature is, and God the soul." (Pope: Essay on Man, S. 272 f. und 279) Mit der Selbstreflexion menschlicher Erkenntnis kommt das mereologische Modell von Teil und Ganzem an seine Grenzen.

ist aber ein eigentümliches, denn es ist in diesem Modell unmöglich, das mit dem Begriff *partiell* implizierte Ganze zu denken oder sich vorzustellen. Damit entfällt aber auch der Rückgriff auf ein mereologisches Teil-Ganzes-Denken, wenn es um ‚das große Ganze' geht: das Universum, das damit seinen Namen dann auch nicht mehr zu Recht trägt.[38] Die auf der erkenntnistheoretischen Subjektivierung aufruhende Moderne findet sich angewiesen auf ein permanent sich änderndes Wissen, dem die subjekt-unabhängigen Zuordnungsschemata Zentrum und Peripherie fehlen. In unserem Zusammenhang sei am Rande angemerkt, dass damit auch das Totalitätskonzept – und mit ihm die Zentrum-Peripherie-Topik – obsolet wird: Wenn das Zentrum überall sein kann, kann es kein Ganzes mehr geben. Und weiter: wenn Totalität nicht mehr gegeben ist, dann entfällt auch die Vorstellung von einer Welt aus Fragmenten. Die mereologische Teil-Ganzes Dichotomie ist im Bezug auf die Totalität des Universums als Denkmodell nicht mehr haltbar, wie Resultate etwa der modernen Astronomie beeindruckend nahelegen.

Mit dem Wandel des Horizonts von der Bezeichnung für die Grenze zwischen objektiv beschränktem Raum zum ‚Gesichtskreis' des Individuums gehen einher die Perspektivierung und die Mobilisierung der Wahrnehmung. Der Horizont „geht mit" und macht, wie Albrecht Koschorke das treffend ausdrückt, den „Anthropozentrismus mobil".[39] Damit tritt das Konzept des Horizonts in seine entschieden moderne Phase. Ich nenne ein paar der wichtigsten Projektbereiche der Moderne, die diese Phase paradigmatisch begründet und vorangetrieben haben: Die subjektkritischen Determinanten der Erkenntnis (Kants Projekt); die anthropologischen Attribute des Menschen (Herders Projekt); die subrationalen Energien des Subjekts (Freuds Projekt); die historisch-genealogische Entthronung aller Leitwerte (Nietzsches Projekt); die evolutionäre Entthronung des Menschen durch seine Einordnung in die Entwicklung aller Lebewesen (Darwins Projekt); die Zusammenführung der Evolutionstheorie mit der Erkenntnistheorie mit dem Resultat, dass das Kant'sche Projekt evolutionsbiologisch umgepolt und damit enttranszendentalisiert wird (beginnend mit Konrad Lorenz 1940/41).[40] Die in jüngster Zeit mit zum Teil geradezu hegemonialem Anspruch auf die Position der Leitwissenschaft(en) vorgetragenen Thesen und

---

38 Da der Fragment-Begriff konzeptuell das dazugehörige Ganze impliziert, ist der Begriff des Fragments auch nicht geeignet zur Charakterisierung des Weltbilds der Moderne. Aus demselben Grund ist die Inanspruchnahme des frühromantischen ‚Fragment'-Modells durch postmoderne Theoretiker irreführend.
39 Koschorke: Geschichte des Horizonts, S. 41.
40 Vgl. Lorenz: Kants Lehre.

Einsichten der Neuro-Wissenschaften sind als Glied in dieser Serie zu sehen.[41] Der springende Punkt ist dabei, die materielle Grundlage des Geistes aufzuweisen, um so Perzeption, Anschauung und deren Verarbeitung wissenschaftlich präzise vom Kopf auf die Füße zu stellen. Semir Zeki etwa reklamiert, dass Kunst und Kreativität „can only be fully understood in neural terms".[42]

Was diese Schübe in der Wissensgeschichte miteinander gemeinsam haben, ist die Emphase auf dem Nachweis des Horizonts menschlichen Wissens und menschlicher Erkenntnis als Bedingung menschlichen Wissens.[43] Der Bereich des Wissens wird explizit zum Gnoseotop, ganz entsprechend der Annahme der evolutionären Erkenntnistheorie, dass die Vernunft in der Evolution des Menschen wie ein Organon, ein Werkzeug unter anderen funktioniert, mit dem Unterschied freilich, dass seine Funktion auch autoreferentiell wirkt und damit einerseits im Begriff ist, sich neuronal selbst als perzipierendes und anschauendes Wesen auf die Schliche zu kommen, und andererseits zum ersten Mal der Mensch sich selbst zum Gegenstand kalkulierbarer Veränderung wird. Die Verunsicherung durch die gnoseotopische Dimension menschlicher Erkenntnis hat ihr Pendant in der Eröffnung ungeahnter Denk-, Vorstellungs- und Handlungsräume. Voraussetzung für die Erschließung dieser ‚Räume' ist die radikale Absage an die Idee einer übergeordneten Rationalität als Rahmenbedingung für mögliches Wissen. Dies ist der Kern dessen, was Kant 1784 als ‚Mündigwerdung' des Menschen postulierte.

3 Idylle als Wissensform der Moderne

Es ist die Frage, ob und wie diese gnoseotopische Wendung nicht nur gedacht und begründet, sondern auch *vorgestellt* werden kann. Dass in den Künsten und in der Literatur vielfältige Versuche zur Erschließung neuer Wahrnehmungs- und Darstellungsräume ‚jenseits des Horizonts' angestellt worden sind, gehört zum Verständnis der Funktion dieser Organe menschlicher Kultur. Kunst und

---

41 Vgl. stellvertretend Changeux: L'homme neuronal; Zeki: Inner Vision; Bownds: Biology of the Mind; Breidbach: Neuronale Ästhetik. Die Neuro-Wissenschaften haben den Sprung in die Populärwissenschaften schon seit einiger Zeit geschafft, vgl. z.B. die Spezialhefte von *Gehirn und Geist* Nr. 1/2002 mit dem Titelthema „Auf der Suche nach dem Bewusstsein" sowie das *Spiegel Special* 4/2003 mit dem Thema „Die Entschlüsselung des Gehirns".

42 Zeki: Statement on neuroesthetics.

43 Besonders spannend sind hier Olaf Breidbachs Exkurse in prädiskursive Bereiche von Anschauung, Wissen und Denken. Vgl. Breidbach: Neuronale Ästhetik; Breidbach, Vercellone: Anschauung; sowie Breidbach: Radikale Historisierung.

Literatur können als Diskurse der Transgression begriffen werden. Genannt seien beispielsweise Formen des l'art pour l'art als Versuche exploratorischer Kommunikationsverweigerung; surrealistische Experimente; kubistische Versuche simultan dargestellter Wahrnehmungen in der Malerei; Erschließung neuer musikalischer Formen außerhalb der und gegen die traditionelle Harmonielehre; spielerische Provokationen der menschlichen Imagination an der Grenze des Denk- und Vorstellbaren durch das Groteske; Autoreferentialität von Literatur als Modus authentischer Heteroreferentialität usw. usf. Darüber ist viel geschrieben und diskutiert worden, und es ist erfreulicherweise kein Ende abzusehen.

Die Idylle ist diejenige literarische Gattung, die als Darstellung möglicher Ordnung unter unkontrollierbaren Bedingungen dem Wissensbegriff der Moderne angemessen ist. Ich meine nicht den Aspekt der Idylle mit ihren inhaltlichen Elementen als pastorale, verniedlichende Form, auch nicht die Idylle wie bei Schiller, der die Idylle aus dem Reservat der Literatur an die Geschichtsphilosophie und Anthropologie angeschlossen hat und sie nach diesem Durchgang als höchste Dichtungsform – zugleich als eine Form der Utopie – denkt.[44] Das entscheidende formale Moment der Idylle ist die *Beschränkung* als Bedingung von Ordnung, wie Renate Böschenstein-Schäfer treffend schreibt: „Der Charakter des Abgeschirmten, Eingegrenzten, Geborgenen bestimmt den Raum der Idylle."[45] Es scheint, als sei – so Böschenstein-Schäfer – das „Räumlich-Zuständliche", das „Abgeschirmte, Eingegrenzte, Geborgene" ihr Charakteristisches, das sich zu einer statischen Weltauffassung summiert: „Das ‚Ontologische' der Idylle ist ihr philosophisches, ihr politisches und ihr künstlerisches Problem."[46] Aber Böschenstein-Schäfer macht auch deutlich, dass die räumliche Statik nur zu haben ist um den Preis der Verdrängung der Zeit, der Veränderung „der

---

44 Kerngedanke Schillers in *Über naive und sentimentalische Dichtung* ist die Zentrierung der Idylle um das Konzept der „energischen Ruhe", die das „Gefühl[] eines unendlichen Vermögens" freisetzt und die Idylle als Denk- und Vorstellungsmodell an die Bereiche der Geschichtsphilosophie und Anthropologie anschließt (Schiller: Dichtung).

45 Böschenstein-Schäfer: Idylle, S. 8. Wolfgang Kayser bestimmt die Idylle als die prominente epische Kurzform, die „völlig vom Raum her bestimmt" sei und „ihre Bedeutung als Ausdruck des Raumes" habe. „In einer Kurzform [sc. wie der Idylle] würde er [sc. der Raum] als eigener, geschlossener Ausschnitt erfaßt. Es entstände ein Bild. Bild oder vielmehr Bildchen heißt auf griechisch eidyllion, und die IDYLLE ist die dichterisch realisierte Form, die wir erwarten durften [!]." (Kayser: Das sprachliche Kunstwerk, S. 355 f.) Böschenstein-Schäfer lehnt die Etymologie *eidyllion* – Idylle ab, ohne überzeugende Gründe beizubringen.

46 Ebd., S. 8, 9, 13.

Bedingtheit durch das, was jenseits des Horizonts ruht oder lauert". Der hinter der räumlich-statischen Idylle „sich verbergende Versuch, die Zeit aus der menschlichen Existenz auszuschließen, ist einer der interessantesten Gesichtspunkte, unter denen die Idylle betrachtet werden kann."[47]

Ein *locus classicus* zur Bestimmung der Idylle ist Jean Pauls „Vollglück in der Beschränkung".[48] In seiner *Vorschule der Ästhetik* (1804) lässt er einmal in seiner wiederholt vorgetragenen, geradezu topisch gewordenen Definition von der Idylle als „Vollglück in der Beschränkung" die Ortsbestimmung aus, das „in" fehlt: „Vollglück der Beschränkung".[49] Man kann, wie Norbert Miller vorsichtig andeutet, eine unbeabsichtigte Auslassung vermuten.[50] Man kann aber auch in der Formulierung „Vollglück der Beschränkung" eine Perspektivenpräzision in der Gattungsbestimmung lesen: die Idylle nicht mehr als Darstellung des „Vollglücks" im beschränkten Umfang eines ‚Rahmens', sondern die Beschränkung selbst als Bedingung der Möglichkeit für ein „Vollglück": zunächst *durch* und erst dann *in* der Beschränkung ist „Vollglück" möglich. Voraussetzung aber ist die Einsicht, dass Beschränkung Vollglück *ist*, dass das „Vollglück" nur *als* beschränktes möglich ist, und damit nicht mehr naiv, sondern nur noch sentimentalisch unter den Bedingungen seiner Möglichkeit reflektiert „voll" wäre. Der Traum vom möglichen menschlichen ‚Allwissen' wäre damit ausgeträumt, das Kindlich-Kindische des unbegründeten Vertrauens in eine dem Menschen unzugängliche Vernunft abgelegt und die Zeit der voll selbst-verantworteten Weltgestaltung mit all ihren irreduziblen Risiken wäre da. Zur obsoleten Idyllen-Auffassung schreibt Jean Paul spöttisch über den kindlich-kindischen Idyllen-Traum, der „die Gewalt der großen Staatsräder" ausschließt und in den

> nur ein umzäuntes Gartenleben für die Idyllen-Seligen passe, die sich aus dem Buche der Seligen ein Blatt gerissen; für frohe Liliputer, denen ein Blumenbeet ein Wald ist, und welche eine Leiter an ein abzuerntendes Zwergbäumchen legen.[51]

Das ‚Vollglück' in der nicht erzwungenen Beschränkung auf das ‚Private' ist das Glück der Beschränkten, die Jean Pauls Ironie (und Mitleid?) trifft, und er zeigt sehr wohl, dass er die Gattung in ihrer Ambivalenz erkannt hat. Er unterscheidet zwischen der Idylle als nostalgischer Illusion auf der einen Seite und reflektierter gnoseologischer Anschauungsform auf der anderen. Denn natürlich steht

---

47 Ebd., S. 9.
48 Paul: Vorschule der Ästhetik, S. 258 u.ö.
49 Ebd., S. 261.
50 Ebd. S. 1227, zu S. 261.
51 Ebd., S. 261 f.

die „Beschränkung", auch wenn sie eine Bedingung des ‚Voll'-Glücks ist, dem „Vollen" entgegen, das die Horizontüberschreitung via reflektierter Resignation als potentiell schmerzhafte Erfahrung immer bereithält.

Der große Anti-Idylliker der deutschsprachigen Gegenwartsliteratur (*Die letzte Welt* 1988, *Morbus Kitahara* 1995), Christoph Ransmayr, hat sich immer wieder an literarischen Formen der Darstellung des Idyllen-Problems versucht. Ich greife ein Beispiel heraus: Anläßlich eines Besuchs auf dem Anwesen Anselm Kiefers liefert Ransmayr eine Destruktion der ‚Idylle' *Abendfriede*:

> Die Mainacht ist windstill, wolkenlos. Aber friedlich?
> Friedlich! Als ob die über Lichtjahre und Lichtjahre hinweg tobenden Gasorkane und atomaren Feuersäulen dort oben, dort unten, dort draußen!, diese elektromagnetischen Strahlenfluten und rotierenden Höllenöfen aus einer namenlosen, milliardenjährigen Vergangenheit und in alle Himmelsrichtungen davonjagenden, von Kernfusionen durchpulste Wolkenfäuste aus sich verdichtender und wieder zerstäubender Materie..., als ob dieser ungeheuerliche Raum, durch den Spiralnebel und Sternhaufen wirbeln als kaum aufglänzende und schon wieder erlöschende Staubpartikel in einem eisigen Abgrund..., als ob dieses ganze rasende Schauspiel von der illusorischen Größe und Dauer einer Ewigkeit irgend etwas mit Geborgenheit, mit Frieden und Stille zu tun haben könnte! Abendfriede![52]

Das Leben in der gnoseologischen Idylle ist, wie das im Biotop, nur relativ sicher, nämlich nur solange, wie das, was jenseits des Horizonts liegt, nicht einbricht in den vom Wissen eingehegten Raum – sei es als Katastrophe oder als Horizont verschiebende Innovation. Wissenschaft als Kultur der Sicherung dieser Idylle im Modus der Noesis ist selbst den Gesetzen der Idylle unterworfen, wie die Wissenschaftsgeschichte mit ihren Paradigmenwechseln deutlich belegt. Kunst und Literatur kommt in dieser Konstellation eine den Wissenschaften mindestens gleichwertige Rolle zu, die eines Labors der Humanität. Während die Erweiterung des Wissens und seine Umsetzung in Praxis das Geschäft der Wissenschaften und Technologie sein mag, ist die Ergründung des Wissens um die Beschränkung des Wissens dagegen das Geschäft von Philosophie, Kunst und Literatur und der sogenannten Geisteswissenschaften. In der fragilen Idylle menschlichen Wissens und menschlicher Kultur sind beide Weisen des Zugriffs auf die Welt nicht nur aufeinander angewiesen, sondern notwendigerweise komplementär.[53] Sie konkurrieren aber gegenwärtig scharf, wir sind Zeugen dieser Konkurrenz in der globalen Bildungs- und Wissenschaftspolitik, an den Universitäten und in den Schulen, und die Geisteswissenschaften ertragen ihre Marginalisierung mit Schafsgeduld.

---

52 Ransmayr: Der Ungeborene, S. 9.
53 Vgl. zur Komplementarität Gabriel: Vergegenwärtigung.

Ein entscheidender Schritt in die Richtung der Entzauberung der ‚harten' Wissenschaften ist die Forderung, dass sie als Idyllen-Produzenten dem modernen Caveat der unausweichlichen Erkenntnis-und Wissensbegrenzung Rechnung zu tragen haben dadurch, dass sie sich mindestens auf Nachhaltigkeitsnachweise im Bereich der technologischen und technischen Umsetzung neuer Erkenntnisse einlassen. Mit dieser Forderung verlasse ich den Bereich der Argumentation und versuche, Einsichten in den Bereich ökonomischer und politischer Machtkonstellationen einzubringen, wobei mir das Problematische dieser Art ‚Appell' durchaus bewusst ist. Klar ist aber auch, dass Allmachtsphantasien einer instrumentellen Vernunft der Tendenz zur eigenen Vernichtung nicht entgehen werden. In diesem Sinne ist der Transfer der literarischen Idylle aus der kindlichen Vorstellung einer ‚glücklichen Insel' in ein Denk- und Vorstellungsmodell menschlichen Wissens und menschlicher Erkenntnis eine Form, grundsätzlich einen gnoseologischen Vorbehalt darzustellen. Es ist dieser ‚Idyllen-Vorbehalt' aller moderner menschlicher Erkenntnis, der den ‚Wert' der Idylle in der Moderne ausmacht. Anders gesagt: Wir entkommen der Idylle nicht. Die Frage ist nur, wie wir sie nutzen wollen.

Literatur

Adler, Hans: Ästhetische und anästhetische Wissenschaft. Kants Herder-Kritik als Dokument moderner Paradigmenkonkurrenz. In: DVjS 68 (1994), S. 65-76.

Adler, Hans: Das gewisse Etwas der Aufklärung. In: Ders., Rainer Godel (Hrsg.): Formen des Nichtwissens der Aufklärung. (= Laboratorium Aufklärung 4) München 2010, S. 21-42.

Adler, Hans: Die Prägnanz des Dunklen. Gnoseologie, Ästhetik, Geschichtsphilosophie bei Johann Gottfried Herder. Hamburg 1990.

Adler, Hans: Metaschema und Aisthesis. Herders Gegenentwurf zu Kant. In: Ulrich Gaier, Ralf Simon (Hrsg.): Zwischen Bild und Begriff. Kant und Herder zum Schema. München 2010, S. 119-154.

Adler, Hans: Nation. Johann Gottfried Herders Umgang mit Konzept und Begriff. In: Gesa von Essen, Horst Turk (Hrsg.): Unerledigte Geschichten. Der literarische Umgang mit Nationalität und Internationalität. Göttingen 2000, S. 39-56.

Adler, Hans: Wert, linguistisch II. In: Joachim Ritter, Karlfried Gründer, Gottfried Gabriel (Hrsg.): Historisches Wörterbuch der Philosophie. Bd. 12. Basel, Darmstadt 2004, Sp. 584-586.

Baumgarten, Alexander Gottlieb: Ästhetik. Übers., mit einer Einführung, Anmerkungen und Registern hrsg. von Dagmar Mirbach. Lateinisch-deutsch. Hamburg 2007.

Bernoulli, Jakob: Ars conjectandi. Basel (Thurnisius) 1713.

Böschenstein-Schäfer, Renate: Idylle. Stuttgart 1967.

Bownds, M. Deric: Biology of the Mind. Origins and Structures of Mind, Brain, and Consciousness. Bethesda, MD 2002.

Breidbach, Olaf: Neuronale Ästhetik. Zur Morpho-Logik des Anschauens. München 2013.

Breidbach, Olaf: Radikale Historisierung. Kulturelle Selbstversicherung im Postdarwinismus. Berlin 2011.

Breidbach, Olaf; Vercellone, Federico: Anschauung denken. München 2011.

Cassirer, Ernst: Freiheit und Form. Studien zur deutschen Geistesgeschichte. Darmstadt [4]1975.

Changeux, Jean-Pierre: L'homme neuronal. Paris 2012.

Faber, Roland: Gott als Poet der Welt. Anliegen und Perspektiven der Prozesstheologie. Darmstadt 2003.

Fénelon, François: Démonstration de l'existence de Dieu. In: Œuvres. Bd. 2. (= Bibliothèque de la Pléiade 437) Paris 1997, S. 509-682.

Gabriel, Gottfried: Vergegenwärtigung in Literatur, Kunst und Philosophie. In: Carl Friedrich Gethmann, J. Carl Bottek, Susanne Hiekel (Hrsg.): Lebenswelt und Wissenschaft. XXI. Deutscher Kongress für Philosophie. 15.-19. September 2008 an der Universität Duisburg-Essen. (= Deutsches Jahrbuch Philosophie 2) Hamburg 2011, S. 726-745.

Hempfer, Klaus W.: Gattungstheorie. Information und Synthese. München 1973.

Henrich, Dieter: Rahmenbedingungen der Rationalität. Überlegungen zum Verhältnis von Kulturform und Kunstform. In: Ders., Wolfgang Iser (Hrsg.): Funktionen des Fiktiven. (= Poetik und Hermeneutik 10) München 1983, S. 537-546.

Herder, Johann Gottfried: Wie die Philosophie zum Besten des Volks allgemeiner und nützlicher werden kann. In: Werke in zehn Bänden. Hrsg. von Martin Bollacher, Günter Arnold. Bd. 1: Frühe Schriften 1764-1772. Hrsg. von Ulrich Gaier. Frankfurt/M. 1985, S. 101-134.

Kant, Immanuel: Kritik der reinen Vernunft, nach der ersten und zweiten Originalausgabe. Hrsg. von Raymund Schmidt, mit einer Bibliographie von Heiner Klemme. Hamburg 1990.

Kayser, Wolfgang: Das sprachliche Kunstwerk. Eine Einführung in die Literaturwissenschaft. Bern ¹¹1965.

Koschorke, Albrecht: Die Geschichte des Horizonts. Grenze und Grenzüberschreitung in literarischen Landschaftsbildern. Frankfurt/M. 1990.

Lorenz, Konrad: Kants Lehre vom Apriorischen im Lichte gegenwärtiger Biologie. In: Blätter für deutsche Philosophie 15 (1941/42), S. 94-125.

Lotman, Jurij M.: Die Struktur literarischer Texte. Übs. von Rolf-Dietrich Keil. München 1971.

Paul, Jean: Vorschule der Ästhetik. In: Sämtliche Werke. Hrsg. v. Norbert Miller. Abt. 1, Bd. 5. Hrsg. von dems. und Wilhelm Schmidt-Biggemann. München 1967, S. 7-456.

Plessner, Helmuth: Anthropologie der Sinne. In: Gesammelte Schriften. Hrsg. von Günter Dux, Odo Marquard und Elisabeth Ströker. Bd. 3. Frankfurt/M. 2003, S. 317-393.

Pope, Alexander: An Essay on Man. In: Alexander Pope. (The Oxford Authors). Hrsg. von Pat Rogers. Oxford, New York 1993, S. 270-309.

Ransmayr, Christoph: Der Ungeborene oder Die Himmelsareale des Anselm Kiefer. Frankfurt/M. 2002.

Saussure, Ferdinand de: Cours de linguistique générale. Hrsg. von Tullio de Mauro. Paris 1972.

Saussure, Ferdinand de: Écrits de linguistique générale. Hrsg. von Simon Bouquet und Rudolf Engler. Paris 2001.

Schiller, Friedrich: Über naive und sentimentalische Dichtung. In: Schillers Werke. Nationalausgabe. Bd. 20. Unter Mitwirkung von Helmut Koopmann hrsg. von Benno von Wiese. Weimar 1962, S. 413-503.

Schlaffer, Heinz: Emil Staigers Grundbegriffe der Poetik. In: Monatshefte für deutschsprachige Literatur und Kultur 95 (2003) 1, S. 1-5.

Sengle, Friedrich: Biedermeierzeit. Deutsche Literatur im Spannungsfeld zwischen Restauration und Revolution 1815-1848. Bd. 2. Stuttgart 1972.

Staiger, Emil: Grundbegriffe der Poetik. Zürich 1968.

Zeki, Semir: Inner Vision. An Exploration of Art and the Brain. Oxford 1999.

Zeki, Semir: Statement on neuroesthetics (http://www.neuroesthetics.org/statement-on-neuroesthetics.php; letzter Zugriff: 16.6.2013).

Sarah Ruppe
Das wissenschaftliche Gebirgspanorama und panoramatisches Schreiben um 1800

Das wissenschaftliche Gebirgspanorama stellt eines jener Medien um 1800 dar, an denen die Transformationen hin zu modernen Formen von Wissenschaft, Poetik und Gesellschaft manifest werden. Es eignet sich als Beleg für die These, dass Formen von Wissenserwerb und Wissensgestaltung „bestimmte Repräsentationsweisen ausbilde[n]".[1] Literarische Texte können Wissensrepräsentationen aufgreifen, die nicht ursprünglich literarisch sind. Sie transformieren sie in Wissenstexturen, in Textsorten und Schreibweisen, die außerliterarisches Wissen in poetische Strukturen ummünzen. Dieser Vorgang der Fiktionalisierung schafft Modelle neuer Wissensordnungen.

Das wissenschaftliche Gebirgspanorama ist Ausdruck der Faszination für die alpinen Hochgebirge, die um 1700 aufkam und bis um 1800 eine große Zahl an wissenschaftlichen, künstlerischen und poetischen Arbeiten hervorbrachte. Seit dem frühen 18. Jahrhundert entstand die Vorstellung von einer der Natur und dem Naturrecht angemessenen Lebensweise der Schweizer, die narrativ aufs Engste mit der Entstehung und der Form der Alpengebirge verbunden wurde.[2] Dieser „Mythos Schweiz" entstand durch zwei komplementäre Bewegungen: die wissenschaftliche und die ästhetische Erschließung der Gebirge.

Englische Autoren wie Joseph Addison (1672-1719) und Anthony Ashley-Cooper, Earl of Shaftesbury (1671-1713) prägten die erhabene Wahrnehmung der Alpen. Seit den Forschungsreisen Johann Jakob Scheuchzers (1672-1733) und den um 1740 aufkommenden statistischen Beschreibungen einzelner Orte und Regionen[3] begann in den zahlreichen privaten Aufklärungssozietäten die Erschließung, Vermessung und Kartierung der Schweiz.[4] Im Laufe der statistischen Erforschung bildeten sich spezifische Wissensrepräsentationen heraus, Schreibweisen zur Darstellung von Land und Leuten in der Schweiz. Diese prägten auch die Schweiz-Literatur jenseits der Statistik. In der Mitte des 18. Jahrhunderts waren es Schweizer wie Albrecht von Haller (1708-1777), Jean-Jacques

---

1 Vogl: Einleitung, S. 13 f.
2 Hentschel: Mythos Schweiz, S. 194.
3 Vgl. z. B. Gerber-Visser: Ressourcen.
4 Böning: Traum, S. 42.

Rousseau (1712-1778) und Salomon Gessner (1730-1788), die das Bild vom pastoralen, freiheitlich-demokratischen Älpler erfanden und mit Vorstellungen von erhabener Natur verbanden. Diese Bemühungen um die Landesnatur und Lebensart beförderten die Ausbildung eines nationalen, bürgerlichen Bewusstseins und politischer Reformideen.

Im Folgenden wird die Wissenstextur des wissenschaftlichen Gebirgspanoramas in drei Schritten dargelegt: Zunächst wird das Medium im Kontext der Ästhetik des Erhabenen und anschließend als Instrument der frühen Geowissenschaften aufgearbeitet. Zur Synthese gelangen die ästhetische und die wissenschaftliche Nutzung des Gebirgspanoramas in den Zeichnungen von Hans Conrad Escher von der Linth (1767-1823) und in den Texten Johann Gottfried Ebels (1764-1830). Am Beispiel von Ebels Reisebeschreibungen der Schweiz und wissenschaftlichen Abhandlungen über die Alpen wird die Transformation vom wissenschaftlichen Gebirgspanorama zur panoramatischen Naturschilderung nachvollzogen und gezeigt, in welchen Schreibverfahren es sich literarisch fortsetzt.

1 Das Panorama als Darstellungsform des Erhabenen zwischen 1770 und 1815

Das Panorama ist eine Erfindung der zweiten Hälfte des 18. Jahrhunderts und geht auf eine Reihe künstlerischer und geographisch-kartographischer Darstellungsformen zurück. Gustav Solar bringt es in Verbindung mit der Entstehung des Bürgertums in Europa. In der Vormoderne vermittelten breitformatige Stadt-, Hafen- oder Landschaftsansichten Ortskenntnisse für Reisende oder sie repräsentierten frühe republikanische Gemeinwesen wie deutsche Reichsstädte und oberitalienische Stadtrepubliken im Gegensatz zu höfischen Bildtraditionen.[5]

Die Erfindung von Perspektive und Raumtiefe ermöglichte eine Landschaftskunst, die über Natur-Gegenstände hinaus Raumbezüge, Stimmungen und subjektive Wahrnehmungen von Welt umsetzen kann. Diese Prozesse begründeten auch die Entstehung des Erhabenen in der literarischen Darstellung von Natur im 18. Jahrhundert. Nach dem Barock bildete sich eine neue Form des Sehens heraus,[6] die von englischen Autoren ausging. Unter Rückgriff auf Pseudo-Longin („Das Höchste und Hervorragende der Reden ist das Erhabene.")[7]

---

5 Solar: Panorama, S. 46 f.
6 Vgl. z. B. Groh, Groh: Von den schrecklichen, S. 83. Oettermann: Panorama, S. 12. Koschorke: Horizont, S. 156.
7 Zitiert nach: Pries: Erhabene, S. 1357 f.

entwickelten sie den Begriff des Sublimen von einem rhetorischen *terminus technicus* zu einem grundlegenden Begriff der Ästhetik weiter, der in Frankreich von Nicolas Boileau-Despréaux (1636-1711) als Stil- und zugleich Gegenbegriff der *doctrine classique* ausgearbeitet und ab der Mitte des 18. Jahrhunderts auch im deutschsprachigen Raum rezipiert wurde.

John Dennis (1657-1734) beschrieb 1688 seine Wahrnehmung der Alpen als „a delightful horror, a terrible joy".[8] Dieses Oxymoron charakterisierte erstmals eine Mischung angenehmer und schrecklicher Naturerfahrung als das Erhabene. 1705 bezeichnete Addison das Alpenpanorama nahe dem Kloster Ripaille als „perspektivische Aussichten von einer sehr großen Länge [...], die sich bis an den See erstrecken":

> Auf dieser einen Seite der Spaziergänge sieht man die Alpen ganz in der Nähe, die von so vielen jähen Abgründen und steilen Wegen durchschnitten sind, daß sie ein angenehmes Schrecken in dem Gemüthe erregen [...].[9]

Der Sensualist Edmund Burke (1729-1797) sah in der Natur etwas Erhabenes gegeben, das beim Menschen Leidenschaften und Affekte auslöse. Die Wirkung dieser Affekte setze die Ratio außer Kraft und hemme die Seele in ihrem Handeln und Räsonieren.[10] Burke schuf auf dieser Grundlage eine Regelpoetik des Erhabenen.

Im deutschsprachigen Raum entwickelten sich ab der Mitte des 18. Jahrhunderts ästhetische Theorien, in denen das Erhabene zunächst als eine „Steigerungsform des Schönen" galt.[11] Die innovative Auffassung des Schweizers Johann Jakob Bodmer (1698-1783) setzt sich sowohl hinsichtlich der als erhaben wahrgenommenen Natur- und Raumphänomene als auch des Stilprogramms von den englischen Vorbildern ab:

> Der Poet setzt das Gemüthe nicht alleine durch diejenigen Grössen in Bestürzung, welche sich auf das Auge beziehen; er bedient sich zu diesem Ende zu mehrern mahlen und mit mehrerem Vortheile der Grössen, welche er durch die Einbildungskraft wahrnimmt.[12]

Bodmer gründete seine Ästhetik des Erhabenen nicht einzig auf Empirie und sinnliche Wahrnehmung, sondern Gegenstände der „materialischen Welt"[13]

---

8 Dennis: Miscellanies.
9 Addison: Anmerkungen, S. 365.
10 Burke: Philosophische Untersuchung, S. 91.
11 Pries: Erhabene, S. 1370.
12 Bodmer, Breitinger: Critische Betrachtungen, S. 220.
13 Ebd., S. 211.

erhalten mittels Einbildungskraft erst ihre erhabene Wirkung. Dieser Ästhetik wohnt somit eine Ambivalenz inne, die die reale, sinnlich wahrnehmbare Größe und eine künstlerisch erzeugte Größe mit dem Ziel der „Erhebung des Geistes"[14] ins Verhältnis setzt.

Laut Albrecht Koschorke schloss die Favorisierung des Panoramas einen Prozess ab, der mit der Entdeckung des Erhabenen begann. Das als krisenhaft empfundene Anschauen unbekannter Gegenstände wich bald der „systematische[n] Erweiterung des visuellen Fassungsvermögens".[15]

Koschorke beschreibt drei Etappen der Entwicklung des Panoramas. Bei Johann Gottfried Herder (1744-1803) im *Journal meiner Reise im Jahr 1769* wird die Sicht auf das Panorama des Meeres als Krise erfahren.[16] In Johann Wolfgang von Goethes (1749-1832) Beschreibungen der Italien- und Schweiz-Reisen fungiert das Panorama bereits als Erkenntnisraum, in dem die Überwältigung durch das Erhabene zunehmend dem Streben nach einem objektiv-wissenschaftlichen Blick und dem Erfassen der Naturprozesse in einer möglichst umfassenden Weitsicht weicht. Schließlich verliert das Panorama die Funktion eines „rhetorisch-explikativen Instrument[s]".[17] Es wird poetisch eigenständig und präsentiert einen durch Subjektivität geschaffenen, absoluten Bildraum.[18] Beispiele dafür sind das Gemälde *Der Mönch am Meer* (1808-1810) von Caspar David Friedrich (1774-1840) oder Ludwig Tiecks (1773-1853) Naturauffassung im *Phantasus* (1812-1816) und in den Kunstmärchen.[19]

Das wissenschaftliche Gebirgspanorama nun bildete sich am Scheitelpunkt dieser Entwicklung aus. Die „Simultanschau ausgedehnter Landschaften"[20] kannte keine Grenzen der Erkenntnis, des Wissens und der Wahrnehmung mehr: Der Betrachter ist zugleich Schöpfer und im Zentrum des Bildes. Er besitzt Einsicht in die Schöpfungsprinzipien der Welt. Naturwissenschaftlich gewendet zielt die Gesamtschau der Gebirge auf die Erkenntnis der Erdentstehung. Das Panorama erlaube „eine naturwissenschaftliche Transparenz, ein Glück der gelingenden Durchdringung".[21]

---

14 Ebd., S. 223.
15 Koschorke: Horizont, S. 147.
16 Herder: Journal, S. 16.
17 Koschorke: Horizont, S. 170.
18 Ebd., S. 171.
19 Vgl. ebd., S. 164-171.
20 Ebd., S. 138.
21 Ebd., S. 148.

Das wissenschaftliche Gebirgspanorama referiert auf die tradierte Vorstellung vom Buch der Natur.[22] Sie fungiert als Metapher dafür, dass in der Materialität der Natur der Ursprung, die Entstehungsgesetze und der Endzweck der Welt verborgen seien, und gilt nach Hans Blumenberg als „Inbegriff des Sinnverlangens an die Realität", als „ein[e] dem Wesen der Dinge unmittelbar Ausdruck verschaffende Signatur".[23] Die Natur wird zum Gegenstand erhabener Dichtung, weil sie im Sinne Bodmers auf die Schöpfung Gottes verweist. Gott wird bei vielen Aufklärern physikotheologisch substituiert durch die Natur selbst: Der Anspruch der Totalerkenntnis der Natur und die empirische Naturbetrachtung, die von Subjekt, Raum, Zeit und weiteren Faktoren abhängt, sind nicht auf einen Nenner zu bringen. Es sei denn über ein Medium, das beides in eine Schwebe, in eine metaphorische Beziehung zur Realität versetzt: das Buch, die Fiktion, in der die realen, empirischen und historischen Bedingungen des Erkennens Elemente der Einbildungskraft sind, so wie das Gesamtbild selbst. Wenn sich das Wesen der Natur mittels ihrer Wirkung auf den Betrachter ausdrückt, dann können einzelne Naturphänomene über ihre Wirkung auch auf den fingierten Gesamtzusammenhang verweisen; die dargestellte Natur wird ‚lesbar' und wirkt in ihren Teilen sowie im Ganzen erhaben.

Das Alpenpanorama leistet als literarisches und graphisches Medium zwei Dinge: Mit konkreten und realen Erfahrungen wird die graphische oder literarische Fiktion für den Erfahrungsraum des reisenden Forschers geöffnet. Zugleich wird die Anschauung der Landschaft und Natur als „ästhetische Variante der Naturaneignung"[24] ins Medium Graphik oder Text übersetzt. Die Naturdarstellung im Panorama versucht, so realistisch wie möglich die außerliterarische Natur abzubilden, um direkte Anschauung und Studium zu ermöglichen, und zugleich die Natur als Gegenstand der Kunst zu gestalten. Die Natur wird als Raum naturgesetzlicher Zusammenhänge entdeckt bzw. die Darstellungen der Natur machen naturwissenschaftliche Synthesen transparent.

2 Das Panorama als Instrument der Alpenforschung um 1800

Nach Gustav Solar verband das wissenschaftliche Gebirgspanorama im 18. Jahrhundert künstlerisch-ästhetische mit wissenschaftlich-topographischen Funktionen. Die um 1800 auftretende Aufspaltung dieser wissenspoetologischen

---

22 Vgl. Curtius: Europäische Literatur, S. 323–329.
23 Blumenberg: Lesbarkeit, S. 10, 230.
24 Koschorke: Horizont, S. 144.

Verbindung ließ einerseits topographische Panoramen und Karten als Instrumente der Kartographie und andererseits Großpanoramen und Dioramen entstehen,[25] die einen absoluten Bildraum verkörpern. Der absolute Bildraum meint das Panorama in seiner rein künstlerischen Form, die weder naturwissenschaftlich relevant ist noch auf die außerliterarische Natur referiert. Das diesem vorgängige wissenschaftliche Gebirgspanorama zeichnet sich durch beide Eigenschaften aus: als Kunstwerk, das wissenschaftliche Erkenntnisse ästhetisch gestaltet. Das Ziel, mithilfe dieser Doppelfunktion, einen objektiven Einblick in die Naturschöpfung zu erhalten, musste indes scheitern: Das Panorama erfasst nur einen Ausschnitt der Welt, der vom betrachtenden Subjekt, seiner Einbildungskraft und dem zeitlichen und räumlichen Kontext abhängt. Der ästhetisch doppelt funktionale Blick auf die Alpen spaltete sich darum in einen wissenschaftlichen und einen genussvollen bis schauerlich-romantischen Blick auf.

Schon die Pioniere der Alpenforschung bedienten sich bildlicher Gestaltungsmittel für ihre geognostischen Erkenntnisse, die Entsprechungen in reiseliterarischen Beschreibungen fanden. Scheuchzer stattete seine *Natur-Historie des Schweitzerlandes* (1716) mit einer stratigraphischen Karte der Alpen rund um den Urnersee aus und ergänzte Beschreibungen seiner naturwissenschaftlichen Beobachtungen.[26]

Jean-Baptiste Micheli du Crest (1690-1766) zeichnete 1754 ein Panorama,[27] das für die Entwicklung der graphischen Formensprache wissenschaftlicher Alpenpanoramen vorbildhaft wurde: Von einem fixen Punkt aus angefertigt fokussiert es die Alpenlinie. Sein wissenschaftlicher Apparat, Indexlettern und Legende, verdeutlicht die topographischen Funktionen der Orientierung im Raum und der Benennung der Berge. Die Panoramen der Berner Alpen von Sigmund Studer (1761-1808) und Johann Georg Tralles (1763-1822) nutzten diese Formensprache.[28]

Im letzten Drittel des 18. Jahrhunderts häuften sich Forschungsreisen und entsprechende Publikationen, die Beschreibungen von Bergbesteigungen und empirisches Naturwissen zusammenhängend wiedergaben und damit Raum boten für die Entstehung literarischer Alpenpanoramen. Der 13. Brief aus Jean André Delucs (1727-1817) *Physisch-moralische Briefe über die Berge und die*

---

25 Solar: Panorama, S. 7.
26 Scheuchzer: Helvetiae historia naturalis.
27 Micheli Du Crest: Prospect géometrique.
28 Studer: Chaine des Alpes; Tralles: Karte und Panorama der Berneralpen vom Hohgant mit eingezeichneten Vermessungen. In: Ders.: Bestimmung der Höhen, unpag.

Geschichte der Erde und des Menschen (1778) enthält die Beschreibung einer panoramatischen Aussicht oberhalb Neuchâtels:

> Wir fuhren schlangenweise den Abhang des Berges hinan, der mit Holz bewachsen war, und wo zuweilen unser Weg sich in finstern Einöden zu verlieren schien; alsdenn kam er wieder ans Licht hervor, und wir fanden uns allmählig über den Neufchatellersee hinausgewunden, der ganz zu unsern Füßen schien. [...]
> Alsdenn vergrößerte sich der Anblick nach allen Seiten. Nach Morgen zu hatten wir die Seen von Neufchatel, Mutten und Bienne, in einen gemeinschaftlichen Keßel eingeschloßen, davon die Alpen beynahe die Hälfte umgaben. Nach Westen lagen uns die Thäler [...]. Nach Norden und Süden dehnt sich die durch grüne Rasen und Felsen angenehm unterbrochene Kette des Jura aus. Mit einem Worte, hier war im eigentlichsten Verstande eine wahre Verschwendung von prächtigen Außichten, die rund umher den Horizont bedeckten.
> Wir bewunderten eine Zeitlang das eine und das andere; aber nach und nach äußerte sich bey Mademoiselle S. dasjenige, was ich von ihrer Empfindlichkeit erwartet hatte, und was meine Erwartung übertraf: sie war fast außer sich, und sah weiter nichts; sie zog von Zeit zu Zeit ihren Athem mit einer Begierde ein, wie eine durstige Person, die sich den Durst löscht; alsdenn schloß sie beynahe die Augen und war stille. [...] In dieser sanften Träumerey brachen Thränen [...] hervor, und ein Lächeln [...], um jene zu rechtfertigen. *Was ist das?* sagte sie darauf mit Verwunderung [...].[29]

Die erhabene Wirkung der Berge wird hier literarisch erzeugt. Die Überwältigung durch den panoramatischen Blick erlaubt zunächst kein Begreifen und keinen sprachlichen Ausdruck; allein unmittelbare sinnliche Reaktionen zeigen sich. Der Erzähler nutzt zwei Strategien der literarischen Darstellung: Erstens wird aus einer Reihe von „Außichten" ein Panorama synthetisiert und die weite Landschaft in großen Zügen als ‚erhaben' beschrieben. Zweitens wird die Wirkung des Panoramas mithilfe der Reaktion der Betrachterin wiedergegeben, die dem Erhabenen erliegt. Damit wird die Erweiterung der Vorstellungskraft als Funktion des Erhabenen und Ziel dieser Erzählung bestimmt: Es handelt sich um einen Text, der der ästhetischen Bildung der Reisenden und Leser dient und weder eine detaillierte Beschreibung der Gebirgsnatur vornimmt noch überhaupt wissenschaftliche Interessen verfolgt. Das Erhabene ist hier eine rein ästhetische Kategorie.

Horace-Bénédict de Saussure (1740-1799) fundierte in *Voyages dans les Alpes* (1779) die Methode und den wissenschaftlichen Anspruch des Gebirgspanoramas. Die Besteigung des Mont Buet war der Ausgangspunkt zur Entwicklung des Horizontalpanoramas, die er in den Zusammenhang der Aufstellung einer These über die Erdentstehung stellte.

---

29 Deluc: Physisch-moralische Briefe, S. 216-218.

> L'idée de cette espece de dessin me vint sur le Buet même en 1776. Lorsque j'eus achevé la description des objets infiniment variés que j'avois sous les yeux, je vis clairement qu'il me seroit impossible d'en donner à mes lecteurs une idée un peu nette sans y joindre des dessins. Mais en employant des vues ordinaires, il en auroit fallu un grand nombre; & plus elles auroient été nombreuses, moins elles auroient rendu l'ensemble & l'enchaînement de toutes les montagnes, comme on les voit dans la Nature.[30]

Das Panorama gibt „une idée de la Vue des montagnes que l'on découvre de la cime du Buet".[31] De Saussure konnte dieses Ziel aus der Blickerfahrung heraus nur mit der Darstellungsform des Panoramas erreichen. Der Betrachter steht auf dem Gipfel und sein Blick erfasst nach und nach in einer Drehbewegung das Alpenpanorama. Die anvisierte Vollständigkeit der Darstellung und der Verweischarakter auf eine übergeordnete Erkenntnis der Erdentstehung kennzeichnen dieses Panorama.

Die Landschaft tritt in dieser Darstellungsart „als Organisationszentrum des Wissens" hervor.[32] Darin gründet sich auch der Anspruch an Genauigkeit und Wahrheit der Darstellung und ihrer strukturellen Zusammenhänge. Dieser wissenschaftliche Anspruch widerspricht jedoch nicht dem affektiven und imaginativen Zugriff, sondern soll die Wiederholung des Settings auf dem Papier ermöglichen: die Rundumsicht vom Gipfel. Die wissenschaftlich und ästhetisch integrative Vermittlung ermöglicht den Übergang von der konkreten naturwissenschaftlichen Beobachtung der Phänomene „zu einer historischen Vision oder vielmehr Fiktion",[33] zu wissenschaftlichen Synthesen auf der Basis von Naturbeobachtungen sowie der Anregung der Gefühle und der Einbildungskraft in einem Vorgang.

> [...] le Dessinateur peint les objets exactement comme il les voit; en tournant son papier à mesure qu'il se tourne lui-même. Et ceux qui d'après son ouvrage veulent se former une idée des objets qu'il a dessinés, n'ont qu'à se figurer qu'ils sont placés au centre du dessin, agrandir par l'imagination ce qu'ils voyent au-dessus de ce centre, & faire, en tournant le dessin, la revue de toutes ses parties. Ils voyent ainsi successivement tous les objets liés entr'eux, absolument tels qu'ils se présentent à un observateur situé sur le sommet de la montagne.[34]

Escher von der Linth verfolgte ein großangelegtes Projekt: „eine panoramatische Bestandsaufnahme der gesamten schweizerischen Bergwelt".[35] Madlena

---

30 Saussure: Voyages, Bd. 1, S. 496.
31 Ebd.
32 Reichler: Entdeckung, S. 92.
33 Ebd., S. 94.
34 Saussure: Voyages, S. 496 f.
35 Solar: Panorama, S. 104.

Cavelti Hammer rechnet ihn einer Phase der Entwicklung des Alpenpanoramas zu, in der es „zu einer erneuten Angleichung" von Kunst und Wissenschaft kam, „indem ‚exakte' Panoramen künstlerisch gestaltet wurden".[36] Die wirkungsästhetische und zugleich erkenntnistheoretische Doppelfunktion des Panoramas bezeugte Escher von der Linth selbst:

> So z.B. zeichnete ich schon im Jahre 1792, als man noch an keine Panorama dachte, auf der Spizze des *Fieudo* am *Gotthard*e eine vollständige Zirkularaussicht: noch war mir das Streichen der Gebirgsketten unbekannt, und über die Schichtensenkung hatte ich sehr unbestimmte Begriffe. Erst mehrere Jahre nachher entdeckte ich am Gotthard den fächerförmigen Stand der Schichten: aber die Ausdehnung dieser Schichtung war mir noch unbekannt: ich zog mein *Fieudo-Panorama* hervor, spannte dasselbe in einen Reif, orientirte es, und fand den fächerförmigen Schichtenstand in seinen Profilansichten so auffallend darin aufgezeichnet, dass mein Ueberblick über die Schichtung des *Gotthards* sehr erweitert wurde. [...] neben diesen wissenschaftlichen Resultaten, [...] welch ein Genuss kann ich mir nicht verschaffen, wenn ich [...] meine Zirkularaussichten [...] aufspanne, und jeden einzelnen Gebirgsstock, den man dort sieht, wieder betrachten, oder den ganzen Zusammenhang derselben übersehen kann? Auch die lebhafteste Einbildungskraft ist diesen Genuss nicht zu verschaffen vermögend [...].[37]

Escher von der Linths Erinnerung belegt den Zusammenhang von einer veränderten Wahrnehmung der Alpen als wissenschaftlichem und künstlerischem Gegenstand mit der Entstehung der Gattung des wissenschaftlichen Gebirgspanoramas, in der Erkenntnis und Genuss einander in der Sicht auf die Alpen bedingen.

Im Zuge der erheblichen Erweiterung des Wissens um Naturgesetze und -phänomene verlor die Entdeckung der Natur zunehmend das Staunen erregende Gefühl der „angenehme[n] Bestürzung"[38] zugunsten des empirischen Forscherblicks. Die Beschreibung von Gebirgspanoramen blieb bis um 1800 mit der Ästhetik des Erhabenen verbunden. Die Generation der Panoramisten, die auf Escher von der Linth folgte, etwa Heinrich Keller (1778-1862) und Friedrich Wilhelm Delkeskamp (1794-1872) gab die Doppelfunktion auf. Das Panorama wurde als wissenschaftliche Darstellungsform zwischen 1700 und 1900 verwendet, jedoch nur die Phase zwischen 1770 bis 1815 war durch die Engführung von wissenschaftlichem und künstlerischem Anspruch gekennzeichnet.

---

36 Hammer: Geburtsstunde, S. 75.
37 Escher [von der Linth]: Korrespondenz, S. 392 f.
38 Bodmer, Breitinger: Critische Betrachtungen, S. 211.

3 Vom Panorama zur panoramatischen Naturschilderung bei Johann Gottfried Ebel

Die Poetik von Ebels Schriften und Zeichnungen über die Schweiz speist sich sowohl aus Werken der literarischen Tradition erhabener Gebirgsbeschreibungen als auch aus einer Reihe graphischer Werke sowie dazugehöriger wissenschaftlicher Texte, so dass nicht endgültig geklärt werden kann, ob seine Panoramen sich von der ästhetischen oder der wissenschaftlichen, von der graphischen oder der literarischen Linie des Panoramas herleiten. So lassen sich bei Ebel zwei Entwicklungsstränge des Panoramas beobachten, die ineinander verschränkt sind und durch die Verselbstständigung des Bildraumes bedingt wurden. Zum einen kann man werkgenetisch den Übergang vom außerliterarischen, gezeichneten Gebirgspanorama hin zum panoramatischen Schreiben nachvollziehen. Zum anderen lässt sich zeigen, dass im Verlauf dieses Prozesses der Versuch unternommen wurde, Bild und Text, wissenschaftlichen und poetischen Anspruch des Gebirgspanoramas zur Synthese zu bringen. Wie im Folgenden belegt wird, scheiterte dieser Versuch. Ebel transformierte das Gebirgspanorama daraufhin in verschiedene Textsorten, wobei ästhetische Wirkung und Erkenntniswert auseinandertraten.

Ebel bereiste die Schweiz von 1790 bis 1792 und setzte danach über Lektüren und Korrespondenzen sein Studium über die Schweiz fort. Seine erste Publikation, die zweibändige *Anleitung auf die nützlichste und genußvollste Art in der Schweitz zu reisen* (1793),[39] ist der erste Reiseführer durch die Schweiz. Bis zur Mitte des 19. Jahrhunderts stellte er das Standardwerk für Schweiz-Reisende dar und erfuhr zahlreiche Neuauflagen und Erweiterungen. Seine Struktur wurde zum Muster der folgenden Reiseführer wie John Murrays (1808-1892) *A Handbook for Travellers in Switzerland and the Alps of Savoy and Piedmont, including the Protestant valleys of the Waldenses* (1838) und Karl Baedekers (1801-1859) *Die Schweiz. Handbüchlein für Reisende* (1844).[40]

Ebels *Anleitung* enthält reisepraktische Informationen darüber, wann, wie, warum und auf welchen Routen man reisen sollte. Zentraler Bestandteil ist eine ausführliche und kritische Bibliographie des Karten- und Bildmaterials sowie der reiseliterarischen und wissenschaftlichen Publikationen über die Schweiz. Den Abschluss des ersten Bandes bilden drei Alpenpanoramen und eine dazugehörige „Erklärung der Zeichnungen". Der zweite Band der *Anleitung* besteht aus einem Lexikon der Schweizer Kantone, Orte, Berge und Flüsse.

---

39 Ebel: Anleitung.
40 Vgl. Murray: Handbook; Baedeker: Schweiz.

Die Panoramen zeichnete Ebel selbst, um die ganze schweizerische Alpenkette vom Säntis bis zum Montblanc vollständig zu erfassen. Die Umsetzung dieses Ziels erfolgte jedoch in einem partikularen Werkaufbau: Anstelle einer Darstellung der ganzen Alpenkette liegen drei Panoramazeichnungen von drei Standorten vor; die Informationen über die Schweiz befinden sich in alphabetisch geordneten Lexikonartikeln, sind aus dem geographischen und dem wissenschaftlichen Zusammenhang herausgelöst. Die *Anleitung* kann als ein wissenspoetologisches Verfahren beschrieben werden, das enzyklopädisch die Vielfalt und Heterogenität des Wissens über die Schweiz zu bewältigen sucht.

Die panoramatische Sicht über die erhabene Natur und ihre graphische Verarbeitung in den Panoramazeichnungen repräsentieren den ersten Schritt der wissenspoetologischen Verarbeitung: Sie referieren auf den ersten Blick des Betrachters auf die Gebirge und stellen Bezüge zum Standort und zu den Umständen der Betrachtung (Wetter, Tages- und Jahreszeit) her. Obwohl das Künstler-Subjekt selbst nicht Gegenstand des Bildes ist, hängen doch die Wahrnehmung der Alpenkette und ihre Gestaltung in der Form des Panoramas von ihm ab.

In einem zweiten Schritt wird die Zeichnung mit Wissen angereichert: Die Indizes und der Stellenkommentar ordnen den Bergen Namen, einen geographischen und politischen Kontext und eine geologisch-geognostische Funktion zu. Während unter der Zeichnung eine Legende mit Namen die Indizes aufschlüsselt, werden sie in der „Erklärung zu den Zeichnungen" als Lemmata wiederholt und mit geographischen Informationen verbunden. Die Namen können zudem im Lexikonteil nachgeschlagen werden, in dem weiteres natur- und sozialwissenschaftliches sowie touristisches Wissen ausgebreitet wird. Das Lexikon ordnet Wissen formal, stellt zudem über Querverweise Wissenszusammenhänge neu her. Somit ist auch das Lexikon eine Darstellungsform, die Ebel aus seinen Panoramen entwickelte und die panoramatisches Schildern über die Wiederherstellung von Wissensordnungen durch den Autor bzw. Erzähler mitbedingt. Die Indizes, die Legende und die „Erklärung" stellen den Prototyp des Lexikonartikels dar. Sie können als „paper tools"[41] bezeichnet werden, denn sie strukturieren das Wissen über die Schweizer Gebirgswelt. Sie bleiben aber über die Reflexion der Funktion und der Entstehungsbedingungen mit den Panoramazeichnungen verbunden.

> Immer, hoffe ich, können sie das leisten, was dabey meine Absicht ist: Nämlich den Reisenden, wenn er auf die Stellen kömmt, von denen diese Alpenansichten genommen

---

41 Klein: Experiments.

sind, mit den Namen und der Lage der am meisten in die Augen fallenden Felsen, und der Topographie des Ganzen bekannt zu machen. Nichts zieht so stark die Aufmerksamkeit der Reisenden auf sich, als die Alpenkette, wenn sie sich entschleyert, glänzend darstellt. Die Begierde, sich näher zu unterrichten, ist äußerst gereitzt; man will mit dieser ausserordentlichen und unbekannten Welt, genauer vertraut werden; man frägt nach Namen, Lage u. s. w.[42]

Im Lexikon des zweiten Bandes wird zusätzliches Wissen gesammelt und strukturiert. Querverweise verknüpfen Artikel miteinander, jedoch besteht keine Verbindung zur Zeichnung. Als unabhängige, neu konzipierte Texte und Wissenszusammenhänge übernehmen sie zwar Informationen aus den Panoramazeichnungen, Rückverweise auf das Bild jedoch fehlen. Nichtsdestoweniger betonte Ebel den Zusammenhang zwischen Wissen und eigener Anschauung: Über die sinnliche Wahrnehmung sei unmittelbare Erkenntnis möglich. Damit steht Ebels Werk in der Tradition des Ästhetikbegriffs von Alexander Gottlieb Baumgarten (1714-1762), der die Ästhetik als die Wissenschaft von der sinnlichen Erkenntnis (*scientia cognitionis sensitivae*), die eine klare, aber nicht deutliche Erkenntnis (*cognitio clara et confusa*) leistet, verstand.[43] In diesem Sinne fügte Ebel den Lexikonartikeln ein Unterkapitel „Aussichten" hinzu, das die Reisenden zu Panoramastandorten führt, damit sie selbst die erhabene Natur wahrnehmen könnten. Die Panoramazeichnungen, die der *Anleitung* beigegeben sind, stehen für eine Erkenntnis, die zusätzlich zu dem im Buch zusammengetragenen Wissen, das in Legende, Stellenkommentar und Lexikon aufzusuchen ist, die direkte, sinnliche Naturwahrnehmung des Wanderers berücksichtigt. Denn intuitive sinnliche Erkenntnis kann das Buch nicht leisten und bezieht darum Vernunft und Einbildungskraft als Erkenntnisvermögen mit ein, um eine möglichst vollkommene oder Total-Erkenntnis nachzubilden.

In seinem Hauptwerk *Schilderung der Gebirgsvölker der Schweitz* löste Ebel dieses darstellerische Problem literarisch. Er verfolgte das Projekt einer ausführlichen statistischen und poetischen Beschreibung der sechs demokratischen Volkskantone der Ost- und Innerschweiz im Rahmen einer Reiseerzählung. Die *Schilderung* enthält nur wenige Panoramazeichnungen, aber zahlreiche Aussichtsbeschreibungen, die literarisch die Wahrnehmung des Alpenpanoramas mit dem Wissen über Geographie, Geologie, politische Gliederung und Geschichte verbinden. Hier übernimmt die literarische Beschreibung die Funktionen der Panoramazeichnungen. Aus der Perspektive eines fiktiven Wanderer-Ichs werden nun die sinnliche Wahrnehmung und der Erkenntniswert des panoramatischen

---

42 Ebel: Anleitung, S. 150 f.
43 Baumgarten: Reflections, § 1. - Vgl. dazu u. a. Adler: Prägnanz.

Ausblicks in der Erzählung verbunden. Darin wird der Zusammenhang des Wissens, der im Lexikon der *Anleitung* formal aufgelöst wurde, poetisch wiederhergestellt. Diese Synthese steht im Zusammenhang mit der Ästhetik des Erhabenen, die ebenfalls Disparates in einer gemischten Empfindung und in einer höheren Erkenntnis aufhebt.

Ein Beispiel dafür ist Ebels Beschreibung der Aussicht vom Gäbris. Die Art des Ausblicks wird von der Beschaffenheit des Aussichtspunktes und vom Standpunkt des Erzählers bestimmt. Realer Ort und die historisch-kritische Erzählerhaltung tragen zur Konstruktion des Panoramas bei:

> Der von allen Seiten frei stehende und grüne Gäbris erhebt sich über alle Berge Außerroodens, und gewährt einen Standpunkt, welcher äußerst interessant ist. Innerhalb des weiten Gesichtskreises genießt das Auge die größte Abwechselung.[44]

Der Gäbris ermöglicht einen Rundumblick. Er ist höher als die anderen Berge in Appenzell Außerrhoden und gewährt eine Übersicht über den Kanton und umliegende Gebiete. Der „weite Gesichtskreis" vom Gäbris aus beschreibt ein Panorama, unbegrenzt von einer Rahmung, „innerhalb" dessen viele verschiedenartige Elemente zu sehen sind:

> Man schaut über den Bodensee, […] in Schwabens weite Fernen. Nach Osten und Süden starren die Felsketten Tyrols und Kärnthens, bei der sinkenden Sonne, in ein wunderbares Gemisch von grellen Schatten und Licht […]. Wo die Berge Appenzells von einander weichen, da senkt sich der Blick von dieser Seite in das Rheinthal hinab. In Süden und Westen rückt die hohe Gebirgskette Appenzells, gegen welche der Gäbris ein Hügel ist, nur zwei Stunden entfernt, nahe unters Auge; ihre steilen Wände vom Kamor bis zum Säntis lagen schon im schwärzesten Dunkel, während das ganze Thurgau, die alte Landschaft, und das Toggenburg noch im Abendglanze glühte.[45]

Sukzessive werden Landschaften und Länder der Blickbewegung des Betrachters folgend aufgelistet. Die literarische Beschreibung des Panoramas vom Gäbris nimmt somit einerseits die Wahrnehmung des weiten Panoramablicks auf, andererseits schildert sie eine Reihe von Einzelphänomenen, wie sie im Lexikon der *Anleitung* gefunden werden können.

Dieses literarische Panorama übernimmt drei Funktionen. Die erste ist eine Orientierungsfunktion in der Erzählung: Einzelne Wissenselemente werden durch den räumlichen Zusammenhang im Blick des Erzähler-Ichs verortet. Der Rückblick auf die bisherige Wanderung wird mit einem Ausblick auf die kommenden Stationen verbunden. Dabei folgt der Blick einer annähernd

---

44 Ebel: Schilderung, S. 259.
45 Ebd.

kreisförmigen Bewegung von Schwaben im Nordwesten über Tirol und Kärnten im Nordosten, das Rheintal im Osten, Appenzell im Süden und Westen bis zum Thurgau im Südwesten. Dieser Teil der Schweiz bzw. Europas wird als Totallandschaft charakterisiert, die beinahe alle Oberflächenformen wie See, Fluss, Tal, Hügel und Gebirge umfasst. Dadurch erhält das literarische Panorama neben einer ästhetischen, geopolitischen und narratologischen auch eine topographisch-geologische Funktion.

Diese topographischen Kenntnisse sind die Grundlage für die zweite, poetische Funktion: Das wissenschaftliche Referenzsystem verknüpft das Panorama mit literarischen Texten. Die Schilderungen der Reise und der Panorama-Aussicht nutzten die Wissensstruktur des Gebirgspanoramas und seiner indexikalisch verknüpften Erklärungstexte. Mit dem Panorama vor Augen gestaltet der Erzähler den Verlauf der Wanderung, die sukzessive Anreicherung mit lokal relevantem Wissen (aus dem Lexikon) und die poetischen Aussichtsbeschreibungen, die an erzählerischen Schwellen, z. B. Grenzüberschreitungen, einen Gesamtzusammenhang wiederherstellen, der in der Panoramazeichnung schon vor Augen lag. Die dritte Funktion erschließt sich über den Wirkungsaspekt des Panoramas. Es führt nicht nur direkt zu Erkenntnissen, sondern leitet auch zu Naturwahrnehmung, Reise und Bildung an, die den Text und das Bild an außerliterarische Referenzpunkte zurückbinden.

Die synthetische Darstellung von Gebirgen und Völkern, von Natur und Gesellschaft der Schweiz und ihrer genussvollen Wahrnehmung wurde von Ebels Hoffnung auf eine demokratische Reform der Alten Eidgenossenschaft veranlasst. 1798 enttäuschten die Invasion der Franzosen unter Napoleon und der Verlust der staatlichen Autonomie und Neutralität der Schweiz dieses Zukunftsbild. Dies mag ein Grund dafür gewesen sein, dass Ebel das Projekt der *Schilderungen* nach dem zweiten von geplanten sechs Bänden aufgab.

Die Entstehung eines absoluten Bildraumes stellt eine zweite, ästhetische Erklärung dar. Die Verklärung der Alpen als Erkenntnisraum nicht nur der Naturhistorie, sondern auch der Menschheitsgeschichte war seit dem historischen Bruch von 1798 nicht mehr gegeben. Davon zeugt der zweite Band der *Schilderung*, der 1802, nach der Helvetischen Revolution, veröffentlicht wurde. Ebels Darstellung des Kantons Glarus ist nun in zwei panoramatische Schreibarten aufgespalten, in die naturwissenschaftliche Erfassung der Gesteine sowie Alpenentstehung und in die poetische Beschreibung der Landschaft aus der Perspektive eines fiktiven Wanderers in je separaten Kapiteln.

Der Autor beschreibt topographische und spezifisch geologische Aspekte des jeweiligen Teils der Schweizer Alpen, da der Leser in der *Schilderung* weder ein Panorama noch eine Karte vor Augen hat. Dennoch strukturiert die *Schilderung* der Kalksteingebirge im Glarus das Wissen ähnlich wie der Stellenkommentar des Panoramas in der *Anleitung*, wo es heißt:

> Der Gebirgsstoss Säntis (AA) [...] besteht aus vielen Theilen und Spitzen, die alle eigne Namen haben: der Kamor und Hohe Kasten [...], auf denen man so schöne Übersichten geniesst, gehören noch dazu. [...] Der Säntis setzt sich in die Felsen (BB) fort, an deren südlichen Seiten das grosse von dem Rhein durchflossne Thal sich ausdehnt [...]. An der nördlichen Seite legt sich das Toggenburg an.[46]

Die Felsen (AA) und (BB) ergeben das „appenzellische Hochgebirge".[47] Dass man vom Kamor aus eine panoramatische Aussicht über diese genießen kann, legt Ebel den Lesern auch in der *Schilderung* nahe, indem er Aufstieg und Ausblick beschreibt. Dabei wird die Wissensstruktur der „Erklärung der Zeichnungen" aus der *Anleitung* beibehalten und im Rahmen der Wahrnehmung des Reisenden erzählerisch ausbuchstabiert.

Die „Erklärung" berücksichtigt zwei Aspekte der panoramatischen Übersicht: Erstens wird das Land in unbewohnte Felsen und daran anliegendes Nutzland gegliedert. Diese funktionale Aufteilung wird auch in der *Schilderung* reiseliterarisch präsentiert: Der Wanderer besteigt Passhöhen und Vorgebirge, aber keine Felsen, die er nur als Hintergrundelement oder Blickgrenze in den panoramatischen Aussichten kennt. Zweitens wird ausgehend von einer markanten Höhe die Verästelung der Alpenkette im jeweiligen Kanton beschrieben. Obwohl der Erzähler nicht auf den Gipfeln von Säntis und Tödi gestanden hat, wählt er sie als Standort der topographischen Umschau und lässt diese, analog zum Panorama, zum Ausgangspunkt weiterer Forschungen werden. Aus seinen umfassenden Kenntnissen heraus gestaltet er einen panoramatischen Überblick von einem Gipfel wie etwa dem Tödi aus, den er selbst nicht bestiegen hat.

> Ueberschaut man dieses Land von seinen erhabensten Standpunkten, so springt diese angegebne Aehnlichkeit auffallend in die Augen. Der Anblick dieses ausgedehnten, acht Quadrat-Meilen umfassenden Haufens von Bergen [...] ist einzig, und es gibt keine Gegend in der Schweitz, welche eine gleichgeformte Oberfläche zeigte, und ein gleiches Bild der Einbildungskraft gäbe. Ueber den Ursprung dieses Landes verbreitet nähere Beobachtung seiner innern Beschaffenheit das hellste Licht.[48]

Vogelperspektiven wie die vom Tödi sind abstrakte wissenschaftspoetische Fiktionen, die narrativ mit einem imaginären Blick von oben auf eine geognostische Karte realisiert werden. Sie weisen typische Merkmale des panoramatischen

---

46 Ebel: Anleitung, S. 152.
47 Ebel: Schilderung, Bd. 1, S. 370.
48 Ebd., S. 372.

Blicks auf, der von einem fixen, erhöhten Standpunkt ausgehend ein Phänomen stellvertretend für eine Besonderheit der Gegend betrachtet. Die Funktionalisierung der Bildelemente ist auf den subjektiven Standpunkt des Erzählers zurückzuführen, der Fakten in der Fiktion zusammenführt und mit Bedeutung auflädt. Die Erlebnisse des Wanderers und die Überlegungen zur Erdentstehung lösen sich im zweiten Band der *Schilderung* thematisch und ästhetisch voneinander – wie zwei Seiten einer Medaille, als die man eine solche Schweiz-Reise begreifen kann. Die Vielfalt von Standorten, Perspektiven und Wahrnehmungen wird sowohl für geologisch-wissenschaftliche Synthesen als auch für die Reisenarration genutzt. Dieses Repertoire an Wissenselementen und Erlebnissen geht aus dem Panoramablick hervor, bei dem versucht worden ist, beides in einer Darstellungsform zu verbinden. In einer sukzessiven Form der Erkenntnis, z. B. einer Forschungsreise, sollte dann Schritt für Schritt der Zusammenhang vom ersten Eindruck bis zur wissenschaftlich fundierten, vollständigen Darstellung hergestellt werden. Dabei jedoch verändert sich die Perspektive des Erzählers: Vom Überblick von einem erhöhten Standpunkt aus erhebt er sich zu einem „,olympischen' Standort",[49] der aus der Vogelperspektive, die von der Reiseerfahrung losgelöst ist, einen wissenschaftlichen Zusammenhang konstruiert.

Im Gegensatz zu den vielfältigen Funktionen des wissenschaftlichen Gebirgspanoramas dient das poetische Panorama weder naturforschenden noch politischen, sondern ästhetischen Zwecken: dem Betrachter „reinen Seelengenuß zu verschaffen und [ihn] in eine ganz neue Welt zu versetzen".[50]

Die poetischen Landschaftsbeschreibungen Ebels weisen eine zunehmend gebrochene Ästhetik auf: Sie werden weder über einen wissenschaftlichen Diskurs noch über eine Erzählinstanz mehr zu einem Gesamtbild verbunden, sondern bleiben eine Serie unvermittelter, nicht auf eine Gesamtwahrnehmung hin ausgerichteter Veduten, die zu einem Panorama zusammengesetzt werden könnten, aber als Einzelbilder kontingent und partikular nebeneinander stehen und sich bis zu Phantasien erotischer Idyllik[51] oder Todesvisionen steigern, wie in Ebels Beschreibung des Glarner Großtals:

> Hier ist das Ende des langen Thals von Glarus, und alles weitere Vordringen an diesen Felsenpfeilern, die eine Welt verschließen könnten, scheint unmöglich. Doch klimmt ein kaum sichtbarer Pfad steil über Steintrümmer bis zu einem Buchenwald hinan, dann an einem schauerlichen Abgrund vorbei nach einer Oede an den Rand einer gräßlichen Kluft, in deren schwarzer Tiefe die Linth mit fürchterlichem Gebrüll ihre Fluten

---

49 Petersen: Erzählsysteme, S. 65.
50 Ebel: Schilderung, Bd. 2, S. 194.
51 Ebd.

peitscht. Ueber diesen Schlund führt einen schmale steinerne Brücke in einem Bogen von 70 Fuß Breite. Dieß ist die berühmte Pantenbrücke. Der Fluß stürzt unter ihr in einer Tiefe von 196 Fuß; düstres Halbdunkel deckt das Ganze, die Wildniß umher ist schauerlich, und der weitsichtige Blick in die gräßliche Zerklüftung ungeheurer Felsenkörper entsetzlich und erbebend. So muß der Eingang in die schwarze Unterwelt seyn, und neben dieser Wirklichkeit erscheinen alle Dichtungen von dem Orkus mager.[52]

Nach dem zweiten Band brach Ebel das Projekt der *Schilderung der Gebirgsvölker* ab, das politisch in der von Frankreich kontrollierten Helvetischen Republik und ästhetisch im absoluten Bildraum sein Ende gefunden hatte. Ebel setzte indes seine naturwissenschaftlichen Forschungen fort und veröffentlichte 1808 die Abhandlung *Ueber den Bau der Erde in dem Alpengebirge*.[53] Die Panoramen von 1793 wurden wiederverwendet und durch eine geognostische Karte ergänzt, die auch den abstrakten Blick des Geologen in ein Bildformat umsetzte.

Für die ästhetische Gestaltung der Alpen ist die Formensprache und Entwicklung von Ebels Beschreibungen panoramatischer Aussichten symptomatisch: Die Referenz auf die Vorstellung von der Erhabenheit der Gebirge weicht einer Aufspaltung in abstrakt-wissenschaftliche Panoramen sowie in poetische Gebirgsdarstellungen, die gegensätzliche Formen und Wirkungen nicht im Erhabenheitsgefühl aufheben, sondern in der Sukzession und Steigerung von idyllischen und wildromantischen Szenerien unvermittelt bestehen lassen. Mit dieser gebrochenen Wahrnehmung findet das wissenschaftliche Gebirgspanorama sein Ende als Genre. Es wird von Darstellungen absoluter Bildräume in der Literatur und Kunst, z. B. in Dioramen, und von wissenschaftlichem Kartenmaterial abgelöst. Das integrative Konzept der Darstellung von naturwissenschaftlichen Fragen und der Ästhetik des Erhabenen verliert seine Funktion. Ebels Werk nimmt eine Stellung ein, in der die Entwicklungen des Gebirgspanoramas in der zweiten Hälfte des 18. Jahrhunderts zusammenlaufen und die den Übergang vom Panorama zu panoramatischen Schreibverfahren markiert.

Literatur

Addison, Joseph: Anmerkungen über verschiedene Theile von Italien, etc. Aus dem Englischen des Herrn Addison übersetzt. Altenburg (Richter) 1752.

Adler, Hans: Die Prägnanz des Dunklen. Gnoseologie – Ästhetik – Geschichtsphilosophie bei Johann Gottfried Herder. Hamburg 1990.

---

52 Ebd., S. 195 f.
53 Ebel: Bau der Erde.

Baedeker, Karl: Die Schweiz. Handbüchlein für Reisende nach eigener Anschauung und den besten Hülfsquellen bearbeitet; mit einer Reisekarte und einer Alpen-Ansicht vom Rigi. Koblenz, Basel (Schweighauser) 1844.

Baumgarten, Alexander Gottlieb: Reflections on Poetry. Meditationes philosophicae de nonnullis ad poema pertinentibus [1735]. Transl. with the original text by Karl Aschenbrenner and William B. Holther. Berkeley, Los Angeles 1954.

Blumenberg, Hans: Die Lesbarkeit der Welt. Frankfurt/M. 1981.

Bodmer, Johann Jacob; Breitinger, Johann Jacob: Critische Betrachtungen über die poetischen Gemählde der Dichter. Zürich (Orell) 1741.

Böning, Holger: Der Traum von Freiheit und Gleichheit. Helvetische Revolution und Republik (1798-1803) – die Schweiz auf dem Weg zur bürgerlichen Demokratie. Zürich 1998.

Burke, Edmund: Philosophische Untersuchung über den Ursprung unserer Ideen vom Erhabenen und Schönen. Übers. von Friedrich Bassenge. Hrsg. von Werner Strube. Hamburg 1980.

Curtius, Ernst Robert: Europäische Literatur und lateinisches Mittelalter. Tübingen [11]1993.

Deluc, Jean André: Physisch-moralische Briefe über die Berge und die Geschichte der Erde und des Menschen an Ihre Majestät, die Königin von Grossbritannien. Übers. u. hrsg. von Heinrich Matthias Marcard. Leipzig (Weidmanns Erben und Reich) 1778.

Dennis, John: Miscellanies in verse and prose. A quote. London (Knapton) 1693.

Ebel, Johann Gottfried: Anleitung, auf die nützlichste und genussvollste Art in der Schweitz zu reisen. Zürich (Orell, Gessner, Füssli) 1793.

Ebel, Johann Gottfried: Schilderung der Gebirgsvölker der Schweitz. 2 Bde. Leipzig (Wolf) 1798-1802.

Ebel, Johann Gottfried: Ueber den Bau der Erde in dem Alpen-Gebirge zwischen 12 Längen- und 2-4 Breitengraden nebst einigen Betrachtungen über die Gebirge und den Bau der Erde überhaupt mit geognostischen Karten. 2 Bde. Zürich (Orell, Füssli) 1808.

Escher [von der Linth, Hans Conrad]: Korrespondenz. In: Leonhards Taschenbuch für die gesammte Mineralogie. Bd. 6. Frankfurt/M. (Hermannsche Buchhandlung) 1812, S. 369-394.

Gerber-Visser, Gerrendina: Die Ressourcen des Landes. Der ökonomisch-patriotische Blick in den Topographischen Beschreibungen der Oekonomischen Gesellschaft Bern (1759-1855). Baden 2012.

Groh, Ruth; Groh, Dieter: Von den schrecklichen zu den erhabenen Bergen. Zur Entstehung ästhetischer Naturerfahrung. In: Heinz-Dieter Weber, Ulrich Gaier (Hrsg.): Vom Wandel des neuzeitlichen Naturbegriffs. Konstanz 1989, S. 53-95.

Hammer, Madlena Cavelti: Geburtsstunde des wissenschaftlichen Alpenpanoramas. In: Schweizerische Zeitschrift für Vermessung, Kulturtechnik und Photogrammetrie 100 (2002), S. 75–80.

Hentschel, Uwe: Mythos Schweiz. Zum deutschen literarischen Philhelvetismus zwischen 1700 und 1850. Tübingen 2002.

Herder, Johann Gottfried: Journal meiner Reise im Jahr 1769. In: Werke. Hrsg. von Günter Arnold u. a. Bd. 9/2. Hrsg. von Rainer Wisbert, Klaus Pradel. Frankfurt/M. 1997, S. 9-126.

Klein, Ursula: Experiments, models, paper tools. Cultures of organic chemistry in the nineteenth century. Writing science. Stanford/CA 2003.

Koschorke, Albrecht: Die Geschichte des Horizonts. Grenze und Grenzüberschreitung in literarischen Landschaftsbildern. Frankfurt/M. 1990.

Micheli Du Crest, Jacques-Barthélemy: Prospect géometrique des Montagnes neigées dites Gletscher, telles qu'on le découvre en temps favorable depuis le château d'Aarbourg. Augsburg (Lotter) 1755.

Murray, John: A Handbook for Travellers in Switzerland and the Alps of Savoy and Piedmont. Including the valleys of the Waldenses. London (Murray)1838.

Oettermann, Stephan: Das Panorama. Die Geschichte eines Massenmediums. Frankfurt/M. 1980.

Petersen, Jürgen H.: Erzählsysteme. Eine Poetik epischer Texte. Stuttgart 1993.

Pries, Christine: Erhabene, das. In: Ueding, Gert (Hrsg.): Historisches Wörterbuch der Rhetorik. Bd. 2. Tübingen 1994, S. 1357-1389.

Reichler, Claude: Entdeckung einer Landschaft. Reisende, Schriftsteller, Künstler und ihre Alpen. Zürich 2005.

Saussure, Horace-Bénédict de: Voyages dans les Alpes, précédés d'un essai sur l'histoire naturelle des environs de Genève. 4 Bde. Neuchâtel (Fauche) 1779-1796.

Scheuchzer, Johann Jakob: Helvetiae historia naturalis, oder, Natur-Historie des Schweitzerlandes. 3 Bde. Zürich (Bodmer) 1716-1718.

Solar, Gustav: Das Panorama und seine Vorentwicklung bis zu Hans Conrad Escher von der Linth. Zürich 1979.

Studer, Samuel Gottlieb: Chaine des Alpes vue depuis les environs de Berne. Bern (s.n.) 1788.

Tralles, Johann Georg: Bestimmung der Höhen der bekanntern Berge des Canton Bern. Bern (Litterar. u. typograph. Gesellschaft) 1790.

Vogl, Joseph: Einleitung. In: Ders. (Hrsg.): Poetologien des Wissens um 1800. München 1999, S. 7-16.

Michael Bies

Porträts, gerahmt und ungerahmt. „Ansichten" von Natur und Volkswirtschaft im 19. Jahrhundert

1

„In der vergangenen Nacht habe ich besser geschlafen als in dieser, aber fast noch häßlicher geträumt, und zwar aus Alexander von Humboldts Ansichten der Natur", so berichtet Nikola von Einstein in Wilhelm Raabes *Abu Telfan*:

> In diesem schönen Buche […] wird geschildert, wie irgendwo in Mittel- oder Südamerika, an irgendeinem großen Strome die Alligatoren während des heißen Sommers im Schlamm eintrocknen, um erst in der Regensaison wieder von neuem zu erwachen. Die Sache ist sehr anschaulich ausgemalt; die Schollen bersten mit Krachen und springen in die Höhe, wie das gepanzerte Untier sich aus seiner langen Siesta erhebt. Es gähnt entsetzlich, es reibt sich die Augen; vor allen Dingen erwacht es mit einem ausgezeichneten Appetit, und so hat es mir zwischen zwei und drei Uhr morgens ein helles Angstgeschrei entlockt und mich hochauf aus meinen Kissen gejagt […].
> Ich habe überhaupt angefangen, in den letzten Zeiten sehr tropisch zu träumen, den Grund davon aber kann ich selber angeben. Es ist kein Zweifel, der wilde Mann aus Afrika trägt die Schuld.[1]

Diese Passage ist in mehrerlei Hinsicht bemerkenswert. Zunächst verdeutlicht Raabe den Lesern, in welche Unruhe die Bewohner von Bumsdorf und Nippenburg, den Schauplätzen seines Romans, durch die Heimkehr des Protagonisten Leonhard Hagebucher von seiner langen Gefangenschaft in Afrika versetzt worden sind – und dass Hagebucher hier mit Alexander von Humboldt assoziiert wird, kann zugleich als Erinnerung an die Faszination und Skepsis gelesen werden, mit der der wohl bekannteste Forschungsreisende des 19. Jahrhunderts nach der Rückkehr von seiner großen Amerikareise in der deutschen Provinz betrachtet wurde. Darüber hinaus zeigt Raabe an dieser Stelle, aus welchem Stoff die Träume waren, die die Bewohner von Orten wie Bumsdorf und Nippenburg um den Schlaf brachten: aus dem exotischen Stoff, der in Werken wie Humboldts *Ansichten der Natur* zu finden war, sich aber auch in der kaum überschaubaren Fülle an inzwischen weithin vergessenen Abhandlungen, Berichten, Erzählungen und Anekdoten zu fernen und vor allem ‚fremden' Ländern und

---

1 Raabe: Abu Telfan, S. 111 f.

Kontinenten niederschlug, die in erfolgreichen Periodika wie *Das Ausland* und *Globus* erschienen. In einem solchen Periodikum, der Stuttgarter Zeitschrift *Land und Meer*, wurde auch Raabes Roman 1867 erstmals veröffentlicht. Nur belegt die zitierte Ausführung auch, dass die Inhalte dieser Texte von fernen Ländern und Kontinenten wohl oft auf ihren exotischen Gehalt reduziert wurden, wenn Humboldts Beschreibungen, deren Schauplatz „irgendwo in Mittel- oder Südamerika, an irgendeinem großen Strome" liegt, hier als Stellvertreter für Hagebuchers afrikanische Erlebnisse fungieren können.

Schließlich ist die zitierte Passage aus dem *Abu Telfan* beachtenswert, weil sie in Nikola von Einsteins alptraumhafter Reproduktion von Humboldts Schilderungen auch ironisch auf den Erfolg verweist, den die 1808 in erster Ausgabe und 1826 und 1849 in jeweils stark erweiterten Fassungen erschienenen *Ansichten der Natur* im 19. Jahrhundert hatten.[2] An diesen Erfolg ist in jüngerer Zeit vermehrt erinnert worden – so etwa hat Ottmar Ette die *Ansichten der Natur* als „heimliche[n] Klassiker der Literatur in deutscher Sprache"[3] bezeichnet –, doch ohne ihn auch aus gattungsgeschichtlicher Perspektive genauer zu betrachten. Zwar wurden zuletzt mehrfach ‚Tableaus', ‚Naturgemälde' und ‚Lebensbilder' in den Blick genommen,[4] als Beispiele der bis in die zweite Hälfte des 19. Jahrhunderts äußerst populären Gattungen einer ‚ästhetischen Wissenschaft', die Humboldt mit seinen Vorträgen und Publikationen entscheidend mit prägte, und es wurde auch auf das „hohe[] Maß an Diskursmischung und Gattungsvielfalt" verwiesen, das besonders die die *Ansichten der Natur* eröffnende Abhandlung *Ueber die Steppen und Wüsten* kennzeichnet.[5] Weniger berücksichtigt wurde

---

2   Mit Nikola von Einsteins Ausführungen referiert Raabe übrigens auf eine Passage aus der Abhandlung *Ueber die Steppen und Wüsten*, in der es in der Beschreibung einer nach einer langen Dürre einsetzenden Regenzeit in der südamerikanischen Steppe heißt: „Bisweilen sieht man (so erzählen die Eingebohrenen) an den Ufern der Sümpfe den befeuchteten Letten sich langsam und schollenweise erheben, dann plötzlich mit heftigem Getöse, wie beim Ausbruche kleiner Schlammvulcane, die aufgewühlte Erde wolkenartig auffliegen. Wer des Anblicks kundig ist, flieht die Erscheinung; denn eine riesenhafte Wasserschlange oder ein gepanzertes Crocodil, steigen aus der Gruft hervor, durch den ersten Regenguß, aus dem Scheintod erwecket." (Humboldt: Ansichten, S. 34 f.)
3   Ette: Weltbewußtsein, S. 107.
4   Zu ‚Tableau' und ‚Naturgemälde' sei hier nur verwiesen auf Graczyk: Tableau; und Bies: Goethe. Zur von Friedrich Theodor Vischer beschriebenen Gattung des ‚Lebensbildes' vgl. besonders Müller-Tamm: Lebensbild.
5   Böhme: Wissenschaft, S. 23. Wichtig für die jüngere Rezeption von *Ueber den Steppen und Wüsten* war darüber hinaus der Aufsatz von Ette: Gemütsverfassung.

indes, dass die *Ansichten der Natur* im 19. Jahrhundert gemeinsam mit einer Fülle von Werken erscheinen, die im Titel als ‚Ansichten' markiert sind. Neben Romanen wie Johann Ernst Wagners *Willibald's Ansichten des Lebens* (1805) und E.T.A. Hoffmanns *Lebens-Ansichten des Katers Murr* (1819/1821) oder auch zahlreichen bildlichen ‚Ansichten' sind das vor allem Werke, die den Bereichen der Wissenschaft, Populärwissenschaft wie auch der politischen Publizistik zuzuordnen sind.

Nur wenige Beispiele von unterschiedlicher Art und Verbreitung mögen das belegen. Nachdem Georg Forster 1791 und 1792 die ersten beiden Teile der *Ansichten vom Niederrhein* publiziert hatte, einem wichtigen Bezugstext für Humboldts *Ansichten der Natur*, erscheinen ebenfalls 1808 Gotthilf Heinrich Schuberts *Ansichten von der Nachtseite der Naturwissenschaft* sowie die *Ansichten des Rheinbundes* des Jenaer Historikers Heinrich Luden, 1811 die *Ansichten der Gemüthswelt* des preußischen Theologen Friedrich Delbrück, 1821 die *Ansichten der Volkswirthschaft mit besonderer Beziehung auf Deutschland* des späteren Heidelberger Ökonomen Karl Heinrich Rau, 1855 die *Ansichten der Natur aus allen Reichen und Zonen* des Alsfelder Naturforschers Karl Müller und 1858 die *Ansichten aus den deutschen Alpen*, die ebenfalls von einem Karl Müller stammen, diesmal jedoch einem Botaniker aus Halle; weiterhin erscheinen 1861 die *Ansichten der Volkswirthschaft aus dem geschichtlichen Standpunkte* des Leipziger Ökonomen Wilhelm Roscher, 1876 die *Ansichten des Lebens* von Ernst Riedel sowie, in bereits dritter Auflage, die *Freisinnigen Ansichten der Volkswirthschaft und des Staats* des Publizisten und Verlegers Georg Hirth[6] und von 1878 bis 1881 die *Ansichten über die organische Chemie* des späteren Nobelpreisträgers Jacobus Henricus van't Hoff.

Bereits diese längst nicht vollständige Aufzählung lässt zweierlei erkennen. Zunächst fällt auf, dass die genannten Titel ganz unterschiedliche Gegenstandsbereiche und Wissensformationen adressieren, dabei aber auch jeweils eigene disziplinäre Gattungstraditionen sichtbar werden lassen; besonders deutlich wird das bei den verschiedenen ‚Ansichten der Volkswirtschaft'. Zudem kann bemerkt werden, dass der Begriff der ‚Ansichten' in diesen Titeln verschieden gebraucht wird. In manchen Fällen zeigt er an, dass das vorliegende Werk einer auf Anschaulichkeit zielenden Poetik verpflichtet ist; das ließe sich beispielsweise für die *Ansichten der Natur*, die *Ansichten der Natur aus allen Reichen und Zonen* oder die *Ansichten aus den deutschen Alpen* behaupten. In anderen Fällen

---

6   Die früheren Auflagen von Hirths *Freisinnigen Ansichten* konnten nicht aufgefunden werden.

scheint der Begriff der ‚Ansichten' eher darauf zu verweisen, dass das bezeichnete Werk keine systematische Abhandlung darstellt, sondern Auffassungen oder Meinungen über den behandelten Gegenstand wiedergibt, die nicht streng wissenschaftlich entwickelt werden und oft nur eine vermeintlich einzelne, gerade dadurch auch besondere Glaubwürdigkeit beanspruchende Position präsentieren. Offenkundig wird eine solche Begriffsverwendung etwa, wenn Heinrich Luden im Vorwort seiner *Ansichten des Rheinbundes* – die übrigens in Form eines Briefwechsels gestaltet sind – beteuert, die hier vertretene „Ansicht der Dinge" sei „eine individuelle Meinung, und will nichts mehr enthalten; es ist Eine Stimme (oder zwei) aus dem deutschen Volke; nichts anders."[7]

Der Gegenstand der folgenden Ausführungen ist damit zumindest umrissen. Um das unübersichtliche und bislang nur wenig erforschte Feld der wissenschaftlichen und populärwissenschaftlichen Gattungen des 19. Jahrhunderts weiter zu erschließen, soll die Gattung der ‚Ansichten' genauer in den Blick genommen werden. Dabei kann der Begriff der ‚Gattung' nur in einer weiten Bedeutung gebraucht werden, da die hier betrachteten ‚Ansichten' zunächst oft nicht viel mehr gemeinsam zu haben scheinen, als dass sie in ihren Titeln selbst als ‚Ansichten' bestimmt werden. Das Ziel der folgenden Überlegungen kann deshalb auch nicht darin bestehen, eine Definition dieser Gattung zu erarbeiten. Vielmehr sollen lediglich Einblick in ihre Konjunktur gegeben und Ansätze zu ihrer Beschreibung geliefert werden. Zwei Reihen von ‚Ansichten' werden hierfür betrachtet: die ‚Ansichten der Natur', die Humboldt mit seinen *Ansichten der Natur, mit wissenschaftlichen Erläuterungen* – wie das Werk mit vollständigem Titel heißt – entscheidend prägt, und die ‚Ansichten der Volkswirtschaft', für die Rau mit den *Ansichten der Volkswirthschaft mit besonderer Beziehung auf Deutschland* ein wichtiges Referenzwerk vorgelegt hat. Eine zentrale Rolle wird dabei der Untersuchung der Vorworte und Vorreden zukommen, die den im Titel der jeweiligen Werke verwendeten Begriff der ‚Ansichten' oft noch in Zeiten seiner geradezu inflationären Verwendung kommentieren und häufig die bündigsten Erläuterungen zur Poetik der betrachteten Texte enthalten.

2

Schon Humboldts Zeitgenossen haben betont, dass die *Ansichten der Natur* als ein prägendes Werk des 19. Jahrhunderts anzusehen seien. So lobt nicht nur Carl Gustav Carus die „trefflichen Ansichten von Humboldt",[8] weil wir die

---

7 Luden: Ansichten, S. 11.
8 Carus: Briefe, S. 153.

amerikanische Natur hier „mit Worten uns vor die Seele [ge]zeichnet"[9] fänden und überdies zu Reflexionen über „das innere psychische Leben" und „das Poetische" dieser Natur angeregt würden.[10] Auch der angesehene Münchner Botaniker Carl Friedrich Philipp von Martius erinnert sich noch 1860 in seiner vor der Bayerischen Akademie der Wissenschaften gehaltenen *Denkrede auf Alexander von Humboldt*, dass dieser „bald nach der Heimkehr" von seiner Amerikareise „dafür gesorgt" habe,

> daß er gelesen werde. Er war der Sympathie seines Volkes entgegen gekommen durch die Veröffentlichung seiner „Ansichten der Natur". Unbeschreiblich war die Wirkung dieses kleinen Buches. Seit G. Forster's lebensvollen Schilderungen war der Nation nichts Aehnliches geboten worden. Es erscheint uns als das Samenkorn seines Ruhmes. Ein ähnlicher Ton war noch nicht angeschlagen worden, um uns in die Tiefe zwischen den Wendekreisen zu versetzen. Es ward dies Büchlein Muster und Vorbild späterer Reisenden für die Plastik in Worten. Wir begegnen seinem Einflusse überall in der neueren Reiseliteratur.[11]

Diese Ausführungen geben zumindest Anhaltspunkte für eine Charakterisierung der Gattung der ‚Ansichten'. Zunächst bezeichnet Martius die *Ansichten der Natur* als ein Werk, das das deutsche „Volk" und die „Nation" in besonderer Weise angesprochen habe – was mit Humboldts Bemerkung korrespondiert, sein deutschsprachiger Erstling sei ein „rein auf deutsche Gefühlsweise berechnetes Buch" gewesen.[12] Sodann stellt Martius die *Ansichten der Natur* in eine Reihe mit Forsters „lebensvollen Schilderungen" – leider ohne dass ganz deutlich wird, ob er sich damit eher auf dessen *Reise um die Welt* (1778-1780) oder, wie vermutet werden könnte, eher auf die *Ansichten vom Niederrhein* bezieht –, bevor er die Darstellungsweise von Humboldts Werk hervorhebt. Allerdings beschreibt er diese in der zitierten Passage nicht durch die zeichnerische oder malerische ‚Anschaulichkeit', die Carus oder auch Raabe im *Abu Telfan* hervorgehoben haben. Vielmehr bestimmt er sie mit der Formel der „Plastik in Worten" und ordnet sie dadurch dem ‚pygmalionischen' Darstellungsparadigma zu, das Klopstock in

---

9   Ebd., S. 117.
10 Ebd., S. 152.
11 Martius: Denkrede, S. 26.
12 Brief von Alexander von Humboldt an Christian Carl Josias Bunsen, 2. November 1849, in: Schwarz: Briefe, S. 118. Dass Humboldt sich damit in eine programmatisch klassische Tradition einreihen wollte, zeigt sein Brief vom 14. Februar 1807 an Johann Friedrich Cotta: „Ich wünsche", so schreibt er hier von den *Ansichten der Natur*, „einen ähnlichen (nicht engeren) Druk u. Kalenderformat, etwa wie Herman u. Dorothea." (Leitner (Hrsg.): Humboldt, S. 79)

den 1770er Jahren zu etablieren begann.¹³ Zuletzt weist Martius noch auf den generischen Bereich hin, in dem die *Ansichten der Natur* als „Muster und Vorbild" wirkten, auf den Bereich der Reiseliteratur.

Doch inwiefern charakterisieren die Ansichten der Natur sich eigentlich selbst als ‚Ansichten'? Bei einem Blick in die Vorrede der ersten Ausgabe von 1808 fällt auf, dass Humboldt den Begriff der ‚Ansicht' oder eben der ‚Ansichten' nicht weiter einführt, aber in gleich doppelter Weise verwendet. Zum einen gebraucht er ihn, um auf die Darstellungsweise der hier versammelten Texte zu verweisen. So erklärt Humboldt, dass er diese Texte meist im „Angesicht" der dargestellten Natur verfasst habe. Dabei sei eine „ästhetische Behandlung naturhistorischer Gegenstände" sein Ziel gewesen, die ‚Ansicht', ‚Einsicht' und ‚Genuss' verbinde, indem sie einen „Ueberblick der Natur im Grossen" und einen „Beweis von dem Zusammenwirken" der in der Natur wirkenden „Kräfte" gebe und auch eine „Erneuerung des Genusses" vollbringe, den „die unmittelbare Ansicht" der Natur „dem fühlenden Menschen gewährt".¹⁴

Zum anderen redet Humboldt in seiner Vorrede von ‚Ansichten', um die Vielzahl der in den *Ansichten der Natur* enthaltenen Texte und der von ihnen präsentierten „Bilder"¹⁵ zu bezeichnen – und diese Texte, die Humboldt als ‚Aufsätze' oder ‚Abhandlungen' beschreibt,¹⁶ sind wiederum dadurch bestimmt, dass sie verschiedenste Wissensbestände aufzunehmen und miteinander zu verbinden suchen, aber auch dadurch, dass sie an unterschiedliche Texttraditionen und -gattungen anschließen. Bereits an den drei Abhandlungen der ersten Ausgabe der *Ansichten der Natur* kann das nachvollzogen werden. Während der grandiose, gattungstheoretisch nur schwer beschreibbare Eröffnungstext *Ueber die Steppen und Wüsten* mehrfach als ‚Naturgemälde' gekennzeichnet wird,¹⁷ nehmen die folgenden *Ideen zu einer Physiognomik der Gewächse* schon im Titel die Tradition der um 1800 populären ‚Ideen' auf. Im Unterschied dazu zeigt der Abschlusstext *Ueber die Wasserfälle des Orinoco, bei Atures und Maypures* noch weitgehend den Charakter der Akademierede, als die Humboldt alle drei der hier publizierten Texte in Berlin vortrug,¹⁸ bevor er sie durch zum Teil sehr

---

13 Vgl. hierzu vor allem Menninghaus: Darstellung; und Mülder-Bach: Zeichen. Hieran anschließend siehe auch Bies: Bild; und ders.: Goethe.
14 Humboldt: Ansichten, S. vf.
15 Ebd., S. vi.
16 Vgl. etwa ebd., S. vi und 281, Anm.
17 Vgl. ebd., S. 40 und 282.
18 Nachdem Humboldt die *Ideen zu einer Physiognomik der Gewächse* am 30. Januar 1806 in der Preußischen Akademie der Wissenschaften zu Berlin vorgestellt hatte,

Porträts, gerahmt und ungerahmt 69

ausführliche Anmerkungen ergänzte und in den *Ansichten der Natur* publizierte. Die damit angedeutete Gattungsvielfalt wird in den späteren Ausgaben der *Ansichten der Natur* durch einen Text wie die 1826 hinzugefügte fiktionale Erzählung *Die Lebenskraft oder der Rhodische Genius* weiter verstärkt.

Damit konturiert Humboldt bereits in seiner Vorrede einen komplexen Begriff von ‚Ansichten', der auf die Verbindung eines ‚Überblicks' über die Natur mit der ‚Einsicht' in die in ihr wirksamen ‚Kräfte' wie auch mit dem ‚Genuss' einer scheinbar unmittelbaren Betrachtung abzielt und darüber hinaus auf die Vielzahl der Perspektiven verweist, die die *Ansichten der Natur* zu ihrem Gegenstand einnehmen. Gleichwohl ist dieser Begriff der ‚Ansichten' nicht ohne Vorläufer. So formuliert Humboldt mit seiner Hilfe eine Poetik, die sich ähnlich auch in den *Ansichten vom Niederrhein* finden lässt. Zwar ist festzustellen, dass Forster seine Beschreibung der 1790 gemeinsam mit dem jungen Alexander von Humboldt durchgeführten Reise in vielen Aspekten anders anlegt, weil er stärker an das für aufklärerische Reisebeschreibungen charakteristische, von ihm allerdings virtuos umgesetzte Interesse für Kunst, Kultur und Industrie anschließt, während Humboldt vor allem ein Ganzes von Natur, Naturwissen und Naturerfahrung zu präsentieren sucht, und weil er die *Ansichten vom Niederrhein* noch itinerarisch gliedert, während Humboldt sich in den *Ansichten der Natur* vom Verlauf seiner Amerikareise und den Konventionen der Reisebeschreibung löst und verschiedene Wissens-, Erfahrungs- und Darstellungsmodi integrierende Texturen entwirft. Dennoch verweist bereits Forster mit dem Begriff der ‚Ansichten' sowohl auf eine Vielzahl von Perspektiven und eine „Multiperspektivität optischer Wahrnehmung"[19] als auch darauf – wie Rainer Godel zuletzt ausgeführt hat –, „dass sich perspektivenabhängige Wahrnehmung mit der Einbildungskraft, mit der Empfindung, mit der Reflexion der Ordnung und der Beschreibung verbinden."[20]

Bevor nun weitere ‚Ansichten' des 19. Jahrhunderts in den Blick genommen werden, sei zuletzt noch die kompensatorische Funktion erwähnt, die Humboldt den *Ansichten der Natur* zuschreibt. So verleiht er in der Vorrede zur ersten Ausgabe schließlich der Hoffnung Ausdruck, dass sein Werk den „*[b]edrängten Gemütern*",[21] die unter der napoleonischen Herrschaft litten, ein wenig Freiheit und Erleichterung geben möge.

---

trug er am 29. Januar 1807 dort auch *Ueber die Steppen und Wüsten* und am 6. August 1807 *Ueber die Wasserfälle des Orinoco, bei Atures und Maypures* vor.
19 Godel: Fremde, S. 132.
20 Ebd., S. 133.
21 Humboldt: Ansichten, S. vii.

3

Mit diesen Ausführungen und den in den *Ansichten der Natur* publizierten Abhandlungen schlug Humboldt einen Ton an, der Resonanz fand und noch die ein halbes Jahrhundert später erscheinenden ‚Ansichten' der beiden Karl Müller prägt – auch wenn diese nicht die gleiche ästhetische und epistemische Komplexität wie Humboldt erreichen. Deutlich wird das bereits im Vorwort der *Ansichten der Natur aus allen Reichen und Zonen*, die der in Alsfeld ansässige Karl Müller 1855 veröffentlicht, einer Sammlung von Landschaftsbeschreibungen, die sich an kulturgeographische Werke wie August Wilhelm Grubes *Geographische Charakterbilder*, ein Erfolgswerk des 19. Jahrhunderts, anlehnt und sich vor allem für den „geographischen Unterricht" an „gehobenen Schulen" zu empfehlen sucht.[22] So erklärt Müller, dass er an „den Titel der unerreichbaren, meisterhaften Spezialschilderungen des großen Alexander v. Humboldt" angeknüpft habe, weil ihm kein anderer „bezeichnender Titel für Das" eingefallen sei,

> was er [der Verfasser; M.B.] mit seinen Schilderungen bieten wollte, nämlich Ansichten der Natur von einem sinnigen Gesichtspunkte aus, in abgegrenztem Rahmen und in einer überschaulichen ästhetischen Form, welche anregende Unterhaltung mit positiver Belehrung verbinden sollte.[23]

Hiermit entwirft Müller eine Programmatik, die zunächst sehr allgemein auf Humboldts Vorhaben der „ästhetischen Behandlung naturhistorischer Gegenstände" beziehbar scheint, zugleich aber ein anderes Verhältnis von Natur und Darstellung bezeugt. Während Humboldt dieses Verhältnis stets von der Natur her dachte und wiederholt seine „Schwierigkeiten" beklagte, den „Reichthum der Natur" in ein „geschlossenes Ganze[s]" zu bringen[24] – sein Freund François Arago redete später deshalb davon, dass Humboldt anstelle eines Buches immer nur ein „portrait sans cadre"[25] verfasst habe –, setzt Müller dagegen die Limitationen etablierter Darstellungsmodelle voraus und hebt gerade den „abgegrenzten Rahmen" und die „überschauliche ästhetische Form" hervor, in die er die Natur gebracht habe.

Ähnlich epigonal wie der Titel und die Programmatik sind auch die Texte, die die *Ansichten der Natur aus allen Reichen und Zonen* präsentieren. Wie Müller einräumt, gründen die hier publizierten Landschaftsportraits mit Titeln wie „Schneegebirge", „Die Wüste Sahara" oder „Die Urwälder Brasiliens" nicht auf

---

22 Müller: Ansichten 1855, S. iii.
23 Ebd., S. iv.
24 Humboldt: Ansichten, S. vi.
25 Humboldt: Correspondance, S. xxxv.

eigener Anschauung, sondern seien von ihm, wie bei solchen Publikationen üblich, „theils selbstständig nach Lesefrüchten, theils mehr bearbeitend nach fremden, meist englischen Originalen" verfasst worden.[26] An die Stelle der komplexen Texturen, mit denen Humboldt in den *Ansichten der Natur* eine ‚Ansicht' – im Sinne von ‚Überblick' – mit ‚Einsicht' und ‚Genuss' verbindet, treten bei Müller vergleichsweise einfache, auf Anmerkungen weitgehend verzichtende Porträts, die einen Kanon meist exotischer Landschaften bilden und diese Landschaften mitsamt der in ihnen lebenden Pflanzen, Tiere und Menschen beschreiben und erklären, sie immer wieder aber auch durch ihre entweder zitierte oder imaginierte Wirkung auf den europäischen Betrachter zu veranschaulichen suchen. Hierfür werden diese Porträts oft durch jene Figur des imaginären ‚Reisenden' oder ‚Wanderers' perspektiviert, die spätestens seit Humboldt zum narrativen Grundinventar der ‚Naturgemälde', ‚Lebensbilder' und ‚Ansichten' des 19. Jahrhunderts gehört.

Anders als die *Ansichten der Natur aus allen Reichen und Zonen* sind die *Ansichten aus den deutschen Alpen* angelegt, die der in Halle lebende Karl Müller 1858 publiziert. Im Vorwort dieser unterhaltsamen Beschreibung einer Alpenreise, die im Ton zuweilen an Heinrich Laubes *Reisenovellen* erinnert, setzt Müller zunächst bei dem „angeborenen Hinausweh" an, das zuletzt immer mehr Menschen in „die Alpen Mitteleuropa's" getrieben habe.[27] Dabei verfolgt Müller eine doppelte Zielsetzung. Wie er ausführt, wolle er zum einen den „Alpenwandrer", der sein ‚Hinausweh' meist nur durch touristische „Aussichten ohne Einsichten" zu stillen suche, zu einem „geistigere[n] Schauen" anregen und ihn durch eine „ethisch-naturwissenschaftliche Reiseliteratur" lehren, „wie er den vollen Genuss aus seinen Bergfahrten ziehen, sich selbst in ihnen etwas näher kennen lernen könne."[28] Allerdings richtet Müller die *Ansichten aus den deutschen Alpen* nicht bloß an Alpentouristen, deren ästhetische Erfahrungen durch wissenschaftliches Wissen, historische Erörterungen und ganz praktische Hinweise konditioniert und gesteigert werden sollen. Zum anderen, so erklärt er weiter, wolle er mit seinem Buch auch „denjenigen, welcher an die heimische Scholle gefesselt bleibt, mitten hinein in das erfrischende Gefilde" versetzen und dadurch „einen Theil des schönen Naturgenusses an ihn" abtreten.[29]

---

26 Müller: Ansichten 1855, S. iii.
27 Müller: Ansichten 1858, S. v. Das dem Heimweh entgegengesetzte „Hinausweh" wird erst gegen Mitte des 19. Jahrhunderts vermehrt beschrieben. Vgl. etwa Zangerl: Heimweh, § 7, S. 3-5. Umfassend hierzu vgl. Bunke: Heimweh.
28 Müller: Ansichten 1858, S. vi f.
29 Ebd.

Diese doppelte Zielsetzung, die schon in ihrer Formulierung auffallend an Humboldts Vorwort erinnert, drückt Müller bereits im Untertitel der *Ansichten aus den deutschen Alpen* aus, der lautet: *Ein Lehrbuch für Alpenreisende, ein Naturgemälde für alle Freunde der Natur.* Dieser Untertitel ist bezeichnend, weil er zugleich erhellt, weshalb die Differenzierung verschiedener wissenschaftlicher und populärwissenschaftlicher Gattungen des 19. Jahrhunderts so schwierig ist: deshalb, weil der Unterschied zwischen einem ‚Lehrbuch' und einem ‚Naturgemälde' manchmal allein in der Perspektive des Lesers liegen kann – in der Frage, ob jemand ein Reisender ist und ein Buch „zur Präparation oder Nachempfindung" einer Reise in die Hand nimmt oder ob er es als ‚Freund der Natur' liest, der die eigentliche Reise, gleichsam als Nachkomme des gelehrten *armchair traveller*, durch eine „Zimmerreise" ersetzt.[30]

4

Bereits dieser kurze Blick auf die Vorworte verschiedener ‚Ansichten der Natur' hat gezeigt, dass diese sich in epistemologischer Hinsicht insofern gleichen, als sie jeweils auf die Darstellung eines, wie in einem ersten Anlauf gesagt werden kann, ‚ästhetischen Wissens' zielen, selbst wenn sie dieses nicht immer aus eigenen Erfahrungen und Erlebnissen, sondern – wie in den *Ansichten der Natur aus allen Reichen und Zonen* – oft bloß aus anderen Texten beziehen. Dem entsprechen verschiedene Gemeinsamkeiten in formaler Hinsicht, zu denen etwa das Bestreben nach einer anschaulichen oder sogar plastischen Darstellungsweise wie auch der Einsatz von imaginären ‚Reisenden' und ‚Wanderern' als Perspektivfiguren gehören. Allerdings lassen diese Gemeinsamkeiten sich kaum zu Merkmalen verdichten, die es sinnvoll erscheinen lassen, von einer Gattung der ‚Ansichten der Natur' zu reden und diese von anderen Gattungen wie dem ‚Naturgemälde' oder dem ‚Lebensbild' abzugrenzen – ein Phänomen, das für das von Friedrich Theodor Vischer beschriebene „mittlere[ ] Gebiet"[31] zwischen der Ästhetik und den Wissenschaften im 19. Jahrhundert durchaus charakteristisch ist. Stattdessen wurde deutlich, dass die betrachteten ‚Ansichten der Natur' mit verwandten Textgattungen und -formen interferieren, wie besonders die *Ansichten aus den deutschen Alpen* gezeigt haben, und sie integrieren, wie das an den verschiedenen Abhandlungen von Humboldts *Ansichten der Natur* zumindest angedeutet worden ist – und genau diese Fähigkeit, gleichsam als ein *umbrella*

---

30 Ebd., S. vii.
31 Vischer: Kritik, S. 232.

Porträts, gerahmt und ungerahmt 73

genre zu fungieren, könnte wiederum als wichtiges Merkmal der ‚Ansichten' betrachtet werden.

Doch bevor diese Überlegungen weiter ausgeführt werden, sollen zunächst die schon erwähnten ‚Ansichten der Volkswirtschaft' in den Blick genommen werden, die eine vergleichsweise homogene Texttradition ausgebildet haben und deshalb kürzer betrachtet werden können. In der Vorrede seiner 1821 publizierten *Ansichten der Volkswirthschaft mit besonderer Beziehung auf Deutschland* erklärt Karl Heinrich Rau, der ab dem folgenden Jahr als Professor für Nationalökonomie in Heidelberg lehrte, dass er die von ihm hier publizierten Abhandlungen als „‚Ansichten'" bezeichnet habe,

> weil es eher anderen zusteht zu beurtheilen, ob sie hätten „Beiträge zur festeren Begründung der Volkswirthschaftslehre" genannt werden dürfen. Sie bilden verschiedene Seiten einer und derselben Grundansicht, und stehen daher in genauem Zusammenhange untereinander.[32]

Mit dem hier implizit formulierten Anspruch, „‚Beiträge zur festeren Begründung der Volkswirthschaftslehre'" zu liefern, unterscheidet Rau sich zunächst von den betrachteten ‚Ansichten der Natur', die oft transdisziplinär angelegt sind und oft ein gleichsam (re-)individualisiertes Wissen zu vermitteln suchen, das nicht auf den Bereich der Wissenschaften begrenzt ist. Jedoch zeigen sich schnell auch Parallelen zu den auf die Natur bezogenen ‚Ansichten'. Erkennbar werden diese etwa bei einem Blick auf den Aufbau der *Ansichten der Volkswirthschaft* und den von Rau erwähnten „genauen Zusammenhang" der dort veröffentlichten Abhandlungen. Diese Abhandlungen, die sich jeweils von allen „Bestrebungen der Systemsucht" distanzieren und ihren Gegenstand „leichtfaßlich und anziehend darzustellen versuchen",[33] hat Rau genau so angeordnet, dass die *Ansichten der Volkswirthschaft* mit einem Text beginnen, der sich am Beispiel von Xenophon und Aristoteles mit der „Literaturgeschichte" der Volkswirtschaft auseinandersetzt,[34] bevor die darauf folgenden Texte allmählich von der Antike zur Gegenwart und, damit einhergehend, vom Allgemeinen zum Besonderen wie auch vom Theoretischen zum Praktischen fortschreiten und dabei zunehmend auf eigene Erfahrungen rekurrieren. Diese Bewegung von der *historia* zur *aisthesis* oder eben vom Gelesenen zum Gesehenen führt schließlich dazu, dass Rau sich gegen Ende des Werks nicht mehr auf antike Autoritäten, sondern auf eigene Tagebuchaufzeichnungen beruft, die er 1817 im Verlauf einer „halbjährigen

---

32 Rau: Ansichten, S. iv.
33 Ebd., S. iii und iv.
34 Ebd., S. v.

[...] Wanderung durch Deutschland" verfasst haben will.[35] Allerdings können nicht bloß in diesem Bemühen um „anschauliche Kenntniß"[36] Berührungspunkte zur Tradition der ‚Ansichten der Natur' erkannt werden. Diese zeigen sich zudem darin, dass Rau die Volkswirtschaft immer wieder als eine Disziplin entwirft, die allein „auf das Gebiet des *Raumes*" referiert.[37] Insofern diese Disziplin untersucht, wie örtliche, topographische und klimatische Gegebenheiten das „Gewerbewesen" eines „Landes" oder einer „Gegend" bestimmen,[38] ist sie analog zu der von Humboldt geprägten Landschaftsgeographie angelegt, auf deren Wissensbestände Rau vor allem in der Abhandlung zum *Einfluß der Oertlichkeit auf die ursprüngliche Gestalt der Volkswirthschaft* zurückgreift.[39]

Mit diesen *Ansichten der Volkswirtschaft* publizierte Rau ein Werk, das in Wilhelm Roscher mindestens einen Nachahmer fand. So bezieht der bekannte Leipziger Ökonom sich bereits im Titel seiner 1861 veröffentlichten *Ansichten der Volkswirthschaft aus dem geschichtlichen Standpunkte* auf das „ungleich bedeutendere[] Werk", so schreibt er im Vorwort, das Rau, sein „innigst verehrter Lehrer", vierzig Jahre vorher veröffentlicht hatte.[40] Auch in der Anlage der *Ansichten der Volkswirthschaft aus dem geschichtlichen Standpunkte* ist der Bezug auf Rau erkennbar: So beginnt Roscher sein Buch ebenfalls mit einer Abhandlung zur Antike, die den Titel *Ueber das Verhältniß der Nationalökonomik zum klassischen Alterthume* trägt, bevor er sich in den folgenden Abhandlungen allmählich vom Allgemeinen zum Besonderen vorarbeitet und mit einem ausführlichen Beitrag *Ueber den Luxus* endet, ein vor allem seit Bernard Mandevilles *Fable of the Bees* (1714) zentrales Thema ökonomischer, aber auch sozialer, anthropologischer und ästhetischer Diskurse.[41]

Zuletzt sei noch erwähnt, wie die *Freisinnigen Ansichten der Volkswirthschaft und des Staats* hieran anschließen, die der Publizist und Verleger Georg Hirth 1876 bereits in dritter Auflage veröffentlicht. Hirth greift vor allem auf Roscher zurück, den er in der vorangegangenen Dekade, als er in Leipzig Volkswirtschaft studierte, wohl auch persönlich kennen gelernt hat und von dem er sich in seinem Werk immer wieder polemisch distanziert.[42] Unter ‚Ansichten' versteht er denn

---

35 Ebd., S. v.
36 Ebd., S. v.
37 Ebd., S. vi (Hervorhebg. im Orig.).
38 Ebd., S. 41.
39 Vgl. ebd., S. 41-85, bes. S. 78 f.
40 Roscher: Ansichten, S. iv.
41 Vgl. hierzu zuletzt den Sammelband von Weder; Bergengruen (Hrsg.): Luxus.
42 Vgl. Hirth: Ansichten, S. 108, 336 f. und 347.

auch etwas anderes als Rau und Roscher. Wie er im Vorwort der *Freisinnigen Ansichten* erklärt, begreife er die hier publizierten „Ansichten über Gesellschaft und Staat" nicht als etwas, das zur Grundlegung von „Wissenschaft" beitragen könne, sondern allein als, so schreibt Hirth, „eine Frucht vom Baume meines Lebens",[43] die dem „Kampf" für die „staatsbürgerliche Ordnung" gewidmet sei.[44]

5

Im Ausgang von Humboldts *Ansichten der Natur* und der von ihnen entscheidend mit geprägten Konjunktur von ‚Ansichten' im 19. Jahrhundert sind in den vorangegangenen Ausführungen zwei Textreihen in den Blick genommen worden. Auch wenn die hier kurz vorgestellten sechs Werke nicht als Grundlage weiterreichender Schlüsse dienen können – hierfür wären ausführlichere Untersuchungen zur Publikationslandschaft des 19. Jahrhunderts erforderlich –, legen sie zumindest zwei Beobachtungen nahe.

Zum einen vermitteln sie den Eindruck, dass das Ziel der Produktion eines gattungsspezifischen Wissens in den ‚Ansichten' des 19. Jahrhunderts allmählich an Bedeutung verliert. Während dieses Ziel sich bei Humboldt im Bestreben äußert, Wissensbestände verschiedener Disziplinen miteinander in Beziehung zu setzen und in einer an das individuelle Erleben appellierenden Weise zu veranschaulichen, die ‚Ansicht', ‚Einsicht' und ‚Genuss' vereint, wird es bei Rau im Versuch erkennbar, Fragmente zur ‚Begründung' der Volkswirtschaftslehre vorzustellen, die historisches Wissen und ein auf eigener Erfahrung beruhendes ‚ästhetisches Wissen' miteinander verbinden. Im Vergleich hiermit scheinen die ab der Mitte des 19. Jahrhunderts publizierten ‚Ansichten' weitaus weniger ambitioniert zu sein: Sie präsentieren eher standardisierte touristische ‚Ansichten', die bereits vorhandene Vorstellungen aktualisieren, oder aber ‚Ansichten', die eigene Erlebnisse und eigene Meinungen verbreiten, ohne damit an der ‚Begründung' eines größeren Wissensensembles arbeiten zu wollen. Dieser allmählichen Aufgabe des Anspruchs auf epistemische und epistemologische Innovation entspricht zunächst eine allgemeine Entkonturierung der Gattung wie auch des Begriffs der ‚Ansichten' – was sich bereits daran zeigt, dass die aus der Bildenden Kunst herrührende und bei Humboldt noch präsente Verwendung von ‚Ansichten' im Sinne von ‚Veduten' und ‚Prospekten' sich im 19. Jahrhundert langsam verliert[45] –, darüber hinaus aber auch ein allgemeiner Prestigeverlust

---

43 Ebd., S. iii.
44 Ebd., S. vi.
45 Vgl. Neuber: Gattungspoetik, S. 62.

der Gattung. Wie Pierre Bourdieu betont hat,[46] wird ein solcher Prestigeverlust schon im sozialen ‚Niedergang' der Leserschaft sichtbar, wie er sich auch für die betrachteten ‚Ansichten' nachzeichnen lässt: Während Humboldt seine *Ansichten der Natur* an ein gehobenes bürgerliches Publikum richtet und die in der ersten Ausgabe publizierten Abhandlungen zunächst als Akademiereden vorgetragen hat, zielt Müller mit den *Ansichten der Natur aus allen Reichen und Zonen* nurmehr auf einen Platz im Erdkundeunterricht der ‚gehobenen Schulen'.

Zum anderen ist deutlich geworden, dass die betrachteten Reihen von ‚Ansichten' sich über unterschiedliche Arten von Texttraditionen konstituieren. Im Vergleich der verschiedenen ‚Ansichten der Natur' hat sich angedeutet, dass Humboldt mit seinem Werk keine eigentliche Gattungstradition ausbildet, sondern eher eine auf die Erzeugung eines ‚ästhetischen Wissens' zielende Darstellungstradition etabliert; die von ihm geprägten ‚Ansichten' fungieren denn auch oft als eine Art *umbrella genre*, das verschiedene Gattungen integriert und für diese Gattungen wiederum neue Maßstäbe setzt – vor allem für ‚Naturgemälde', ‚Lebensbilder' und verschiedenste Formen von Reiseliteratur. Im Unterschied dazu sind die betrachteten ‚Ansichten der Volkswirtschaft' in ihrer Form homogener. Auch sind sie weniger auf die Etablierung eines transdisziplinären und eher schwach institutionalisierten Wissenszusammenhangs hin angelegt, wie Humboldt sich für ihn interessiert, als auf die Neufundierung einer einzelnen Disziplin, der Volkswirtschaftslehre.

Wenn ein Autor wie Rau dabei zugleich seine Distanz gegenüber aller ‚Systemsucht' betont, zeigt sich schließlich aber auch, was seine *Ansichten der Volkswirthschaftslehre* mit Humboldts *Ansichten der Natur* teilen: nämlich, dass sie an der Herstellung eines einheitlichen Wissensensembles arbeiten, hierfür aber ganz verschiedene Wissensbestände zusammenzufügen suchen. Genau darin liegt vielleicht auch eine besondere Qualität, die die ‚Ansichten' von vergleichbaren Textformen unterscheidet: dass sie fähig sind, verschiedenartige epistemische Bestände miteinander zu verbinden, ohne zu totalisieren, wie das bei ‚Naturgemälden' der Fall ist, und ohne das Bestreben, einen komplexeren Wissenszusammenhang zu profilieren, ganz aufzugeben, wie das bei ‚Lebensbildern' oft beobachtet werden kann. In den Zeiten einer stark voranschreitenden Ausdifferenzierung, Institutionalisierung und Professionalisierung der modernen Wissenschaften scheint diese Qualität jedoch von begrenzter Dauer zu sein. Schließlich kann sie nur so lang epistemisch und epistemologisch produktiv genutzt werden, solange die ‚Begründung' einer Wissenschaft – wie bei Rau – noch

---

46 Vgl. Bourdieu: Science Fiction. Für diesen Hinweis danke ich Robert Leucht.

nicht vollständig geleistet ist und ihr Wissenszusammenhang noch nicht als weitgehend homogen wahrgenommen wird oder aber – wie bei Humboldt – solange eine ‚ästhetische Wissenschaft', die die Ausdifferenzierung der modernen Wissenschaften zu kompensieren sucht, noch nicht als ein Projekt auf verlorenem Posten gilt. Jedoch muss das nicht gleich das Ende der ‚Ansichten' bedeuten. Denn oft genug finden ihre Ausführungen und Beschreibungen Eingang in Romane wie Raabes *Abu Telfan*, wo sie nur weniger mit der Verheißung eines noch fragmentarischen und nicht ausreichend gefestigten Wissens einhergehen, sondern als Manifestationen eines der Vergangenheit angehörenden Wissens erscheinen, das die Bewohner deutscher Provinzstädte noch in ihren ‚tropischen Träumen' heimsucht.

Literatur

Bies, Michael: Der Goethe des Grashalms. Zur ‚Darstellung' der Naturforschung um 1800. In: Zeitschrift für deutsche Philologie 131/4 (2012), S. 513-535.

Bies, Michael: Für Goethe: Naturgemälde von Humboldt, Wilbrand, Ritgen und Martius. In: Ders., Michael Gamper und Ingrid Kleeberg (Hrsg.): Gattungs-Wissen. Wissenspoetologie und literarische Form. Göttingen 2012, S. 162-189.

Bies, Michael: Im Grunde ein Bild. Die Darstellung der Naturforschung bei Kant, Goethe und Alexander von Humboldt. Göttingen 2012.

Böhme, Hartmut: Ästhetische Wissenschaft. Aporien der Forschung im Werk Alexander von Humboldts. In: Ottmar Ette u.a. (Hrsg.): Alexander von Humboldt – Aufbruch in die Moderne. Berlin 2001, S. 17-32.

Bourdieu, Pierre: Science Fiction. In: Satz und Gegensatz. Über die Verantwortung des Intellektuellen. Übers. von Ulrich Raulff und Bernd Schwibs. Berlin 1989, S. 59-66.

Bunke, Simon: Heimweh. Studien zur Literatur- und Kulturgeschichte einer tödlichen Krankheit. Freiburg 2009.

Carus, Carl Gustav: Briefe über Landschaftsmalerei. Zuvor ein Brief von Goethe als Einleitung. Hrsg. von Dorothea Kuhn. Heidelberg 1972.

Ette, Ottmar: Eine „Gemütsverfassung moralischer Unruhe" – *Humboldtian Writing*: Alexander von Humboldt und das Schreiben in der Moderne. In: Ders. u.a. (Hrsg.): Alexander von Humboldt – Aufbruch in die Moderne. Berlin 2001, S. 33-55.

Ette, Ottmar: Weltbewußtsein. Alexander von Humboldt und das unvollendete Projekt einer anderen Moderne. Weilerswist 2002.

Godel, Rainer: Das Fremde ist das Eigene ist das Fremde. Epistemologische Modelle in Georg Forsters „Reise um die Welt" und „Ansichten vom Niederrhein". In: Colloquium Helveticum 42 (2011), S. 115-135.

Graczyk, Annette: Das literarische Tableau zwischen Kunst und Wissenschaft. München 2004.

Hirth, Georg: Freisinnige Ansichten der Volkswirthschaft und des Staats. Leipzig (Hirth) ³1876.

Humboldt, Alexander von: Ansichten der Natur, mit wissenschaftlichen Erläuterungen. Tübingen (Cotta) 1808.

Humboldt, Alexander von: Correspondance scientifique et littéraire. Hrsg. von Jean-Bernard-Marie Alexandre Dezos de la Roquette. Paris (Ducrocq) 1865.

Leitner, Ulrike (Hrsg.): Alexander von Humboldt und Cotta. Briefwechsel. Berlin 2009.

Luden, Heinrich: Ansichten des Rheinbundes. Briefe zweier Staatsmänner. Göttingen (Danckwerts) ²1809.

Martius, Carl Friedrich Philipp von: Denkrede auf Alexander von Humboldt. Gelesen in der öffentlichen Sitzung der K. Bayer. Akademie der Wissenschaften am 28. März 1860. München (Verlag der Königlichen Akademie) 1860.

Menninghaus, Winfried: „Darstellung". Friedrich Gottlieb Klopstocks Eröffnung eines neuen Paradigmas. In: Christiaan L. Hart-Nibbrig (Hrsg.): Was heißt „Darstellen"? Frankfurt/M. 1994, S. 205-226.

Mülder-Bach, Inka: Im Zeichen Pygmalions. Das Modell der Statue und die Entdeckung der „Darstellung" im 18. Jahrhundert. München 1998.

Müller, Karl: Ansichten aus den deutschen Alpen. Ein Lehrbuch für Alpenreisende, ein Naturgemälde für alle Freunde der Natur. Halle (Schwetschke) 1858.

Müller, Karl: Ansichten der Natur aus allen Reichen und Zonen. Eine Sammlung physisch-geographischer Spezialschilderungen in ästhetischer Form und gemüthlicher Darstellung zu Lust und Lehre für Leser aller Stände. Stuttgart (Müller) 1855.

Müller-Tamm, Jutta: „Verstandenes Lebensbild". Zur Einführung. In: Dies. (Hrsg.): Verstandenes Lebensbild: Ästhetische Wissenschaft von Humboldt bis Vischer. Eine Anthologie. Berlin 2010, S. 7-28.

Neuber, Wolfgang: Zur Gattungspoetik des Reiseberichts. Skizze einer historischen Grundlegung im Horizont von Rhetorik und Topik. In: Peter J. Brenner

(Hrsg.): Der Reisebericht. Die Entwicklung einer Gattung in der deutschen Literatur. Frankfurt/M. 1989, S. 50-67.

Raabe, Wilhelm: Abu Telfan oder Die Heimkehr vom Mondgebirge. In: Werke in 4 Bänden. Hrsg. von Karl Hoppe. Bd. 2. München 1980.

Rau, Karl Heinrich: Ansichten der Volkswirthschaft mit besonderer Beziehung auf Deutschland. Leipzig (Göschen) 1821.

Roscher, Wilhelm: Ansichten der Volkswirthschaft aus dem geschichtlichen Standpunkte. Leipzig, Heidelberg (Winter) 1861.

Schwarz, Ingo (Hrsg.): Briefe von Alexander von Humboldt an Christian Carl Josias Bunsen. Berlin 2006.

Vischer, Friedrich Theodor: Kritik meiner Ästhetik. In: Kritische Gänge. Hrsg. von Robert Vischer. Bd. 4. München (Meyer und Jessen) ²1922, S. 222-419.

Weder, Christine; Bergengruen, Maximilian (Hrsg.): Luxus. Die Ambivalenz des Überflüssigen in der Moderne. Göttingen 2011.

Zangerl, Joseph: Das Heimweh. Wien (Beck) ²1840.

Olaf Briese

Literarische „Genrebilder".
Visualisierung von Großstadt bei
Rellstab, Glaßbrenner und Beta

Der Forschungsstand zu literarischen Genrebildern ist unbefriedigend. Erst ein Sammelband zum Thema der Theorie und Geschichte der literarischen *Kleinen Form* und vor allem Martina Lausters Studie *Sketches of the Nineteenth Century. European Journalism and its Physiologies, 1830-50* (beide 2007) schenkten dieser Kleingattung größere Aufmerksamkeit.[1] Dieser Beitrag möchte, konzentriert auf die Jahre 1830-1850, den Status von literarischen Genrebildern am Beispiel Berlins untersuchen (auch ‚Bambocciaden', ‚Umrisse', ‚Miniaturen', ‚Skizzen', ‚Fresco-Bilder', ‚Panoramen', ‚Daguerreotypie-Bilder', ‚Lebensbilder', ‚Charakteristiken', ‚Porträts', ‚Physiologien' u.a.). Im genannten Zeitraum führten im deutschsprachigen Raum mehr als einhundert Bücher das Signalwort ‚Genrebild' im Titel, und der Anteil von Zeitungs- und Zeitschriftenbeiträgen dürfte in die Tausende gehen. Es handelt sich um literarische Kleinformen (in Buchpublikationen dann meist abwechslungsreich miteinander kombiniert), die sich durch mindestens folgende Merkmale auszeichnen: Es sind literarische Kleinformen publizistisch-journalistischen Zuschnitts; sie sind vornehmlich fokussiert auf städtische, nicht mehr ländliche Prozesse; ihre Referenzebene ist nicht das (im Salon) Gehörte, sondern das (flaneurhaft) auf der Straße Gesehene; Gegenständliches und Materielles sowie Stadträumliches sind wesentliche thematische Elemente; sie fokussieren sich auf ‚Typisches'; was Akteure betrifft, nehmen sie das sog. Volk (ebenso wie Unterschichten) in den Blick; verklärende Idyllik weicht der Tendenz nach nüchterner Realistik; sie sind zumeist humorvoll (bzw. komisch oder witzig) angelegt, gegebenenfalls aber auch, wenn scharfe Sozialkritik dominiert, sentimental oder tragisch; ihr Rekurs auf das ‚Visuelle' ist oft schon im Titel unübersehbar; sie versuchen, ausgehend von punktuellen Momentaufnahmen,

---

1 Vgl. Neumann: „Totaleindruck"; Kucher: Genrebilder; Lauster: Sketches. Zu erwähnen ist, dass die Publikation von Seybold: Genrebild, durch ihren Fokus auf kanonisierte Autoren, durch ihren Längsschnittcharakter (von Lenz bis Fontane), durch ihre inkonsistente Gattungszuordnung (Lyrik, Dramatik, Epik) sowie durch die ‚Zusammenschau' von ländlichen und städtischen Genrebildern zu einer Konkretisierung der Gattung nur bedingt beiträgt.

mitunter übergreifende visuelle Gesamtkompositionen zu schaffen; der publizistisch-journalistische Zuschnitt und der serielle Fortsetzungscharakter korrespondieren miteinander; sie thematisieren selbstreferentiell (mitunter im fingierten Dialog mit dem Leser) in Konkurrenz mit anderen Wissens- und Mediensystemen offensiv und programmatisch ihren Erkenntnischarakter.

Dieser Beitrag untersucht Genrebilder von drei Autoren, in deren Mittelpunkt die wachsende Metropole Berlin stand: Ludwig Rellstab, Adolf Glaßbrenner, Heinrich Beta. Diese weisen – im Sinn der oben geschilderten Merkmale – stilistisch-methodische Gemeinsamkeiten auf, aber auch gravierende Unterschiede. Was den im Zentrum stehenden visuellen Status und die visuellen Techniken betrifft: Während Rellstab – der älteste der hier verglichenen Autoren – in den zwanziger, dreißiger und vierziger Jahren das in der Massenunterhaltung etablierte (und eine panoptische Gesamtkontrolle gewährende) ‚Panorama' favorisiert und Glaßbrenner das literarisch-visuelle und individualisierende Medium des ‚Guckkastens', bevorzugt Beta (modern auch in seinen bereits ab 1840 zutage tretenden sozialistisch-anarchistischen Tendenzen) textverbal wie textimmanent hingegen die neu entstehende und schnell ihren Siegeszug antretende ‚Daguerreotypie'.

1 Rellstab und die Suggestion des Panoramatischen

Ludwig Rellstab (1799-1860) war der wohl einflussreichste Berliner Musik- und Theaterkritiker der Berliner Jahre vor der Revolution 1848; er trat auch als Schriftsteller hervor. Als Redakteur und als Kritiker der ebenso staatsnahen wie zahm-liberalen *Vossischen Zeitung* – neben den *Berlinischen Nachrichten von Staats- und gelehrten Sachen* (*Spenersche Zeitung*) das zweite große Berliner Tagesorgan, das in den vierziger Jahren aber zunehmend liberal entschiedener auftrat[2] – prägte er den Geschmack einer ganzen Generation. Musikalischen Neuerungen war er abgeneigt. Die Klassik galt ihm als unübertrefflicher musikalischer Maßstab, neuromantische Entwicklungen lehnte er ab.[3]

Von nicht zu unterschätzender Bedeutung ist er für die Rekonstruktion der Berliner Alltagsgeschichte, und zwar durch seine feuilletonistischen Beiträge in der *Vossischen Zeitung* (aber nicht nur in dieser). In dieser Zeitung – ihr eigentlicher Name lautete: *Königlich privilegirte Nachrichten von Staats- und gelehrten Sachen* – veröffentlichte er in den Jahren von 1826 bis 1859 u.a. auch jährlich

---

2 Vgl. Rollka: Belletristik, S. 151 ff.
3 Vgl. Franke: Theaterkritiker Rellstab; Rehm: Musikrezeption; Rollka: Belletristik, S. 96 ff. Bibliographie von Rellstab in Goedeke: Grundriss, S. 1125-1132.

mehrteilige ‚Weihnachtswanderungen'. Diese 34 umfangreichen Sammelberichte sind als ein wichtiger Fundus der Alltags- und Mentalitätengeschichte der wachsenden Großstadt anzusehen. Vom Typus her tendenziell kulturkonservativ und biedermeierlich angelegt, schildern und verklären sie auf harmonisierende Weise das Leben der Residenzstadt. Kulturfromm getönt, wird ein einträchtiger soziokultureller Bürgerkosmos ohne soziale oder politische Spannungen gezeichnet. Die hierarchische Ständegesellschaft ist überwunden, neue Differenzen nicht in Sicht. Die Stadt – als idealisierter Stadtstaat – funktioniert. Ein wohlmeinender König wacht darüber, dass Adelsprivilegien ‚oben' beschnitten werden und eventuellen sozialen Spannungen ‚unten' abgeholfen wird. Für Rellstab, der politisch allenfalls als gemäßigt-liberal einzuschätzen ist[4] und der in seinen Wanderungen soziale oder politische Zeitumstände fast nie erwähnte, galt: Ruhe ist die erste Bürgerpflicht.

Das dieser Haltung in geradezu idealer Weise korrespondierende technische Medium war das Panorama. Erstens standen Panoramen über alle Jahre hinweg im Mittelpunkt von Rellstabs ‚Weihnachtswanderungen', zweitens waren sie die verborgene methodische Basis seiner eigenen Berichte. Denn sie sind durchgehend panoptisch und panoramaähnlich angelegt. Langsam ‚wandert' der Beobachter durch die Stadt, und langsam schweift sein Blick über ein harmonisches Ganzes. Gleich die erste Wanderung 1826 thematisiert dieses journalistische Verfahren. Rellstab beruft sich auf zwei Sphären der Malerei: die eher ernste und erhabene Landschafts- und Historienmalerei, die nunmehr im Panorama fortlebe, und die heitere Genremalerei, die die Gegenstände der kleinen Welt in den Blick nehme und „sich auch scherzhafte Anspielungen auf Personen und Verhältnisse" erlauben könne.[5] Diese zwei Aspekte wollen seine Berichte miteinander kombinieren, aber der erste überwiegt eindeutig.

Das Panorama dominiert, und damit die kontrollierend-panoptische Gesamtsicht, die scheinbar harmonische Geschlossenheit. Es symbolisiert stadträumlich, politisch, sozio-kulturell und mental eine Eintracht. Diese Berichte wollen und sollen sie einfangen, aber sie produzieren sie im Grunde erst. Zum Hintergrund: Ende des 18. Jahrhunderts wurden erste Panoramen in England errichtet; in Deutschland entstanden erste betreffende Einrichtungen – also begehbare Pavillons mit Rundgemälden – in Hamburg (1799), Leipzig (1800) und Berlin (1800). Von da an arbeiteten kommerziell betriebene Panoramen in größerer oder kleinerer Ausführung auch in der preußischen Hauptstadt; so ließ

---

4   Vgl. Rehm: Musikrezeption, S. 64 ff.
5   Rellstab: Weihnachts-Ausstellungen.

u.a. Karl Friedrich Schinkel (um ein frühes Beispiel zu nennen) im Jahr 1808 ein vorübergehendes Panoramagebäude auf dem Platz vor der Hedwigskathedrale errichten und schuf dafür ein Bild von Palermo (30 x 5 m).[6] Regelmäßig kam Rellstab in seinen Weihnachtswanderungen auf solche Panoramen zu sprechen. Dabei fallen unter diesen Sammelbegriff höchst unterschiedliche Einrichtungen, die mindestens drei Arten umfassten. Erstens waren Panoramen relativ stationäre und dementsprechend große, begehbare Einrichtungen. Zweitens handelte es sich um kleinere und mobile Buden oder Zelte bzw. um mobile Einrichtungen innerhalb bereits bestehender Palais, Säle oder Geschäftsräume. Drittens zählten zu Panoramen sog. Zimmerpanoramen („Zimmerreisen"), die in Restaurants, Kaffeehäusern und anderen Vergnügungseinrichtungen ausgestellt wurden. Das waren Mischformen aus Guckkasten und Panorama (denn man musste durch Linsen hindurchsehen), und sie arbeiteten mit ganz verschiedenen Formatgrößen: von bis zu vier Quadratmeter großen Stoffbahnen bis hin zu kleineren Tafelbildern oder Kupferstichen (betreffende Kleinstprodukte waren auch in begüterten Familien zu finden). Gerade in Deutschland, wo großangelegte Panoramen nie bahnbrechenden kommerziellen Erfolg fanden, kamen sie, nicht selten unter dem Namen ‚Cosmorama', geschäftlich zum Zug: „Seit den 1820er Jahren hatte die Zahl der reisenden Zimmerpanoramen stetig zugenommen; spätestens ab 1850 waren sie zur Landplage geworden".[7]

Eine Analyse der Texte Rellstabs von 1826 bis 1850 (also von 25 Wanderungen) zeigt den konstitutiven Einfluss von Panoramen. Diese Texte folgen einem gleichbleibenden Verfahren. Der Autor flaniert – ohne dass das Wort ‚Flaneur' fällt – durch die Stadt, durch ihre Außen- und Innenräume. Nach einer plaudernd-geschwätzigen Introduktion, die sich meist aufs Wetter bezieht, beginnt die Wanderung auf dem Weihnachtsmarkt auf der ‚Breiten Straße' nahe dem Schloss, führt dann durch Geschäfte und Basare sowie die aufwendigen Weihnachtsausstellungen der Läden, Konditoreien, Kaffeehäuser und Restaurants der Innenstadt

---

6 Vgl. Zadow: Schinkel, S. 52 f. Zu Schinkels Panorama-Aktivitäten gibt es nach wie vor keine eigenständige Abhandlung (oder Aufsatz). Er war mit der Familie Gropius befreundet, arbeitete ab 1807 für ihre mobilen Panoramen, errichtete 1808 kurzzeitig auf eigene Kosten ein mobiles Panorama in Berlin, war dann weiterhin für die Gropius-Familie tätig und stellte ihr offenbar auch Kleinvorlagen für das 1827 gegründete Diorama zur Verfügung. Eine vorläufige Zusammenschau der sporadischen und heterogenen Forschungshinweise bis 1992 gibt Schraepler: Diorama, S. 7 ff.

7 Oettermann: Panorama. Vgl. auch ders.: Reise. Diese ‚Zimmerreisen' sind zu unterscheiden von literarisierten buchstäblichen Reisen durch Zimmer, die seit ca. 1800 auch für Kinder in Mode kamen, vgl. Richter: Reise.

und findet ihren Höhepunkt beim Besuch des Dioramas der Brüder Gropius in der Georgenstraße, Ecke Universitätsstraße, deren optische Vorführungen und Verkaufsausstellungen ausführlich geschildert werden. Lediglich die Reihenfolge dieser drei Hauptelemente wechselt. Weitere Änderungen ergeben sich durch die quantitative Ausweitung. Die Wanderungen der Jahre 1826 und 1827 erstreckten sich lediglich über zwei Nummern der Zeitung, die Wanderung des Jahrs 1842 hingegen über zehn (um sich in den Jahren darauf bei durchschnittlich acht bis neun Beiträgen jährlich einzupegeln). Diese quantitative Ausweitung war mit einem neu hinzukommenden Element verbunden: Empfehlungen für zu verschenkende Literatur (die der Autor, so das als fiktional zu durchschauende Textarrangement, bei seinen Wanderpausen in Kaffeehäusern liest) und für zu verschenkende Musikalia; Werbung war also in diesen Schilderungen nicht unwichtig.[8]

Einerseits zeichnet der Autor einen räumlich einheitlichen Organismus ‚Stadt', der auch mental und politisch ein einheitlicher zu sein hat. Andererseits ist das Tempo gemächlich, der Reisende hält die Geschwindigkeit auf niedrigem Niveau. Dadurch entsteht Langeweile, aber beides stützt gewollt den sozio-kulturellen und politischen Status quo. Mit der Zeit scheinen beide Prämissen – räumliche Homogenität und gemächliches Tempo – sich aber als fragwürdig zu erweisen. Menschenmassen erhalten mitunter eine überraschende Geschwindigkeit und Dynamik, was sich dann gelegentlich im Bild eines reißenden Besucherstroms bündelt, von dem der Wanderer erfasst wird (14. Dezember 1831; 20. Dezember 1831; 19. Dezember 1835). Und auch die idealisierte stadträumliche Einheit wird gesprengt. Bezeichnenderweise lässt die Suche nach einem der neuen Bahnhöfe den Wanderer durch die Straßen und Gassen Berlins irren (22. Dezember 1840), und überhaupt registriert er resigniert die allmähliche Ausdehnung der Stadt (21. Dezember 1839; 12. Dezember 1844). In diesem Zusammenhang vermerkt er, dass eine Wanderung – und letztlich eine entsprechende Darstellung – ihr nicht mehr gerecht werde: „Berlin! Berlin! Du wirst mir zu groß! Du baust Dir alle Jahre eine kleine Hauptstadt an, wie sollen Dich da die Wanderkräfte noch umfassen?"[9] Aber genau gegen dieses wachsende Unvermögen schreibt der Autor letztlich an, und textuell organisiert und fiktionalisiert er die stadträumliche und kulturelle Einheit, die es nicht gab. Er entwirft homogenisierende textuelle *Panoramen*, so am Beginn der Schilderungen des Jahres 1829:

> Wohin soll ich mich zuerst wenden? Der Weihnachtsmarkt mit tausend flimmernden Lampen, vergnügten Kinderaugen, u. glänzende Waaren, – Kunstausstellungen an

---

8 Vgl. Rollka: Feuilleton.
9 Rellstab: Weihnachtswanderungen 1845, unpag. [S. *1].

allen Ecken der Stadt – Panoramen – Dioramen mit großen Bazars von Spielsachen – Menagerien – Elephanten – eine *unvergleichlich starke* Minerva – physikalische Experimente – Industrie-Comptoirs – Gemälde-Ausstellungen – unzählige elegante Läden – das ist das große Potpurri von Sehenswürdigkeiten, das jetzt in Berlin ausgebreitet ist, und worin ein Betrachter des regsamen Kunst- u. Industrie-Treibens sich umzusehen und darüber Bericht zu erstatten hat.[10]

Der Autor gewährt einen panoramatischen Gesamtüberblick, und gelegentlich kommt er selbstreferentiell auf dieses Verfahren zu sprechen und wirbt mit „Ueberblicken über die Weihnachts-Landschaft".[11] Erstens soll sich die objektiv gegebene Realität der Stadt räumlich und sozio-kulturell einheitlich-geschlossen zeigen, zweitens gibt es ein homogenes Subjekt, das sie auf diese Weise wahrnimmt. Getragen wird dieses optische kohärente Modell von Stadt durch verschiedene fiktionalisierte Bewegungs- und Wahrnehmungsweisen. In der Regel wandert der Autor, aber auch die Suggestion von Schifffahrten ist nicht selten. Er fährt mit einer fiktiven Eisenbahn quer durch die Stadt (20. Dezember 1844), er kann sogar wie ein Vogel über sie hinweg fliegen (16. Dezember 1833).

Dieses strukturelle Textkonstrukt des Panoramas findet inhaltlich einen Rückhalt. Form und Inhalt verstärken sich gegenseitig. Ein nicht unwesentlicher inhaltlicher Teil der Reportagen Rellstabs bilden Berichte *über* Panoramen, d.h. vor allem die oben bereits erwähnten Klein- und Zimmerpanoramen. Nicht wenige Läden, Konditoreien, Restaurants usw. boten dem Publikum im Rahmen ihrer jeweiligen ‚Weihnachtsausstellungen' gegen geringes Entgelt solche Panoramen zum Besuch an. Als Beispiel hier Schilderungen des Jahrs 1832: Der Wanderer besucht das mobile Panoramagebäude des Herrn Rademacher (ägyptische Pyramiden, Jerusalem vom Ölberg gesehen, Luthers Wohnzimmer in Wittenberg), dann das Diorama der Brüder Gropius (Sächsische Schweiz), Fausts Lokal mit einem Kleindiorama (Lissabon), Dümkes Konditorei (Panoramabilder von Berlin), anschließend Sprangers mobiles Panorama (Stadttore von Angermünde und Stendal). Der Text endet mit der spannungssteigernden Frage: „Doch wohin nun? Himmel was steht noch alles auf der Reisecharte? *Enslins* reizende Zimmerreise muß noch gemacht werden, wegen der Villa Real! Wir müssen *Gregorovius* treffliches optisches Theater besuchen, wo sechs neue Vorstellungen gegeben werden. Die Herren *Werner, Gruno[w], Teichmann, Zeh, Müller*, erwarten uns; im Sommergartenpallast hinter der neuen Wache sind Antwerpen und

---

10 Rellstab: Weihnachtliches, unpag. [S. *6].
11 Rellstab: Weihnachtswanderungen 1842, unpag. [S. *6].

Petersburg zu beschauen!"[12] Die Fortsetzung des Texts schildert drei Tage später diese Darbietungen ausführlich.

Und noch ein weiteres wichtiges Medium wird von Rellstab, wie eben zu sehen war, regelmäßig thematisiert. Jede Weihnachtsschilderung seit 1827 enthielt ausführliche Informationen über das Diorama der Brüder Gropius, das in jenem Jahr eröffnet hatte. Auch die in den vierziger Jahren beginnende Krise dieser Institution wird geschildert, ebenso ihr endgültiges Ende 1850.[13] Was war ein Diorama? Das erste hatte Louis Daguerre 1822 in Paris eröffnet, von dort trat es schnell seinen Siegeszug an; das erste in Deutschland entstand 1826 in Breslau. Dioramen – auch unter diesen Sammelbegriff lassen sich ganz unterschiedliche Einrichtungen subsumieren – verfolgten eine andere optische Strategie. In Panoramen wandelten (wenn es sich nicht um die erwähnten Kleinpanoramen mit Linsen handelte) die Besucher vor einem stillstehenden Rundbild und seinen Elementen. *Sie* waren in Bewegung. In Dioramen aber – letztlich auch eine Vorstufe des Kinos – waren sie an eine feste Position gebunden, und zumindest scheinbar bewegten die *Bilder* sich bzw. *auf den Bildern* bewegte sich etwas (es waren fast durchgehend Architektur- und Landschaftsbilder). Das Publikum sah auf ein viele Quadratmeter großes, auf Stoffen aufgetragenes Gemälde (bei Gropius: 20 x 12 m), das sich am Ende eines verdunkelten Tunnels befand. Dieser ermöglichte es, dass durch Beleuchtungs-, Spiegel- und Filtereffekte sich auf dem Bild etwas ereignete.[14] Und zu den Szenerien kamen, wie Rellstab in seinen Berichten bezeugt, passende Geräusche, Wasserplätschern, Donner, Sturm oder mechanische Effekte im Bildvordergrund hinzu.

Dioramen waren also Panoramen mit verengtem Bildausschnitt, aber erweitert um das Moment von Bewegung. Sie waren ein erfolgreiches Unterhaltungsmedium und bedienten das biedermeierliche Interesse an optischen Instrumenten, an Gruppenamüsement und an fernen Welten. Für Rellstab hingegen dienten *literarisierte* Panoramen und Dioramen – also seine ‚Wanderungen' in ihrer strukturellen und inhaltlichen Anlage – dazu, die Suggestion von Gesamtheit, Einheit, Totalität aufrecht zu erhalten. Im Jahr 1852 hat er dieses Ideal, das immer brüchiger wurde, noch einmal mit großem Aufwand verfochten, in der illustrierten Buchpublikation *Berlin und seine nächsten Umgebungen in malerischen Originalansichten. Historisch-topographisch beschrieben*. Der

---

12 Rellstab: Weihnachts-Wanderung 1832, unpag. [S. *1].
13 Zu Dioramen, zum Gropius-Diorama und zur Familie Gropius vgl. Seidel: Panoramen; Auerbach: Panorama; Buddemeier: Panorama; Wirth: Familie Gropius; Verwiebe: Mondscheintransparent.
14 Vgl. Schraepeler: Diorama, S. 35 ff.

Autor räumt ein, nicht mehr „*ein* großes Gesammtbild der Hauptstadt aufstellen [zu] können", sondern bietet „eine Reihe von Gemählden", so dass für den Leser „von selbst ein innerliches klares Gemählde des so unendlich reichen Lebensschauplatzes" entsteht. Dennoch beginnt die Publikation mit einem einleitenden Gesamtpanorama. Mit einem erzählenden Blick vom Kreuzberg aus wird die Stadt in ihrer „Gesammtheit" erfasst (der dazugehörige Stich visualisiert diese Gesamtsicht), und dieser auf Totalität angelegte Einleitungsabschnitt schließt mit dem Eingeständnis, dass er, „wie jedes Panorama, jedes Gesammtbild nur die Hauptumrisse zeigen" könne, die Einzelabschnitte es aber vertiefen.[15] Das Gesamtbild wird problematisch, es besteht aus einem Allgemeinbild *und* Einzelbildern. Schrieb Rellstab in seiner ersten Weihnachtswanderung, dass in seinen Darstellungen Panoramen und Genrebilder miteinander kombiniert sein sollten, erhielten Panoramen gegenüber Genrebildern letztlich jedoch den Vorzug.

2 Glaßbrenner und die revueartige Guckkastentechnik

Adolf Glaßbrenner (1810-1876), ein bedeutender humoristischer Berliner Lokalschriftsteller mit großer Resonanz im Kleinbürgertum, aber auch in höheren Schichten, war ein kommerziell erfolgreicher Schriftsteller. Aber er setzte seinen Witz nicht lediglich zu Unterhaltungszwecken ein. Seit den dreißiger Jahren wandelte er sich vom kämpferischen Liberalen zum kämpferischen bürgerlichen Demokraten, und sein ‚Witz' trug und vollzog diesen Wandel mit. Glaßbrenner stand also für Ansprüche, die man heute als ‚vormärzlich' bezeichnet, und Mitte der vierziger Jahre sprach er Rellstab (den er in den Jahren zuvor zumeist Respekt erwies) höchst kritisch einen Status zu, den man heute als ‚biedermeierlich' bezeichnen würde.[16] Zu Glaßbrenners Erfolg trug wesentlich bei, dass er sich einer neuen Publikationsform bediente, deren kommerzieller Durchbruch in Deutschland nicht zuletzt ihm zu verdanken ist: dem – teilweise in thematischen Serien aufgelegten – sog. Groschenheft, also der illustrierten Kleinbroschüre. Sowohl mit dieser Publikationsform als auch inhaltlich mit seinen zumeist im Berliner Dialekt verfassten humorvollen, komischen und witzigen Porträts von Vertretern der Unterschichten und des Kleinbürgertums war Glaßbrenner höchst innovativ. Neben den Groschenheften erprobte er sich auch erfolgreich in anderen literarischen Gattungen, u.a. in Lyrik und Epik.[17]

---

15 Rellstab: Berlin, S. 1, 3, 38.
16 Vgl. die Zitatauswahl in Heinrich-Jost: Literarische Publizistik, S. 271.
17 Vgl. Briese: Von Apollo gewiegt; ders.: Glaßbrenner.

Im Rahmen seiner berühmten Heftserie *Berlin wie es ist und – trinkt* (30 Hefte, 1832-1850) veröffentlichte Glaßbrenner 1834 seine erste ‚Guckkästner-Szene', und bis zum letzten und dreißigsten Heft der Reihe im Jahr 1850 (*1849 im Berliner Guckkasten*) war der Guckkasten ein bewährtes literarisches Medium des Autors. Dieser Guckkasten-Rekurs war, gemessen an den anderen Innovationen Glaßbrenners, keineswegs neu. Aber ab etwa 1830 kam es zu gravierenden Änderungen im literarischen Typus. Literarisierte Guckkästner – es gab sie spätestens seit dem 18. Jahrhundert[18] – wurden gezielt entidyllisiert und entromantisiert, sie wurden zu eigenständigen Akteuren und sie traten in öffentlichen Räumen im Rahmen von Gruppenszenen auf. Zum Kern dieser literarischen Kleingattung, die aufgrund dieser Merkmale hier als ‚Guckkästner-Szene' bezeichnet werden soll, gehörten noch weitere Elemente: Guckkästner wurden erstens zu literarischen Hauptpersonen; sie zeichneten sich zweitens durch ihren Habitus klar als Unterschichtenvertreter aus; sie sprachen drittens – damit verbunden – im Dialekt; sie agierten viertens in einer literarisch fingierten Öffentlichkeit, die, zumindest anteilig, ebenfalls aus Unterschichtenvertretern bestand. In dieser Tradition steht Glaßbrenner, und er prägte den Typus am Erfolgreichsten aus. Wesentliche Stationen in zeitlicher Reihenfolge waren die Hefte Nr. 6.1-6.3 von *Berlin wie es ist und – trinkt* (1834/1836/1837); Heft 20: *1843 im Berliner Guckkasten* (1844); Heft 22: *1844 im Berliner Guckkasten* (1845); Heft 29: *Das neue Europa im Berliner Guckkasten* (1848); Heft 30: *1849 im Berliner Guckkasten* (1850). Hinzu kamen zwei weitere, außerhalb dieser Reihe publizierte Groschenhefte: *Neue Berliner Guckkastenbilder* (1841) und *1845 im Berliner Guckkasten* (1846). Die Szene *1846 im Berliner Guckkasten* erschien 1847 im ersten Band von Glaßbrenners *Berliner Volksleben*.

Das heißt: Glaßbrenner stellt sich geradezu demonstrativ in den attraktiven Sog der Visualkultur, und nicht nur der Guckkästen. So beansprucht er gelegentlich für sich, „Frescogemälde" der Realität zu liefern,[19] und manche seiner Einzeltexte innerhalb der Hefte, ganze Einzelhefte oder eigenständige Sammelbände sind mit *Genrebild, Charakterbild, Lebensbild, Lebensbilder* überschrieben. Wenn er 1841 einen Text mit der offensichtlich attraktiven, publikumszugkräftigen und auf die Fotografie bezogenen Überschrift *Lichtbild von Berlin* versah (obwohl es sich um einen mittlerweile literarisch traditionellen Vogelflug über die Stadt handelt, eine spätere Auflage des Texts 1847 tilgte dann diesen

---

18 Zur Literaturgeschichte vgl. Kopp: Spielwerk; Elsner von Gronow: Guckkästen; Geimer-Stangier, Mombour: Guckkasten; Košenina: Schönheit.
19 Brennglas: Dedication an Apollo, S. 16.

irreführenden Titel),[20] dann ist ebenfalls nicht zu übersehen, wie er das visuell orientierte Publikums- und Käuferinteresse bedient.

Zurück zu den ab 1834 literarisierten Guckkästen: Der von Glaßbrenner regelmäßig rhetorisch inszenierte, aufmerksamkeitsheischende Ruf des Guckkästners „Rrrr, ein anderes Bild!" kennzeichnet die dynamische Textstruktur; einer einheitlichen Komposition gemäß folgt rasch Szene auf Szene. Nach einer Eingangssequenz mit Bemerkungen über die Geschäfts- und Weltlage werden die Bilder gezeigt. Daran knüpfen sich die mehr oder weniger sinnreichen Kommentare des fingierten Guckkästners, und sowohl die Bilder als auch diese Kommentare unterliegen zumeist kritischen Repliken der bezahlenden Zuschauer. Dabei kommt es aufgrund der Unzufriedenheit des Publikums mit dem Dargebotenen zu Kontrast-, Konflikt- und Konfrontativsituationen, und der Guckkästner meistert die Kunst, diese witzig, schlagfertig und autoritativ zu beenden oder durch den Sprung zu einem neuen Bild zumindest vorübergehend zu entschärfen.[21] Die Bilder, und das ist ebenfalls als relativ unveränderliches Strukturelement anzusehen, stammen aus verschiedenen, damals für Guckkästen üblichen Bereichen: Landschaft, Architektur, Exotik, Geschichte und aktuelle Ereignisse, meist militärische oder politische. Insofern schlagen diese literarischen Genrebilder den Bogen von Berlin und dem fingierten Berliner Publikum in die ‚große' Welt. Auffallend sind im Lauf der Jahre jedoch zwei Wandlungen bei Glaßbrenner. Einerseits steigt die Zahl der Bilder mit Gegenwartsbezügen, vor allem politischen. Andererseits fokussieren die Kommentare und Gespräche sich zunehmend auf diesen Bereich Politik. Sind damit schon bestimmte Unterschiede zwischen den einzelnen Guckkästner-Heften angesprochen, wären weitere hervorzuheben: Die Kommentare und die Gespräche gewinnen beständig an Raum. Sie werden zum inhaltlich tragenden Gerüst. Damit verbunden sinkt die Zahl der virtuell gezeigten Bilder rapide. Das erste Heft ‚Zirngibler' und ‚Guckkästner' (1834) nutzt 28 Bilder. Das Heft *Das neue Europa im Berliner Guckkasten* (1848) lediglich fünf. Dazwischen sank die Frequenz stetig, der letzte betreffende Text *1849 im Berliner Guckkasten* (1850) lässt mit 21 Bildern wieder eine ansteigende Kurve erkennen. Anfangs wollte Glaßbrenner sein lesendes Publikum also vornehmlich geschickt unterhalten, zunehmend wollte er es aber auch auf unterhaltsame Weise politisch-didaktisch belehren. In diesem Zusammenhang sank die Bildfrequenz, die Texte wurden länger und ‚geschlossener'.

---

20 Glaßbrenner: Lichtbild; der veränderte Text in Brennglas: Berlin 1847. Die Fotografie nahm Glaßbrenner nur gelegentlich zur Kenntnis, vgl. Glaßbrenner: Rindviecher, S. 55.

21 Vgl. Kruse: Studien, S. 227-230.

Dieser allmähliche Frequenzwechsel zeichnet auch Glaßbrenners andere Groschenhefte aus. Anfangs präsentierte er innerhalb eines Hefts beständig wechselndes Personal sowie in schneller Abfolge wechselnde Kleingattungen (Dialoge, Briefe, Lieder, Anekdoten, Witze, Stammbuchmitteilungen). Man hat den Eindruck, dass er, geschult an der Guckkasten-Praxis, kurze publizistisch-literarische Arbeiten in abwechslungsreiche Arrangements brachte. Spätere Hefte der vierziger Jahre bestanden dann zumeist aus einer thematischen Großszene. Um dieses anfängliche Verfahren zu verdeutlichen, soll hier das erste Heft von *Berlin wie es ist und – trinkt* (1832) genauer betrachtet werden. Es ist, überschrieben mit dem Titel *Eckensteher*, eine bunte textuelle Revue. Einer kurzen Ansprache an den Leser, die das Ziel der Heftreihe darstellt, folgt als nächster Text eine kommentierende Beschreibung dieser Personen. Anschließend werden fingierte Gesprächsprotokolle geliefert, mit jeweils separater Überschrift, meist von Gesprächen von Eckenstehern untereinander. Dann folgt ein Lied, anschließend, unter der gleichnamigen Zwischenüberschrift, eine Reihe von Anekdoten (versehen mit jeweils einem Separattitel). Das reichte für einen Heftumfang von 32 Seiten (der Erstauflage).[22] Glaßbrenner, so scheint es, folgt den Gesetzen des Unterhaltungsmarkts, als müsse die Aufmerksamkeit des Lesepublikums in kurzen Intervallen guckkastenähnlich stets neu erweckt werden. Die Struktur der frühen Groschenhefte Glaßbrenners werden also vom Guckkasten und seinen revueartigen Unterhaltungstechniken bestimmt. Erst später, seit Ende der dreißiger Jahre, wandelten diese Hefte sich – unter stärker politisch-aufklärerischem und ‚hochkulturellem' Vorzeichen – zu homogeneren Texten.

3 Beta und die fotografische Herausforderung

Heinrich Bettziech (genannt Beta, 1813-1876), Berliner Journalist und Publizist der Vormärz-Jahre, floh nach der Revolution 1851 wegen einer drohenden Hochverratsanklage nach England; sein vielseitiges Talent widersetzt sich gängigen germanistischen Einordnungen: Er arbeitete sowohl theoretisch-publizistisch als auch journalistisch, aber auch satirisch-dichterisch. Einer fest etablierten Strömung, einer bestimmten Schule gehörte er nicht an. Allenfalls war er in der Zeit vor seinem Exil in verschiedene ‚Szenen' mehr oder weniger involviert: Jung- und Linkshegelianer, ‚soziales' Vereinswesen Mitte der vierziger

---

22 Vgl. Brennglas: Berlin 1832. Für die Übersendung einer Kopie der Erstauflage danke ich herzlich Herrn Bernd Balzer (Berlin); zur Eckensteherthematik insgesamt vgl. Briese: Eckensteher.

Jahre, Freihandelsbewegung, „Rütli"-Kreis, *Kladderadatsch*-Kreis. Er war ein Junghegelianer, Liberaler, ein Demokrat, ein Sozialist und Anarchist, der sich keinem Gruppenzwang unterordnete, und er durchlief extrem viele Wandlungen: Hing er im Jahr 1840 linkshegelianisch und auf eine eher vage Art utopisch-sozialistischen Ideen an – mit seinem sofort von der Zensur verbotenen Buch *Das Jubeljahr 1840 und seine Ahnen* kann er als erster Linkshegelianer Berlins angesehen werden – und vertrat in der Folgezeit die Idee einer staatssozialistischen Beseitigung der kapitalistischen Krisenerscheinungen, war diese Phase 1845 beendet. Als immer weitere dieser sozialistischen Ideen kursierten und Beta ihre Konsequenzen deutlich wurden, verabschiedete er sich allmählich von ihnen, und er setzte, ganz in wirtschafts-liberalem Sinn, auf die Potenzen des Markts zur Lösung sozialer Verwerfungen und entwickelte sich zum engagierten Fürsprecher des ‚Freihandels'. In der Revolutionszeit 1848 und danach kam es zu einer Synthese von wirtschaftsliberalen und radikal-demokratischen Positionen mit utopisch-anarchistischen Tendenzen.

Worin bestand Betas Originalität? Liegt sie nur darin, dass er, schnell begeisterungsfähig wie er war, bereits 1840 den gedanklichen Bogen von hegelianischen zu utopisch-sozialistische Ideen schlug? Mit seinen journalistischen und publizistischen Arbeiten für viele Periodika (*Der Gesellschafter, Der Neuigkeits-Bote, Deutscher-Volkskalender, Trier'sche, Elbinger, Aachensche, Kölner* und *Breslauer Zeitung, Der Freischütz* usw.) war er ein herausragender Vertreter der Literaturgattung ‚Genrebilder'. Deren bekannteste waren seine vier Hefte *Physiologie von Berlin* aus den Jahren 1846/47.[23] Diese Genrebilder sollen hier am Beispiel von Betas Beiträgen für *Die Stafette* der Jahre 1842/43 analysiert werden, herausgeben zu dieser Zeit vom Biedermeierdichter und Theologen Adam Gottfried Gentzel, einem Mitarbeiter des Gubitz-Kreises, später vom frühen Vermittler russischer Literatur Dr. J. Philippi, d. i. Dr. Robert Lippert. Diese Beiträge Betas waren innovativ insofern, als sie eine Stadtgeschichte ‚von unten' schrieben. Sie unterwanderten den klassischen liberalen bzw. demokratischen Diskurs mit dem Blick auf Alltags- und Sozialverhältnisse. Als Journalist wurde er nicht zum politischen Sprachrohr, sondern zum Sondeur von Wirklichkeitserkenntnis, der anschaulichen und pointierten Erfassung von Lebensumständen. Beta arbeitet, wie er es bereits in einer seiner frühen Arbeiten betonte, gleichsam als ein im Stadtbild treibender Flaneur. Scheinbar absichtslos vermischt er Hochkultur und Alltagskultur, Staatspolitisches und Nebensächliches. Damit entstehen sozialempirische Milieu- und Sittenbilder, die nicht von gewollter politischer Polemik,

---

23 Vgl. Beta: Physiologie Berlins.

nicht vom Willen zur literarischen Pointe leben, sondern von präziser Beobachtung. Sie stellen, verbunden mit der qualitativen Frage nach Stadträumen, essayartig soziale Charaktere und soziale Typen heraus. Hier einige Beispiele von Überschriften dieser Genrebilder für die *Stafette*: *Berliner Winterfreuden, Die Berliner Familienhäuser, Straßenmusik, Ausrufer, Arbeitslosigkeit, Das Berliner Theater-Publikum, Seidenwirker, Das Berliner Eisenbahnfest, Die Dampf-Kalk-Maschine am neuen Museum in Berlin*. Mit diesen Beiträgen wird Beta auch zum Chronisten der wachsenden sozialen Not in Berlin. Er sieht die sozialen Verwerfungen der Moderne, er thematisiert sie, stellt demonstrativ und ausführlich das Elend von Bettlern, Armen und kleinen Handwerkern heraus, so etwa am Beispiel von Bauspekulationen, Miettrebereien oder der sog. Familienhäuser im Voigtland.

Auch aus diesem Grund war Beta letztlich der ‚modernste' der drei hier behandelten Autoren, sowohl was seine kurzzeitige sozialistische Attitüde betrifft, die direkt auf die ‚soziale Frage' reagiert, als auch was sein Referenzmedium betrifft – die Fotografie. Seine journalistischen Genrebilder sind offenbar auch direkt dem neuen Medium Fotografie nachempfunden, und er widmet diesem neuen Medium schon sehr früh explizite Überlegungen. Beta liefert, gleichsam wie in Fotos, Momentaufnahmen der Berliner Realität. Er entwirft nicht fließende Panoramen (wie Rellstab) und auch nicht thematisch zusammengehörende Kompilationen im Sinn sich destruierender Großszenen (wie Glaßbrenner). Vielmehr präsentiert er punktuelle Momentaufnahmen, die sich gewollt durch strukturelle Disparatheit auszeichnen. Inhaltlich thematisieren sie soziale Brüche und Verwerfungen, und auch strukturell richten sie sich gegen die Fiktion wahrnehmungsanthropologischer, räumlicher und sozialer Gesamtheit.

Mit dem neuen Medium Fotografie hat das durchaus zu tun. Als nach wie vor wichtiger Markstein ist das Verfahren des Franzosen Louis Daguerre anzusehen. Im Januar 1839 machte er, ohne vorerst technische Details zu enthüllen, das fotografische Verfahren bekannt, das – aus heutiger Sicht – die größten Entwicklungspotentiale besaß und sich letztlich auch durchsetzte. Aus der komplexen Frühgeschichte der Fotografie sei hier herausgegriffen, dass bereits im Jahr 1839 ein Interessent aus Berlin nach Paris reiste (der Kunsthändler und Lithograph Louis Friedrich Sachse). Er ließ sich dort einweisen, die entsprechenden Hilfsmittel nach Berlin zusenden und warb in der Berliner Presse für seine neue Dienstleistung. Da die zugesandten Apparate und Materialien Schaden genommen hatten, kam Sachse in Verzug. So gebührt dem Berliner Optiker Carl Theodor Dörffel das Verdienst, ab Mitte September 1839 in Berlin erstmals Fotografien nach dem neuen Verfahren Daguerres angefertigt und ausgestellt zu haben. Das erste stationäre und längere Zeit in Betrieb bleibende Atelier in Berlin gab es ab 1842 (Carl Conrad Schall).[24] Beta reagiert direkt auf diese Entwicklungen, und er verklärt 1841, am Beispiel von Dickens' Prosa, den neuen literarischen Realismus als Fotorealismus: „Daguerreotypen des wirklichen, handgreiflichen Lebens".[25] In diesem Zusammenhang entwirft er publizistisch-literarische Momentaufnahmen ohne große panoramatische Weit- und Ausblicke. Nur gelegentlich finden sich Horizonterweiterungen und Verallgemeinerungen, die über Einzelaspekte hinausgehen:

> Für Berlin interessirt sich die halbe Welt, denn Berlin ist der Mittelpunkt der Intelligenz, der Schwerpunkt norddeutschen Leichtsinns und leichten Sinns, der Brennpunkt alles Lebens und Genießens, der Springpunkt der besten Witze, der Focus alles Jocus, Berlin ist der Falstaff, der Allerwelts-Lustigmacher der Städte, der Hauptschwingungsknoten der Eisenbahnen, Hauptmagazin der Schlafröcke, Universalwanzenvertilgungsmittel und künstlicher Haare und Zähne [...].[26]

Aber insgesamt überwiegt in den Texten der *Stafette* das Momenthafte – das Krisenhafte. Diese Gegenwartskritik beschränkt sich nicht nur auf Oberflächenphänomene, sondern nimmt ungeschminkt ökonomische Wandlungsprozesse in den Blick. Die Kritik an der neuen Zeit geht über in eine Kapitalismuskritik. Und diese Kritik weitet sich zu einer generellen Zivilisations- und Kulturkritik: an Luxus, Moden, Sittenverfeinerung, Genuss, Raffinesse. Denn deren Kehrseite ist drohendes soziales Elend, zu beobachten etwa an den sog. Berliner Familienhäusern im Berliner Voigtland, am nordwestlichen Rand der Stadt gelegen. Noch vor Bettina von Arnims aufrüttelnden Schilderungen aus dem Jahr 1843 macht Beta diese Misere am 17. November 1842 zum Thema („Staat des gräßlichsten sozialen Elends vor dem Hamburger Thore").[27] Als Lösung favorisiert er, auf gewissermaßen sozialdemokratischem Weg, massive Staatshilfen, Beschäftigungsprogramme und Arbeitshäuser auf Freiwilligenbasis. Das bedeutet zu dieser Zeit, 1842/43, eine Abkehr von utopisch-sozialistischen Selbsthilfekonzepten des Jahrs 1840. Der *Staat* soll helfen, ggf. der Magistrat. In gewisser Weise befürwortet Beta also das, was einige Jahre später im – polemisch so bezeichneten – ‚wahren Sozialismus' zum Thema wird. Er betrachtet Verelendung aus der Perspektive moralischer Folgen, und Abhilfe verspricht er sich von einem vormundschaftlichen Fürsorgestaat. Wirtschaftlicher und sozio-kultureller Fortschritt erscheinen aus

---

24 Vgl. Cornwall: Frühzeit, S. 30 ff., 48. Vgl. auch Dewitz, Matz (Hrsg.): Silber, S. 94, 96.
25 β: Boz, unpag. [S. *1].
26 β: Selbstbekenntnisse, S. 537.
27 β: Berliner Familienhäuser, S. 542.

dieser Perspektive mitunter als ambivalent. Beta ringt in dieser Phase mit industriellen Neuerungen. Trotz aller Schattenseiten bejaht er sie aber letztlich. Selbst das Medium Fotografie wird in ambivalente Wertungsmuster gezogen. Der Beitrag *Daguerreotypen von Berlin* (24. Juni 1843) will eine distanzierende Haltung nicht verbergen:

> Man hat jetzt das Daguerreotyp, welches so viele blasse Physiognomien leichenhaft bleiern portraitiren muß, angeblich vervollkommnet, dass man *augenblicklich* jeden beliebigen Gegenstand abdrucken kann. [...] Wir wollen es jedoch mit der Wahrheit dieser Erfindung noch dahin gestellt sein lassen und uns lieber mit dem alten, ewig neuen Daguerreotyp, das jeder Mensch in sich trägt, befassen. Das ist Herz und Sinn, die freie Presse, welche fortwährend auf das Daguerreotyp unseres Innern druckt und preßt, portraitrt und copirt. Von diesem Daguerreotyp in mir schreib' ich folgende Memorabilien aus Berlin ab.[28]

Nicht das mechanische und nach wie vor verzerrende Foto kann die Wirklichkeit adäquat wiedergeben, sondern der begabte und geschulte Autor. Sein inneres Bild sticht das äußere (und verzerrte) Bild der Daguerreotypie allemal aus. Nur sein Auge bündelt und bringt ans Licht, was die Wirklichkeit verborgen enthält. Die Fotografie wird also nur bedingt zum publizistischen Leitmedium (aber immerhin zum Rexflexionsmedium). Überhaupt arbeitet Beta auch in der *Stafette* visuell-methodisch vielfältig. Auch er benutzt die Programmatik des Panoramas, übersetzt es allerdings, und das ist bezeichnend, sofort und explizit ins Textuelle: „Man suche sich (am Besten vom Dache des Zeughauses) einen Gesammteindruck von der architektonischen, von keiner Stadt Europas übertroffenen Pracht dieses Textes Berlins zu verschaffen".[29] Ebenso benutzt er programmatisch das Bild des Flaneurs, der gleichsam interesselos und objektiv Impression an Impression reiht (*Berliner Flaneurs*).[30]

Dennoch, man hat den Eindruck, diese Texte der *Stafette* wirken mitunter wie Fotos, wie *standstills*. Im Vergleich zu Rellstabs Panoramen und Glaßbrenners Bildkaskaden wirken sie statisch. Rellstabs biedermeierliche Stadt kreist betulich in sich selbst, Glaßbrenners vormärzliches Berlin drängt auf Fortschritt. Betas Genrebilder, für sich und in Serie genommen, wirken letztlich isoliert und stillgestellt. Inhaltlich und formell evozieren sie keine Entwicklungspotentiale. Das mag auch mit Betas weltanschaulicher Position zusammenhängen. Seine sozialen Forderungen in der *Stafette* tragen zahme moralisch-reformerische Züge, sie

---

28 β: Daguerreotypen, S. 293.
29 β: Straßen Berlins, S. 13.
30 Vgl. β: Berliner Flaneuers, S. 311.

bleiben auf der Ebene staatlichen Eingreifens und staatlicher Abhilfe, und Politisches findet sich nur in Anspielungen. Das war natürlich eingebunden in den Zeitschriftenstatus dieses Unterhaltungsblatts, das ausdrücklich keine offizielle Lizenz hatte, ‚Politisches' und ‚Religiöses' zu thematisieren. Über Betas publizistische Strategien in der *Stafette* über das Jahr 1843 hinaus sind keine Aussagen möglich, weil dieses Blatt in privaten und öffentlichen Archivierungs- und Sammelpraktiken nicht bewahrt wurde und viele Jahrgänge als nicht mehr auffindbar gelten müssen. Was diese Berichte auszeichnet, ist aber der durchgehende und oben bereits umrissene Anspruch, dass die Presse und die Publizisten die tatsächlichen, besseren und idealtypisch wie ideal durchgebildeten Daguerreotypien der Wirklichkeit liefern. Dieser Anspruch lässt sich durchaus mit dem vergleichen, den Beta den Berliner Genrebildern des Malers Theodor Hosemann programmatisch abliest: Sie „scheinen eben dem oberflächlichen Blicke nur heitere Copien der wirklichen Natur des erscheinenden Lebens zu sein", weisen aber „in die heiterste Höhe der Idealität, vor welcher uns alle Wirklichkeit des Lebens in seiner Beschränktheit und Verkrüppelung, in seinen Widersprüchen, Thorheiten, Ge- und Verbrechen aufgedeckt und beleuchtet, erkannt und dadurch in seinen endlichen, irdischen Schranken vernichtet wird".[31] Der Junghegelianer bleibt hier ganz Hegelianer, bleibt ganz der Hegelschen „Ästhetik" verhaftet. Kunst gibt die verbesserte und bessere Wirklichkeit. Sie folgt anderen Regeln als die Fotografie.

4 Die zerfallende Ganzheit

Um eine Art von Fazit zu ziehen: Genrebilder waren Resultate einer literarischen Zeitgeschichtsschreibung, die seit Mitte und Ende der zwanziger Jahre des 19. Jahrhunderts an Aufschwung gewannen, um dann in den dreißiger und vierziger Jahren ein unverzichtbares Element der publizistisch-literarischen Landschaft zu werden. Woher dieser plötzliche Aufschwung? Es scheint, als reagierten diese Texte auf neue Bedürfnisse der Öffentlichkeit nach Realismus: nach ‚Tatsachen', ‚Fakten' und ‚Anschauungen'. Diese scheinbar unpolitischen Genrebilder mit ihrem Blick auf kulturelle und soziale ‚Charaktere' und ‚Typen' (nicht zuletzt auch von Unterschichten) waren ein Erkenntnismedium im Zug einer erheblichen sozialen Dynamisierung. In Zeiten von Dynamik und Mobilität vermaßen sie das Leben, die Lebensverhältnisse und den Habitus sozialer ‚Typen'. Es ging darum, Vertreter der unteren, aber auch anderer Schichten, im Modus neuer realistischer

---

31 β: Hosemann, S. 261.

Schreibweisen und in geradezu enzyklopädischem Sinn tastend ‚abzubilden' und ihren Status zu fixieren. Das klassische Feld ideologischer und politischer Auseinandersetzungen wurde damit vordergründig nicht betreten. Scheinbar wahllos wurden die (zumeist kleinbürgerlichen) Leser an ganz verschiedene soziale Schauplätze des Großstadtlebens geführt, scheinbar absichtslos Hochkultur und Alltagskultur, Staatspolitisches und Nebensächliches miteinander vermischt. Damit entstanden stilisierende sozial-empirische Milieu- und Sittenbilder, die nicht von gewollter politischer Polemik lebten, sondern von präziser Beobachtung. Sie stellten, verbunden mit der qualitativen Frage nach Stadträumen, essayartig soziale Charaktere und soziale Typen heraus, rückten Sitten, Moden und Großstadtbräuche in den Mittelpunkt: „Man kann diese wohl als einen Versuch kulturgeschichtlicher Vermessung und textlicher Archivierung des Alltags und seiner Wandlungen ansehen".[32] Genrebilder wurden zu Kultur- und Sozialchroniken sozialer Gruppen und Schichten an der Schwelle zur Moderne, auch zu Chroniken wachsender sozialer Not.

Auffallend ist jedoch, dass sie sich, wie diese drei Fallbeispiele zeigen, gezielt optischer Medien bedienten. So machte ein weiterer Berlin-Autor, Julius Lasker, in der ersten Broschüre seiner auch Genrebilder enthaltenden Heftsammlung *Berliner Lichtbilder und Schattenspiele* (1843) ebenfalls einleitend Optisches zum Thema und spielte gezielt auf die damals vieldebattierte Fotografie an. Die Einleitung thematisierte jedoch Altbekanntes und Vertrautes, denn sie gab vor, „Bilder von dem Markte des Lebens in die Camera obscura des Dintenfasses auf[zu]fangen".[33] Auch diese Programmatik verdeutlicht: Die direkt an das Publikumsinteresse gebundenen literarisch-publizistischen ‚Genrebilder' beriefen sich gezielt auf die Autorität des Sichtbaren und dessen technische Repräsentation. Sie reagierten damit auf ausgefächerte optische Unterhaltungspraktiken der damaligen Zeit, die in Kreisen des Bürgertums ein hohes Ansehen erlangten. Jonathan Crary und andere haben diese Karriere ausführlich aufgearbeitet: Thaumatrop, Kaleidoskop, Stroboskop, Zootrop, Stereoskop usw.[34] Die ‚Genrebilder' partizipierten an diesen beliebten Geselligkeits- und Unterhaltungsmedien, borgten sich aber von dort auch den Anspruch auf publizistisch-literarischen Realismus. Das *Bild* bürgte dafür. Mit diesen programmatischen Realitätsansprüchen demontierten sich aber auch Ganzheitsansprüche allmählich.[35] Die Stadt war im Panorama und im panoramagleichen

---

32 Kucher: Genrebilder, S. 108.
33 Lasker: Berliner Lichtbilder, S. II.
34 Vgl. Crary: Techniken; Füsslin: Optisches Spielzeug; Hick: Geschichte.
35 Vgl. Neumann: „Totaleindruck".

Wandern als ganzer, einheitlicher räumlich-sozialer Organismus noch darstellbar, im revueartigen Guckkasten nicht mehr, noch weniger im Medium der Fotografie. Als die biedermeierliche ‚panoptische' Fiktion einer räumlich und sozial einheitlich-geschlossenen, organisch zusammenhängenden Stadt spätestens mit der Revolution 1848 zerstob, kam auch die multiplikative Kleinform des Genrebilds – trotz journalistischer Könner wie Ernst Kossak, die sie weiter ausformten –, um ihre Attraktivität.

Literatur

Auerbach, Alfred: Panorama und Diorama. Ein Abriß über Geschichte und Wesen volkstümlicher Wirklichkeitskunst. I. Teil: Das Panorama in den Anfängen und der ersten Blütezeit – das Diorama bis auf Daguerre und Gropius. Grimmen i. P. 1942.

β [Beta, Heinrich]: Berliner Flaneuers. In: Die Stafette, Nr. 78, 4. Juli 1843, S. 311.

β [Beta, Heinrich]: Boz – Dickens's. In: Beilage zu Nr. 62 des Neuigkeits-Boten, 27. Mai 1841, unpag. [S. *1].

β [Beta, Heinrich]: Daguerreotypen von Berlin. In: Die Stafette, Nr. 74, 24. Juni 1843, S. 293-294.

β [Beta, Heinrich]: Die Berliner Familienhäuser. In: Die Stafette, Nr. 136, 17. November 1842, S. 541-542.

β [Beta, Heinrich]: Die Straßen Berlins. In: Die Stafette, Nr. 4, 10. Januar 1843, S. 13-14.

β [Beta, Heinrich]: Hosemann. In: Die Stafette, Nr. 66, 6. Juni 1843, S. 261-262.

β [Beta, Heinrich]: Selbstbekenntnisse der Stafette. In: Die Stafette, Nr. 90, 1. August 1843, S. 537.

Beta, [Heinrich]: Physiologie Berlins. H. 1-4. Berlin (Weinholz) 1846-1847.

Brennglas, Ad.[olf]: Berlin und die Berliner. In: Ders.: Berliner Volksleben. Ausgewähltes und Neues. Bd. 1. Leipzig (Engelmann) 1847, S. 17-56.

Brennglas, Ad.[olf]: Berlin wie es ist und – trinkt. Heft 1: „Eckensteher". Berlin (Rostosky & Jackowitz) 1832.

Brennglas, Ad.[olf]: Dedication an Apollo. In: Ders.: Berliner Volksleben. Ausgewähltes und Neues. Bd. 1. Leipzig (Engelmann) 1847, S. 5-16.

Briese, Olaf: „Von Apollo gewiegt und von den Musen gesäugt". Adolf Glaßbrenner als Autor, Schriftsteller und Dichter. In: Adolf Glaßbrenner: „Dedication an Apollo" und andere Narrentexte 1847-1854. Hrsg. von Olaf Briese. Bielefeld 2006, S. 7-21.

Briese, Olaf: Adolf Glaßbrenner als Bewahrer des vorindustriellen Berlin. In: Internationales Archiv für Sozialgeschichte der deutschen Literatur 35 (2010) 2, S. 1-36.

Briese, Olaf: Eckensteher. Zur Literatur- und Sozialgeschichte eines Phantoms. In: Internationales Archiv für Sozialgeschichte der deutschen Literatur 37 (2012) 2, S. 239-288.

Buddemeier, Heinz: Panorama, Diorama, Photographie. Entstehung und Wirkung neuer Medien im 19. Jahrhundert. München 1970.

Cornwall, James E.: Die Frühzeit der Photographie in Deutschland 1839-1869. Die Männer der ersten Stunde und ihre Verfahren. Herrsching a. Ammersee 1979.

Crary, Jonathan: Techniken des Betrachters. Sehen und Moderne im 19. Jahrhundert. Dresden, Basel 1996.

Dewitz, Bodo von; Matz, Reinhard (Hrsg.): Silber und Salz. Zur Frühzeit der Photographie im deutschen Sprachraum 1839-1860. Kataloghandbuch. Köln, Heidelberg 1989.

Elsner von Gronow, Harald: Guckkästen und Guckkastenbilder. Berlin 1932.

Franke, Wolfgang: Der Theaterkritiker Ludwig Rellstab. Berlin 1964.

Füsslin, Georg: Optisches Spielzeug oder wie die Bilder laufen lernten. Stuttgart 1993.

Geimer-Stangier, Mia; Mombour, Eva Maria: Guckkasten. Ausstellungskatalog: Bewegte Bilder und Bildermaschinen. Siegen 1982.

Glaßbrenner, Adolf: Lichtbild von Berlin. In: Ders.: Schilderungen aus dem Berliner Volksleben. Heft 1 und 2. Berlin (Crantz) 1841, S. 17-46.

Glaßbrenner, Adolf: Rindviecher, Bauchredner und Großherzöge. Berichte aus der Residenz Neustrelitz 1840-1848/49. Hrsg. von Olaf Briese. Bielefeld 2010.

Goedeke, Karl: Grundriss zur Geschichte der deutschen Dichtung aus den Quellen. 2., neu bearb. Aufl. Bd. 17.2. Berlin 1991.

Heinrich-Jost, Ingrid: Literarische Publizistik Adolf Glaßbrenners (1810-1876). Die List beim Schreiben der Wahrheit. München, New York, London 1980.

Hick, Ulrike: Geschichte der optischen Medien. München 1999.

Kopp, Arthur: Schöne Spielwerk, schöne Rarität! In: Archiv für Kulturgeschichte 2 (1904), S. 295-317.

Košenina, Alexander: Schönheit im Detail oder im Ganzen? Mikroskop und Guckkasten als Werkzeuge und Metaphern der Poesie. In: Peter Heßelmann,

Michael Huesmann, Hans-Joachim Jakob (Hrsg.): „Das Schöne soll sein". Aisthesis in der deutschen Literatur. Festschrift für Wolfgang F. Bender. Bielefeld 2001, S. 101-127.

Kruse, Detlef: Studien zu Glaßbrenners Witz und Humor. In: Norbert Dittmar, Peter Schlobinski (Hrsg.): Wandlungen einer Stadtsprache. Berlinisch in Vergangenheit und Gegenwart. Berlin 1988, S. 211-237.

Kucher, Primus-Heinz: Genrebilder und Brief-Korrespondenzen in österreichischen Zeitschriften/Anthologien vor und um 1848 und deren Relevanz für das Textfeld „Kleine Prosa". In: Thomas Althaus, Wolfgang Bunzel, Dirk Göttsche (Hrsg.): Kleine Prosa. Theorie und Geschichte eines Textfeldes im Literatursystem der Moderne. Tübingen 2007, S. 105-120.

Lasker, Julius: Berliner Lichtbilder und Schattenspiele. In: Ders. (Hrsg.): Berliner Lichtbilder und Schattenspiele. Heft 1. Berlin (Plahnsche Buchhandlung) 1843, S. I-II.

Lauster, Martina: Sketches of the Nineteenth Century. European Journalism and its Physiologies, 1830-1850. Houndmills, New York 2007.

Neumann, Michael: „Totaleindruck" und „einzelne Teile". Kleine Prosa in der ersten Hälfte des 19. Jahrhunderts. In: Thomas Althaus, Wolfgang Bunzel, Dirk Göttsche (Hrsg.): Kleine Prosa. Theorie und Geschichte eines Textfeldes im Literatursystem der Moderne. Tübingen 2007, S. 89-103.

Oettermann, Stephan: Das Panorama. Geschichte eines Massenmediums. Frankfurt/M. 1980.

Oettermann, Stephan: Die Reise mit den Augen – „Oramas" in Deutschland. In: Marie-Louise von Plessen, Ulrich Giersch (Hrsg.): Sehsucht. Das Panorama als Massenunterhaltung des 19. Jahrhunderts. Basel, Frankfurt/M. 1993, S. 42-51.

Rehm, Jürgen: Zur Musikrezeption im vormärzlichen Berlin. Die Präsentation bürgerlichen Selbstverständnisses und biedermeierlicher Kunstanschauung in den Musikkritiken Ludwig Rellstabs. Hildesheim, Zürich, New York 1983.

Rellstab, Ludwig: Berlin und seine nächsten Umgebungen in malerischen Detailansichten. Historisch-topographisch beschrieben. Darmstadt (Lange) 1852.

Rellstab, Ludwig: Weihnachtliches. In: Königlich privilegierte Berlinische Zeitung von Staats- und gelehrten Sachen. Nr. 293, 15. Dezember 1829, unpag. [S. *6].

Rellstab, Ludwig: Weihnachts-Ausstellungen. In: Königlich privilegierte Berlinische Zeitung von Staats- und gelehrten Sachen, Nr. 297, 19. Dezember 1826, unpag. [S. *7].

Rellstab, Ludwig: Weihnachts-Wanderung im J. 1832 (Fortsetzung). In: Erste Beilage zur Königl. privilegierten Berlinischen Zeitung von Staats- und gelehrten Sachen, Nr. 299, 20. Dezember 1832, unpag. [S. *1].

Rellstab, Ludwig: Weihnachtswanderungen! (Fortsetzung). In: Königlich privilegierte Berlinische Zeitung von Staats- und gelehrten Sachen, Nr. 291, 13. Dezember 1842, unpag. [S. *6].

Rellstab, Ludwig: Weihnachtswanderungen. (Fortsetzung). In: Erste Beilage zur Königl. privilegierten Berlinischen Zeitung von Staats- und gelehrten Sachen, Nr. 296, 18. Dezember 1845, unpag. [S. *1].

Richter, Dieter: Die Reise durch mein Zimmer. Bürgerliche Haus-Kindheit und die Geschichte der Gattung Zimmer-Reise. In: Horst Heidtmann (Hrsg.): Jugendliteratur und Gesellschaft. Weinheim 1993, S. 39-44.

Rollka, Bodo: Die Belletristik in der Berliner Presse des 19. Jahrhunderts. Untersuchungen zur Sozialisationsfunktion unterhaltender Beiträge in der Nachrichtenpresse. Berlin 1985.

Rollka, Bodo: Feuilleton, Unterhaltung und Werbung. Frühes Berliner Feuilleton. In: Kai Kauffmann, Erhard Schütz (Hrsg.): Die lange Geschichte der Kleinen Form. Beiträge zur Feuilletonforschung. Berlin 2000, S. 81-101.

Schraepler, Andrea: Carl Wilhelm Gropius' Diorama (1827-1850). Zur Verflechtung zwischen Kunst und Unternehmertum im Berlin des 19. Jahrhunderts. Berlin 1992.

Seidel, Carl: Ueber Panoramen, Dioramen und Neoramen. In: Berliner Kunst-Blatt 1 (1828), S. 59-70.

Seybold, Eberhard: Das Genrebild in der deutschen Literatur. Vom Sturm und Drang bis zum Realismus. Stuttgart, Berlin, Köln 1967.

Verwiebe, Birgit: Vom Mondscheintransparent zum Diorama. Stuttgart 1997.

Wirth, Irmgard: Die Familie Gropius. Carl Wilhelm und Martin Gropius in Berlin. Berlin 1971.

Zadow, Mario Alexander: Karl Friedrich Schinkel. Leben und Werk. Stuttgart, London ³2003.

Sektion B
Zeitwissen: Texturierungen von Vergangenheit, Gegenwart und Zukunft

Tobias Heinrich

Porträts, Denkmäler, Galerien.
Zur Genese bildhafter Denkfiguren
in der Biographik um 1800

Im deutschsprachigen Raum entwickelt sich gegen Ende des 18. Jahrhunderts erstmals eine breit gefächerte Debatte um Form und Funktion der Lebensbeschreibung als historisch-psychologischer Gattung. Das Thema ist virulent. Mit Johann Georg Wiggers *Ueber die Biographie* liegt 1777 die erste Monographie vor, die sich explizit um einen theoretischen Aufriss bemüht. Bereits in den vorangegangenen Jahren war eine Reihe kürzerer Schriften erschienen, die den erkenntnistheoretischen, pädagogischen und anthropologischen Status biographischen Wissens diskutieren.[1] Die zeitgenössische Fokussierung auf den Menschen als zentralen Bezugspunkt wissenschaftlichen Fragens hatte das Bedürfnis nach der empirisch-narrativen Erschließung von Lebensverläufen als komplexen Erfahrungsgefügen genährt. Indem das individuelle Bewusstsein nicht nur als Gegenstand, sondern auch als Horizont und Grenze des Wissens verstanden wird, sieht sich die Biographik allerdings vor dem Problem, dass tradierte Figurationen dessen, was über einen Menschen gesagt, mithin auch gedacht und jedenfalls kognitiv vermittelt werden kann, in ihrer zeitlosen Gültigkeit in Frage gestellt werden müssen.

Vordringlich ist es ein Paradigmenwechsel in der Konzeptualisierung von Vergangenheit, der eine diskursive Neuverortung biographischer Schreibweisen erzwingt. Die Vorstellung von Geschichte als „universale[m] Ereigniszusammenhang"[2] und eine zunehmende Skepsis gegenüber der „Stetigkeit der menschlichen Natur"[3] relativieren den bis dahin unumstrittenen didaktischen Wert der Biographik. Ebenso muss das ambitionierte aufklärerische Programm einer wissenschaftlichen Systematisierung empirischer Gemütserkenntnis schon bald durch die Einsicht in die Komplexität des erschlossenen Wissens und die Erkenntnisgrenzen psychologischer Einfühlung in seinem Anspruch deutlich eingeschränkt werden.[4] Angesichts der allgegenwärtigen Kritik an der ständischen Gesellschaftsordnung erscheinen

---

1 So etwa Beiträge von Thomas Abbt in Lessing, Mendelssohn u.a. (Hrsg.): Briefe; Lichtenberg: Geschichte; Herder: Schriften.
2 Koselleck: Historia, S. 48.
3 Ebd., S. 40.
4 Berg: Wissenwollen.

auch konventionelle Bestimmungskriterien biographischer Diskursfähigkeit als unzulänglich. Die Faktoren der Biographiewürdigkeit emanzipieren sich zunehmend von aristokratischen Herrschaftsstrukturen und erlauben es, je nach performativer Indienstnahme der biographischen Rede, neu definiert zu werden.[5]

Ein Blick auf die theoretische Konturierung biographischer Textsorten und die argumentative Metaphorik jener Schriften, die sich in der zweiten Hälfte des 18. Jahrhunderts einer programmatischen bzw. analytischen Verortung biographischer Aussageweisen widmen, zeigt deutliche begriffliche Affinitäten zu bildhaften Darstellungsformen. In der Bezeichnung der Lebensbeschreibung als ‚Porträt', ‚Gemälde' oder ‚Denkmal' wird der Biographik ein visuelles Verfahren der Subjektrepräsentation an die Seite gestellt, in dessen kultureller Entwicklung sich die historisch veränderlichen Bedeutungen von Identität und Individualität spiegeln. Die Metaphorik der bildenden Kunst thematisiert neben den sozialen und epistemologischen Transformationsbewegungen der Neuzeit und deren Niederschlag in spezifischen bildhaften Ausdrucksformen auch grundsätzlich den Vorgang der Übersetzung des Lebendigen in ein mediales Simulakrum. Biographische und bildliche Darstellung verbindet das Verhältnis von Analogie und Abweichung sowie die Frage nach den Konstruktionsprozessen, auf denen die Illusion vermittelter Wirklichkeiten basiert. Wie die frühesten Formen kultureller Bildpraktiken, die den Körper eines Verstorbenen in der Totenmaske zu einem „Bild von sich selbst"[6] verwandeln, versucht auch die Biographie in einer „komplexen Dynamik der Repräsentation und Interpretation" zu erfassen, „was der biographische Text nie mehr vergegenwärtigen oder repräsentieren kann: das Leben eines Menschen"[7]. Biographie und Porträt besetzen in ihrer darstellenden Funktion das Spannungsverhältnis von Tod und Leben, von Präsenz und Absenz, und werden damit zu Medien der Verwandlung eines Menschen von seiner leiblichen Existenz zum Gegenstand der Erinnerung.[8]

1 Biographische Porträts, historische Tableaus, physiognomische Einsichten

Die Theoretiker der Biographie stellen sich die Frage, welcher diskursive Ort einer narrativen, subjektbezogenen Memoria zukommen kann. In Analogie zum

---

5   Vgl. Schweiger: Biographiewürdigkeit.
6   Belting: Bild-Anthropologie, S. 147.
7   Ní Dhúill: Lebensbilder, S. 496.
8   Albrecht Koschorke spricht in diesem Zusammenhang von „Übergangsobjekten", um körperliche Abwesenheit „erträglich zu machen" (Koschorke: Körperströme, S. 146).

Individualporträt wird dabei die Einzigartigkeit der biographischen Perspektive in der rezeptiven Präsenz des eigenen Lebens als Referenzpunkt und Erfahrungshorizont artikuliert. Während Thomas Abbt aufgrund dieses Spezifikums in den *Briefen, die neueste Litteratur betreffend* eine scharfe Trennlinie zwischen den Gegenstandsbereichen von Historie und Biographie zieht,[9] lässt sich für Johann Matthias Schröckh umgekehrt erst aus der Summe biographischen Wissens eine umfassende „Geschichte des Menschen" als anthropologisches Verzeichnis seiner „Bestimmungen, Fähigkeiten und Gaben"[10] entwickeln. Selbstbeschränkung der Biographik im Sinne Thomas Abbts, die die Globalgeschichtsschreibung nur durch „Zusätze", die in einen solchen „Plan [...] nicht konnten gebracht werden",[11] ergänzen, betrachtet Schröckh als „Gemählde im Kleinen", die durchaus „angenehm" und „unterrichtend"[12] wirken können. Schröckh selbst intendiert jedoch im Rahmen der von ihm herausgegebenen *Allgemeinen Biographie* (1767-1791) Menschen „in Lebensgröße [zu] mahlen"[13], und so die Prozesshaftigkeit des Historischen, das Paradigma der ‚pragmatischen' Geschichtsschreibung[14], auch auf den einzelnen Lebensverlauf anzuwenden. Handlungen seien auf ihre lebensgeschichtlichen Voraussetzungen und Motive hin zu befragen, sodass die Biographie keine statischen Charaktere beschreibe, sondern einen dynamischen Prozess der Herausbildung und Hervorbringung einer einzigartigen Persönlichkeit. Gegen einen Subjektbegriff, der in Gattungen wie der pietistischen Autobiographie oder dem empfindsamen Roman seine Kontur vornehmlich an der literarischen Modellierung des Privaten gewinnt, entwirft Schröckh das Programm einer Biographik, die unter den Bedingungen des bürgerlichen Zeitalters auch die öffentliche Sphäre gesellschaftsbezogenen politischen Handelns miteinbezieht.[15] Der Rekurs auf bildhafte Repräsentationsformen zitiert dahingehend die divergenten Darstellungsfunktionen des zeitgenössischen Individualporträts und der Historienmalerei, die erst im Historienporträt des 19.

---

9 Abbt: Hundert und ein und sechzigster Brief.
10 Schröckh: Biographie, S. V.
11 Abbt: Hundert und ein und sechzigster Brief, S. 211.
12 Schröckh: Biographie, S. XVI.
13 Ebd.
14 Vgl. Kühne-Bertram: Aspekte; Menges: Geschichtsschreibung; Hähner: Biographik, S. 57 ff.
15 Seine praktische Umsetzung findet ein solcher Ansatz mehr noch als in Schröckhs *Allgemeiner Biographie* bei Johann Gottfried Herder und Georg Forster. Zum Politisch-Sozialen als Gegenstandsbereich der Biographik im 18. Jahrhundert vgl. Scheuer: Biographie.

Jahrhunderts zusammengeführt werden.¹⁶ Abbt und Schröckh thematisieren die Frage nach dem Rahmen biographischer Beschreibung. Was wird in den Blick genommen und was bleibt ausgespart? Was muss gezeigt werden, um einen Menschen adäquat zu repräsentieren? Wo beginnt und wo endet der Gegenstandsbereich einer Gattung, die es sich zum Ziel gesetzt hat, die Persönlichkeit eines Menschen in der Spezifik seines Lebensverlaufs zu beschreiben?

Friedrich Schlichtegroll, ab 1791 Herausgeber einer jährlichen Nekrologsammlung als Vorläuferin deutscher Nationalbiographien, ist bemüht, die exemplarisch-didaktische Funktion der Biographik aufrecht zu erhalten und in ein Konzept zu betten, das den Ansprüchen der zeitgenössischen Wissenskritik standhalten kann. Biographie sei als besonders fruchtbare Form der Wissensvermittlung zu betrachten: als Trägerin kulturellen Erbes,¹⁷ aber auch als Medium der Synthese von Erfahrungswelten, die zunehmend als fragmentiert erlebt werden. Sie stellt die „Ordnung, wie ein Mensch immer um einen Schritt weiter als sein Vorfahre ging",¹⁸ auf und dient als narratives Bewältigungsinstrument angesichts der Komplexitätssteigerung zeitgenössischer Erkenntnisverfahren. Die kategorial-enzyklopädische Disposition des Wissens soll mit einem individuell-ganzheitlichen Erfahrungshorizont versöhnt werden.¹⁹ Denn wenn die begrifflich-konzeptuelle Form der „Überlieferung" in den Einzelwissenschaften auch „nothwendig zur Fortbildung des Menschen und der Gesellschaft" ist, sind für „Wahrheit, Lebens-Weisheit und Klugheit die Nachrichten von der besondern Denkungsart und Lebensweise einzelner Menschen, von ihren eigenthümlichen Schicksalen und Handlungen, die sich von der Geschichte ihrer Personen nicht trennen lassen", für Schlichtegroll doch zumindest ebenso „wichtig und lehrreich".²⁰

Die Bedeutung des Biographischen als Instanz der Transition und Integration von Wissen gründet in der Beschränktheit des menschlichen Erkenntnisvermögens. Das Gefüge neuzeitlicher Wissenschaft erlaubt die Entgrenzung des Archivs und seiner Wissensbestände, wird jedoch dort problematisch, wo es mit individuellen Lebenszusammenhängen applikativ verbunden werden soll. Die „Weltgeschichte", so Schlichtegroll, „führt uns die Schicksale unsrer Gattung

---

16 Beyer: Porträt, S. 237–291; Börsch-Supan: Aufklärung.
17 „Hat wohl etwas die Menschen mehr belehrt, gewarnt, geleitet, als die Lebensgeschichte ihrer Brüder [...]?" (Schlichtegroll: Nekrolog, S. 12 f.)
18 Ebd., S. 8 f.
19 Zur Biographie als Medium der Wissensintegration vgl. Kretschmann: Biographie, S. 77 f.
20 Schlichtegroll: Nekrolog, S. 11 f.

unter allen Himmelsstrichen vor", in ihr seien „die Resultate tausend vereinigter oder sich widerstrebender Kräfte" geschildert.[21] „Aber", so fährt er fort, „ein solcher Schauplatz ist für das schwache Auge des Menschen zu groß [...]."[22] Dem geistigen Horizont des Einzelnen entspräche der singuläre Lebensbereich des individuellen Menschen, um Maß zu nehmen, Wissen zu rezipieren und das eigene Selbst daran zu orientieren:

> Derjenige Mensch [...], der die Schicksale aller Völker und Reiche kennt, ist deswegen doch nicht außer Gefahr, die auffallendsten Fehler in seinem inneren täglichen Leben zu begehen [...]. Nothwendig und nützlich ist es also, ehe und während man die Schicksale der großen Menschengesellschaften und Reiche betrachtet, oft und fleißig die Geschichte des Einzelnen zu durchdenken, da Belehrung und Warnung und Aufmunterung zu suchen. Hier schwindelt der Blick des Menschen nicht so, wie bey jenem unübersehbaren Gemählde. Es ist ein Wesen seines Gleichen, das er betrachtet, mit denselben Anlagen und Kräften, von eben solchen Menschen umgeben, dergleichen er um sich her sieht.[23]

Mit dem physiologischen Phänomen des Schwindelgefühls, der Ahnung drohender Bewusstlosigkeit, drückt Schlichtegroll die Problematik eines unzureichenden Einbezugs subjektiver Komponenten in ein System abstrakter Wissenschaften aus, das sich zunehmend von alltäglichen Erfahrungswelten entfremdet. Wie sich die Kontur der einzelnen Figur in einem üppigen Tableau verlieren kann, drohen dem Betrachter die Sinne zu schwinden, wenn er keinen Referenzpunkt findet, an dem sich sein Blick festhalten könnte. In der Biographie fände das individuelle Bewusstsein seinen adäquaten Niederschlag. Hier konstituiert sich der Einzelne – sowohl als betrachtetes Objekt als auch als betrachtendes Subjekt.

Auch Georg Christoph Lichtenberg greift auf den Topos der Biographik als „Zeichenkunst"[24] mit dem Vermögen, „das Portrait einer Seele"[25] zu malen, zurück. Noch als Student hält er 1765 vor der Göttinger Historischen Akademie einen Vortrag, in dem er die Biographik in den Rang einer „Naturgeschichte vom menschlichen Herzen"[26] setzt. Eng verzahnt operiert er dabei mit Metaphoriken der Sicht- und Lesbarkeit und betrachtet die Lebensbeschreibung als Kreuzungspunkt psychologischen und historischen Wissens:

---

21 Ebd., S. 15.
22 Ebd., S. 16.
23 Ebd., S. 16 f.
24 Lichtenberg: Geschichte, S. 11.
25 Ebd., S. 9.
26 Ebd.

> Die gnaue [sic!] Verbindung unserer Gesinnungen mit unsern Handlungen [...] macht, daß das Portrait einer Seele zugleich ein Plan ihres Lebens und ihrer ganzen Geschichte ist. Wenn es ein großer Künstler gezeichnet hat, so ist es [...] bisweilen ein kurzer Inbegriff von den Begebenheiten eines Staates, von dem Glück und Unglück ganzer Länder, von den Gesinnungen der Nationen, und ein Auszug aus der Menge von Triebfedern, die ganzen Weltteilen eine andere Gestalt haben geben können.[27]

Lichtenberg sieht wie Schröckh den Biographen gefordert, die globale Perspektive der Geschichte in den beschränkten Raum individueller Lebensbeschreibungen zu fassen. Das Wissen der Biographie ist an einen Akt der Entfaltung gebunden, der sich vom konkreten Einzelphänomen zur Einsicht in das allgemeine soziale Gefüge und seinen historischen Wandel bewegt. In Anlehnung an die Bildmetaphorik Lichtenbergs macht die Biographie Zusammenhänge sichtbar, die sonst verborgen blieben. Sie vermag den Blick zugleich zu fokussieren und den Horizont zu erweitern. Dem Biographen, der als Kenner der menschlichen Seele über ein fundiertes Verständnis ihrer moralischen Verfasstheit verfügen muss, mögen die „Handbücher der Sittenlehre" als „Zeichen-Bücher" zur „Verfertigung solcher Gemälde" dienen.[28] Unabdingbar sei der biographischen Tätigkeit aber auch „eine durch lange Übung erlangte Fertigkeit in der Mienen-Kenntnis".[29] In der Verquickung biographischer und physiognomischer Fragestellungen deuten sich Lichtenbergs methodische Reflexionen zur Pathognomik an, die im Gegensatz zu den Ansätzen Lavaters nicht den unveränderlichen Knochenbau als ihren Gegenstand betrachten, sondern das menschliche Gesicht nach seinen veränderlichen Komponenten beurteilt. Das Erkenntnisinteresse widmet sich damit nicht naturhaften Prädispositionen, sondern der individuellen Prägung durch die Begebenheiten eines Lebens als „Dokument des Lebenslaufes".[30] Während aber auch für die Pathognomik der Körper Folie und damit Informationsträger ist, den es auf die Eigenheiten eines Lebensverlaufs hin lesbar zu machen gilt, versteht die

---

27 Ebd., S. 9 f.
28 Ebd., S. 10.
29 Ebd. – Franz Mautner hatte den Bezug zur Physio- und Pathognomik, den Lichtenberg in diesem frühen Text konstruiert, als den Zeitumständen geschuldet und wenig plausibel erachtet. Im Sinne des hier vollzogenen Analogieschlusses zwischen Physiognomik und Biographie muss diese Einschätzung relativiert werden. Vgl. Mautner: Vortrag, S. 127.
30 Graf: Utopie, S. 26. „[Lichtenbergs] Charakterindividuum ist das bewegliche Mitglied einer Gesellschaft, agierendes und reagierendes Wesen, und dessen Ausdruck ist Folge seiner Anlagen wie seiner Leidensgeschichte. Der Physiognomik der festen Formen setzt Lichtenberg daher die flüchtigen und bleibenden Zeichen einer Pathognomik [...] entgegen." (Ebd., S. 26 f.)

Biographik diesen Zusammenhang als schriftgebunden. Im Übergang von der pathognomischen zur biographischen Seelenkunde verlagert sich die Vorstellung eines körperlichen Gedächtnisses auf die Schrift als Medium der Erinnerung, übernimmt aber die maßgebliche Voraussetzung, dass für die Erkenntnis des Gemüts der Überlieferungsträger transparent werden muss, um den Blick auf den dahinterliegenden Geist freizugeben.[31] Physiognomik, Pathognomik und Biographik verbindet ein gemeinsames Begehren: der Wunsch nach Erschließbarkeit der Welt abseits der „bloßen Wahrnehmung"[32] in einer Tiefendimension, die das Gegebene transzendiert. Wie das Gesicht für Physiognomik und Porträtkunst des 18. Jahrhunderts wird die Schrift für die zeitgenössische Biographik zur Mittlerin zwischen Körper- und Seelenwelt, zur „Membran eines inneren Wesens".[33]

2 Denkmäler, Erfahrungsspeicher, intellektuelle Biographien

Auch Johann Gottfried Herder stellt in den Mittelpunkt seiner postumen Würdigung Thomas Abbts, der 1766 in Bückeburg verstorben war, die schriftlichen Hinterlassenschaften des Toten. Unter dem hermeneutischen Paradigma der „Vergegenwärtigung"[34] dient ihm die Biographie als Vehikel, das literarische Werk als Dokument lebendiger Erinnerung zu bewahren. Herder setzt seinen Ansatz von der panegyrischen Konvention, ihren „zugespitzten Lobreden" und „sanfte[n] Elegien" ab,[35] die den Verstorbenen rühmen, ohne das „[L]obenswürdige zu zeigen, was er geleistet".[36] Dazu genüge es auch nicht, im Stile chronikhafter Aufzeichnungen ein „magres Skelett" der „Lebensumstände" aufzustellen und „die Titel seiner Schriften, und die Anekdoten seines Lebens, wie trockne und unverdauliche Schalen" zu verschlingen.[37] Vielmehr inszeniert Herder die Biographie als Medium einer wechselseitigen Animation von Autor und Rezipienten:

> [...] der Geist, der *Abbts* Körper überlebt, atmet in seinen Schriften: wisse ihre toten Worte zur Hülle zu nehmen um denselben zu erblicken, damit er in dich würke und dich wie mit einem Hauche, belebe.[38]

---

31 Vgl. Koschorke: Körperströme, S. 151.
32 Blumenberg: Lesbarkeit, S. 10.
33 Lacher: Bild, S. 34.
34 Simon: Gedächtnis, S. 190.
35 Herder: Schriften, S. 568.
36 Ebd., 570.
37 Ebd., S. 569.
38 Ebd. – Alle Hervorhebungen hier und in folgenden Zitaten aus dem Original.

Die zeitgenössische Psychologie, die, „wenn sie bloß nach dem Bekanntesten, das alle menschlichen Seelen gemein haben", fragt, „noch nicht weit über [ihre] Kindheit hinaus" ist, versteht Herder als Instrument der Einfühlungshermeneutik. Im Sinne einer intellektuellen Biographie habe sie der individuellen Herausbildung einer Persönlichkeit auf die Spur zu gehen und auf „die Besonderheiten einzelner Subjekte mit der Genauigkeit zu merken, mit welcher der Naturforscher die Körper der Tiere zergliedert".[39] Herder vertritt in seinem Modell der biographischen Seelenkunde also durchaus einen wissenschaftlich-systematischen Anspruch, grenzt diesen jedoch zugleich auf das „[g]elehrte Denken"[40] seines Objekts ein:

> [...] im Ganzen bin ich nicht so sehr auf der Seite derer, die in die Schriften, als in einen Spiegel des Herzens und der menschlichen Gesinnungen sehen wollen; ich bescheide mich, daß ich über einen Schriftsteller schreibe.[41]

Das Vorbild, an dem Herder die biographische Memoria orientiert, ist das öffentliche Denkmal. Im Rekurs auf die Schriften Thomas Abbts[42] fragt Herder nach Diskursformen, in denen intellektuelle Verdienste zum Gegenstand politischer Debatten avancieren können. Mithin geht es analog zum bürgerlichen Anspruch auf den öffentlichen Raum als Sphäre symbolischer Repräsentation auch um das Durchbrechen eines monarchischen Gedenkmonopols.[43] Unter dem zunehmend an Signifikanz gewinnenden Begriff der Nation erscheint die Biographie als taugliche Darstellungsform zur Konstruktion kollektiver Identität abseits konfessioneller und ständischer Differenzkriterien. Justus Möser regt im 34. Stück seiner *Patriotischen Phantasien* die Sammlung „einheimischer Biographien [und] Lebensbeschreibungen" an, wodurch entgegen ihrer politischen Fragmentierung eine deutsche Nation als „vereinigtes Ganze[s]" zu beschreiben wäre.[44] Als Vorbild dienen dabei antike Repräsentationspraktiken und deren Wiederaufnahme im Geiste der Aufklärung. So setzt sich Karl Gottlieb Hofmann in seinem *Pantheon der Deutschen*, das von 1794 bis 1800 in drei Teilen erscheint, zum Ziel, „einen litterarischen Tempel der Verherrlichung zu errichten, [...] die Geschichte des deutschen Ruhms darzustellen, wo der deutsche

---

39 Ebd., S. 571.
40 Ebd., S. 574.
41 Ebd., S. 575.
42 V.a. Abbts *Vom Tode für das Vaterland* (1761) und *Vom Verdienste* (1765). Vgl. Redekop: Abbt, S. 100 f.
43 Selbmann: Dichterdenkmäler, S. 2.
44 Möser: Aufmunterung, S. 298.

Patriot in einer Reihe historischer Gemälde der Tugenden und Verdienste seiner Nation entwikelt findet [...]".[45] An der Schnittstelle zwischen literarisch-biographischem Wissensspeicher und nationalem Erinnerungsort erweist sich der Topos des „Schrift=Denkmals"[46] sowohl hinsichtlich des frühneuzeitlichen Gelehrtendiskurses als auch gegenüber der Errichtung realer Gedenkstätten als anschlussfähig. Hofmanns mit zahlreichen Illustrationen versehenes *Pantheon* kann durchaus als Fortsetzung humanistischer Praktiken biographischer Kollektivbildung betrachtet werden. Beispielhaft mag dafür Heinrich Pantaleons *Teutscher Nation Heldenbuch* (1567-1570) stehen, dessen Kompilation mythischer und historischer Figuren durch über 1500 bildliche Porträtdarstellungen ergänzt wird. Patriotische Biographiesammlungen fungieren aber auch als literarische Vorwegnahme nationaler Ruhmestempel des 19. Jahrhunderts, etwa der von Ludwig I. 1842 errichteten Gedenkstätte Walhalla bei Regensburg. In allen drei Fällen findet durch die Integration aristokratischer und bürgerlicher Persönlichkeiten als Repräsentationsfiguren nationaler Identität eine Entgrenzung stratifizierender biographischer Ordnungsschemata statt.

Die kritischen Schriften der Aufklärung entwerfen eine Gedächtnispolitik, in der das Privileg memorialer Präsenz durch den Dienst am Gemeinwesen zu rechtfertigen ist. Indem Fürsten und Bürger ihr historisches Andenken gleichermaßen vor der Öffentlichkeit zu rechtfertigen haben, kommt der Biographie im schriftliterarischen Diskurs ein besonderer Stellenwert gegenüber Formen des bildhaften Andenkens zu. Herder macht in einem Entwurf zur Denkschrift auf Thomas Abbt deutlich, dass sich die visuelle und kultische Memorialkultur der Antike angesichts eines tiefgreifenden Strukturwandels in den sozialen und medialen Kommunikationsverhältnissen der Neuzeit nicht unverändert übernehmen ließe:

> Völker, die noch in der Morgendämmerung des poetischen Zeitalters wandeln, würden ihre Leichensteine mit Nänien und einem Todtenfeste feiern: in Griechenland bekämen sie Statuen im Idealischen oder Ikonischen Bilde: zu Rom würde man ihnen öffentliche Parentalia begehen, und Todtenopfer an ihr Grabmahl gießen. Da aber diese edle symbolische Zeit vorbei ist: so muß man statt durch Denkmale, und Bildsäulen, und festliche Gebräuche für das Aug und die Ewigkeit zu sprechen, die Todten durch Worte ehren.[47]

So hebt Herder zwar Graf Wilhelm zur Lippe würdigend hervor, der dem verstorbenen Abbt in der Bückeburger Schlosskapelle unmittelbar nach seinem Tod

---

45 Hofmann: An die deutschen Patrioten, unpag. S. *3 f.
46 Ebd., unpag., S. *4.
47 Herder: Entwurf, S. 678.

eine Gedenktafel errichtet und damit „jene güldene symbolische Zeit erneuret" hatte, da auch dem „stille[n] und betrachtende[n] Verdienst" öffentliche Anerkennung gezollt wurde.[48] Herders Verneigung vor dem Landesfürsten, in der er das errichtete Monument über alle „Denkmale von Papier erbauet" stellt,[49] muss jedoch den Konventionen geschuldet und mit Blick auf seine spätere Stellung in der Nachfolge Abbts als Konsistorialrat am Bückeburgischen Hof gesehen werden, denn letztlich dienen Herders Ausführungen ganz dem Zweck, angesichts einer umfassenden Schriftkultur die Möglichkeiten des geschriebenen Wortes als Medium lebendiger Erinnerung auszuloten. Abbts Werke selbst müssten als „schätzbarste Reliquie" erkannt werden, so Herder, „wundertätig [...], uns zu seinen Schülern und Nacheiferern zu machen".[50] Die intellektuelle Biographie habe den Geist des Toten aus seinen Hinterlassenschaften zu gewinnen und damit ihre Leser wie mit einem „Salböl" zu „Nachfolgern" zu weihen:[51] „Denn das, glaube ich, ist die wahre Metempsychosis und Wanderung der Seele, von der die Alten in so angenehmen Bildern träumen".[52]

Wie sein plastisches Vorbild beansprucht das biographische Denkmal, das Herder intendiert, den Status eines eigenständigen Kunstwerks. Es bildet den intellektuellen Entwicklungsweg des Individuums nach und stellt damit „den Geist eines Menschen, wie ein einzelnes Phänomenon, wie eine Seltenheit dar[], die würdig ist, unser Auge zu beschäftigen".[53] Als Biograph will Herder seinen Lesern in der Schilderung des Denkens und Schaffens Abbts „eine lebendige Werkstäte"[54] aufschließen und ihnen ermöglichen, seinen Geist wie eine „körperliche Erscheinung[] zu sehen, zu betrachten".[55] Der Blick des Biographen und seiner Leser dringt dabei tiefer in die Seele als es visuelle Darstellungsformen vermögen: „Vorzüglich muß ein *Biograph* die Gestalt seines Helden ihm gleichsam vom Antlitz zu reißen wissen, wenn er dieses Namens wert sein will".[56] Die Biographie eines Menschen zu schreiben, verlangt einen hermeneutischen Akt, durch den die Kontingenz der Lebensumstände im organischen Gefüge der Persönlichkeit aufgeht: „[S]o hat der Geschichtsschreiber seinen Autor desto mehr

---

48 Herder: Schriften, S. 567.
49 Ebd.
50 Ebd., S. 569.
51 Ebd.
52 Ebd.
53 Ebd., S. 571.
54 Ebd., S. 570.
55 Ebd., S. 571.
56 Ebd., S. 573.

von außen zu studieren, um die Seele desselben in *Worten und Handlungen* aufzuspähen."[57] Er „zeichnet" das „Bild der Sonne nicht aus ihrem strahlenden Antlitz, sondern nach ihrem Widerschein im Wasser".[58] Im Sinne Lessings stellt die intellektuelle Biographie, bei Herder unter dem Begriff des Denkmals, eine Rettung geistigen Erbes für künftige Generationen dar:[59] „Ein Bild von der Art ist nicht tot: es bekommt Leben: es redet in meine Seele".[60] Der Biograph wird zum Vermittler zwischen dem Toten und den Lebenden:

> Wie glücklich wäre ich, [...] wenn ich einen einzigen Leser auf den Pfad risse, den *Abbt* ging: ihm die Abwege zeigte, auf denen jener sich verirrte: ihm die Fußsteige anwiese, wo er die Schriften seines Vorgängers überholen könnte. Wenn ich einem andern die zerstückten Entwürfe darlegte, damit er sie ergänze: einen andern auf die Spur brächte, sich *Abbts* Denkart zu eigen zu machen, und einen andern wenigstens vom Nachäffen rettete: – eine einzige dieser Hoffnungen erleichtert, eine einzige Erfüllung derselben belohnt meine Arbeit.[61]

Programmatisch ruft Herder die Vorstellung einer *translatio biographiae* kollektiver Memoria auch in den *Briefen zu Beförderung der Humanität* auf. Auf Friedrich Schlichtegrolls *Nekrolog* verweisend plädiert er für Biographiesammlungen – nicht als stummes Archiv der Vergangenheit, sondern als Medium der produktiven Auseinandersetzung mit dem intellektuellen Vermächtnis der Verstorbenen:

> *Laß Todte ihre Todten begraben*; wir wollen die Gestorbnen als Lebende betrachten, uns ihres Lebens, ihres auch nach dem Hingange noch fortwirkenden Lebens freuen, und eben deshalb ihr bleibendes Verdienst dankbar für die Nachwelt aufzeichnen. Hiermit verwandelt sich auf einmal das Nekrologium in ein *Athanasium*, in ein *Mnemeion; sie sind nicht gestorben*, unsre Wohlthäter und Freunde: denn ihre Seelen, ihre Verdienste ums Menschengeschlecht, ihr Andenken lebet.[62]

Bereits im Eingang der *Briefe* versteht Herder anhand eines kollektivbiographischen Ansatzes das, was einen Menschen ausmacht, als „*Möglichkeit*, die nie ganz in ihren Realisationen aufgeht".[63] Biographie bedeutet bei Herder die

---

57 Ebd.
58 Ebd.
59 Zum Verhältnis von Lessings ‚Rettungen', Herders ‚Denkmälern' und Schlegels ‚Charakteristiken' vgl. Otto: Vorwort; Nerling-Pietsch: Denkmale.
60 Herder: Schriften, S. 577.
61 Ebd., S. 570.
62 Herder: Briefe, S. 26. Vgl. dazu Heinrich: Gedächtnis, S. 24 f.
63 Irmscher: Beobachtungen, S. 81.

„Offenlegung der internen Motivstränge" einer menschlichen Existenz.[64] Wirkung entfaltet der biographische Text schließlich in seiner Anwendung, in seiner je unterschiedlichen Realisierung im Lebenshorizont der Rezipienten.

Das biographische Denkmal integriert damit das im zeitgenössischen Diskurs der bildenden Kunst angelegte Modell applikativer Lektüre. So entwirft Johann Georg Sulzer in seiner *Allgemeinen Theorie der schönen Künste* unter dem Lemma ‚Denkmal' den öffentlichen Raum als Erinnerungsort, dem die Vergangenheit symbolhaft eingeschrieben wird:

> Man stelle sich eine Stadt vor, deren öffentliche Plätze, deren Spaziergänge in den nächsten Gegenden um die Stadt herum, mit solchen Denkmälern besetzt wären, auf denen das Andenken jedes verdienstvollen Bürgers des Staats, für die Nachwelt auf behalten würde; so wird man leicht begreifen, was für grossen Nutzen solche Denkmäler haben könnten. Man muß sich in der That wundern, daß ein so sehr einfaches Mittel die Menschen auf die nachdrüklichste Weise durch die Beyspiele ihrer Vorfahren zu jedem Verdienst aufzumuntern, fast gar nicht gebraucht wird.[65]

Im Gegensatz zum vormodernen Geschichtsverständnis, dem in seiner didaktischen Funktionalisierung das Prinzip der *imitatio* als Nachahmung zeitloser Ideale zugrunde lag, fordert die Integration jenes Wissens, das von der Biographie vermittelt wird, nun eine Fort- und Weiterführung des Dargelegten, nach dem Grundsatz der *aemulatio*. Die Biographie wird zu einem Vehikel der Selbstvergewisserung unter der teleologischen Perspektive von Entfaltung und Ausbildung der Anlagen eines Menschen. Die Biographik des 18. Jahrhunderts beschreibt Lebensläufe damit als Entwicklungsmodelle, an deren Ende das autonome, mündige und sich seiner selbst bewusste Individuum steht, oder sie rekonstruiert in Form der Psycho-Pathographie die inneren und äußeren Hinderungsgründe, dieses Ideal im einzelnen Lebensverlauf zu realisieren.

3 Kohärenz, Kontingenz und Konstruktion: Die Galerie als Ordnungsmuster

Als Medium des Wissenstransfers im Spannungsfeld von globalgeschichtlichem Ereigniszusammenhang und subjektiv-individuellem Erfahrungshorizont entfaltet die Biographik des 18. Jahrhunderts ihre Wirkung vor allem in pluraler, kollektiver Form. Unter der Gattungsbezeichnung der ‚Galerie' wird ein Topos

---

64 Menges: Geschichtsschreibung, S. 195.
65 Sulzer: Denkmal, S. 238.

aus Architektur und bildender Kunst entlehnt, um das Zusammenwirken heterogener Einzeldarstellungen konzeptuell zu fassen. Im Titel von deutschsprachigen Druckschriften begegnet der Begriff mit wenigen Ausnahmen erst nach 1750. Quantitativ gleichrangig stehen der Referenz auf reale Bilder- und Büstengalerien biographische Sammelwerke entgegen. Im Gegensatz zum synthetisierenden Repräsentationscharakter des Denkmals scheint die metaphorische Anleihe an der Gemäldegalerie als Ordnungsprinzip biographischer Kompilationen Prinzipien der Vielfalt und Diversifikation in den Vordergrund zu stellen. Die biographischen Galerien des ausgehenden 18. Jahrhunderts widmen sich vielfach Lebensläufen, die zur männlich-tugendhaften sozialen Norm in einem devianten Verhältnis stehen. So finden sich unter diesem Titel beispielsweise Sammlungen, die den Biographien von Frauen[66] oder dem Berufsstand der Schauspieler[67] gewidmet sind. Johann Christoph Adelung versammelt in seiner *Gallerie der neuen Propheten, apokalyptischen Träumer, Geisterseher und Revolutionsprediger*,[68] eine Reihe „berühmte[r[" und „berüchtigte[r] Schwärmer" als „Beytrag" zur „Geschichte der Verirrungen des menschlichen Verstands".[69] Die konzeptionelle Anlehnung der Galerie an Wunder- und Kuriositätensammlungen erlaubt es Adelung, gut die Hälfte seiner Schrift der Biographie des reformierten Theologen und Sozialrevolutionärs Thomas Müntzer zu widmen: eine Lebensgeschichte, deren politische Relevanz angesichts der historischen Parallelen zur Revolutionsepoche augenscheinlich ist. Darüber hinaus muss Adelungs Projekt im Rahmen seines Beitrags zur Fortsetzung von Christian Gottlieb Jöchers *Allgemeinem Gelehrtenlexikon* gesehen werden, zu der die *Gallerie* quasi eine komplementäre Negativfolie liefert.

Karl August Schillers *Gallerie interessanter Personen, oder Schilderung des Lebens und Charakters, der Thaten und Schicksale, berühmter und berüchtigter Menschen der ältern und neueren Zeit* von 1799 entspricht auf den ersten Blick einem konventionelleren Schema der Biographiesammlung, insofern er vor allem Monarchen, Staatsmänner und Generäle versammelt. Dabei gelingt es ihm jedoch auch, die jüngsten politischen Ereignisse einzubeziehen und neben europäischen Herrschern von Katharina der Großen bis Joseph II. die Protagonisten der Französischen Revolution wie La Fayette, Danton und Robespierre in den Blick zu nehmen. Napoleon Bonaparte, der sich im Erscheinungsjahr der *Gallerie* durch den Staatsstreich des 18. Brumaire als erster Konsul die

---

66 Hagen: Gallerie.
67 Schiller: Gallerie.
68 Adelung: Gallerie. Das Werk ist die Fortsetzung von Adelung: Geschichte.
69 Adelung: Gallerie, unpag., S. *)(2r.

faktische Alleinherrschaft in Frankreich gesichert hatte, wird ebenfalls mit einem biographischen Porträt bedacht. Kollektivbiographien des ausgehenden 18. Jahrhunderts, die in ihrem Dokumentationsradius bis in die jüngste Vergangenheit ausgreifen, müssen als Ausdruck eines Aktualitätsbedürfnisses in der historischen Narrativierung politischer Prozesse betrachtet werden, das traditionelle Formen der Geschichtsschreibung nicht zu befriedigen vermögen. Schon Schlichtegrolls Ansatz, die Verstorbenen des unmittelbar vorangegangen Jahres ohne Rücksicht auf Stand und Herkunft zu versammeln, indem er diese anfangs chronologisch nach ihrem Sterbedatum ordnete, kann in diesem Kontext gesehen werden. Die offene Form der Galerie ergänzt die starre Systematik des Nekrologs und betont neben Aktualität und sozialer Transgressivität das Moment der Pluralität. Johann Georg Wiggers konzeptualisiert dieses Prinzip als Gegensatz zum umfassenden Anspruch der Globalgeschichte. Die in sich geschlossene Darstellung von subjekthaften Persönlichkeiten widerstrebe dem historischen Nacheinander und privilegiere vielmehr ein biographisches Nebeneinander.

> Wenn der Geschichtsschreiber die Menschen, welche er uns zeigt, nicht anders als im Gepränge aller ihrer Denkwürdigkeiten, und von allen ihren Handlungen begleitet, vorführen wollte, so würde sein Werk freylich eine Menge ausgemalter Portraite liefern, aber verlieren würden wir auf der andern Seite dabey [...] [d]ie Vereinigung dieser Figuren zu einem historischen Gemälde. Eine unmögliche Vereinigung für den, der neben ihr noch etwas zur Absicht hat, das ihm eben so wichtig ist, nämlich jedes Theil zu einem Ganzen in seiner Art zu erheben.[70]

Der selbstständige Charakter biographischer Gattungsformate steht einem synthetisierenden Verfahren, das Wiggers mit der Aufklärungsgeschichtsschreibung verbindet, entgegen. Was hier noch als defizitäre Eigenschaft der Biographik dem umfassenden Anspruch der Historiographie gegenüber erscheinen mag,[71] wird in der programmatischen Vorrede des *Biographen*, eines Periodikums, das 1802 im Umfeld der Universität Halle entsteht, zum Fundament einer Ordnung subjektbezogenen Wissens, die sich an dem breiten Spektrum an Fragestellungen orientiert, mit denen die Wissenschaften vom Menschen ihren Gegenstand zu fassen versuchen. Die Herausgeber des *Biographen*, darunter Johann August Eberhard, Ludwig Wilhelm Gilbert, August Hermann Niemeyer und Heinrich Balthasar Wagnitz, allesamt Professoren in Halle, sehen das Ziel ihrer Sammlung nicht in einer historischen Gesamtdarstellung: „[...] der Biograph wird in seiner

---

70 Wiggers: Biographie, S. 77 f.
71 Schnicke: Semantiken, S. 250 f.

Porträts, Denkmäler, Galerien 119

Anordnung nicht fragen nach Jahrzahl – Nation – Geschäft und Charakteren".⁷²
Vielmehr vergleichen sie ihre Tätigkeit mit der eines Kunstsammlers:

> Der *Biograph* wird und soll recht eigentlich einer *Bildergallerie historischer Gemählde* gleichen, in welcher der Leser in Stunden der Muße mit Vergnügen verweilen soll. / Wer erwartet dort eine Anordnung der Gemälde nach der Jahrzahl ihres Entstehns, oder gar des Zeitraums, wo geschah und lebte, was und wen sie darstellen? Der Ordner der Gallerie hat andre Gesichtspuncte! Ihn bestimmt das Licht und der Schatten, dessen jedes bedarf – der Kontrast des Hellen und Dunkeln, die Manier der Künstler, selbst die größere oder kleinere Form. Der Rahmen sogar und die Einfassung wird beachtet.⁷³

Die Galerie als Ordnungssystem ermöglicht es, die Konstruktionsmechanismen biographischer Darstellungen ins Blickfeld zu rücken. Wie in der Gemäldegalerie der „kräftige *Rembrand*" neben einem „fleißigen *Correggio*" zu hängen kommt, so erlaubt auch der *Biograph* die „ausführliche Biographie" neben „bloße[n] Skizzen des Lebens und Charakters".⁷⁴ Jedem der Beiträger sei die eigene „Manier" zugestanden,⁷⁵ die zu ganz unterschiedlichen Ergebnissen führen mag. Biographie wird nicht als abgeschlossene und einheitliche Gattungsnorm, sondern als Möglichkeitsspektrum verstanden:

> [...] man wird es so wenig tadeln, als verkennen, wenn dem *einen* an historischer Genauigkeit, dem *andern* an Vollständigkeit, dem *dritten* an Lebendigkeit der Darstellung, dem *vierten* an feiner Charakteristik durch psychologische Entwicklung, einem *fünften* vielleicht an Vertheidigung oder Hevorziehung verkannter Verdienste am meisten gelegen ist. Selbst in der Wahl und in dem Urtheil über die Personen, wird man den eigenthümlichen Charakter der Verfasser nicht übersehn, und es dürfte sogar oft lehrreich seyn, das Leben desselben Mannes von ganz verschiedenen Gelehrten und aus ganz verschiedenem Gesichtspuncte bearbeitet zu lesen.⁷⁶

Die Herausgeber des *Biographen* gehen mit Wiggers in der Betonung eines Eigenwerts der Biographie konform, der nicht im synthetisierenden Gestus der Geschichtsschreibung aufgehen könne. Die Lebensbeschreibung unterliegt Formgesetzen, die sich nicht unbedingt mit den Zielen der historiographischen Darstellung in Einklang bringen lassen. Differierende Ansätze innerhalb der biographischen Praxis besitzen letztlich unabhängig voneinander ihre Berechtigung. Der historische Fragehorizont ist in der Vorrede des *Biographen* nur ein

---

72 An die Leser des Biographen, S. VI.
73 Ebd., S. V-VI.
74 Ebd., S. VI.
75 Ebd.
76 Ebd., S. VI-VII.

denkbarer Gesichtspunkt, von dem das biographische Schreiben seinen Ausgang nehmen kann.

Der Bezugsrahmen der Galerie dient dazu, die Diversifikation biographischer Ausdrucksweisen offen zu halten. Biographie wird nicht festgeschrieben auf ein klar umrissenes, normatives Format. Vielmehr veranschaulicht der Vergleich mit den Darstellungsformen der bildenden Kunst die heuristische Qualität eines differenzierten Gattungssystems. Das ‚Wie' des Biographischen erlaubt den Herausgebern des *Biographen* den Anschauungshorizont zu erweitern. In Anlehnung an Johann Martin Chladenius' hermeneutische Theorie des ‚Sehe-Punktes'[77] und der notwendigen Perspektivität historischen Denkens betonen sie den Erkenntnisgewinn komparatistischer Biographik. Das beschriebene Leben selbst wird somit zu einem Motiv, das in unterschiedlicher biographischer Bearbeitung immer wieder neu erscheinen kann und neu gelesen werden muss.

Die Biographie als Kunstwerk zu betrachten, schärft das Bewusstsein für die gestalterischen Verfahrensweisen, die ihr zugrunde liegen. Ihr Gehalt ist in diesem Zusammenhang nicht auf die Erzeugung biographischer Wahrheit und Faktizität zu reduzieren. Vielmehr erscheint sie als Quelle epistemologischer Multiperspektivität und subjekttheoretischer Selbstreflexion. In der Produktion eines ästhetischen Sinnüberschusses eröffnen sich darüber hinaus Anschlussstellen für rezeptive Identifikationsprozesse, die das Lesen einer Biographie performant zur Applikation werden lassen: der Akt des Biographischen als Selbstvergewisserung im Fremden.

---

77 Im Werk des Wittenberger Theologen knüpft sich an diesen Begriff die Relativität der Wahrnehmung und der Erkenntnis: „Diejenigen Umstände unserer Seele, unseres Leibes und unserer ganzen Person, welche machen oder Ursache sind, daß wir uns eine Sache so und nicht anders vorstellen, wollen wir den Sehe-Punkt nennen. Wie nämlich der Ort unseres Auges, und insbesondere die Entfernung von einem Vorwurf, die Ursache ist, daß wir ein solches Bild und kein anderes von der Sache bekommen, also gibt es bei allen unsern Vorstellungen einen Grund, warum wir die Sache so und nicht anders erkennen: und dieses ist der Sehe-Punkt von derselben Sache." (Johann Martin Chladenius: Einleitung zur richtigen Auslegung vernünftiger Reden und Schriften. Zit. nach Gadamer, Boehm: Seminar, S. 72) Die Komplexität eines historischen Ereignisses, Chladenius gibt das Beispiel einer Schlacht, ließe sich nur über unterschiedliche Perspektiven erschließen. Derselbe Gegenstand würde von unterschiedlichen Personen doch immer anders wahrgenommen. Mit Blick auf die Lebensbeschreibung drückt sich im Ansatz des *Biographen* die zukunftsweisende Ansicht aus, dass auch das biographische Schreiben stets vom Standpunkt seines Autors abhängig ist.

Literatur

Abbt, Thomas: Hundert und ein und sechzigster Brief. In: Gotthold Ephraim Lessing, Moses Mendelssohn u.a. (Hrsg.): Briefe, die Neueste Litteratur betreffend. 10. Teil. Berlin (Nicolai) 1761, S. 211-214.

Adelung, Johann Christoph: Gallerie der neuen Propheten, apokalyptischen Träumer, Geisterseher und Revolutionsprediger. Ein Beytrag zur Geschichte der menschlichen Narrheit. Leipzig (Weygand) 1799.

Adelung, Johann Christoph: Geschichte der menschlichen Narrheit, oder Lebensbeschreibung berühmter Schwarzkünstler, Goldmacher, Teufelsbanner, Zeichen- und Liniendeuter, Schwärmer, Wahrsager, und anderer philosophischer Unholden. Leipzig (Weygand) 1785.

An die Leser des Biographen. In: Der Biograph. Darstellungen merkwürdiger Menschen der drey letzten Jahrhunderte. Bd. 1. Halle (Waisenhaus-Buchhandlung) 1802, S. III-VIII.

Belting, Hans: Bild-Anthropologie. Entwürfe einer Bildwissenschaft. München 2001.

Berg, Gunhild: Wissenwollen trotz Nichtwissenkönnens. Von den Erkenntnisgrenzen der psychologischen und pädagogischen Wissenschaften des späten 18. Jahrhunderts. In: Hans Adler, Rainer Godel (Hrsg.): Formen des Nichtwissens der Aufklärung. München 2010, S. 191-212.

Beyer, Andreas: Das Porträt in der Malerei. München 2002.

Blumenberg, Hans: Die Lesbarkeit der Welt. Frankfurt/M. 1981.

Börsch-Supan, Helmut: Aufklärung und Intimität in der deutschen Bildnismalerei des 18. Jahrhunderts. In: Reimar F. Lacher (Hrsg.): Von Mensch zu Mensch. Porträtkunst und Porträtkultur der Aufklärung. Göttingen 2010, S. 11-27.

Gadamer, Hans-Georg; Boehm, Gottfried (Hrsg.): Seminar. Philosophische Hermeneutik. Frankfurt/M. 1976.

Graf, Ruedi: Utopie und Theater. Physiognomik, Pathognomik, Mimik und die Reform von Schauspielkunst und Drama im 18. Jahrhundert. In: Wolfram Groddeck, Ulrich Stadler (Hrsg.): Physiognomie und Pathognomie. Zur literarischen Darstellung von Individualität. Festschrift für Karl Pestalozzi zum 65. Geburtstag. Berlin, New York 1994, S. 16-33.

Hagen, Johann Jost Anton von [Pseudonym: Abraham Peipa]: Gallerie von Teutschen Schauspielern und Schauspielerinnen der älteren und neuern Zeit. Wien (Edeln von Epheu) 1783.

Hähner, Olaf: Historische Biographik. Die Entwicklung einer geschichtswissenschaftlichen Darstellungsform von der Antike bis ins 20. Jahrhundert. Frankfurt/M. u.a. 1999.

Heinrich, Tobias: Das lebendige Gedächtnis der Biographie. Johann Gottfried Herders „Fünfter Brief zur Beförderung der Humanität". In: Bernhard Fetz, Wilhelm Hemecker (Hrsg.): Theorie der Biographie. Grundlagentexte und Kommentar. Wien, New York 2011, S. 23-27.

Herder, Johann Gottfried: Briefe zu Beförderung der Humanität. In: Werke in zehn Bänden. Hrsg. von Martin Bollacher u.a. Bd. 7. Hrsg. von Hans Dietrich Irmscher. Frankfurt/M. 1991.

Herder, Johann Gottfried: Entwurf zu einer Denkschrift auf A. G. Baumgarten, J. D. Heilmann und Th. Abbt. In: Werke in zehn Bänden. Hrsg. von Martin Bollacher u.a. Bd. 1. Hrsg. von Ulrich Gaier. Frankfurt/M. 1985, S. 677-681.

Herder, Johann Gottfried: Über Thomas Abbts Schriften. Der Torso von einem Denkmal, an seinem Grabe errichtet. In: Werke in zehn Bänden. Hrsg. von Martin Bollacher u.a. Bd. 2. Hrsg. von Gunter E. Grimm. Frankfurt/M. 1993, S. 565-608.

Hofmann, Karl Gottlieb: An die deutschen Patrioten. In: Pantheon der Deutschen. Erster Theil. Chemnitz (Hofmann) 1794, unpag.

Irmscher, Hans Dietrich: Beobachtungen zur Funktion der Analogie im Denken Herders. In: Deutsche Vierteljahrsschrift für Literaturwissenschaft und Geistesgeschichte 55 (1981), S. 64-97.

Koschorke, Albrecht: Körperströme und Schriftverkehr. Mediologie des 18. Jahrhunderts. München 1999.

Koselleck, Reinhart: Historia Magistra Vitae. Über die Auflösung des Topos im Horizont neuzeitlich bewegter Geschichte. In: Ders.: Vergangene Zukunft. Zur Semantik geschichtlicher Zeiten. Frankfurt/M. 1979, S. 38-66.

Kretschmann, Carsten: Biographie und Wissen. In: Christian Klein (Hrsg.): Handbuch Biographie. Methoden, Traditionen, Theorien. Stuttgart 2009, S. 71-78.

Kühne-Bertram, Gudrun: Aspekte der Geschichte und der Bedeutungen des Begriffs „pragmatisch" in den Philosophischen Wissenschaften des ausgehenden 18. und des 19. Jahrhunderts. In: Archiv für Begriffsgeschichte 27 (1983), S. 158-186.

Lacher, Reimar F.: „Das Bild der Seele, oder die Seele selbst, sichtbar gemacht". Das Gesicht als Membran. In: Ders. (Hrsg.): Von Mensch zu Mensch. Porträtkunst und Porträtkultur der Aufklärung. Göttingen 2010, S. 29-39.

Lessing, Gotthold Ephraim; Mendelssohn, Moses u.a. (Hrsg.): Briefe, die neueste Litteratur betreffend. Berlin (Nicolai) 1759-1766.

Lichtenberg, Georg Christoph: Von den Charakteren in der Geschichte. In: Schriften und Briefe. Hrsg. von Wolfgang Promies. Bd. 2. Frankfurt/M. 1992, S. 9-13.

Mautner, Franz: Lichtenbergs Vortrag über die Charaktere in der Geschichte und sein Gesamtwerk. In: Modern Language Notes 55 (1940) 2, S. 123-129.

Menges, Karl: Was leistet „Pragmatische Geschichtsschreibung"? Zur Aktualisierung der Historiographie bei Abbt und Herder. In: Christian Kluwe, Jost Schneider (Hrsg.): Humanität in einer pluralistischen Welt? Themengeschichtliche und formanalytische Studien zur deutschsprachigen Literatur. Festschrift Martin Bollacher. Würzburg 2000, S. 185-201.

Möser, Justus: Aufmunterung und Vorschlag zu einer westphälischen Biographie. In: Sämtliche Werke. Historisch-kritische Ausgabe in 14 Bänden. Hrsg. von der Akademie der Wissenschaften zu Göttingen. Bearbeitet von Ludwig Schermeyer unter Mitwirkung von Werner Kohlschmidt. Bd. 4: Patriotische Phantasien 1. Oldenburg 1943, S. 297-300.

Nerling-Pietsch, Ingeborg: Herders literarische Denkmale. Formen der Charakteristik vor Friedrich Schlegel. Münster 1997.

Ní Dhúill, Caitriona: Lebensbilder. Biographie und die Sprache der bildenden Künste. In: Bernhard Fetz (Hrsg.): Die Biographie – Zur Grundlegung ihrer Theorie. Berlin, New York 2009, S. 473-499.

Otto, Regine: Vorwort. In: Johann Gottfried Herder: Denkmale und Rettungen. Literarische Porträts. Hrsg. von Regine Otto. Berlin, Weimar 1978, S. 5-13.

Redekop. Benjamin W.: Thomas Abbt and the Formation of an Enlightened German Public. In: Journal of the History of Ideas 58 (1997), S. 81-103.

Scheuer, Helmut: Biographie. Studien zur Funktion und zum Wandel einer literarischen Gattung vom 18. Jahrhundert bis zur Gegenwart. Stuttgart 1979.

Schiller, Karl August: Gallerie interessanter Personen oder Schilderung des Lebens und Charakters der Thaten und Schicksale berühmter und berüchtigter Menschen der ältern und neuern Zeit. Berlin, Wien (Doll) 1798.

Schlichtegroll, Friedrich: Nekrolog auf das Jahr 1790. Bd. 1. Gotha (Perthes) 1791.

Schnicke, Falko: Transgressive Semantiken. Zur erkenntnistheoretischen Umwertung von ‚Biographie' im Übergang vom 18. zum 19. Jahrhundert (Abbt, Wiggers, Droysen). In: Michael Eggers, Matthias Rothe (Hrsg.): Wissenschaftsgeschichte als Begriffsgeschichte. Terminologische Umbrüche im Entstehungsprozess der modernen Wissenschaften. Bielefeld 2009, S. 235-266.

Schröckh, Johann Matthias: Allgemeine Biographie. 2. Teil. Berlin (Mylius) 1769.

Schweiger, Hannes: Biographiewürdigkeit. In: Christian Klein (Hrsg.): Handbuch Biographie. Methoden, Traditionen, Theorien. Stuttgart 2009, S. 32-36.

Selbmann, Rolf: Dichterdenkmäler in Deutschland. Literaturgeschichte in Erz und Stein. Stuttgart 1988.

Simon, Ralf: Das Gedächtnis der Interpretation. Gedächtnistheorie als Fundament für Hermeneutik, Ästhetik und Interpretation bei Johann Gottfried Herder. Hamburg 1998.

Sulzer, Johann Georg: Denkmal. In: Allgemeine Theorie der Schönen Künste. Bd. 1. Leipzig (Weidmanns Erben und Reich) 1771.

Wiggers, Johann Georg: Ueber die Biographie. Mittau (Hinz) 1777.

Rainer Godel

Die Novelle – eine autarke Gattung? Zur Relevanz medienhistorischer, anthropologischer und epistemologischer Kontexte für die Gattungskonstitution im 19. Jahrhundert

1 Novelle als autarke Gattung – Positionen der Gattungsgeschichte und -theorie

Nichts Neues gibt es mehr von der Novelle, sollte man meinen. Folgt man den gängigen Positionen der Gattungstheorie, könnte man die Novelle als Gattung skizzieren, die sich durch einen deutlichen Bezug auf die eigene Geschichte auszeichnet und damit Wissen zwar neu organisiert, aber eher weniger neues Wissen generiert. Zwar hat schon Hugo Aust darauf hingewiesen, dass die Novelle nicht jenes „einheitliche, bewußt gewollte Formgebilde" sei, als das man sie dargestellt habe,[1] doch kann die Novelle, glaubt man den Gattungsnarrativen, paradigmatisch als autark gelten: Rolf Füllmann beschließt das erste Kapitel seiner *Einführung in die Novelle* noch 2010 mit einem ganz traditionellen Katalog, der klassische und in ihrer Normativität unhinterfragte Kriterien aus der Novellentradition aufführt (Erzählen, Rahmenhandlung, Neuigkeit, Symbol). Die Novelle sei „folgerichtig eine der wenigen Prosagattungen, deren Qualität sich nicht nur an der Originalität, sondern auch an der Traditionsverhaftung misst."[2] Novellisten selektierten mithin, so die traditional-autarke Lesart der Gattungsgeschichte, aus dem reichhaltigen topischen Inventar gattungshistorischer Optionen jeweils einige Kriterien, um sie neu zu mischen.[3]

---

1 Aust: Novelle, Vorwort, unpag.
2 Füllmann: Einführung, S. 10 f. Schon Aust hält dagegen, dass Novellenmerkmale weder einzeln noch zusammen eine brauchbare Novellendefinition begründen können. Vgl. Aust: Novelle, S. 8. Gattungstheoretisch hinter diesen Befund zurück fällt Biere: Erzählen, S. 9 et passim, wenn sie einen narrativen „Experimentierraum" in ausgewählten Novellen zu erkennen glaubt.
3 Dass eine solche Lesart der Geschichte der Novelle die transhistorischen Invarianten ohne historisch deskriptive Rückbindung zu Postulaten erhebt, steht im Gegensatz zu neueren gattungstheoretischen Einsichten in das Verhältnis von Varianz und Invarianz von Gattungen. Vgl. Hempfer: Allgemeinheitsgrade, S. 15-19.

Tatsächlich fehlt selten der novellistische Bezug auf Boccaccios musterbildende Kraft; die Novellisten wissen Margarete von Navarra und Cervantes einzuordnen; sie erzählen, diese Gattungsvorbilder aufgreifend, von Rahmengesprächen geselliger Runden und replizieren damit das Wissen der Gattung um einen Wechsel von polylogischem und monologischem Sprechen. Die „inszenierte Mündlichkeit" des Rahmengesprächs,[4] die eine hypertextuelle, entweder nachbildende oder transponierende Referenz zu Boccaccios *Decamerone* herstellt,[5] findet sich in Christoph Martin Wielands *Hexameron von Rosenhain*, in Ludwig Tiecks *Phantasus* wie E.T.A. Hoffmanns *Serapionsbrüdern*, um nur drei prominente Beispiele der ersten beiden Jahrzehnte des 19. Jahrhunderts zu nennen. Gleichzeitig bildet dieses Rahmengespräch oft den Ort für intragenerische poetologische Reflexionen über die Gattung selbst: Die Frage „Wie und wozu soll novellistisch erzählt werden?" wird in der Novelle selbst verhandelt.[6]

Bliebe man bei dieser eher traditionellen gattungshistorischen Perspektive, eignete sich die Novelle kaum als Beispiel für die Fragestellung dieses Bandes, ja, sie könnte geradezu als Prototyp einer autoreferenziellen Gattung gelten, deren Formierung nicht auf diskursive Kontextualisierung angewiesen ist oder von dieser wenigstens nicht entscheidend profitiert. Die Geschichte der Novelle im 19. Jahrhundert könnte mithin als Geschichte der poetologisch indizierten Ausbildung eines Kanons beschrieben werden, in der die großen Novellensammlungen mit ihrer Semantik von Tradition und Reichtum die entscheidende Rolle spielen: Man denke an Ludwig Pustkuchens *Novellenschatz des deutschen Volkes* (1822/23) oder an Paul Heyses vierundzwanzigbändigen *Deutschen Novellenschatz* (1871-1876). Eine solche Gattungsgeschichte schriebe einen novellistischen Kanon lediglich aufgrund der tradierten Selbstreferenz der Gattung fest.

Ziel meines Artikels ist es, diese literaturwissenschaftlich eingeübte Konvention zu hinterfragen. Denn wie wäre eine solche intragenerische Gattungsgeschichte mit der in der Gattungstheorie neuerdings überwiegend geteilten Position vereinbar, dass Gattungskonstitution nicht zu unwesentlichen Teilen von zeitgenössischen Diskursen abhängig ist?[7] Meine These ist, dass sich die Entwicklung

---

4 Vgl. Lubkoll: Mündlichkeit, S. 391.
5 Vgl. zu den Begrifflichkeiten Genette: Palimpseste, S. 43 f.
6 Innerhalb der strukturellen Adaptation kann die moralische Anrüchigkeit des *Decamerone* abgelehnt werden, so etwa im *Phantasus*; vgl. Tieck: Schriften. Bd. 6, S. 91 f.
7 Vgl. Zymner: Gattungstheorie, S. 4, Hempfer: Gattungstheorie, S. 221, 123 u.ö. Ähnlich versteht Voßkamp Gattungen als zeitlich indizierte Konsensbildungen; vgl. Voßkamp: Gattungen 1992, S. 256.

der Novelle im 19. Jahrhundert entscheidend diskursiven Kontexten verdankt. Diese diskursiven Effekte werden umgekehrt zum Faktor, der die Popularität der Gattung im 19. Jahrhundert, die sogenannte „Novellenwut",[8] und den daraus kontradiktorisch folgenden Prozess der Kanonisierung der Novelle mitbedingt. „Kanonisierung" soll dabei als Prozess der Selektion verstanden werden, der die Qualität literarischer Texte glaubt taxieren zu können. Im Falle der Novelle tragen schon die verschiedenen Definitionsversuche der Gattung dazu bei, ‚gute' von ‚schlechten' Novellen zu trennen. Definitionen gewinnen hier eine stark präskriptive Komponente. Doch ist diese Unterscheidung selbst von Kontextfaktoren und literarischen wie extraliterarischen (Erkenntnis-)Interessen abhängig.[9] Novellendefinitionen sind „weitgehend semantische Leerformeln".[10] Es existiert keine der Literatur und der Literaturwissenschaft vorgängige systematische Definition.[11] Der Gattungsdiskurs kann vielmehr als Prozess der intra- und extragenerischen Wissenskommunikation beschrieben werden. Es geht mithin hier um eine funktionsgeschichtliche Betrachtung der Gattung Novelle, die den diskursiven Raum eröffnet, welcher die Wissenstexturen der Gattungshistorie und -theorie prägt.[12]

2 Novelle als Artikulation von Neuheit

2.1 Mediengeschichtliche Bedingungen: Zum Zusammenhang von Novelle und Journal

Der janusköpfige Prozess der Gattungskonstitution und -kanonisierung der Novelle ist entscheidend medienhistorisch mitbedingt. Eine literarhistorische Perspektive muss den überraschenden Aspekt thematisieren, dass das 19. Jahrhundert, das sich ansonsten von regelgeleiteten Poetiken und Schreibnormen weitgehend verabschiedet hat, ausgerechnet eine Fülle von präskriptiven

---

8 Vgl. Lukas: Novellistik, S. 256.
9 Vgl. Strube: Philosophie, S. 36; Zipfel: Gattungstheorie, S. 216.
10 Lukas: Novellistik, S. 251.
11 Vgl. v.a. Voßkamp: Gattungen 1977, S. 27-44, dort auch zur Vorbildhaftigkeit einzelner Texte für Gattungen im Prozess der Institutionalisierung.
12 Lubkoll bestimmt eine solche funktions- und rezeptionsgeschichtliche Betrachtung der Novelle als Desiderat. Vgl. Lubkoll: Mündlichkeit, S. 382. Sie bezieht sich dabei auf Benjamins Diagnose vom Niedergang des (mündlichen) Erzählens. Vgl. Benjamin: Erzähler, S. 438-465. Dieser Wandel der „Kulturpraxis" des Erzählens (vgl. Lubkoll: Mündlichkeit, S. 387 f.) lässt sich indes m.E. nicht auf den Übergang von der primären zur sekundären Mündlichkeit (in der fingierten Rahmenerzählung des 19. Jahrhunderts) beschränken. Vgl. kritisch Biere: Erzählen, S. 11.

Novellendefinitionen hervorbringt, die die Basis für einen bis heute erfolgreichen Kanonisierungsprozess der Gattung Novelle bilden.[13] Dass die Novelle dagegen dem Medium des Taschenbuchs viel verdankt,[14] erkennen bereits Zeitgenossen. So kritisiert Karl Rosenkranz 1838 in den *Hallischen Jahrbüchern für deutsche Wissenschaft und Kunst* die „Erfindungslosigkeit, die Gedankenarmuth, die stylistische Unbildung" der „Novelle, wie sie nämlich in unsern Journalen, in unserer Leihbibliothekenliteratur existirt".[15] Hier wird mithin die Separierung guter von schlechten Novellen an medienhistorische Kontexte gebunden. Generell gilt: Kürzere Erzählprosa der ersten Hälfte des 19. Jahrhunderts ist ganz wesentlich Journalprosa.[16] Die meisten Novellen (und keineswegs nur die später nicht kanonisierten) werden zunächst oder ausschließlich seriell publiziert, in Zeitschriften, Journalen, Almanachen oder Taschenbüchern. Wielands *Hexameron von Rosenhain* rahmt nachträglich sechs Erzählungen – darunter die *Novelle ohne Titel* –, von denen fünf vorher unabhängig seriell erschienen waren. Hoffmanns *Serapionsbrüder* bestehen aus 24 vorab bereits in seriellen Kontexten publizierten Erzählungen mitsamt einer neuen Rahmung.[17] Die vielbeschworene Anknüpfung an die novellistische Gattungstradition durch die Wiederholung des seit dem *Decamerone* bekannten Strukturelements „Rahmenerzählung mit mehreren extradiegetischen Erzählern" ist in diesen Fällen eine nachträgliche, zweite Stufe der Publikationsstrategie, kein originäres Gattungskennzeichen.[18] Das Taschenbuch, eine unkanonische und medienhistorisch noch recht neue Form, verhilft einer literarischen Gattung zum Signum der Neuartigkeit, indem sie die Wiederaufnahme der alten Gattungstradition der Rahmung ermöglicht.

Begriffsgeschichtlich bildet die Mediengeschichte unter dem Begriff der „Novelle" ein Interesse an „Neuheiten" oder „Neuigkeiten" ab.[19] Schon Christian Friedrich Daniel Schubart verwendet in seiner *Teutschen* (1774-1777) und *Vaterländischen Chronik* (1787) vielfältige Synonyme für die Übermittlung unbekannter politischer oder kultureller Informationen: Die Bandbreite reicht von der „Neuigkeit" über die „Nachricht" und die „Anekdote" bis hin eben

---

13 Vgl. Aust: Novelle, S. 23.
14 Vgl. Sengle: Biedermeierzeit, S. 54.
15 Rosenkranz: Tieck, Sp. 1297.
16 Meyer: Novelle 1987, S. 40.
17 Vgl. ebd., S. 47, zu Wieland vgl. Haischer: Hexameron, S. 333.
18 Vgl. Meyer: Novelle 1987, S. 50 und Meyer: Novelle 1998, S. 240 ff. (am Beispiel Stifter) zu Unterschieden zwischen Journalfassungen und Buchpublikation.
19 Vgl. zur Begriffsgeschichte auch Aust: Novelle, S. 20 ff.

zur „Novelle"; mehrere Stücke sind „Skizzierte Novellen" oder „Novellistischer Mischmasch" überschrieben.[20] 1787 bringt Schubart unter der Überschrift *Flüchtige Novellen* inmitten der politisch unruhigen vorrevolutionären 1780er Jahre eine kurze ironische Notiz darüber, dass Goethe, „der Rat und Freund eines unserer besten deutschen Fürsten", nun in Italien Naturalien sammle.[21] Bekanntlich manifestiert sich auch auf der Handlungsebene innerhalb der Gattung Novelle an prominenter Stelle die Neuigkeit im Journal: Heinrich von Kleists *Marquise von O...* inseriert die Neuigkeit ihrer Schwangerschaft im öffentlichen Periodikum.[22]

2.2 Zur ästhetischen und gattungstheoretischen Konstitution der Novelle als Neuigkeit

Im medienhistorisch wirksamen Konzept von Novelle als „Neuigkeit" sind ästhetischer und medialer Diskurs co-präsent. Neuheit wird in der Ästhetik schon seit dem Empirismus als anthropologisch bedingte Anregung für die Einbildungskraft diskutiert. So ist sie auch bei Kant über die Spielkonzeption funktional eng an die Einbildungskraft gebunden. Im Unterschied zu allem „Steif-Regelmäßige[n]", das in der Regel „lange Weile macht", sei „das, womit Einbildungskraft ungesucht und zweckmäßig spielen kann, uns jederzeit neu, und man wird seines Anblicks nicht überdrüssig."[23] Daher gilt Neuheit in der kantianischen Ästhetik Christian Wilhelm Snells als ästhetisch legitim:

> Aus eben dem Grunde, aus welchem das Mannigfaltige und Abwechselnde eine wesentliche Eigenschaft schöner Kunstwerke ist, wird auch ein gewisser Grund der Neuheit zu denselben erfordert. Alles, was sich bei dem ersten Anblicke als etwas allzu bekanntes, gewöhnliches oder altes ankündigt, reizt und unterhält die Aufmerksamkeit nicht sonderlich, weilman [sic] von dem Gegenstande keine Vorstellungen und Gefühle erwartet, die man nicht schon mehrmals vorher gehabt hat.[24]

Die enge semantische Verbindung von Novelle mit Neuigkeit bleibt im 19. Jahrhundert erhalten.[25] „Novelle" oder „Novella" kann auch schlicht „Neuigkeit" heißen.[26] Begriffsgeschichtlich wird dies auch von Novellentheoretikern des

---

20 Vgl. Meyer: Novelle 1987, S. 105.
21 Schubart: Chronik, S. 131.
22 Vgl. Kleist: Marquise, S. 107.
23 Kant: Kritik, S. 163.
24 Snell: Lehrbuch, S. 243 f.
25 Vgl. Meyer: Novelle 1987, S. 107.
26 Ebd., S. 110.

19. Jahrhunderts, wie etwa Carl Friedrich von Rumohr, betont. So heißt es etwa im *Vorbericht* zu seinen *Italienischen Novellen von historischem Interesse* 1823:

> Novella nemlich, gleichwie das abgeleitete: *novellare* und *novellatore*, kommt von *nuova*, Neuigkeit, Nachricht, und würde wahrscheinlich mit dem französischen: *nouvelle*, ganz gleichbedeutend seyn, wäre man nicht in Italien seit fünf Jahrhunderten daran gewöhnt, bey diesem Worte an geschriebene Erzählungen zu denken. Ursprünglich bezeichnete es also: Erzählung von Ereignissen des Tages.[27]

Mit diesem begriffs- und gattungsgeschichtlichen Argument wird die Erzählgattung „Novelle" auf das Moment der Neuheit fokussiert. Heinrich Laube konstatiert bereits 1835 den Verlust der engen Bindung der Gattung Novelle an ein unstrittiges Verhältnis zur Neuheit: „Sie [die Novelle, R. G.] war ursprünglich eine kleine Erzählung, eine Neuigkeit, und das Thatsächliche, die äußere, wirkliche Welt war ihr Element. So hat [sic] Boccaccio und Cervantes Novellen gegeben."[28] Heute aber sei „im Begriffe der Novelle […] viel Verwirrniß entstanden",[29] wofür in erster Linie Tiecks neuere Novellistik verantwortlich gemacht wird. Noch in der ersten literaturwissenschaftlichen Definition der Novelle akzentuiert Hermann Hettner das Charakteristikum von deren inhaltlicher Neuheit: Das „unerwartet eintretende[] Ereigniß" im Leben des Einzelnen, welches in der Novelle dargestellt wird, „verursacht neue überraschende Wendungen und Verknüpfungen von Persönlichkeiten und Verhältnissen, bringt neue Bezüge und Gesichtspunkte […]."[30]

Voraussetzung für diese positive Bindung der Novelle an die Neuheit ist, dass sich im Verlauf des 19. Jahrhunderts eine semantische Umwertung gattungspoetologischer „Neuheit" manifestiert. Den literarischen Ausgangspunkt hierfür bilden Goethes *Unterhaltungen deutscher Ausgewanderten* (1795). Wie Boccaccios *Decamerone* setzt auch Goethe mit einer Fluchtsituation vor äußerer Gefahr ein – da vor der Pest, hier vor den Wirren der Revolutionskriege. Der Krieg ist bei Goethe als Erzeuger von „vielen zuströmenden Neuigkeiten des Tages" präsent.[31] Die Gesellschaft ist nicht nur durch die Kriege selbst, sondern auch durch die Kontroversen betroffen, die angesichts der politischen Neuigkeiten entstehen. Neuigkeit erhält eine doppelte Funktion: Reizt sie einerseits das Interesse der Flüchtigen an und kann sie gar zu psychischer Entlastung

---

27 Rumohr: Vorbericht, S. V.
28 Laube: Charakteristiken, S. 407.
29 Ebd.
30 Hettner: Schule, S. 196 f.
31 Vgl. Goethe: Unterhaltungen, S. 441. Zitate aus den *Unterhaltungen* werden im Folgenden direkt im Text nachgewiesen.

führen – „überraschende Vorfälle, neue Verhältnisse gaben den aufgespannten Gemütern manchen Stoff zu Scherz und Lachen" (436) –, so stammen diese Neuigkeiten andererseits aus dem bedrohlichen politischen Diskurs. Grundsätzlich wird also die enge Verbindung des politisch-ökonomischen Diskurses mit dem Moment der Neuheit betont. Innerhalb dieses Diskurses kann „Neuheit" durchaus auch einen positiven Erwartungshorizont beschreiben, wie etwa in der Figur Karls sichtbar wird: Dieser hoffte „von bevorstehenden Neuerungen Heilung und Belebung des alten kranken Zustandes." (442) Die positive Neuheit ist hier also eng mit dem Zeitdiskurs verknüpft, der durch das je aktuelle Neuigkeiten liefernde Journalwesen bedient wird.

Die Position der Baronesse, die auf „gesellige Bildung" (448) abzielt, beinhaltet mit ihrer Rückkehr zum geselligen Erzählen hingegen eine Abkehr von der medialen Form, die diese Neuigkeiten befördert: „Laßt uns diese Nachrichten nicht mit Heftigkeit in die Gesellschaft bringen, laßt uns dasjenige nicht durch öftere Wiederholung tiefer in die Seele prägen, was uns in der Stelle schon Schmerzen genug erregt." (449) Sie fordert programmatisch, „gänzlich alle Unterhaltung über das Interesse des Tages" (450) zu verbannen und zur alten (also nicht-neuen!) geselligen Erzählstruktur zurückzukommen.[32]

Im Unterschied dazu begründet der Geistliche das menschliche Interesse an Neuigkeiten anthropologisch mit der Suche nach Zerstreuung und Unterhaltung:

> Denn nehmen Sie mir nicht übel, Fräulein, wer bildet denn die Neuigkeitsträger, die Aufpasser und Verleumder, als die Gesellschaft? Ich habe selten bei einer Lektüre, bei irgend einer Darstellung einer interessanten Materie, die Geist und Herz beleben sollten, einen Zirkel so aufmerksam und die Seelenkräfte so tätig gesehen, als wenn irgend etwas Neues […] vorgetragen wurde. Fragen Sie sich selbst und fragen Sie viele andere, was gibt einer Begebenheit den Reiz? nicht ihre Wichtigkeit, nicht der Einfluß den sie hat, sondern die Neuheit. Nur das Neue scheint gewöhnlich wichtig, weil es ohne Zusammenhang Verwunderung erregt und unsre Einbildungskraft einen Augenblick in Bewegung setzt, unser Gefühl nur leicht berührt und unsern Verstand völlig in Ruhe läßt. Jeder Mensch kann ohne die mindeste Rückkehr auf sich selbst an allem was neu ist lebhaften Anteil nehmen, ja, da eine Folge von Neuigkeiten immer von einem Gegenstande zum andern fortreißt, so kann der großen Menschenmasse nichts willkommener sein, als ein solcher Anlaß zu ewiger Zerstreuung und eine solche Gelegenheit Tück- und Schadenfreude auf eine bequeme und immer sich erneuernde Weise auszulassen. (452)

Mit dem zwiespältigen Kriterium der „Neuheit" wird mithin in Goethes *Unterhaltungen* „schon etymologisch auf die Novellentradition verwiesen".[33] Es ist eng

---

32 Vgl. Lubkoll: Mündlichkeit, S. 394.
33 Ebd. Vgl. auch Biere: Erzählen, S. 110-115.

an das Journalwesen gebunden, wie der Geistliche den Zuhörern verdeutlicht: „besonders da ich schon seit einiger Zeit bemerke, daß Sie gewisse Rezensionen in den gelehrten Journalen niemals überschlagen." (454) Tatsächlich hat auch in den *Unterhaltungen* das medial vermittelte politische Gespräch durchaus seinen Platz, wenn sich die Anwesenden, ohne die Baronesse, welche Abstinenz von politischen Neuigkeiten fordert, „über mancherlei Nachrichten, die eben einliefen, über Gerüchte, die sich verbreiteten" (456), unterhalten.

In Bezug auf die fiktionale Narration wird hier indes eine zweite Ebene eingeführt: Es gebe Geschichten, „die noch einen reineren, schönern Reiz haben als den Reiz der Neuheit", solche nämlich, „die durch eine geistreiche Wendung uns immer zu erheitern Anspruch machen" (453). Neuheit gilt hier innerhalb des extradiegetisch formulierten Gattungsprogramms als der Bildung untergeordnetes Erzählziel, das allerdings nicht ausschließt, dass Altes „in einer neuen Gestalt" (456) erzählt wird, und das zudem als anthropologisch verständlicher Reiz eingeführt wird.[34]

Die Gattungspoetologie novellistischen Erzählens, auf die die Rahmenstruktur hindeutet, ist hier von der „Neuheit" weder vollständig kontaminiert noch vollständig abgelöst. Zwar scheint es vorwiegend um moralisch-ästhetische Bildung als Erzählziel zu gehen, doch gilt der Reiz der Neuheit innerhalb der Diegese als anthropologisch gerechtfertigt.[35] Als „Paradigma" der Begriffs- und Gattungsgeschichte im Sinne eines vorbildhaften, poetologisch reduzierten Musters scheinen Goethes *Unterhaltungen* mithin in ihrer komplexen Struktur kaum geeignet zu sein.[36]

Während also bei Goethe die Verbindung der Gattung Novelle mit der Neuheit durchaus kritisch befragt, aber nicht völlig abgewiesen wird, entsteht zur selben Zeit ein konkurrierendes Literaturprogramm, das die enge Verbindung der Novelle mit der Neuheit behauptet. Friedrich Schlegel fordert: „Novellen dürfen im Buchstaben *alt* sein, wenn nur der Geist *neu* ist."[37] Die Novelle müsse „in jedem Punkt ihres Seins und ihres Werdens neu und frappant sein", heißt es in den

---

34 Vgl. Bauschinger: Unterhaltungen, S. 249.
35 Der Dualismus von progressiven und konservativen Positionen, der auf Figurenebene deutlich wird und der nicht letztgültig zugunsten einer der beiden Richtungen entscheidbar ist (vgl. aber Biere: Erzählen, S. 191), kehrt mithin in der Bewertung der Neuheit als poetologische Kategorie wieder – auch hier ohne eine auf einen Aspekt reduzierbare Lösung zu offerieren.
36 Vgl. Aust: Novelle, S. 67. Neumann erkennt einen „paradigmatischen Charakter" der novellistischen Entwürfe Schillers und Goethes hinsichtlich der „Erfindung des neuzeitlichen Subjekts". Vgl. Neumann: Anfänge, S. 460.
37 Schlegel: Kritische Ausgabe, Bd. 16, Abt. 2, Tl. 1, Nr. 979, S. 167.

Athenäumsfragmenten.[38] Schon in der frühromantischen Novellenbestimmung Schlegels wird so sichtbar, dass die Gattung nicht auf rein ästhetische Kategorien alleine zurückführbar ist. Die Evozierung von „Neuheit" kann im Kontext der frühromantischen Ästhetik immer als Differenzsignal verstanden werden: Die Romantiker müssen behaupten, „neu" zu sein, um sich einen Platz im literarischen Feld zu erobern und ihn zu behaupten. Die Novelle wird nicht zuletzt deshalb zur paradigmatischen romantischen Gattung, indem sie diesen literarpolitisch wichtigen Akzent zu setzen weiß.

Gleichzeitig zeichnet sie sich nach Schlegel durch ihre Nähe zu einer literarischen Form aus, die eine referentielle Text-Welt-Beziehung behauptet, zur Anekdote nämlich. „Novelle in d[er] ältesten Bedeut[un]g = *Anekdote*."[39] In Schlegels *Nachricht von den poetischen Werken des Johannes Boccaccio* heißt es etwas ausführlicher: „Es ist die Novelle eine Anekdote, eine noch unbekannte Geschichte, so erzählt, wie man sie in Gesellschaft erzählen würde, eine Geschichte, die an und für sich schon einzeln interessieren können muß".[40] Dasselbe Argument greift Carl Friedrich von Rumohr in der Rahmenerzählung seiner *Novellen* auf. Tertium comparationis von Anekdote und Novelle ist dabei die Neuheit: „Anecdoton ist das noch nicht ausgegebene, kundwordne, also dem Leser, oder Hörer noch neue. Novelle hingegen ist das neue, also bis dahin noch nicht ausgegebene, oder verkündete. [...] Anecdote ist Neuigkeit, Neuigkeit Novelle."[41]

Goethes vieldiskutierte Novellen-„Definition" wird ausweislich Eckermanns Zeugnis bekanntlich nur knapp vier Jahre nach Rumohrs Definition formuliert. Mit der einen (!) „sich ereignete[n] unerhörte[n] Begebenheit"[42] erhält die Novelle eine rezeptionsästhetisch-epistemologische Fundierung. Gemeint ist damit etwas noch nicht Bekanntes, etwas Neues für den Leser, zugleich eine Begebenheit, ein Ereignis, etwas, was auch heute noch als ‚Nachricht' gilt: eine vollzogene Handlung von Neuigkeits*wert*. Es geht mithin nicht um das stofflich Neue an sich, sondern dieses ist erkenntnispraktisch gebunden: daran nämlich, was der Leser so nicht kennt. Goethe kontrastiert seine Novellendefinition falschen Benennungen: „Dies ist der eigentliche Begriff, und so Vieles, was in Deutschland unter dem Titel Novelle geht, ist gar keine Novelle, sondern bloß Erzählung oder

---

38 Ebd., Bd. 2, Abt. 1, Fragment 429, S. 250.
39 Ebd., Bd. 2, Abt. 1, Fragment 971, S. 166.
40 Schlegel: Nachricht, S. 394.
41 Rumohr: Novellen, S. 39.
42 Gespräch Goethes mit Johann Peter Eckermann, 29.1.1827; vgl. Eckermann: Gespräche, S. 203.

was Sie sonst wollen."⁴³ Die eigene ‚Jagdgeschichte' wird unter diesen Bedingungen als „Novelle", als Neuigkeit, deklariert: „Wissen Sie was, sagte Goethe, wir wollen es die *Novelle* nennen".⁴⁴

Zwar erfreut sich Goethes „Definition" noch immer ungebrochener (wenn auch etwas zweifelhafter) Beliebtheit, doch mit der Titelzuweisung „Novelle" zur „Jagdgeschichte" tat sich die Literaturwissenschaft seit jeher schwer. Denn es konnte nicht übersehen werden, dass das Merkmal der Singularität des Ereignisses und dessen Unerhörtheit in Goethes *Novelle* auseinander fallen. Schließlich wird in der Erzählung gleich dreimal auf die Novellendefinition angespielt, werden dort gleich drei Ereignisse im Sinne dieser Definition erzählt und im Wortfeld der Novellendefinition eingeführt: der „so unerwartet außerordentliche[n] Fall"⁴⁵ des Brandes auf dem Markt, das „seltsame[n] unerhörte[n] Ereigniß"⁴⁶ des entlaufenen Tigers und schließlich „der seltene menschliche Fall"⁴⁷ des Kindes, das den Löwen mit einem Lied zu beruhigen sich anschickt.⁴⁸ Es bedarf einer hermeneutischen Operation, um das Außerordentliche der *Novelle* im „Ideellen", in der Rolle der Kunst, zu finden.⁴⁹ Doch kann das „Unerhörte" aus Goethes Novellenbestimmung auch medienhistorisch verortet werden: Goethes *Novelle* erschien 1828/ 1829 in Band 15 der Ausgabe letzter Hand bei Cotta. Mit dem Einrücken eines neuen Textes neben die bereits andernorts publizierten und dem Publikum bekannten Texte der Werkausgabe verfolgt Goethe eine Publikationsstrategie, die sich dem Neuigkeitsbedürfnis des Publikums anzupassen sucht.⁵⁰

Allerdings erhält Goethes Betonung der Nähe seiner eigenen Erzählung zum Topos der „Neuheit" einen zwiespältigen Charakter, wenn man neben der Differenzierung in den Figurenreden der *Unterhaltungen* auch Goethes eigene Kritik am populären Journalwesen berücksichtigt,⁵¹ die sich vorwiegend

---

43 Ebd.
44 Ebd.
45 Goethe: Novelle; S. 364.
46 Ebd., S. 369.
47 Ebd., S. 375.
48 Vgl. Otto: Novelle, S. 253.
49 Vgl. ebd., S. 254 f.
50 Vgl. Meyer: Novelle 1998, S. 235. Der Band der Cotta'schen Werkausgabe enthält neben der Novelle (S. 301-336) das Drama *Die Aufgeregten* (ursprünglich 1793), (gattungsgeschichtlich hoch aufschlussreich:) die *Unterhaltungen deutscher Ausgewanderten* und die Erzählung *Die guten Weiber* (ursprünglich 1801).
51 Vgl. Seifert: Zeitschrift, S. 1212, auch Koschwitz: Zeitung, S. 91-125. http://webdoc.sub.gwdg.de/ebook/h-k/gbs/gbs_13.pdf (letzter Zugriff am 29.10.2013).

auf die „Neuigkeitskrämerei"[52] der Journalisten bezieht. Goethe kritisiert die Neuheitssucht auf Rezeptions- wie auf Produktionsseite. Man beute in Journalen den Hang der Menschen aus, sich mit größtem Eifer auf Nachrichten über ihnen noch Unbekanntes zu stürzen.[53] Er kritisiert Journale, weil sie dem Geschmack des Massenpublikums huldigten.[54] Bis in die Personenrede des *Faust* reicht bekanntlich die topische Kritik am Journalwesen: „Gar mancher kommt vom Lesen der Journale. / [...] / Und Neugier nur beflügelt jeden Schritt".[55] Dem steht Goethes eigenes Interesse an der Lektüre der Journale gegenüber: Er liest selbst nicht nur literarische und politische Zeitschriften,[56] sondern auch Zeitungen wie z.B. die *Allgemeine Zeitung* und die *Haude- und Spenersche Berliner Zeitung*.[57] Auch in Gesprächen mit Eckermann ist diese zwiespältige Haltung gegenüber Zeitungen und Zeitschriften mehrfach bezeugt, wenn er einerseits Eckermann auffordert, dessen eigene literarische Produktion in die Zeitschriften zu geben, und andererseits deutlich die Erwartung akzentuiert, in Zeitschriften keine Qualität aufzufinden.[58]

Im Zuge der Arbeit an der Erzählung, die er dann „Novelle" nennen sollte, thematisiert Goethe im Brief an Wilhelm von Humboldt vom 22. Oktober 1826 genau jene ambivalente Semantik von Neuigkeit. Die Erzählung mag „für eine Novelle gelten", und nun schließt Goethe eine erweiterte Apposition an, die die semantisch negative Konnotation der publizistischen Rubrik „Novelle" einführt: „eine Rubrik, unter welcher gar vieles wunderliche Zeug kursiert".[59]

Goethes Publikationsstrategie konstruiert hier mithin eine Differenz. Sie nutzt die Indizierung von „Novelle" als „Neuheit" im Publikationszusammenhang seiner eigenen Werkausgabe, behauptet aber gleichzeitig die Qualitätsdifferenz von gutem Eigenem und schlechtem Fremdem. „Novelle" als „Neuheit" erhält somit

---

52 Vgl. Koschwitz: Zeitung, S. 93.
53 Koschwitz unterscheidet nicht immer zwischen Goethes eigenen Stellungnahmen und Figurenreden.
54 Vgl. ebd., S. 99 f.
55 Goethe: Faust, S. 538, V. 116 und 118.
56 Nach Koschwitz handelt es sich dabei um *Zuschauer, Teutscher Merkur, Osnabrückische Intelligenzblätter, Politisches Journal, Morgenblatt für gebildete Stände, Philosophisches Journal, Journal für Chemie und Physik, Cäcilia, Journal des Luxus und der Moden, Jenaische Allgemeine Literatur-Zeitung* sowie die *Göttingischen Gelehrten Anzeigen, Journaux de Paris, Le Globe* u.v.m. Vgl. Koschwitz: Zeitung, S. 108 f., 114, 118.
57 Vgl. ebd., S. 103.
58 Vgl. Gespräche Goethes mit Eckermann, 18.9.1823 und 3.12.1824, vgl. Eckermann: Gespräche, S. 44, S. 115 f. Weitere Hinweise bei Seifert: Zeitschrift, S. 1212.
59 Brief Goethes an Wilhelm von Humboldt, 22.10.1826; vgl. Goethe: Sämtliche Werke (FA), Abt. II., Tl. 1, Nr. 363, S. 422.

eine doppelte Semantik, die selektive Kanonisierungen und Selbstkanonisierungen[60] ermöglicht: Das Bedürfnis des Journal- und Taschenbuchpublikums nach Neuigkeiten und „wunderliche[m] Zeug" wird einerseits harsch kritisiert, während andererseits die eigene Publikationsstrategie sich gerade der Evozierung von Neuheit mittels der Gattungsbezeichnung „Novelle" bedient. Es gibt wohl kein sichereres Indiz für die enge Bindung der Novelle an die Neuigkeit wie deren Hyperbel: Leopold Schefer, Johanna Schopenhauer, Friedrich Pauer, Karl Gutzkow und viele mehr publizieren, verstärkt seit dem Novellenboom der 1830er Jahre, *Neue Novellen*; August Samuel Gerbers *Neueste Novellen* erscheinen schon 1819, ebenfalls gefolgt von einigen weiteren Erzählsammlungen, die den Superlativ verwenden. Novellen mit dem Topos der Neuheit alleine semantisch aufzuwerten, reicht offenbar nicht mehr aus. Es muss nun die neueste Neuigkeit sein.

3 Zum Diskursumfeld der Neuheit

3.1 Neugierde

Welche sind nun neben den medienhistorischen die diskursiven Bedingungen, die die Evozierung von Neuheit und die mit ihr eng verknüpfte Konjunktur der Gattung Novelle befördern? Ich möchte hierzu zwei Thesen einführen: Zum ersten: Die Evozierung der „Neuheit" als Positivum ist epistemologisch an die breitenwirksame Umwertung der *curiositas* gebunden. Zum zweiten: Der Publikumserfolg der Novelle als „Neuheit" weist deutliche strukturelle Parallelen zum ökonomischen Diskurs des 19. Jahrhunderts auf.

Bekanntlich verändert sich schon im 17. Jahrhundert die Semantik von *curiositas*: Sie wird von der Sünde zur Tugend.[61] Damit etabliert sich Neugierde zunächst als gerechtfertigter wissenschaftlicher Impetus. Im späten 18. und frühen 19. Jahrhundert zeichnet sich indes eine Doppelcodierung ab. Schon in Goethes *Unterhaltungen* vertritt die Baronesse eine Position, die die Neugierde und die Mittel, diese zu erregen, negativ bewertet:

> Jene Erzählungen machen mir keine Freude, bei welchen, nach Weise der Tausend und Einen Nacht, Eine Begebenheit in die andere eingeschachtelt, Ein Interesse durch das andere verdrängt wird. Wo sich der Erzähler genötigt sieht, die Neugierde, die er auf eine leichtsinnige Weise erregt hat, durch Unterbrechung zu reizen. (476)

---

60 Schmitz-Emans kann man mit Blick vor allem auf Goethes Rezeption in der Novellenforschung zustimmen: Die „écriture classique" unterwirft die verfügbaren rhetorischen Mittel wie die bekannten Textformen und -gattungen der dominierenden Ideologie. Vgl. Schmitz-Emans: Écriture, S. 108.
61 Vgl. Daston: Lust, S. 158, unter Bezug auf Blumenberg: Prozeß.

Die Novelle – eine autarke Gattung? 137

Abgelehnt wird hier eine Neugierde erregende, zeitlich unterbrochene Serialität.[62] Mit dem Gegenentwurf wird ausdrücklich auf die Figur des absoluten Endes der Geschichte verwiesen, das der von vorläufigen Abschlüssen geprägten Serialität widerspricht: „Ihre Geschichte sei unterhaltend, so lange wir sie hören, befriedigend wenn sie zu Ende ist und hinterlasse uns einen stillen Reiz weiter nachzudenken." (477) Doch selbst bei der Baronesse gelten der „Reiz der Neuheit" und die „Neu-Gierde" als Funktionsgrößen novellistischen Erzählens: „Ich bin sehr neugierig, sagte die Baronesse" (454).[63] Es geht also nicht um die Ablehnung der Neugierde schlechthin, sondern um eine Differenzierung verschiedener Erregungsmodi von Neugierde. Innerhalb der poetologischen Debatten der Rahmenpassagen von Goethes *Unterhaltungen* wurde das Modell der Neugierde erregenden Neuheit durch die Betonung eines „reineren, schöneren Reiz[es] als den Reiz der Neuheit" (453) ausbalanciert. Die Baronesse reagiert mit ihrem „Ich bin sehr neugierig" paradoxerweise auf die Bekundung des Geistlichen, Geschichten erzählen zu wollen, die sich *nicht* durch den „Reiz der Neuheit" alleine auszeichnen. Neugierde bleibt mithin als anthropologisches Grundmerkmal funktional präsent.

Diese Ambivalenz der Neugierde ermöglicht es, eine apriorisch gesetzte Norm für gutes Erzählen an semantische Offenheit zu binden. Georg Reinbeck kritisiert 1841 die Novellenpraxis: Die meisten Novellen seien „eine äußere Anreihung von oft höchst gewöhnlichen, oder auch unwahrscheinlichen Vorfällen ohne innere Nothwendigkeit, ohne Idee, berechnet auf Spannung der Neugierde und Kitzel der Sinne".[64] Der Kanonisierungsprozess der Gattung setzt die Differenzierung einer gerechtfertigten von einer ‚falschen' Neugierde voraus.

Die Baronesse bei Goethe wie der Novellist und Novellentheoretiker Reinbeck glauben zu wissen, was gute Literatur ist. Ludwig Tieck liefert bereits 1829 ein innertextliches Kriterium für die ‚gute' Neugierde: Das Interesse des Lesers solle durch eine „Wendung der Geschichte" angeregt werden, durch einen „Punkt, von welchem aus sie sich unerwartet völlig umkehrt, und doch natürlich, dem Charakter und den Umständen angemessen, die Folge entwickelt".[65] Tiecks „Wendepunkt"-Theorie liest sich indes auch – und Tieck selbst verhehlt das nicht – als Legitimierung seiner eigenen Konversationsnovellen mit ihrem hohen Anteil an textinternen Dialogen und ihrer nicht unbeträchtlichen

---

62 Vgl. Lubkoll: Mündlichkeit, S. 396.
63 Vgl. ebd., S. 394 f.
64 Reinbeck: Worte, S. XIV.
65 Tieck: Vorbericht, S. LXXXVI.

Länge.⁶⁶ Wenn in diesen Novellen die Neuigkeit als Evozierung von Neugierde nicht mehr über die Singularität eines einzelnen Ereignisses generiert werden kann und mithin eine Rahmenhandlung funktional nicht notwendig ist,⁶⁷ muss ein Spannungsmoment behauptet werden, auf das sich die Neugierde der Leser richtet. Tiecks Versuch, seine eigene Novellenproduktion zu rechtfertigen, setzt eine positive Semantik von Neugierde voraus, die sich von der seriellen Massenproduktion zu unterscheiden vorgibt. Tieck scheint schon auf dem Weg zum „great divide" Andreas Huyssens, der die Scheidung der populären Produktion von der literarischen Qualität diagnostiziert.⁶⁸

3.2 Neuheit als Element des Kapitalismus

Die Wissenstextur der Novelle unterliegt nicht nur innerliterarischen oder kulturhistorischen Entwicklungen. Die Novelle etabliert sich – insbesondere in ihrer Relation zur Neuheit – als prototypische Gattung des Bürgertums und damit des Trägers der ökonomisch-sozialen Entwicklungen zum Kapitalismus. Schon in Goethes *Unterhaltungen* ist die Rolle der Ökonomie augenfällig.⁶⁹ Die Kaufmannsgeschichten der *Unterhaltungen* kontrastieren Geldstreben und Moral. Als Weg zu letzterer gilt der Verzicht, die moralisch gegründete Enthaltsamkeit. Die Suche nach Neuigkeit, nach neuen Reizen und neuem Gewinn steht hingegen auf der Seite des entstehenden Handelskapitalismus. Die *Unterhaltungen* enthalten mithin die implizite Kritik genau der Bedingungen, die die Gattung schon immer begriffshistorisch (Novelle als Neuigkeit) wie im Verlauf des 19. Jahrhunderts auch diskurstheoretisch (Neuigkeitswert als Anreiz der Lektüre) prägen sollte.

Walter Benjamin hat bekanntlich die „Dialektik der Warenproduktion im Hochkapitalismus" an die Evozierung von Neuheit gebunden: „die Neuheit des Produkts bekommt – als Stimulans der Nachfrage eine bisher unbekannte Bedeutung. Gleichzeitig erscheint das Immerwiedergleiche sinnfällig in der Massenproduktion".⁷⁰ Die Semantik von Neuheit wechselt von einer Eigenschaft des Produkts selbst im

---

66 Ebd., S. XC: „Ich habe hiermit nur andeuten wollen, warum ich im Gegensatz früherer Erzählungen verschiedene meiner neueren Arbeiten *Novellen* genannt habe."
67 Vgl. auch die Beschreibung des zunehmenden Zurücktretens von kollektiven Erzählsituationen von Lubkoll: Mündlichkeit, S. 388, 392.
68 Huyssen: Divide, unpag.
69 Neumann verweist auf die dreifache Diskussion apolitischer Ordnungsmöglichkeiten in den *Unterhaltungen*: naturwissenschaftlich, geschlechterbezogenen und ökonomisch. Vgl. Neumann: Anfänge, S. 451 f.; Biere: Erzählen, S. 95 f.
70 Benjamin: Passagen-Werk, S. 417, J 65a, 10.

Phänomen der Wiederkehr des „Immerwiedergleiche[n]" zu einer Eigenschaft des Prozesses, mit dem diese Produkte angepriesen werden. Davon abgesehen, dass Eigenschaften hier nur als Zuschreibung von Eigenschaften Geltung erhalten, ergibt sich eine eklatante Parallele, wenn man diese These auf die literarische Gattung „Novelle" überträgt: Die Suche nach Neuheit kann als eine der strukturell parallelen Bedingungen für ökonomische und literarische Entwicklungen des 19. Jahrhunderts verstanden werden. Hierbei steht weniger die substanzialistische Neuheit des Produkts (hier: der jeweils singulären Novelle) in Frage denn die Evozierung von Neuheit als vermeintlich sicheres Signal für ein Publikumsinteresse, das die Quantität auf Rezeptionsseite zum entscheidenden Faktor zu machen sucht.

Neuheit heißt mithin im 19. Jahrhundert zweierlei: Medienhistorisch meint sie die Reproduktion von Ereignissen, die sich inhaltlich im Gattungsnamen „Novelle" fassen lassen; literaturpolitisch ist diese Neuheit an die Behauptung einer Diskrepanz zwischen einem elitären und einem populären Literatursegment gebunden: Innovative Neuheit, gleichsam ‚Originalität', scheint nur in Hochliteratur möglich. Weil die Gattung und Gattungspoetologie im Verlauf des 19. Jahrhunderts ihre Differenz zur diskursiven Realität verlieren, indem sie sich an die Formationsregel der kapitalistischen „Neuheit" anpassen, werden sie bewert- und kanonisierbar. Weil sie strukturell und poetologisch dem Neuheitsdiskurs des 19. Jahrhunderts entsprechen, der vom Bürgertum getragen wird, kann dasselbe Bürgertum die Novelle bedenkenlos goutieren. Der ästhetische Impuls der Literatur als Gegendiskurs, der noch in der Novelle um 1800 mit transportiert wird, reduziert sich zur Affirmation. Funktionsgeschichtlich lässt sich mithin der normbildende Prozess, der die Novelle kanonisiert, als ein Prozess beschreiben, in dem sich ein Funktionswandel einer literarischen Gattung auf der Grundlage diskursiver Wissenselemente abzeichnet. Diskursgeschichtlich allerdings manifestiert sich in der Gattung Novelle in der Mitte des 19. Jahrhunderts nicht mehr jener (allerdings oft trügerische) Wille zur Wahrheit, der im Privilegierungsimpuls der „neuen" Gattung um 1800 bestimmend war. Die Diskrepanz von populärem, seriellem Schreiben und der „guten" Literatur bildet sich in der Konjunktur der Gattung Novelle ab. Wenn die „Unerhörtheit" als Definiens der „Novelle" vom alten Goethe gegen die Neuheitskritik in den *Unterhaltungen* ins Feld geführt wird, so entpuppt er sich als spät bekehrter Jünger jenes Zeitgeistes, der in den *Unterhaltungen* kritisiert wurde.[71] Mit diesem

---

71 Ich teile mithin nicht die um Kohärenz bemühte Deutung von Sigrid Bauschinger, Goethes spätere Novellenbemerkungen und -definition seien in den Positionen der Baronesse vorbereitet. Vgl. Bauschinger: Unterhaltungen, S. 248.

Prozess der Kanonisierung und Normierung gewinnt die Gattung der Novelle erst das, was Gottfried Keller das „Oberlehrer-Schema"[72] nannte: das Bemühen um die Festschreibung von invariablen Gattungsmerkmalen. So wird selbst Neuheit zur Invarianz.

Literatur

Aust, Hugo: Novelle. Stuttgart ²1990.

Bauschinger, Sigrid: „Unterhaltungen deutscher Ausgewanderten". In: Goethe-Handbuch in 4 Bänden. Hrsg. von Bernd Witte u.a. Bd. 3. Stuttgart, Weimar 1997, S. 232-252.

Benjamin, Walter: Das Passagen-Werk. Aufzeichnungen und Materialien. In: Gesammelte Schriften. Bd. V.1. Hrsg. von Rolf Tiedemann. Frankfurt/M. 1991.

Benjamin, Walter: Der Erzähler. Betrachtungen zum Werk Nikolai Lesskows. In: Gesammelte Schriften. Bd. II.2. Hrsg. von Rolf Tiedemann und Hermann Schweppenhäuser. Frankfurt/M. 1991, S. 438-465.

Biere, Florentine: Das andere Erzählen. Zur Poetik der Novelle 1800/ 1900. Würzburg 2012.

Blumenberg, Hans: Der Prozeß der theoretischen Neugierde. Frankfurt/M. 1988.

Daston, Lorraine: Die Lust an der Neugier in der frühneuzeitlichen Wissenschaft. In: Klaus Krüger (Hrsg.): Curiositas. Welterfahrung und ästhetische Neugierde in Mittelalter und Früher Neuzeit. Göttingen 2002, S. 147-175.

Eckermann, Johann Peter: Gespräche mit Goethe in den letzten Jahren seines Lebens. In: Johann Wolfgang Goethe: Sämtliche Werke nach Epochen seines Schaffens (Münchner Ausgabe). Hrsg. von Karl Richter u.a. Bd. 19. Hrsg. von Heinz Schlaffer. München, Wien 1986.

Füllmann, Rolf: Einführung in die Novelle. Darmstadt 2010.

Genette, Gérard: Palimpseste. Die Literatur auf zweiter Stufe. Aus dem Frz. von Wolfram Bayer und Dieter Hornig. Frankfurt/M. 1993.

Goethe, Johann Wolfgang: Faust. Eine Tragödie. Vorspiel auf dem Theater. In: Sämtliche Werke nach Epochen seines Schaffens (Münchner Ausgabe). Hrsg. von Karl Richter u.a. Bd. 6.1: Weimarer Klassik 1798-1806. Hrsg. von Victor Lange. München, Wien 1986.

---

72 Brief Kellers an Paul Heyse, 7.9.1884; vgl. Stähli (Hrsg.): Keller, Nr. 91, S. 249.

Goethe, Johann Wolfgang: Novelle. In: Sämtliche Werke nach Epochen seines Schaffens (Münchner Ausgabe). Hrsg. von Karl Richter u.a. Bd. 18.1: Letzte Jahre 1827-1832. Hrsg. von Gisela Henckmann. München, Wien 1997, S. 353-376.

Goethe, Johann Wolfgang: Sämtliche Werke. Briefe, Tagebücher und Gespräche (Frankfurter Ausgabe). Abt. II. Teil I. Hrsg. von Horst Fleig. Frankfurt/M. 1993.

Goethe, Johann Wolfgang: Unterhaltungen deutscher Ausgewanderten. In: Sämtliche Werke nach Epochen seines Schaffens (Münchner Ausgabe). Hrsg. von Karl Richter u.a. Bd. 4.1: Wirkungen der Französischen Revolution 1791-1797. I. Hrsg. von Reiner Wild. München, Wien 1988, S. 436-518.

Haischer, Peter: „Das Hexameron von Rosenhain". In: Jutta Heinz (Hrsg.): Wieland-Handbuch. Leben – Werk – Wirkung. Stuttgart, Weimar 2008, S. 333-344.

Hempfer, Klaus W.: Gattungstheorie. Information und Synthese. München 1973.

Hempfer, Klaus W.: Generische Allgemeinheitsgrade. In: Rüdiger Zymner (Hrsg.): Handbuch Gattungstheorie. Stuttgart, Weimar 2010, S. 15-19.

Hettner, Hermann: Die romantische Schule in ihrem inneren Zusammenhange mit Göthe und Schiller. Braunschweig (Bieweg) 1850.

Huyssen, Andreas: After the Great Divide. Modernism, Mass Culture, Postmodernism. Bloomington 1987.

Kant, Immanuel: Kritik der Urteilskraft. Hrsg. von Wilhelm Weischedel. Frankfurt/M. 1997.

Kleist, Heinrich von: Die Marquise von O...... In: Sämtliche Werke und Briefe (Münchner Ausgabe) Hrsg. von Roland Reuß und Peter Staengle. Bd. 2. München, Frankfurt/M. 2010, S. 107-147.

Koschwitz, Hansjürgen: „Sag' mir, warum dich keine Zeitung freut?" Goethe als Kritiker und Leser der Presse. In: „Göthe ist schon mehrere Tage hier, warum weiß Gott und Göthe". Vorträge zur Ausstellung „Der gute Kopf leuchtet überall hervor" – Goethe, Göttingen und die Wissenschaft. Hrsg. von Elmar Mittler. Göttingen 2000, S. 91-125. http://webdoc.sub.gwdg.de/ebook/h-k/gbs/gbs_13.pdf (Zugriff am 29.10.2013)

Laube, Heinrich: Moderne Charakteristiken. Bd. 2. Mannheim (Löwenthal) 1835.

Lubkoll, Christine: Fingierte Mündlichkeit – inszenierte Interaktion. Die Novelle als Erzählmodell. In: Zeitschrift für germanistische Linguistik 36 (2008), S. 381-402.

Lukas, Wolfgang: Novellistik. In: Gert Sautermeister, Ulrich Schmid (Hrsg.): Hansers Sozialgeschichte der deutschen Literatur vom 16. Jahrhundert bis zur Gegenwart. Bd. 5: Zwischen Restauration und Revolution 1815-1848. München 1998, S. 251-280.

Meyer, Reinhardt: Novelle und Journal. Bd. 1: Titel und Normen. Untersuchungen zur Terminologie der Journalprosa, zu ihren Tendenzen, Verhältnissen und Bedingungen. Stuttgart 1987.

Meyer, Reinhardt: Novelle und Journal. In: Gert Sautermeister, Ulrich Schmid (Hrsg.): Hansers Sozialgeschichte der deutschen Literatur vom 16. Jahrhundert bis zur Gegenwart. Bd. 5: Zwischen Restauration und Revolution 1815-1848. München 1998, S. 234-250.

Neumann, Gerhard: Die Anfänge der deutschen Novellistik. Schillers „Verbrecher aus verlorener Ehre" und Goethes „Unterhaltungen deutscher Ausgewanderten". In: Wilfried Barner, Eberhard Lämmert, Norbert Oellers (Hrsg.): Unser Commercium. Goethes und Schillers Literaturpolitik. Stuttgart 1984, S. 433-460.

Otto, Regine: Novelle. In: Goethe-Handbuch in 4 Bänden. Hrsg. von Bernd Witte u.a. Bd. 3. Stuttgart 1997, S. 252-265.

Reinbeck, Georg: Einige Worte über die Theorie der Novelle. In: Situationen. Ein Novellenkranz. Stuttgart (Beck und Fränkel) 1841, S. XI-XXIV.

Rosenkranz, Karl: Ludwig Tieck und die romantische Schule (Schluß). In: Hallische Jahrbücher für deutsche Wissenschaft und Kunst 1 (1838), No. 163, 9.7.1838, Sp. 1297-1302.

Rumohr, Carl Friedrich von: Novellen. Bd. 2. München (Georg Franz) 1835.

Rumohr, Carl Friedrich von: Vorbericht. In: Italienische Novellen von historischem Interesse. Hamburg (Perthes & Besser) 1823, S. V-XII.

Schlegel, Friedrich: Kritische Ausgabe. Hrsg. von Ernst Behler u.a. Bd. 2. Abt. 1: Kritische Neuausgabe. Charakteristiken und Kritiken I (1796-1801). Hrsg. von Hans Eichner. München, Paderborn u.a. 1967.

Schlegel, Friedrich: Kritische Ausgabe. Hrsg. von Ernst Behler u.a. Bd. 16. Abt. 2: Schriften aus dem Nachlaß. Fragmente zur Poesie und Literatur I. Hrsg. von Hans Eichner. Paderborn, München u.a. 1981.

Schlegel, Friedrich: Nachricht von den poetischen Werken des Johannes Boccaccio. In: Kritische Ausgabe. Hrsg. von Ernst Behler u.a. Bd. 2. Abt. 1: Kritische Neuausgabe. Charakteristiken und Kritiken I (1796-1801). Hrsg. von Hans Eichner. München, Paderborn u.a. 1967, S. 373-396.

Schmitz-Emans, Monika: Écriture und Gattung. In: Rüdiger Zymner (Hrsg.): Handbuch Gattungstheorie. Stuttgart, Weimar 2010, S. 107-109.

Schubart, Christian Friedrich Daniel: Vaterländische Chronik 1787. 11. Stück 1787. August. In: Werke in einem Band. Hrsg. von Ursula Wertheim und Hans Böhm. Berlin, Weimar 1988.

Seifert, Siegfried: Zeitschrift. In: Goethe-Handbuch in 4 Bänden. Hrsg. von Bernd Witte u.a. Bd. 4/2. Stuttgart, Weimar 1998, S. 1209-1213.

Sengle, Friedrich: Biedermeierzeit. Deutsche Literatur im Spannungsfeld zwischen Restauration und Revolution 1815-1848. Bd. 2: Die Formenwelt. Stuttgart 1972.

Snell, Christian Wilhelm: Lehrbuch der Kritik des Geschmacks, mit beständiger Rücksicht auf die Kantische Kritik der ästhetischen Urteilskraft. Leipzig (Müller)1795.

Stähli, Fridolin (Hrsg.): „Du hast alles, was mir fehlt...". Gottfried Keller im Briefwechsel mit Paul Heyse. Stäfa, Zürich 1990.

Strube, Werner: Analytische Philosophie der Literaturwissenschaft. Untersuchungen zur literaturwissenschaftlichen Definition, Klassifikation, Interpretation und Textbewertung. Paderborn, München u.a. 1997.

Tieck, Ludwig: Schriften in 12 Bänden. Hrsg. von Manfred Frank u.a. Bd. 6: Phantasus. Frankfurt/M. 1985.

Tieck, Ludwig: Vorbericht zur dritten Lieferung. In: Schriften. Bd. 11. Berlin (Reimer) 1829, S. VII-XC.

Voßkamp, Wilhelm: Gattungen als literarische-soziale Institutionen. Zu Problemen sozial- und funktionsgeschichtlich orientierter Gattungstheorie und -historie. In: Walter Hinck (Hrsg.): Textsortenlehre – Gattungsgeschichte. Heidelberg 1977, S. 27-44.

Voßkamp, Wilhelm: Gattungen. In: Helmuth Brackert, Jörn Stückrath (Hrsg.): Literaturwissenschaft. Eine Einführung. Reinbek bei Hamburg 1992, S. 253-269.

Zipfel, Frank: Gattungstheorie im 20. Jahrhundert. In: Rüdiger Zymner (Hrsg.): Handbuch Gattungstheorie. Stuttgart, Weimar 2010, S. 213-216.

Zymner, Rüdiger: Zur Gattungstheorie des ‚Handbuches', zur Theorie der Gattungstheorie und zum „Handbuch Gattungstheorie". Eine Einführung. In: Ders. (Hrsg.): Handbuch Gattungstheorie. Stuttgart, Weimar 2010, S. 1-5.

Barbara Thums

Wissen vom (Un)Reinen: Zum diskursiven Zusammenspiel von Idylle und Moderne

Folgt man der wichtigen Studie *Purity and Danger* (1966) der Kulturanthropologin Mary Douglas, stellt sich die Unterscheidung zwischen Reinheit/Reinigung und Unreinheit/Verunreinigung immer in Zeiten kulturellen Krisenbewusstseins ein.[1] Dieser Befund bestätigt sich mit Blick auf Kulturen der Moderne. Konzepte der Reinheit und Praktiken der Reinigung sind seit dem 18. Jahrhundert untrennbar verbunden mit der kulturellen Selbstverständigung über Modernisierungsprozesse, an der Literatur und Ästhetik im Austausch mit anderen Wissensformen beteiligt sind. Die kritische Analyse solcher Modernisierungsprozesse stellt der an Technik und Fortschritt orientierten modernen Bearbeitung der Natur häufig das Glücksversprechen der Idylle gegenüber. Moderne und Idylle bilden offenbar die beiden Seiten einer Medaille – dies zeigt der Blick auf die Gattungsgeschichte der Idylle, aber auch der auf die Gattungsdiskussion,[2] in der mit dem Postulat einer Reinheit der Gattungen ein Rest an gemischten Gattungen produziert wird: Zu letzteren wird die Idylle gerechnet, da diese Konzepte des Reinen und Unreinen verhandelnde Gattungshybride „zu gleicher Zeit lyrisch, dramatisch und episch sein kann".[3]

Die transdisziplinäre Thematisierung dieser diskursiven Verbindung von Reinheit und Moderne, ebenso die dabei reflektierten Mensch-Umweltbeziehungen und organisch-ökologischen Wechselbeziehungen zwischen Natur und Kultur werden zudem organisiert über zeitliche und räumliche Ordnungsvorstellungen: Die Vorstellung von Reinheit ist einerseits untrennbar verknüpft mit Reinigungspraktiken und Prozessen der Ausschließung von all dem, was als unrein wahrgenommen wird. Andererseits wird das Reine stets als abgeschlossener Bezirk gedacht, so dass jede Grenzüberschreitung und alles Transgressive

---

1 Vgl. zur dt. Ausgabe Douglas: Reinheit.
2 Vgl. dazu etwa Wolff: Poetischer Hausschatz, S. 1063: „Durch den Gegensatz, in welchem eine derartige Schilderung zu den verderbten Verhältnissen der Gegenwart steht, indem sie die größte Unschuld, Einfachheit, Reinheit und Natürlichkeit glücklicher, in freundlicher Umgebung waltender Menschen darstellt, erhält die Idylle einen ganz eigenthümlichen Reiz."
3 Ebd., S. 978.

eine Gefährdung darstellen. Abgeschlossenheit und Begrenztheit sind ebenso konstitutive Merkmale der Gattung Idylle wie Unschuld, Einfachheit, Reinheit und Natürlichkeit. So basiert etwa die idyllische Kunst der Idealisierung, die ein Vereinigungsprojekt von sinnlicher Natur und verstandesgemäßer Kultur sein will, grundlegend auf Reinigungsprozessen, die Fremdartiges, Widerwärtiges und Schmutziges ausschließen sollen, um, laut Schiller, dem von der Einfalt der Natur entfremdeten Verstandesmenschen der Moderne die Möglichkeit zu geben, „die Gesetzgebung der Natur in einem reinen Exemplar wieder anzuschauen und sich von den Verderbnissen der Kunst in diesem treuen Spiegel wieder reinigen zu können".[4] Nicht nur Schillers Idyllentheorie lässt sich als Reinigungsprojekt einer beschädigten Moderne fassen, vielmehr kann die Gattung Idylle generell als Reflexionsraum der Moderne betrachtet werden. Die Art und Weise, wie Idyllen konstruiert werden, auch – wie im Verlauf der Gattungsgeschichte zunehmend zu beobachten – als gestörte oder negierte, gibt Aufschluss über die Analyse und Bewertung von Modernisierungsprozessen. In dieser Perspektive ist die Idylle als Topographie des Reinen und als Ort zu verstehen, an dem kulturelle Vorstellungen von Reinheit und Unreinheit im Spannungsfeld unterschiedlicher Wissensformen sowie im Horizont von Spaltungserfahrungen und Selbstbeschreibungsmodellen der Moderne ausgehandelt werden. Ausgehend davon lassen sich die Gattungsregeln der Idylle und die auffälligen Verschiebungen in der Gattungsgeschichte der Idylle mithin als transformierende Aktualisierungen eines Gattungswissen analysieren, das von den diskursiven Austauschbeziehungen zwischen Konzepten der Reinheit, Praktiken der Reinigung und kulturellen Selbstverständigungen über Modernisierungsprozesse nicht zu trennen ist.

Um 1800 lässt sich eine auffällige Verschiebung in der Gattungsgeschichte beobachten, die an zentralen Topoi und Strukturierungsmerkmalen der Idylle ansetzt: an der Quelle als Ursprungstopos und Figuration ursprünglicher Reinheit, Einheit und Harmonie sowie am Stadt-Land-Gegensatz. Sprudelt in den Idyllen etwa von Salomon Geßner noch die Quelle oder rauschen die munteren Bächlein in hellster Klarheit und Reinheit, so wird durch das Eindringen der Geschichte in den Raum der Idylle das Quellwasser und mit ihm das Ursprünglichkeitsversprechen gleichsam kontaminiert. Mit großer Präzision zeichnet Goethes idyllisches Epos *Herrmann und Dorothea* (1797) diese Verschiebung nach: Der Einbruch der Geschichte durch Krieg, Französische Revolution und Flüchtlingselend in die kleinstädtisch-patriarchale Idylle wird in den Kontext

---

4   Schiller: Dichtung, S. 468 f.

von Kontingenz-, Entfremdungs- und Spaltungserfahrungen der Moderne um 1800 gestellt. In Goethes Idylle nämlich gibt es nicht eine, sondern zwei Quellen: eine durch das Kriegsgeschehen verschmutzte im Zentrum und eine reine Quelle außerhalb des kontaminierten Idyllenraums. An dieser exzentrischen, reinen Quelle kommt es zur Vereinigung der Liebenden, des deutschen Herrmann und der fremden Dorothea aus dem Flüchtlingslager. Offenbar ist – so ist die Bezogenheit der reinen auf die verschmutzte Quelle zu verstehen – eine Vereinigung nur jenseits der Grenze der verschmutzten Idylle möglich. Erst nachdem die Reinheit jenseits ihrer Grenzen wieder hergestellt ist, kehrt das Paar in die kleinstädtisch-patriarchale Idylle zurück und kann dort zum Hoffnungsträger einer moderaten Erneuerung werden. Notwendig ist also eine Reinigung von den Gefährdungen der geschichtlichen Welt, und geleistet wird dies durch das ,Wegschreiben des Krieges', wie Klaus-Detlef Müller dieses Textverfahren nennt.[5] Modellhaft wird hier die strukturelle Bezogenheit von Reinheit und Moderne im Medium der Idylle vorgeführt.

Der forcierte Industrialisierungsprozess und damit auch eine zunehmend gestörte Mensch-Umwelt-Beziehung führen zu einer weiteren Verschiebung: Die Gattung Idylle löst sich zunehmend auf, dem korrespondiert das Verschwinden der Quelle. Es findet sich nicht einmal mehr Goethes Spaltung des idyllischen Reinheits-Topos in die verschmutzte und die reine Quelle. In den gestörten Idyllen des 19. Jahrhunderts gibt es insbesondere verschmutzte Flüsse und verkommene Ufer. Wie sich damit auch die Natur-Kultur- und die Mensch-Umwelt-Beziehungen verändern, lässt sich an Charles Dickens' *Our Mutual Friend* (1865) und Wilhelm Raabes *Pfisters Mühle* (1883/84) zeigen. Beide Romane gelten ihren jeweiligen Nationalliteraturen als ,erster Umweltroman' bzw. ,ökologischer Roman', weil sie den technisch, ökonomisch und kulturell bestimmten Umgang mit der Natur reflektieren, sich kritisch mit den hierfür leitenden Wissensfeldern auseinandersetzen und Fragen stellen, die heute noch im Kontext der Debatten um Nachhaltigkeit und Generationengerechtigkeit brisant sind.[6]

---

5 Vgl. Müller: Krieg.
6 Vgl. diesbzgl. zu *Our Mutual Friend* Goetsch: Dickens, S. 173 f. Goetsch betont auch den Vorbildcharakter für T.S. Eliots *Waste Land*, vgl. ebd., S. 182. Zum Vergleich von *Our Mutual Friend* mit *The Waste Land* vgl. bereits Johnson: Dickens, S. 1043. Bei Dickens wie Eliot wird die Stadt mit dem öden Land assoziiert, beide erinnern mit ihren mythischen und symbolischen Bezügen an positive Bedeutungen etwa des Wassers als Ort der Erneuerung und Wiedergeburt. Vgl. zur These, dass *Pfisters Mühle* die seit den achtziger und neunziger Jahren des 20. Jahrhunderts diskutierte Problematik der

1 *Our Mutual Friend* – Städtische Anti-Idylle und verunreinigte Körper

London ist in *Our Mutual Friend* (1864/65) ein riesiger Organismus, beständig vom Erstickungstod bedroht, da der rußig schwarze Nebel die Stadt zu einem mit dumpfem Räderrasseln erfüllten Dunsthaufen macht.[7] Umweltverschmutzung ist hier durch die zu einem Abwasserkanal verkommene Themse[8] und durch riesige Müllhalden allgegenwärtig. Im Blick sind die Ausscheidungen des städtischen Körpers, die über den Kreislauf der Natur wieder als Gefährdung in den Organismus zurückkehren: Das Trinkwasser kommt aus der mit Exkrementen verunreinigten Themse. Der Roman kartographiert die sozialen und medizinischen Gegebenheiten Londons sehr genau: d.h., wer wo in welchen Verhältnissen wohnt, wer welchen Umweltverschmutzungen durch schlechte Luft und verseuchtes Wasser ausgesetzt ist, aber auch wer mit welchem moralischen Schmutz den sozialen Körper der Stadt gefährdet. Schmutz ist hier nämlich stets zugleich in materieller wie moralischer Hinsicht zu verstehen. Es lässt sich zeigen, dass die hier erzählte soziale Topographie der Stadt der kartographischen Analyse der Cholera-Epidemie korrespondiert, die den Londoner Arzt Dr. John Snow 1849 zu der Entdeckung führte, dass die Ursache für die Erkrankungen nicht in der Miasma-Luft, sondern im verunreinigten Trinkwasser zu suchen ist.[9] Damit äußert sich der Roman zu jenem Paradigmenwechsel, der mit Snows Entdeckung zu einer sozialen Auffassung von Krankheit führt.[10] Stärker als zuvor regiert nun der Staat das Leben, Müll gilt nun als eine das Leben verachtende, lasterhafte und mörderische Gefahr. Biopolitische Steuerungsmaßnahmen,

---

   Nachhaltigkeit vorwegnehme, Kodijio Nenguié: Raabes Reflexionen. Vgl. außerdem übergreifend Grober: Entdeckung.
7 Vgl. Dickens: Freund, S. 503. Der Text wird nach dieser Ausgabe unter der Sigle OMF im Fließtext zitiert.
8 Zur Themse als zentralem Handlungsort vgl. Maack: Raum, S. 185. Zur Raumgestaltung des Romans vgl. auch Hoffmann: Raum. Vgl. außerdem Goetsch: Dickens, S. 173. Vgl. auch das Kapitel „Typen des Charakterwandels in *Our Mutual Friend*" in Lange: Problem, S. 217. Lange betont vor allem, dass die Häufung der Symbole Wasser, Erbschaft und Abfallhaufen das überindividuell Gültige an den Schicksalen der Figuren vermittelt. Zum Symbol des Wassers im Roman vgl. Gelfert: Symbolik, S. 146 f. sowie Hoffmann: Raum, S. 340 ff.
9 Vgl. dazu Gilbert: Medical Mapping. Vgl. dort S. 81 zur Ansteckung in *Our Mutual Friend*, die durch den Körper der kranken Stadt erfolgt, mit dem die Bevölkerung in einer gleichsam symbiotischen Austauschbeziehung lebt.
10 Vgl. dazu Stallybrass, White: Transgression, S. 125 f.

wie die Kontrolle der körperlichen und moralischen Gesundheit durch sanitäre Überwachung, stehen nun im Kontext einer strikten Grenzziehung zwischen Sauberkeit und Schmutz sowie der Durchsetzung von Reinlichkeit als zentraler Norm im kulturellen Wertesystem. Dies geht beispielhaft auch aus Äußerungen des ersten Herausgebers der *Deutschen Vierteljahrsschrift für Gesundheitspflege*, Carl Reclam, hervor, der 1869 schreibt:

> Die öffentliche Gesundheitspflege hat nicht die Aufgabe, für Langlebigkeit oder Wohlbefinden einzelner Individuen zu sorgen, sie soll vielmehr die Leistungsfähigkeit der ganzen Bevölkerung sowohl sichern als steigern.[11]

Mit dieser umfassenden Hygienisierung der Gesellschaft entsteht aber auch die Angst vor allen Formen der Ansteckung und Grenzüberschreitung.[12] Die hier erkennbare Logik der Unterscheidung, Trennung und Ausschließung bezeichnet Bruno Latour als wesentliches Bestimmungsmoment von Moderne. Nach seiner Abhandlung *Wir sind nie modern gewesen* geht es der Moderne um „unentwegte und sogar manische Reinigung".[13]

Dieser Problemzusammenhang ist für die Öko-Poetik von Dickens' Roman leitend, den eine merkwürdige Ambivalenz auszeichnet: Einerseits kritisiert er die Reinigungspraktiken der Moderne offensiv, andererseits wird die Kritik durch die Idyllensehnsucht wieder beschwichtigt. Der Roman zeigt, wie die Stadt von der Abfallwirtschaft regiert wird,[14] wie der Fluss und die Müllhalden Orte des Lebens, aber auch des Todes sind. Die Themse ist zentraler Handlungsträger, die Sogwirkung ihres schlammigen Wassers gefährdet das Überleben der Stadt in materieller wie moralischer Hinsicht (vgl. OMF 204): Denn als Kloake ist die Themse auch Schauplatz eines unerbittlichen Existenzkampfes, oder als Kloake steht sie auch für die Geldgier moralisch zweifelhafter Gestalten, deren Skrupellosigkeit keine Grenzen kennt.[15] In den Straßen entlang ihres verkommenen Ufers ist es, „wo der Auswurf der Menschheit vom höheren Gelände herab

---

11 Reclam: Gesundheitspflege, S. 1.
12 Vgl. dazu Stallybrass, White: Transgression, S. 136.
13 Latour: Modern, S. 148: Reinigung bestimme die „Logik dieses ,Reinheitsdenkens'", welches klare Strukturen der Unterscheidbarkeit einfordert und „kein Drittes und kein Dazwischen" kennt. Vgl. dazu Schroer: Vermischen, S. 366.
14 Zur These, dass in *Our Mutual Friend* das Rechtswesen durch die Abfallwirtschaft ersetzt ist, vgl. Teyssandier: Mud.
15 Die Themse, gleichsam der ,gemeinsame Freund', verbindet die beiden Handlungsstränge – die Ereignisse um John Harmon, Bella Wilfer und die Boffins auf der einen und die Ereignisse um Lizzie Hexam, Eugene Wrayburn und Bradley Headstone auf der anderen Seite. Vgl. Oppel: Dickens, S. 17.

wie moralischer Kot zusammengespült zu sein und zu stocken schien, bis ihn sein Eigengewicht über das Ufer trieb und in den Fluß versenkte" (OMF 29). Hier leben die ‚outcasts' der Londoner City, die Fischer und Leichenfledderer, die im Schlamm und Dreck der verkommenen Ufer zu versinken drohen.[16] Noch stärker jedoch stinkt die Welt der Reichen zum Himmel: Schließlich sind sie nicht nur durch die Abfallwirtschaft reich geworden, sondern häufen auch die Abfallberge an, von denen die ‚outcasts' leben müssen. In dieser zynischen Perspektive ist der städtische Körper ein perfekt geschlossener Kreislauf, der alles recycelt und ein endgültiges Ausscheiden von Schmutz negiert.

Das ist der analytische Befund, von dem der Roman ausgeht. Narrativ ausgestaltet und bewertet wird er mit Rekurs auf hygienisches und darwinistisches Wissen, was für die Zeit nicht ungewöhnlich ist. Neben Abhandlungen zum Darwinismus und zur Hygiene[17] wären hier auch die berühmt gewordenen Abbildungen zur verschmutzten Themse aus der englischen Wochenzeitung *Punch* zu nennen.[18]

Gleich zu Beginn wird von dem Leichenfledderer Gaffer Hexam erzählt, der, auf der Suche nach Geld und Wertsachen, in der verschmutzten Themse nach den Leichen Ertrunkener fischt. Die Wertungen sind eindeutig, Hexam wird als Raubvogel bezeichnet, und das Geld, das er in der schlammigen Themse wäscht, bleibt schmutzig (vgl. OMF 11). Die Themse ist einerseits ‚sozialer Krankheitserreger', der Hexam mit Skrupellosigkeit und Amoralität ansteckt. Andererseits ist sie die großzügige Spenderin, die mit ihren Abfällen für alles Lebensnotwendige sorgt. Weil aber Hexam, der Leichenfischer, seine Existenz mit kriminellen Mitteln sichert, muss er sterben. Er verfängt sich in der eigenen Schlinge und ertrinkt im Schlamm der „fliegenden Unsauberkeiten" (OMF 209)[19] – so will es die poetische Gerechtigkeit des Romans, die alle Figuren sterben lässt, die der Reinlichkeitsnorm nicht entsprechen und den Gesellschaftskörper gefährden. Für das moralische Urteil der poetischen Gerechtigkeit gibt es also, anders als im hygienischen Wissen der Zeit, ein endgültiges Ausscheiden von Schmutz.[20]

---

16 Zur Einordnung des Romans als Gegenwartsroman vgl. Borinski: Dickens' Spätstil, S. 135 f.
17 Vgl. etwa Baas: Geschichte; Buchner: Darwinismus; Haeckel: Generelle Morphologie.
18 Vgl. „A drop of London Water", *Punch*, Jan.-June, 1850 sowie „Father Thames Introducing his Offspring to the Fair City of London", *Punch*, July 3, 1858.
19 Gelfert: Symbolik, S. 154, deutet dies als Versinken in der entfremdeten Welt, von der er sich nicht zu emanzipieren versucht habe.
20 Mehr noch: Das Sterben-Lassen, das die poetische Gerechtigkeit verfügt, rückt in eine bemerkenswerte Nähe zu den skizzierten Regulationen einer Biopolitik, die, so Foucault, leben macht und sterben lässt. Vgl. Foucault: Sexualität, S. 165.

Um der Reinheit willen ist die poetische Gerechtigkeit des Romans jenen Figuren wohlgesonnen, die gegen alle die Moral verschmutzenden Ansteckungen resistent sind: Hexams Tochter Lizzie; Jenny Wren, die davon lebt, dass sie aus Lumpen und Kleiderresten, die andere als Müll teuer verkaufen, Puppenkleider näht; schließlich Betty Hidgen, die lieber in Ruhe sterben will, als von der Armenfürsorge abhängig zu sein.

An Betty Hidgens Geschichte wird der im Roman erstellte Zusammenhang von Reinheitssehnsucht im Zeichen der Idylle und Reinigungsbegehren im Zeichen moderner Biopolitik besonders deutlich. Um der Schande des Armenhauses zu entkommen, wandert sie die Themse aufwärts zu deren Quelle und damit gleichsam in Richtung Idylle, die metaphorisch apostrophiert wird: Flussaufwärts nämlich ist die Themse weit weniger verschmutzt, dort klappert noch eine Mühle, es gibt hübsche Städtchen, das Wasser braust über die Wehre, man hört das Schilf rauschen und der junge Fluss gleicht einem spielenden Kind, das noch unbefleckt von künftigen Verunreinigungen zwischen den Bäumen dahinhüpft.

Hier lässt sich Betty Hidgen zunächst nieder. Doch die Armenfürsorge, die – wie es im Roman heißt – sich vom barmherzigen Samariter zu einer Furie (vgl. OMF 606) entwickelt hat, die Betty Hidgen „wie ein gehetztes Tier" (OMF 608) verfolgt, erfasst sie auch hier. Auch hier werden strikte Grenzen zwischen Sauberkeit und Schmutz gezogen, die Armen sind auch hier lästiges Ungeziefer (vgl. OMF 605). Festzuhalten bleibt demnach, dass die auf Ordnungssicherung und auf einen umfassenden Zugriff auf das Leben bedachte Biopolitik in den idyllischen Raum eindringt, die Idylle gefährdet und derart für die Verschmutzung steht. In dieser Perspektive bedeutet Autonomie, sich das Recht zu sterben nicht nehmen zu lassen. Betty Hidgens lebenslanger Kampf ums Dasein (vgl. OMF 613) endet siegreich, sie stirbt in den Armen der tugendhaft reinen Lizzie Hexam, am Fluss vor der Papiermühle, jenem Ort, der das Versprechen der Idylle noch in sich trägt.[21] Auch dieses melodramatische Ende gehört zur poetischen Gerechtigkeit des Romans.

Insgesamt also formuliert die Öko-Poetik des Romans eine deutliche Kritik am biopolitischen Reinigungsbegehren einer Moderne, die im Verbund von darwinistischer Ideologie und Sozialhygiene bereit ist, den individuellen

---

21 Vgl. Gilbert: Medical Mapping, S. 93 f. Dickens insistiert auf die Täuschung bzgl. der vermeintlichen Sauberkeit des Flusses und betont dagegen die Verbindung zwischen Stadt und Umland, zwischen weit auseinanderliegenden Orten und Menschen, und er tut dies mit Bezug auf Snows Verknüpfung zwischen dem Fluss und der Verschmutzung.

Körper den ökonomischen Interessen des städtischen bzw. des Staatskörpers zu opfern.[22] Allerdings antwortet der Roman auf diesen Befund regressiv mit Idyllensehnsucht. Und dies, möchte man sagen, wider besseres Wissen. Denn die korrupte Welt Londons hat auch den jungen Fluss längst verschmutzt, und zwar mit dem Blut eines Londoner Lebemanns, vor dessen Nachstellungen Lizzie geflohen ist und der von einem unglücklich verliebten Nebenbuhler, einem Schulmeister und damit Vertreter der staatlichen Gewalt, fast zu Tode geprügelt wurde. Die Hinweise auf die Gefährdung der Idylle schärfen zwar den Blick für die anti-idyllische Signatur der Moderne, aber die melodramatische Lösung, die das Gut-Böse-Schema im Modus der poetischen Gerechtigkeit anbietet, flüchtet mit der Idyllensehnsucht auch in eine märchenhafte Harmonisierung.

Damit wird das öko-poetische Potential zur Analyse der Idylle als Reflexionsraum der Moderne nur ansatzweise ausgeschöpft. Wilhelm Raabes Roman *Pfisters Mühle* ist da radikaler und moderner insofern, als seine kritische Öko-Poetik auch die realistische Ästhetik erfasst.

2 *Pfisters Mühle* – Umweltverschmutzung unterm Mikroskop

Pfisters Mühle,[23] der 1883/84 geschriebene, erste Umweltroman der deutschen Literaturgeschichte,[24] handelt von den gesellschaftlichen Umbrüchen durch Naturzerstörung, Gewässerverschmutzung, Fischsterben und Geruchsbelästigung. All dies besiegelt den Niedergang von Pfisters Mühle: Sie ist ökonomisch nutzlos geworden, nicht einmal mehr als Ausflugslokal wirft sie etwas für ihre Betreiber ab. In einer den Zeitgenossen Raabes unliebsamen Klarheit wird hier geschildert, dass es um einen Umweltskandal geht, verursacht durch die Abwässer der nahe gelegenen Zuckerfabrik Krickerode, die „im wehenden Nebel, grau in grau,

---

22 Vgl. zum Spannungsverhältnis von Technikbegeisterung, Sozialkritik und ökologischem Denken bei Dickens sowie zur Ausbildung einer ökologischen Perspektive in seinen Romanen, allerdings ohne genauere Analyse von *Our Mutual Friend* den Beitrag von Parham: Dickens in the City.
23 Raabe: Pfisters Mühle. Der Text wird nach dieser Ausgabe unter der Sigle PM zitiert.
24 Vgl. Kaiser: Totenfluß; vgl. zur Einordnung als „ersten ‚ökologischen Roman' der deutschen Literatur" auch Detering: Krise, S. 10. Detering kommt es v.a. darauf an, dass „die überlieferte Ordnung humaner Wertvorstellungen, religiöser Gewissheiten, klassischer Ästhetik" (ebd., S. 13) hier als ‚verschmutzt' gezeigt wird. Insbesondere mit Rekurs auf die apokalyptische Bildlichkeit und auf die Figur des Dichters Lippoldes diagnostiziert Detering Raabes Roman als „eine Geburt der Moderne aus dem Geist ökologischer Kritik" (ebd., S. 24).

schwarze Rauchwolken, weiße Dämpfe auskeuchend", aufscheint, nachdem der Weg dorthin zunächst über „eine von einer entsetzlichen, widerwärtig gefärbten, klebrig stagnierenden Flüssigkeit überschwemmte Wiesenfläche" (PM 99) führt. Sehr genau benannt wird hiermit die im 19. Jahrhundert geläufige Rieselfeld-Technologie zur Reinigung von Abwässern.[25]

Bekanntlich hat Raabe einen realen Vorfall bei Braunschweig zum Vorbild genommen. Er hat Prozessakten und juristische Gutachten studiert, weshalb die ältere Forschung den Roman als „ein Kapitel aus der Geschichte der Biologischen Wasseranalyse"[26] bzw. als „Schlüsselroman zu einem Abwasserprozeß"[27] bezeichnet hat. In der neueren Forschung gilt diese Sicht als reduktionistisch,[28] beachtet wird hier die ästhetische Funktion der Akten als Ausweis der realistischen Romanpoetik. Der im Folgenden unternommene Blick auf die literarische Transformation des für den Roman relevanten nicht-literarischen Wissens verbindet beide Positionen miteinander. Gefragt wird, wie die Öko-Poetik des Romans das ästhetische Wissen des 18. Jahrhunderts von der schönen Reinheit mit dem ökonomischen, hygienischen, darwinistischen und genealogischen Wissen des 19. Jahrhunderts in einen spannungsreichen ‚Kampf ums Dasein' treten lässt. Es wird sich dabei zeigen, dass der Roman Austauschbeziehungen zwischen Reinheit und Moderne problematisiert, und zwar durch eine ausgesprochen komplex arrangierte narrative Verknüpfung von Idylle und Sündenfall-Mythos.

Der idyllische Horizont wird durch den Sohn des alten Müllers, den Berliner Gymnasiallehrer Eberhard Pfister, eröffnet, der bis zum Abbruch der Mühle ein letztes Mal die Sommerwochen auf seinem „Vätererbe" verbringt und die Erinnerungen an seine Kindheit in der Mühle in einem „Sommerferienheft" festhält.[29]

---

25 Vgl. dazu auch PM S. 99; in technischen Beschreibungen von Rieselfeldern aus der Zeit um 1900 werden der Erdboden mit einer Lunge, die Spüljauche mit venösem Blut sowie Röhrenstränge auf den Rieselfeldern mit Bronchien und Bronchiolen verglichen, so dass auf sprachlicher Ebene die Natur-Kultur-Trennung aufgehoben wird: „Ebenso wie der Sauerstoff das venöse Blut oxydiert und in arterielles verwandelt, so soll die Spüljauche derart oxydiert werden, daß ihr organischer Kohlenstoff und Stickstoff in sauerstoffreichere anorganische Formen umgesetzt wird", die dann als Düngemittel verwendet werden können; siehe Gerson, Weyl: Rieselfelder, S. 335. Zit. nach Büschenfeld: Wahrnehmung, S. 69.
26 Thienemann: Raabe; zit. n. Denkler: Nachwort, S. 11.
27 Popp: Pfisters Mühle; zit. n. Denkler: Nachwort, S. 11.
28 Vgl. dazu v.a. Denkler: Nachwort, S. 231 f.
29 Vgl. zur Mühle als literarischem Topos ausführlich Bayerl: Mühle.

> Aus dem lebendigen Fluß, der wie der Inbegriff alles Frischen und Reinlichen durch meine Kinder- und ersten Jugendjahre rauschte und murmelte, war ein träge schleichendes, schleimiges, weißbläuliches Etwas geworden, das wahrhaftig niemand mehr als ein Bild des Lebens und des Reinen dienen konnte. (PM 53)

Die Mühlenidylle als harmonisches Zusammenleben von Mensch und Natur gibt es nicht mehr – doch die sentimentalische Rückbesinnung soll zumindest in der Erinnerung erhalten, was der Modernisierung geopfert wurde.[30] Im Kontext dieser Schreibintention erinnernder Bewahrung des unhintergehbar Vergangenen spielt es keine Rolle, dass bereits die Mühlenwelt eine allenfalls trügerische Idylle gewesen war: Darauf weisen die Nutzung der Mühle als Schankwirtschaft und die am Horizont erkennbaren Fabrikschornsteine.[31] Das Schreibprojekt ist mithin die Konstruktion einer Idylle und als Produkt moderner Spaltungserfahrungen zugleich deren Reflexionsraum.

Entsprechend ist Eberhard Pfisters Welt durch klare Unterscheidungen zwischen Reinheit und Moderne gekennzeichnet: idyllisch-paradiesische Kindheit versus moderne Gegenwart, Leben versus Tod und Reinheit versus Schmutz. Über dieses auf Trennungen und Unterscheidungen ausgerichtete Reinigungsbegehren kann sich sein Schulfreund Asche, der humanistisch gebildete Naturwissenschaftler und unsentimentale Verfechter des wissenschaftlichen Fortschritts nur lustig machen. Unmissverständlich macht er klar, dass es das Paradies ursprünglicher Reinheit außer in der „Poesie und Phantasie" noch nie gegeben habe, und dies gelte für Arkadien gleichermaßen wie für Pfisters Mühle:

> ‚Hoffentlich hat man es dir in der klassischen Geographie beigebracht, daß grade durch das Land Arkadien der Fluß Styx floß und daß jeder, der im neunzehnten Jahrhundert einen Garten und eine Mühle an dem lieblichen Wasser liegen hat, auf mancherlei Überraschungen gefaßt sein muß. Schade, daß ich dich meinerzeit nicht schon darauf aufmerksam machen konnte in unserm Hinterstübchen! Sie waren dort sehr gastfrei, Vater Pfister – in Arkadien nämlich – und sie beteten den Gott Pan an, und in der Poesie und Phantasie wird es immer ein Paradies bleiben – grade wie Pfisters Mühle mir! – was auch in der schlechten Wirklichkeit daraus werden mag.' (PM 64)

---

30 Vgl. dazu auch Wanning: Hechte, S. 200. Zur Idylle bei Raabe vgl. zuletzt auch Kluger: Augenblick.

31 Vgl. Wanning: Hechte, S. 194: „Störungen in der Imagination angenehmer Natur führen noch nicht zu einer Auslöschung des Erinnerungsbildes der Idylle. Ästhetisierungen, schematisiert zumal, erweisen sich oft als hartnäckig, beständig gegen Veränderungen, gegen die sie dennoch nichts ausrichten können. Der ‚locus amoenus' der Mühle am Fluß ist eine solchermaßen ästhetisierte Idylle. Scheinbar der Zeit enthoben, steht sie für eine Permanenz, die es doch nie gab."

Passagen wie diese machen deutlich, dass Reinheit und Reinigung in *Pfisters Mühle* nicht nur auf inhaltlicher Ebene verhandelt werden. Vielmehr treten Reinheit, Reinigung und Moderne in einen ökopoetischen Begründungszusammenhang. Dieser wird im Rahmen einer eigentümlichen Variante des Sündenfall-Mythos näher entfaltet, die gleich zweimal durchgespielt wird. Es ist ausgerechnet der Weihnachtstag, an dem Adam Asche, der Ziehsohn des alten Müllers und inzwischen promovierte Naturwissenschaftler, die Gewässerproben aus der stinkenden Kloake entnimmt, um den alten Müller im Prozess gegen die Betreiber der Zuckerfabrik zu unterstützen. Ein Jahr später ist es wieder der Weihnachtstag, an dem der Dichter Lippoldes, der schon seit einiger Zeit seine Trauer über die gesellschaftliche Irrelevanz seines ästhetischen Ideals schöner Reinheit im Alkohol ertränkt hatte, selbst im verseuchten Abwasser ertrinkt.[32] Beide Male wird explizit darauf hingewiesen, dass der 24. Dezember der Tag Adam und Evas ist. Die Entnahme der Gewässerproben und Lippoldes' Tod werden so mit dem Tag des Gedächtnisses an die Vertreibung aus dem Paradies verbunden,[33] genauer noch, mit dem Tag, an dem Sündenfall und Erlösung, Tod und Leben zusammentreffen.

Allerdings geht es nicht um eine heilsgeschichtliche Deutung des Sündenfall-Mythos, sondern um die kritische Analyse und Benennung der Opfer einer industrialisierten Moderne. Deshalb kreist das Geschehen auch nicht um Christus, sondern um den neuen Adam, um Adam Asche, dessen Vorname auf das Leben, dessen Nachname aber auf die verbrannte Erde deutet, die biblisch für Trauer, Buße, Vergänglichkeit, Tod und Zerstörung steht. Tod und Leben, aber auch Sündenfall und Erlösung fallen zusammen: Denn einerseits tritt Adam Asche als Erlöser auf und verspricht, den Umweltskandal wissenschaftlich exakt nachzuweisen, und zwar „bis zur letzten Bakterie" (PM 68). Andererseits aber nützt er sein dabei erworbenes Wissen, um in Berlin eine Reinigungsfabrik zu errichten, die noch weitaus giftigere Abwässer produziert als die Zuckerfabrik am Mühlenbach.

> Ein Mensch wie ich, der die feste Absicht hat, selber einen sprudelnden Quell, einen Kristallbach, einen majestätischen Fluß, kurz, irgendeinen Wasserlauf im idyllischen grünen Deutschen Reich so bald als möglich und so infam als möglich zu verunreinigen, kann nicht mehr sagen, als daß er sein Herzblut hingeben würde, um dem guten alten Mann dort seinen Mühlbach rein zu erhalten. (PM 69)

---

32 Zur Funktion des Dichters Felix Lippoldes in diesem Kontext vgl. Detering: Krise, S. 13.
33 Vgl. Wanning: Fiktionalität, S. 399: „Im Rückgriff auf den biblischen Topos gelingt es dem Erzähler, den Bruch der harmonischen Mensch-Natur-Beziehung als unwiderruflichen zu charakterisieren."

Das bisher Ausgeführte lässt sich wie folgt zusammenfassen: Die modernekritische Variante des Sündenfall-Mythos erinnert zwar immer wieder ausdrücklich an das verlorene Paradies, d.i. hier die mütterliche Natur im Zeichen der Idylle, und sie betont darin auch den heilsgeschichtlichen Zusammenhang von verlorener Reinheit und wieder zu erlangender Reinheit im Prozess der Reinigung. Dieser heilsgeschichtliche Zusammenhang wird aber durch den Chemiker Dr. August Adam Asche ad absurdum geführt. Mit großer Detailgenauigkeit negiert auch das Erzählverfahren eine solche Deutungsoption. Während nämlich Vater Pfister darauf insistiert, dass der Müller seine Umwelt seit Jahrhunderten „klar wie 'nen Kristall und reinlich wie 'ne Brautwäsche gekannt hat" (PM 88), tritt der Erlöser Adam Asche im Gewand des Teufels auf. In seiner „Hexenküche" stellt er ein Gebräu her, welches „ganz intime Stücke weiblicher Garderobe" wie „Zunder" „hinten und vorn versengt" (PM 69). Er vertritt Goethes Mephisto gleich das Prinzip der Negation – hier ganz wörtlich die Verunreinigung. Mit ihm verbindet sich die Ausbeutung der Natur[34] und die Umweltverschmutzung seiner „Fleckenreinigungsanstalt" (PM 177), die überdies erst durch den Kapitalerlös aus dem Verkauf des einstigen Paradieses, der alten Mühlenidylle, möglich wurde.

Ökonomie und materialistisches Zweckdenken bestimmen auch das narrative Deutungsschema, wenn von der Kinderschar die Rede ist, die Asche mit seiner Eva zeugt. Seine künftigen Erben des „Erdenlappenlumpenundfetzenreinigungsinstitut[s]" (PM 141) garantieren, dass das „wasserverderbende Geschäft am Ufer der Spree" (PM 141) fortbesteht und die Berliner Luft weiterhin verschmutzt werden wird. In dieser kritischen Optik auf eine Moderne, deren Auffassung von Ökologie im Horizont des naturwissenschaftlichen Fortschrittsoptimismus steht,[35] zeigt sich das, was seit dem ausgehenden 20. Jahrhundert unter dem Begriff Generationengerechtigkeit diskutiert wird, allenfalls im Modus der zynischen Verkehrung.

Ausgehend von diesem kritischen Darstellungsgestus lässt sich aber auch die ökopoetische Funktion des Zusammenspiels von Idylle und Sündenfall-Mythos näher bestimmen. Hierfür ist zunächst zu fragen, welche Wissensfelder

---

34 Der Roman bringt diese Ausbeutung mit dem Verstummen der Natur in Verbindung, vgl. PM 52 f.
35 Vgl. zur Ökologie ausschließlich im Kontext des naturwissenschaftlichen Fortschrittsoptimismus auch Haeckel: Generelle Morphologie, S. 286: „Unter Oecologie verstehen wir die gesamte Wissenschaft von den Beziehungen des Organismus zur umgebenden Außenwelt, wohin wir im weiteren Sinne alle ‚Existenz-Bedingungen' rechnen können. Diese sind teils organischer teils anorganischer Natur."

zueinander in Beziehung gesetzt werden, um die Normalisierungs- und Ausschließungspraktiken moderner Reinigungsprozesse auszustellen. Da sind erstens die ökonomischen Tauschverhältnisse, die der neue Adam affirmiert: also Mühlenidylle gegen chemische Reinigung. Da ist zweitens der Darwinismus – der neue Adam ist mit seinem „bemerkenswert intakte[n] Gebiß" (PM 165) dem Kampf ums Dasein bestens gewachsen, und der setzt ganz aufs Leben. „Was wollen Sie?", sagt Adam zum alten Müller, nachdem klar ist, dass Pilze den üblen Gestank des Mühlwassers verursachen, „Pilze wollen auch leben, und das Lebende hat Recht oder nimmt es sich" (PM 94). Wer stirbt, hat Unrecht oder ist unfähig, sich Recht zu verschaffen. Dieser Umkehrschluss gilt offensichtlich für die Vertreter paradiesisch-idyllischer Reinheit – für den alten Müller in seiner reinlich weißen Müllerskluft und den Dichter Lippoldes als Überbleibsel eines untergegangenen ästhetischen Reinheits-Ideals. Drittens schließlich spielt das zeitgenössische Wissen der Hygiene eine zentrale Rolle, das sich nicht zuletzt im Kontext der Kontroversen um die Flussverunreinigung bzw. der Debatten um das Für und Wider jener Selbstreinigungskraft der Flüsse, die Max von Pettenkofer postulierte, im 19. Jahrhundert weiter ausdifferenziert hat: Dazu gehört die erst im 19. Jahrhundert auf naturwissenschaftliche Grundlagen gestellte Wasserhygiene,[36] aber auch die Bakteriologie und die an Darwin und Lamarck orientierte Sozialhygiene wären hier zu nennen.[37]

Dieses Wissen von Ökonomie, Darwinismus, Genealogie und Hygiene ist grundlegend für die ökopoetische Diagnose vom Sündenfall der Moderne. Es wird in dieser Schärfe gerade deshalb besonders deutlich, weil die Idylle, die Eduard Pfisters Schreibprojekt nachträglich konstruiert, als das Andere der Moderne auch deren Reflexionsraum ist. In diesem Reflexionsraum wird Adam Asche als neuer Adam erkennbar, der das Unheil einer darwinistischen

---

36 Wasserhygiene ist aber nicht erst seit dem 19. Jahrhundert ein zentraler Bestandteil des Hygiene-Diskurses. Bereits in Johann Peter Franks *System einer vollständigen medizinischen Polizey*, in sechs Bänden zwischen 1779 und 1819 verfasst, nimmt die Wasserhygiene breiten Raum ein. Erst im letzten Drittel des 19. Jahrhunderts aber musste man sich bei der Prüfung der Trinkwasserqualität nicht mehr nur auf den Augenschein verlassen. Vgl. Baas: Geschichte, S. 341 ff., zit. nach Büschenfeld: Flüsse, S. 103.

37 Vgl. dazu Hardy: Trinkwassertheorie. Wissensgeschichtlich bedeutsam wurden etwa die experimentelle Hygiene Max von Pettenkofers, dann die Bakteriologie im Anschluss an die Entdeckung des Choleraerregers durch Robert Koch sowie schließlich eine biologistisch-evolutionstheoretisch orientierte Sozialhygiene, die sich auf Darwin und Lamarck bezog. Vgl. dazu auch Büschenfeld: Flüsse, S. 113.

Reinigungspraktik der Selektion verkörpert. Denn auch in hygienischer Hinsicht ist sein Name zugleich Programm: Asche ist Reinigungsmittel: Seife wird nämlich unter Verwendung der aus Pflanzen- und Holzasche ausgelaugten Pottasche hergestellt.[38] Als Reinigungsmittel aber betreibt Asche,[39] und darauf insistiert der Text nachhaltig, ein Geschäft des Teufels. Der Bock, ein Tier des Teufels, ist enthalten in der „Bockasche" (PM 78), also der Industrieschlacke,[40] mit der – so ein Texthinweis – immer mehr Straßen befestigt werden.

In Asches Namen verbinden sich also darwinistische Steuerungsmechanismen der Anpassung und Selektion, gründerzeitliche Ökonomie und naturwissenschaftlich fundierte Hygiene zu einer Scheidekunst, die, zwischen Nutzlosem und Nützlichem trennend, Modernisierungsreste anhäuft.[41] Auf diesen Abfallhaufen der Geschichte wird der Dichter Lippoldes und jene Poetik des Schönen gekippt,[42] die als Poetik des reinen Schönen für das 18. Jahrhundert leitend gewesen war. Schönheit als interesselose, reine Schönheit gilt jetzt als nutzlos, leitend ist nun die Verbindung von Schönheit und bestimmtem Zweck.[43] Auch in ästhetischer Hinsicht verschiebt sich derart Reinheit zu Reinigung. Und so passt es, dass der Modernisierungsgewinnler Asche Sohn eines Schönfärbers ist. Ist nämlich die reine, wahre Schönheit mit der Farbe Weiß verbunden, so färben die Schönfärber bunt mit dem Zweck, „den Beschwerden dieser Erde eine angenehme Färbung zu geben" (PM 23), d.h. die Modernisierungsverluste als notwendiges Opfer im Dienste eigener Gewinnmaximierung billigend in Kauf zu nehmen. Doch Schönfärberei ist nicht die Position, die der Roman insgesamt einnimmt. ‚Bis zur letzten Bakterie' wurde der Umweltskandal aufgedeckt. ‚Bis zur letzten Bakterie' genau ist auch die Sprache des Romans, wenn sie etwa

---

38 Vgl. Kaiser: Literatur, S. 27.
39 1865 entwickelte Ernest Solvay ein neues Verfahren, das das Leblanc-Verfahren ablöste. So war genügend Soda für die Seifenherstellung vorhanden und Seife wurde zu einem bezahlbaren Produkt. Der Körper konnte nun regelmäßig mit Seife gewaschen und von unangenehmen Gerüchen befreit werden. Vgl. König: Geschichte, S. 56.
40 Vgl. Kaiser: Literatur, S. 28.
41 Zum Nützlichen als ästhetisches Problem vgl. Winkler: Ästhetik.
42 Als „wasted lives" bezeichnet Zygmunt Baumann jenen überschüssigen, wert- und nutzlosen „menschlichen Abfall", der eine untrennbare Begleiterscheinung von Modernisierungsprozessen ist. Vgl. Baumann: Wasted Lives. Vergleichbar spricht Giorgio Agamben von den „homines sacri", wenn er die Grenzziehungen zwischen Leben und Nicht-Leben, Mensch und Nicht-Mensch oder Wert und Unwert des Lebens problematisiert. Vgl. Agamben: Homo sacer.
43 Vgl. die Ästhetik (1886-1887) des gründerzeitlichen Modephilosophen Eduard von Hartmann.

im dreizehnten Blatt mit dem Titel „Vater Pfisters Elend unterm Mikroskop" (PM 87) die Entfremdung von Natur und Mensch, die Zerstörung organischer Zusammenhänge unter dem sezierenden Auge des Naturwissenschaftlers und damit auch die Kluft zwischen den zwei Kulturen durch die dem Laien unverständliche Auflistung der lateinischen Namen anschaulich macht (vgl. PM 90).[44] Man könnte auch sagen, so wie Robert Kochs Bakteriologie mit Hilfe des Mikroskops das Unsichtbare sichtbar machte, so macht die Sprache des Romans sichtbar, was in der Perspektive eines naturwissenschaftlich und/oder darwinistisch ausgerichteten Fortschrittsoptimismus unsichtbar bleibt. Unter dieser Voraussetzung bezieht sich die Kritik an der Schönfärberei nicht zuletzt auf einen Poetischen Realismus, der die Augen vor dem Hässlichen und damit auch vor den Modernisierungsverlusten verschließt.

Wie lässt sich nun die Öko-Poetik bei Dickens und Raabe insgesamt bestimmen? Die Verbindung von Reinheit und Moderne in Dickens' *Our Mutual Friend* hat das Ökologische in seiner Verbindung mit dem Sozialen und in seiner Abhängigkeit vom Ökonomischen gezeigt.[45] Dabei operiert der Roman mit einem Modell poetischer Gerechtigkeit, das in einer Weise auf den Sehnsuchtsraum der Idylle bezogen ist, die in Verbindung mit der melodramatischen Strukturierung des Geschehens die Kritik am Ende wieder beschwichtigt. Wie auch in Raabes *Pfisters Mühle* wird jedoch deutlich, dass der Reinheitsdiskurs eine kulturhistorische Krisen- und Umbruchssituation anzeigt und dass dieses genuin moderne Reinheitsbegehren[46] mit der Verbindung von Ökonomie, Darwinismus und Hygiene materielle Reste und ‚wasted lives' produziert: Denn das Sprechen vom Reinen etabliert, stabilisiert und reguliert kulturelle Codes, was auch bedeutet, dass sich das Reine nur im Prozess der Reinigung zeigen kann, mithin Reinigen immer auch ‚reinigen von etwas' meint und damit stets auch das zu Bereinigende im Blick ist. Was in die Position des Reinen und des zu Bereinigenden gerückt wird, hängt von kulturellen und ästhetischen Wertsetzungen, aber auch von

---

44 Zur Funktion der Fremdwörter vgl. auch Eckhoff: Schwefelwasserstoff.
45 Vgl. auch W. H. Hudsons *A Crystal Age* (1887) mit der Flucht aus der Industrialisierung in ein Arkadien und Richard Jefferies' Ausgestaltung eines Barbarentums in *After London or Wild England* (1885). Vgl. auch William Morris' *The Earthly Paradise* (1868-70) mit seiner Vision eines weißen, sauberen Londons und einer klaren Themse mit grünen Gärten an den Ufern.
46 Vgl. dazu die These Bruno Latours, wonach Reinigungspraktiken eine drohende Vermischung von Natur- und Kulturzustand verhindern sollen, in Latour: Modern, S. 19. Vgl. außerdem zum Verhältnis von Hygiene und Moderne Sarasin u.a. (Hrsg.): Bakteriologie.

Strategien der Verwerfung geltender kultureller und ästhetischer Wertsetzungen ab. Mit Blick auf die beiden Romane werden ausgehend davon neben den Gemeinsamkeiten auch die Unterschiede deutlich: Während nämlich die Position des Reinen in Dickens' Konzept einer poetischen Gerechtigkeit moralisch und weiblich codiert ist, der Roman gendertheoretisch betrachtet mithin eine problematische Naturalisierung des Weiblichen unternimmt, bleibt die Position des Reinen und mit ihr das Versprechen einer harmonischen Geborgenheit des Menschen in seiner Umwelt in Raabes weitaus radikalerer Modernekritik, die keine poetische Gerechtigkeit kennt, für die Gegenwart der Romanhandlung unbesetzt. Vielmehr stellt sich Raabes Roman einer historischen Situation, in der die Perspektive der Chemieindustrie – die Zeiten einer „paradiesischen Idylle mit reinlichen Nymphen und schlammtriefenden Flußgöttern" seien ein für alle Mal vorbei, „Abwässerfreiheit" sei nun eine „conditio sine qua non" für die Industrie – dominiert.[47]

Raabes Bewertung dieses Faktums freilich ist eine andere. Sie basiert auf dem Vermögen der Literatur, disparate Wissensfelder imaginativ miteinander zu vernetzen und derart – wie hier mit Bezug auf das Gattungswissen der Idylle – ein genuin literarisches Wissen hervorzubringen. Denn durch das sentimentalische Schreibprojekt und durch den Rekurs auf den Sündenfallmythos wird Reinheit zwar heilsgeschichtlich aufgeladen, gerade dadurch aber pointiert, dass es im geschichtlichen Raum der Moderne keine Reinheit, sondern nur durchweg negativ konnotierte Reinigungsprozesse gibt: Fortan gehört zum kulturellen Abfall erstens die Vorstellung einer paradiesisch-reinen Mutter Natur im Zeichen der Idylle, zweitens die Ästhetik des schönen Reinen aus dem 18. Jahrhundert und drittens ein poetischer Realismus, der nicht bereit ist, die Hässlichkeiten der Moderne ästhetisch zu integrieren. Im Erzählen von Reinigungsprozessen und somit vom Sündenfall der Moderne generiert der Roman also ein in ethischer Hinsicht relevantes Wissen um die Modernisierungsverluste sowie um die Ausschließungspraktiken einer darwinistischen Ökonomisierung der Ästhetik.

Literatur

Agamben, Giorgio: Homo sacer. Die souveräne Macht und das nackte Leben. Frankfurt/M. 2002.

Baas, Johann Hermann: Zur Geschichte der öffentlichen Hygiene. In: Deutsche Vierteljahrsschrift für öffentliche Gesundheitspflege 11 (1879), S. 325-347.

---

47 Ochsenius: Großindustrie, zit. nach: Büschenfeld: Wahrnehmung, S. 68.

Baumann, Zygmunt: Wasted Lives. Modernity and its Outcasts. Cambridge 2004.

Bayerl, Günter: Herrn Pfisters und anderer Leute Mühle. Das Verhältnis von Mensch, Technik und Umwelt im Spiegel eines literarischen Topos. In: Harro Segeberg (Hrsg.): Technik in der Literatur. Frankfurt/M. 1987, S. 51-101.

Borinski, Ludwig: Dickens' Spätstil. In: Heinz Reinhold (Hrsg.): Charles Dickens. Sein Werk im Lichte neuer deutscher Forschung. Heidelberg 1969, S. 134-165.

Buchner, Hans: Darwinismus und Hygiene. In: Westermann's illustrierte deutsche Monatshefte 76 (1894), S. 313-322.

Büschenfeld, Jürgen: Flüsse und Kloaken. Umweltfragen im Zeitalter der Industrialisierung (1870-1918). Stuttgart 1997.

Büschenfeld, Jürgen: Zur Wahrnehmung von Umwelt in der Epoche der Industrialisierung. Umweltgeschichte und Infrastruktur am Beispiel großstädtischer Ver- und Entsorgungssysteme. In: Museumskunde 61 (1991) 1, S. 67-75.

Denkler, Horst: Nachwort. In: Wilhelm Raabe: Pfisters Mühle. Ein Sommerferienheft. Stuttgart 1980, S. 225-251.

Detering, Heinrich: Ökologische Krise und ästhetische Innovation im Werk Wilhelm Raabes. In: Jahrbuch der Raabe-Gesellschaft 1992, S. 1-27.

Dickens, Charles: Unser gemeinsamer Freund. Roman. Aus dem Engl. übertr. von Marie Scott. Sonderausg. Darmstadt 1968.

Douglas, Mary: Reinheit und Gefährdung. Eine Studie zu Vorstellung von Verunreinigung und Gefahr. Frankfurt/M. 1988.

Eckhoff, Jan: Schwefelwasserstoff und Gänsebraten. Moderne und Tradition in Wilhelm Raabes „Pfisters Mühle". In: Herbert Blume (Hrsg.): Von Wilhelm Raabe und anderen. Bielefeld 2001, S. 141-170.

Foucault, Michel: Sexualität und Wahrheit I: Der Wille zum Wissen. Frankfurt/M. 1977.

Gelfert, Hans-Dieter: Die Symbolik im Romanwerk von Charles Dickens. Stuttgart 1974.

Gerson, Georg H.; Weyl, Theodor: Die Rieselfelder. In: Theodor Weyl (Hrsg.): Handbuch der Hygiene. Bd. 2: Die Städtereinigung. Jena (G. Fischer) 1896, S. 326-378.

Gilbert, Pamela K.: Medical Mapping, the Thames, and the Body in Dickens' „Our Mutual Friend". In: William A. Cohen, Ryan Johnson (Hrsg.): Filth. Dirt, Disgust and Modern Life. Minneapolis 2005, S. 78-102.

Goetsch, Paul: Dickens. Eine Einführung. München, Zürich 1986.

Grober, Ulrich: Die Entdeckung der Nachhaltigkeit. Kulturgeschichte eines Begriffs. München ³2010.

Haeckel, Ernst: Generelle Morphologie der Organismen. Allgemeine Grundzüge der organischen Formen-Wissenschaft, mechanisch begründet durch die von Charles Darwin reformirte Descendenz-Theorie. Bd. 2. Berlin (Reimer) 1866.

Hardy, Anne I.: Trinkwassertheorie und Flußverunreinigung im 19. Jahrhundert. In: Sylvelyn Hähner-Rombach (Hrsg.): Ohne Wasser ist kein Heil. Medizinische und kulturelle Aspekte der Nutzung von Wasser. Stuttgart 2005, S. 55-66.

Hoffmann, Gerhard: Raum, Situation, erzählte Wirklichkeit. Poetologische und historische Studien zum englischen und amerikanischen Roman. Stuttgart 1978.

Johnson, Edgar: Charles Dickens. His Tragedy and Triumph. Bd. 2. Boston, Toronto 1952.

Kaiser, Gerhard: Der Totenfluß als Industriekloake. Über den Zusammenhang von Ökologie, Ökonomie und Phantasie in „Pfisters Mühle" von Wilhelm Raabe. In: Ders.: Mutter Natur und die Dampfmaschine. Ein literarischer Mythos im Rückbezug auf Antike und Christentum. Freiburg 1991.

Kaiser, Gerhard: Wozu noch Literatur? Über Dichtung und Leben. München 1996.

Kluger, Karin: „Der letzte Augenblick der hübschen Idylle". Die Problematisierung der Idylle bei Wilhelm Raabe. New York u.a. 2001.

Kodjio Nenguié, Pierre: Wilhelm Raabes Reflexionen über nachhaltige Entwicklungsprozesse in „Pfisters Mühle". In: Anglogermania 2004, Elektronische Zeitschrift. http://www.uv.es/anglogermanica/2003-2004/Kodjio.htm.

König, Wolfgang: Geschichte der Konsumgesellschaft. Stuttgart 2000.

Lange, Bernd-Peter: Das Problem der Charakterentwicklung in den Romanen von Charles Dickens. Berlin 1969.

Latour, Bruno: Wir sind nie modern gewesen. Versuch einer symmetrischen Anthropologie. Frankfurt/M. 2008.

Maack, Annegret: Der Raum im Spätwerk von Charles Dickens. Marburg 1970.

Müller, Klaus-Detlef: Den Krieg wegschreiben. „Hermann und Dorothea" und die „Unterhaltungen deutscher Ausgewanderten". In: Markus Heilmann, Birgit Wägenbaur (Hrsg.): Ironische Propheten. Sprachbewußtsein und Humanität in der Literatur von Herder bis Heine. Studien für Jürgen Brummack zum 65. Geburtstag. Tübingen 2001, S. 85-100.

Ochsenius, Carl: Die chemische Großindustrie und das Wasser (um 1904). In: Bundesarchiv, Abt. Potsdam, RMdI Nr. 9243.

Oppel, Horst: Charles Dickens. „Our mutual friend". In: Ders. (Hrsg.): Der moderne englische Roman. Interpretationen. Berlin ²1971, S. 15-33.

Parham, John: Dickens in the City. Science, Technology, Ecology in the Novels of Charles Dickens. In: Interdisciplinary Studies in the Long Nineteenth Century 10 (2010). http://19.bbk.ac.uk/index.php/19/article/view/529 (abgerufen am 11.02.2012).

Popp, Ludwig: „Pfisters Mühle". Schlüsselroman zu einem Abwasserprozeß. In: Städtehygiene. Organ für die gesamte Ortshygiene in Stadt und Land 10 (1959), S. 21-25.

Raabe, Wilhelm: Pfisters Mühle. In: Sämtliche Werke. Braunschweiger Ausgabe. Hrsg. von Karl Hoppe. 16. Bd. Bearbeitet von Hans Oppermann. Göttingen 1961, S. 7-178.

Reclam, Carl: Die heutige Gesundheitspflege und ihre Aufgaben. In: Deutsche Vierteljahrsschrift für öffentliche Gesundheitspflege 1 (1869), S. 1-5.

Sarasin, Philipp u.a. (Hrsg.): Bakteriologie und Moderne. Studien zur Biopolitik des Unsichtbaren 1870-1920. Frankfurt/M. 2006.

Schiller, Friedrich: Über naive und sentimentalische Dichtung. In: Schillers Werke. Nationalausgabe. Begr. von Julius Petersen. Bd. 20. Hrsg. von Benno von Wiese. Weimar 1962, S. 413-503.

Schroer, Markus: Vermischen, Vermitteln, Vernetzen. Bruno Latours Soziologie der Gemenge und Gemische im Kontext. In: Georg Kneer, Markus Schroer, Erhard Schüttpelz (Hrsg.): Bruno Latours Kollektive. Kontroversen zur Entgrenzung des Sozialen. Frankfurt/M. 2008, S. 361-398.

Stallybrass, Peter; White, Allon: The Politics and Poetics of Transgression. Ithaca NY 1986.

Teyssandier, Hubert: Mud, Money, and Mystery. „The World's Metropolis" in Charles Dicken's „Our Mutual Friend". In: Christian Moser u.a. (Hrsg.): Zwischen Zentrum und Peripherie. Die Metropole als kultureller und ästhetischer Erfahrungsraum. Bielefeld 2005, S. 133-141.

Thienemann, August: Wilhelm Raabe und die Abwasserbiologie. In: Constantin Bauer (Hrsg.): Mitteilungen für die Freunde Wilhelm Raabes. Berlin, Wolfenbüttel 1925, S. 124-131.

Wanning, Berbeli: Die Fiktionalität der Natur. Studien zum Naturbegriff in Erzähltexten der Romantik und des Realismus. Berlin 2005.

Wanning, Berbeli: Wenn Hechte ans Stubenfenster klopfen. Beschädigte Idylle in Wilhelm Raabes „Pfisters Mühle". In: Catrin Gersdorf, Sylvia Mayer (Hrsg.): Natur – Kultur – Text. Beiträge zu Ökologie und Literaturwissenschaft. Heidelberg 2005, S. 193-205.

Winkler, Markus: Die Ästhetik des Nützlichen in „Pfisters Mühle". In: Jahrbuch der Raabe-Gesellschaft 1997, S. 18-39.

Wolff, Oskar Ludwig Bernhard: Poetischer Hausschatz des deutschen Volkes. Vollständigste Sammlung deutscher Gedichte nach den Gattungen geordnet [...]. Leipzig (Wigand) 1839.

Robert Leucht

Die Gattung ‚Zukunftsbild', 1871-1900. Literarisierung und Politisierung von Zukunftswissen

1 Das Aufkommen der Gattung im Spätrealismus

1878 erscheinen unter dem Titel *Bilder aus der Zukunft. Zwei Erzählungen aus dem vierundzwanzigsten und neununddreißigsten Jahrhundert* die beiden Texte *Bis zum Nullpunkt des Seins. Erzählung aus dem Jahre 2371* und *Gegen das Weltgesetz. Erzählung aus dem Jahre 3877*. Beide Texte, als deren Verfasser Kurd Laßwitz zeichnet, wurden schon wenige Jahre zuvor, 1871 beziehungsweise 1877, einzeln publiziert.

Im Mittelpunkt von *Bis zum Nullpunkt des Seins* stehen drei Figuren, deren Namen bereits den humoristischen Ton anzeigen, in dem der Text gehalten ist: Aromasia Duftemann Ozodes, Meisterin des so genannten „Geruchsklavier[s]", der Dichter Magnet Reimert-Oberton, zu dessen Spezialitäten das so genannte „Grunzulett" zählt, „eine neue Dichtungsform, welche die Vorzüge des Sonetts, des Gasels, der alcäischen Strophe und des Familienromans in sich vereinigt", sowie der „Wetterfabrikant" Oxygen Warm-Blasius, Aromasias Verlobter.[1] Erzählt wird in diesem etwas mehr als dreißig Seiten langen Text von einer gemeinsamen Reise, während der die drei Figuren in ein Streitgespräch über die Vormachtstellung von Kunst oder Wissenschaft geraten:

> „aber ich erhalte meine Geringschätzung Eurer schönen Künste aufrecht. Der Schwerpunkt des modernen Lebens kann nur in dem Fortschritt des Erkennens liegen. Und ich behaupte noch mehr. Wir werden durch die Wissenschaft dazu kommen, überhaupt jede Kunst aufzuheben und diese Spielerein überflüssig zu machen."[2]

Diese Äußerungen Oxygens, zu dessen Expertise die Herstellung von Apparaten gehört, mit denen Veränderungen in der Atmosphäre herbeigeführt werden können, erbost die beiden Künstlerfiguren derart, dass sie sich gegen den Wissenschaftler zusammenschließen. Magnet ersinnt ein öffentliches „Rachegedicht"[3] gegen Oxygen, auf das dieser seinerseits antwortet:

---

1 Laßwitz: Nullpunkt, S. 29, 28, 34.
2 Ebd., S. 41.
3 Ebd., S. 45.

> Was also bleibt mir übrig als die Rache, welche ich mir selbst nehme. Gut, Du hast den Zweikampf mit den Waffen des Geistes begonnen, ich werde mit den Waffen des Geistes ihn fortsetzen! Aber erlaube, daß ich diejenigen wähle, welche mir so geläufig sind wie Dir die Deinen, Reimert-Oberton. Du hast Deine Reimkunst in's Gefecht geführt – heraus denn, meine zaubermächtige Dienerin, Chemie![4]

Für ein öffentliches Konzert Aromasias manipuliert Oxygen die Duftzylinder ihres Geruchsklaviers derart, dass es zu einer Explosion kommt, bei der Aromasia, was der Wissenschaftler später bedauert, ihr Leben verliert. Am Ende dieser erst gegen Schluss ereignisreicheren „Erzählung" sieht der Leser den Dichter Reimert-Oberton, wie er aus den dargestellten Ereignissen Stoff für seinen neuen Roman gewinnt, dessen Anfang in der Abendzeitung neben einem Nachruf auf die verstorbene Virtuosin erscheint.

Dass der von zahlreichen Komiksignalen durchsetzte Text bei seiner Erstpublikation am 21.6.1871 in der *Schlesischen Zeitung* noch das Gattungssignal *Culturbildliche Skizze aus dem 24. Jahrhundert* trägt,[5] erweist sich als überaus aufschlussreich für die Frage, auf welche literarischen Formen und Darstellungsmuster Laßwitz' *Bilder aus der Zukunft*, einer der ersten Texte der deutschsprachigen Literatur, der diese Gattungsbezeichnung führt, zurückgreifen. Sengle hat in seiner Literaturgeschichte der Biedermeierzeit auf eine Reihe von Kleingattungen aufmerksam gemacht, die er mit den Begriffen ‚Bild, Skizze, Genremalerei' umschreibt und von denen er sagt, dass sie zeitgenössisch, obwohl überaus beliebt, „durch keine Poetik reguliert […]" waren.[6] Als übergreifendes Charakteristikum dieser sich zwischen 1815 und 1848 konstituierenden Gattungen, die sich allesamt an der bildenden Kunst anlehnen, nennt Sengle den „Einbruch des Empirismus in die Literatur";[7] den Versuch der Literatur also, die Wirklichkeitsnähe, durch die sich die Genremalerei auszeichnet, für ihren Bereich zu übernehmen. Auch nach 1848 stellen die zumeist kurzen Prosaformen des ‚Sitten-', ‚Kultur-' oder ‚Genrebildes' (bzw. ‚-gemäldes') überaus beliebte Gattungen dar – zu denken ist an Ferdinand Kürnbergers *Der Amerikamüde. Amerikanisches Kulturbild* (1855), Karl Emil Franzos' *Aus Halb-Asien. Culturbilder aus Galizien, der Bukowina, Südrußland und Rumänien* (1876) oder an Max Kretzers *Berliner Novellen und Sittenbilder* (1883) – die oftmals in journalistischen Medien kursieren.[8]

---

4 Ebd., S. 51.
5 Reeken: Vorbemerkungen, S. 8.
6 Sengle: Biedermeierzeit, S. 788.
7 Ebd., S. 787.
8 Wagner: Öffentlichkeit, S. 98 f.

Wenn im Sinne einer deskriptiven Poetik des ‚Kulturbilds' der zweiten Hälfte des 19. Jahrhunderts gesagt werden kann, dass es zu seinen Verfahren gehört, stets das Kleine für das Große zu verwenden, also *einzelne* Bilder (oder Gemälde) einer Kultur herauszuarbeiten, die metonymisch für ihre Gesamtheit stehen, dann wird man zu dem Schluss kommen, dass Laßwitz ein eben solches Verfahren für seine *Bilder aus der Zukunft* übernimmt.[9] Das ‚Kulturbildliche' seiner *Erzählung aus dem Jahre 2371*, das, um es zu wiederholen, in deren Erstpublikation durch den Untertitel *Culturbildliche Skizze* noch explizit markiert ist, besteht darin, ein Bild der Kultur des dritten Jahrtausends zu gewinnen, das sich aus der Beschreibung ihrer Details konstituiert. Der erster Satz der Erzählung – „Aromasia saß im Garten ihres Hauses und sah träumerisch ins Blau des schönen Sommertages vom Jahre 2371"[10] – führt den Leser in den häuslichen Bereich dieser fernen Zukunftswelt ein. Es ist ein Mikrokosmos, der für den Makrokosmos dieser Zukunftsgesellschaft steht. Ähnlich ist in der Konkurrenz der beiden Männer, der gleichermaßen in ein ironisches Licht getauchten Charaktere des Dichters Reimert-Oberton und des Wissenschaftlers Warm-Blasius – zugespitzt im Wettstreit über Aromasia – eine Konfliktlinie dargestellt, die für die hier evozierte Zukunft ebenso bezeichnend ist wie für Laßwitz' Schreibgegenwart. Die Figuren treten ähnlich jenen in ‚Sitten-, Genre- und Kulturbildern' als Vertreter ihres Standes, als Typen, auf und bringen einander gegenübergestellt ein grundsätzliches Spannungsfeld zur Darstellung.[11]

Eine Erweiterung der Gattung ‚Kulturbild' hin zu einem ‚Bild der Zukunft' erfolgt nun zum einen durch die Verschiebung der Handlung in eine ferne Zukunft, zum anderen durch einen Motivkomplex, der durch das Aufgreifen des Technikdiskurses zustande kommt. Laßwitz' fiktive Welt des 24. Jahrhunderts ist angereichert durch technische Erfindungen: Verkehrsmittel wie den „electromotorischen Schnellwagen[]" oder die „Kometenbahn", durch das „Geruchsklavier" sowie den so genannten „Drucktelegraphen", eine technische Einrichtung, die Nachrichten aus aller Welt zu übermitteln vermag.[12] Die Grenzen der zeitgenössischen ‚-bild-Gattungen', die nicht nur, aber oft zur Darstellung einer ländlich-bäuerlichen Welt aufgegriffen wurden,[13] sind von Laßwitz durch den Import eines Motivbereichs überschritten, der, wie Innerhofer rekonstruiert hat, durch

---

9 Auf das Verhältnis von Episode und Ganzem verweist Seybold: Genrebild, S. 232. Vgl. hierzu auch Hinweise in Wagner: Öffentlichkeit, S. 111 f.
10 Laßwitz: Nullpunkt, S. 27.
11 Seybold: Genrebild, S. 9 f.
12 Laßwitz: Nullpunkt, S. 31, 31, 29, 38.
13 Beispielhaft hierfür ist folgender Text aus dem Jahr 1877: Anzengruber: Begegnung.

das Werk Jules Vernes inspiriert wurde und auf jenes Gattungssystem hinweist, das spätestens seit 1929 den Namen ‚Science Fiction' tragen wird.[14] Wenn Laßwitz motivisch zweifellos an den Franzosen anschließt, sollte nicht übersehen werden, dass seine *Bilder* narrativ, das heißt sowohl hinsichtlich ihres metonymischen Erzählprinzips (das Kleine für das Große) als auch durch die soziale Typisierung der Figuren, an die zeitgenössisch beliebten ‚bild-Gattungen' anknüpfen. Es handelt sich um ein zerrissenes Netz zwischen Realismus und früher Science Fiction, das von der Forschung, soweit ich sehe, noch nicht wieder zusammengefügt wurde.[15]

Dass der Gattungsbezeichnung *Bilder aus der Zukunft* auch für die zeitgenössische Leserschaft etwas Erklärungsbedürftiges anhaftete – diesem Umstand hat Laßwitz in der Vorrede zur dritten Auflage Rechnung getragen: Die *Bilder aus der Zukunft* sind ein „Versuch, Situationen und Conflicte in novellistischer Form zu behandeln, wie sie bei fortschreitender Cultur- und Macht-Entwicklung der Menschheit für spätere Geschlechter entstehen können."[16] Auffällig an dieser Erläuterung sind nicht nur die Anleihen bei schon etablierten literarischen Formen, dem ‚Versuch' oder der ‚novellistisch[en] Form', worin eine Strategie der Einordnung in die literarische Tradition und damit der Rückversicherung auszumachen ist, sondern auch, dass die *Bilder aus der Zukunft* offenbar noch in einer schwachen Position stecken. Ihre Darstellungsziele müssen dem Leser erklärt und gerechtfertigt werden. Einen vergleichbaren Hinweis auf die noch unsichere Position dieser Gattung entnehmen wir der Einleitung eines weiteren ‚Zukunftsbildes' dieser Jahre: Ferdinand Amersins *Das Land der Freiheit. Ein Zukunftsbild in schlichter Erzälungsform*, erschienen 1874. Der in der Literaturgeschichtsschreibung fast unerwähnt gebliebene Amersin, 1838 in der Steiermark geboren, zwischen 1857 und 1859 als Student der Chirurgie an der Universität Graz und später vermutlich als Schiffsarzt der österreichischen Armee tätig, schreibt:

> Es kann und will vorliegendes Werk – eben der Grösse seines Stoffes wegen – für kein fertiges und gerundetes Kunstwerk gelten, sondern vorerst nur als Entwurf und Versuch, Planübersicht oder Stoffsammlung oder (der Erfolg muss es bewähren) als

---

14 Innerhofer: Science Fiction, S. 251 f. Der Begriff ‚Science Fiction' wurde zwar schon 1851 geprägt, entfaltete seine Wirkungsgeschichte aber erst ab 1929. Vgl. Friedrich: Science-Fiction, S. 672.
15 Vgl. folgende Sekundärtexte: Kretzmann: Utopias, S. 421-424; Rottensteiner: Lasswitz, S. 293-297; Ritter: Start, S. 35-85; Fischer: Science Fiction, S. 83-95; Rottensteiner: Bilder; Innerhofer: Science Fiction, S. 251 f.; Brandt: Zukunftsroman, S. 46.
16 Laßwitz: Nullpunkt, S. 19.

unscheinbarer Kristallisationspunkt für etwa später erscheinende grössere und reifere Arbeiten dieser Gattung.[17]

Wenn Amersin sein Zukunftsbild einleitend als einen „Entwurf und Versuch" bezeichnet, und damit die Neuheit der Gattung anspricht, so wird in derselben Passage bereits eine Art von Gattungsbewusstsein ersichtlich, zumal er ihr eine Weiterentwicklung verheißt.

Ähnlich wie Laßwitz muss aber auch Amersin jene Darstellungsziele, die er mit seinem Zukunftsbild verfolgt, explizieren:

> Eben das ist die mir bei meinem „Zukunftsbilde" gestellte Aufgabe: ein allgemeines Gemälde zu liefern wenigstens des Anfangs jener goldenen Zeit, welche wir in der Zukunft erwarten dürfen. Meine Erzählung gibt so die vorschauende Darstellung jenes gewissen weltgeschichtlichen Vorganges der Gesellschaftsverbesserung, welcher sich nach dem endlichen Ableben unserer jetzigen alternden Gesellschaftsform in nicht gar zu ferner Zukunft einstellen muss.[18]

Auffällig an diesen Reflexionen ist, dass Amersin von einem „Gemälde" spricht, das er zu liefern gedenke. Hierin ist sehr deutlich ein Indiz für die zuvor erwähnten Anleihen zu vernehmen, welche ‚bild-Gattungen' bei der Genremalerei nehmen.[19] Die Passage gibt zugleich einen Hinweis auf eine von Amersin verfolgte Darstellungsweise: nämlich ein in zentralen Abschnitten seines *Zukunftsbildes* zu beobachtendes Hervortreten von Beschreibungen bei gleichzeitiger Zurücknahme von Handlung.[20] Wenn Amersin in der Einleitung auf Max Waldaus *Nach der Natur. Lebende Bilder aus der Zeit* (1851) rekurriert und zur Prämisse seiner eigenen Darstellungsweise einen Satz erklärt, der in Waldaus Text an eine Malerfigur gerichtet ist, – „Erfassen Sie die Aufgabe der Kunst in unserer Zeit, malen Sie die Zukunft, [...]"[21] –, dann beobachten wir, dass in wichtigen Passagen seines *Zukunftsbildes* eine stärkere Orientierung an den Möglichkeiten der – gemäß Lessing – räumlichen Kunst der Malerei denn an jenen der temporal strukturierten Erzählliteratur festzustellen ist. Das gilt besonders für das

---

17 Amersin: Land, S. VII. Einige Hinweise zu Amersin finden sich in Glaw: Realität, S. 47-51. Am ausführlichsten bei Affeldt-Schmidt: Fortschrittsutopien.
18 Amersin: Land, S. VI.
19 Sengle nennt als Impulse die niederländische Genremalerei und den englischen Empirismus, besonders das Werk von William Hogarth; vgl. Sengle: Biedermeierzeit, S. 787 f.
20 Dieser Befund bezieht sich auf das II. Buch des Werks.
21 Amersin: Land, S. VI. Vgl. Waldau: Natur. Mit Blick auf diesen intermedialen Aspekt sind auch die zahlreichen Stellen im II. Buch aufschlussreich, in denen „Bilder" und „Gemälde" erwähnt sind; vgl. Amersin: Land, S. 121, 157, 163, 187, 193.

II. Buch, *Der Besuch auf Freiland*, in dem ein Ich-Erzähler namens Karl die so genannte „Freilandinsel" besucht, die Heinrich, der Großonkel Karls, im ersten Buch, *Der Freiheitsgründer*, gemeinsam mit seiner Frau Agnes aufgebaut hatte. Der im Leben unglücklich gebliebene Inselbesucher wird durch eine zukünftige Welt geführt, in der die Probleme der Ausgangswelt gelöst sind: eine Welt der „Erziehung in Freiheit", der gerechten Arbeitsverteilung, der allgemeinen Gesundheit, der kulturellen Blüte wie der erfüllten Liebe.[22] Entscheidend ist, dass die Art und Weise, in der diese Zukunftswelt gezeigt wird, beschreibend erfolgt, während Handlungsmomente zurücktreten:

> War das ein wundervolles Bild, das sich jetzt darbot an diesem See! Junge Männer auf der Höhe ihrer Kraft und der Ausbildung ihres Wuchses, ihre Frauen, schön gebildet, wie man sie nur denken kann, voll aufgeblühte Rosen, Alle in unbefangener Natürlichkeit zum einladend klaren Wasser sich drängten, um sich drin zu bewegen und zu erlustigen. Der ganze griechische Himmel mit all seinen Göttern, Göttinnen, Helden, Musen, Nimfen und Grazien schien da auf die Erde versetzt zu sein, um sich einmal im Bade zu vergnügen, und ich wünschte mir nur die geübten Augen eines Malers um all die Schönheit da in mich aufzunehmen.[23]

Ein solches Darstellungsprinzip, das auf die malerische Beschreibung setzt und auf Handlungsmomente weitgehend verzichtet, erinnert auch an eine für die Gattung Utopie typische Darstellungsweise. Wie in zahlreichen Utopien werden auch bei Amersin die Einrichtungen einer idealen Welt (oftmals von einem Fremdenführer) erläutert, ohne dass diese in einen narrativen Spannungsbogen eingebettet wären.[24]

---

22 Amersin: Land, S. 82-96, 100, 108-110, 153-161, 188.
23 Ebd., S. 121. Vgl. auch S. 123, 124.
24 Als Beispiele für diese Erzählweise können zwei Klassiker der Utopiegeschichte, Francis Bacons *Nova Atlantis* (1627) und Louis-Sébastien Merciers *L'An 2440* (1771) genannt werden. Aus der Perspektive einer aktuellen Gattungsdefinition der Utopie wären von den hier behandelten Texten sowohl Amersins ‚Zukunftsbild' als auch jenes von Henne am Rhyn als Utopie zu bezeichnen, zumal sie in Form einer Doppelfiktion der kritischen Darstellung der zeitgenössischen Realität den imaginären Entwurf einer anderen Welt gegenüberstellen. Vgl. zu dieser Definition Voßkamp: Utopie, S. 744. Dass jedoch beide Autoren auf eine solche Selbstbezeichnung verzichten, ist dem Umstand geschuldet, dass der Begriff Utopie von der zweiten Hälfte des 19. Jahrhunderts bis zur Zwischenkriegszeit vorwiegend pejorativ konnotiert war und Realitätsferne signalisierte, eine Implikation, die, wie bereits deutlich geworden sein sollte, die ‚Zukunftsbilder' gerade zu vermeiden suchen. Zur Bedeutung des Utopiebegriffs seit der zweiten Hälfte des 19. Jahrhunderts vgl. Affeldt-Schmidt: Fortschrittsutopien, S. 56-96; sowie Hölscher: Utopie, S. 24-30.

Gleichzeitig lässt sich auch bei Amersin eine Darstellungstechnik ausmachen, die an Laßwitz' *Bilder aus der Zukunft* anschließend das Einzelbild als pars-pro-toto für das Ganze nimmt. *Der Besuch auf Freiland* setzt sich aus 52 Kapiteln, man könnte sagen, 52 Einzelbildern zusammen, in denen jeweils *ein* Aspekt dieser zukünftigen Welt beschrieben wird, der als repräsentativ für den Zustand der gesamten Kultur Freilands erachtet werden kann. So kann die zitierte Beschreibung der Physiognomien der ‚Freiländer' als erweiterbar für die Gesundheit aller in dieser Gesellschaft Lebenden gelesen werden sowie in einer metaphorischen Lesart für die Beschaffenheit des freiländischen Gesellschaftskörpers an sich. Aus einem Vergleich der Texte von Amersin und Laßwitz können wir ersehen, dass die generischen Voraussetzungen beider ‚Zukunftsbilder' im Formenbereich des ‚Kulturbilds' liegen, wobei Amersin stärker den intermedialen Aspekt dieser Form betont und die einzelnen Bilder weiter zu einer Großform (von 340 Seiten) zusammenfügt. Für letztgenannten Aspekt bezeichnend ist, dass bei Amersin aus den *Bildern aus der Zukunft* der Singular *Zukunftsbild* geworden ist. Amersins Text kann als ein Konglomerat einzelner Bilder beschrieben werden, die zu einer größeren epischen Form zusammengefasst sind. Das Verfahren, einzelne Bilder als Material einer größeren Form zu verwenden, erinnert, wenn auch ästhetisch weniger elaboriert, an Erzählweisen, wie sie auch bei den englischen Realisten, in Charles Dickens' *Sketches by Boz* (1836) oder George Eliots *Scenes of Clerical Life* (1858) zu beobachten sind.[25]

Die zuvor zitierte Passage aus der Einleitung zu *Das Land der Freiheit* (Zitat zu Anmerkung 18) ist aber nicht nur aufschlussreich für eine nähere Bestimmung des generischen Profils dieses *Zukunftsbildes*, sondern gibt auch einen Hinweis auf seine wissensgeschichtlichen Kontexte, die trotz zeitlicher Nähe andere sind als bei Laßwitz. Es ist bemerkenswert, dass Amersin von seinem Text dort als der „vorschauende[n] Darstellung jenes *gewissen* weltgeschichtlichen Vorganges der Gesellschaftsverbesserung" schreibt. Eine solche Fortschrittsgewissheit ist aufs Engste mit dem diskursiven Profil dieses *Zukunftsbildes* verbunden, das sich aus zahlreichen Anleihen bei der Evolutionsbiologie konstituiert. Für dieses Profil bezeichnend ist, dass es schon in der Einleitung heißt, dass der Protagonist sich „eine neue verjüngte Gesellschaft [gründet; RL], und hofft, dass die darin gepflanzten Keime tüchtig genug sein werden, auch den grossen alten Gesellschaftskörper durch ihre Urwüchsigkeit und Naturfrische mit neuer Gesundheit

---

25 Zu den Hinweisen auf die englischen Realisten, vgl. Wagner: Öffentlichkeit, S. 112 f. – Zu den bildkompositorischen Verfahren von „Galerie", „Panorama", „Rhapsodie" und „Ansichten" vgl. die Beiträge von Tobias Heinrich, Sarah Ruppe, Stephanie Bölts und Michael Bies in diesem Band.

zu begaben [...]."²⁶ Hinter dieser biologistisch angereicherten Sprache („Keime", „Gesellschaftskörper", „Gesundheit") verbirgt sich eine Art Züchtungsphantasie. Denn Heinrich gründet seine im II. Buch ausführlich beschriebene „Freilandinsel" auf ein von ihm ‚hergestelltes' Geschlecht:

> Wenn ich [Heinrich; RL] mir also aus dem Schose dieser Gesellschaft eine reine bildsame Grundlage verschaffe – nämlich eine Anzahl noch nicht verderbter Kinder – sie abgesondert von der grossen Gesellschaft, in rein natürlicher Freiheit erziehe, sie wol gar dazu in einen ganz fremden unbewohnten Landstrich oder derlei Insel versetze, so möchte' ich wissen: Kann ich denn dadurch nicht eine neue frische Menschengesellschaft herstellen, von der jeder Einzelne das höchstmögliche Maass der Freiheit geniesst?²⁷

Unüberhörbar ist in diesem Vorhaben ein Echo auf den von Charles Darwin beobachteten Vorgang der ‚natural selection'²⁸ (‚natürlichen Auswahl') zu vernehmen, bei dem sich im Zuge der Weiterentwicklung von Lebensformen vorteilhafte Eigenschaften auf Kosten nachteiliger durchsetzen. Mit den Verben „erziehen" und „absondern" ist dieser in der Natur vorgängige Prozess jedoch zu einem Ergebnis menschlicher Steuerung gewendet. Heinrichs Phantasie, aus einer Gruppe von Auserwählten auf einer noch unbewohnten Insel ein zukünftiges Geschlecht herzustellen, rekurriert zweifellos auf darwinistische Denkfiguren, spitzt diese aber bereits in einer Art und Weise zu, die an die Praktiken der Eugenik erinnert, die sich ab 1865 in England formiert und im deutschsprachigen Raum systematisch erst in den 1890er Jahren rezipiert werden wird.²⁹

Vor dem Hintergrund der Anleihen, die Amersin bei der Evolutionsbiologie nimmt, ist es auch kein Zufall, dass sein *Zukunftsbild* nicht nur eine zukünftige Gesellschaft, sondern auch den Übergang zu ihr aufzeigt. Während Laßwitz den Leser schlichtweg in eine hoch technisierte Zukunftswelt versetzt, arbeitet Amersin die kontinuierliche Entwicklung von der Gegenwart in die Zukunft aus:

---

26 Amersin: Land, S. VII.
27 Ebd., S. 14.
28 Darwin handelt hiervon im vierten Kapitel seiner *Origins of Species* (1859). Vgl. Darwin: Entstehung, S. 85-141.
29 Vgl. hierzu Weingart, Kroll, Bayerts (Hrsg.): Rasse; Conrad-Martius: Utopien. Das Naheverhältnis, das Amersins ‚Zukunftsbild' zu evolutionsbiologischen Denkfiguren unterhält, ordnet sich in die Darwin-Begeisterung der 1870er Jahre ein. Mehr als zehn Jahre nachdem in Stuttgart die erste deutsche Übersetzung der *Origins of Species* erscheint, ist Darwin, als *Das Land der Freiheit* 1874 publiziert wird, in Österreich keine innerwissenschaftliche Angelegenheit mehr, sondern ein Gegenstand öffentlicher Debatten geworden. Vgl. hierzu: Michler: Darwinismus, S. 27-107.

Von der Gründung eines „Lehrgartens" im I. Buch, zur Einrichtung der „Freilandinsel" im II. und der Expansion des Freiland-Modells über die gesamte Welt im III. Buch führt er den Leser – dem wissensgeschichtlichen Profil der Evolutionsbiologie entsprechend – *Schritt für Schritt* in eine bessere Zukunft. Amersins Glaube an das Darwin'sche Progress-Modell und die Höherentwicklung des Menschen führt dazu, dass Zukunft bei ihm schließlich als ein Ort des Trostes erscheint:

> Wir können vielmehr mit Gewissheit darauf bauen, dass die Stufe der Geistesbildung, welche das Menschengeschlecht im Ganzen jeweilig erlangt hat, nie wieder ganz wird verloren gehen, sondern dass wir damit immer weiter und höher kommen müssen.[30]

Wirft man von hier einen Blick auf das Gesagte zurück, kann vorläufig festgehalten werden, dass die sich während der 1870er Jahre etablierende Gattung des ‚Zukunftsbildes' sich aus vorgängigen ‚bild-Gattungen', besonders dem ‚Kulturbild', konstituiert. Zukunft funktioniert sowohl als eine Zuspitzung gegenwärtiger Konflikte (Laßwitz) als auch als Lösung von Gegenwartsproblemen (Amersin). Bemerkenswert ist, dass *Zukunftsbild* und *Bilder aus der Zukunft* unterschiedliche Wissensdiskurse aufgreifen – diese diskursive Offenheit gehört zu den besonderen Kennzeichen dieser literarischen Form, ein Umstand, der im Folgenden noch weiter auszuführen sein wird. Während die Technik bei Laßwitz lediglich als ein Motivkomplex aufscheint, greift Amersin die Evolutionsbiologie auf, um das Eintreten der von ihm verheißenen Zukunftswelt zu untermauern. Vor der Folie von Sengles Befund, dass literarische ‚bild-Gattungen' den Kredit der Wirklichkeitsnähe übernähmen, welche der Genremalerei anhafte, kann Amersins Aufgreifen des Darwin'schen Progress-Modells als eine Strategie genommen werden, diesen Wirklichkeitsbezug weiter zu solidieren. Das generische und diskursive Profil seines *Zukunftsbildes* spielen in diesem Sinne zur Affirmation von Realitätsnähe zusammen. Amersins ‚Zukunftsbild' verdeutlicht dadurch eine spezifische Aporie der Gattung ‚Zukunftsbild': eine noch imaginäre Zukunft als wirklichkeitsnah ausweisen zu wollen.

Die Selbstrechtfertigungen können schließlich als Indizien dafür erachtet werden, dass sich die Gattung noch in einer defensiven Position befindet. Das hängt damit zusammen, dass sich das ‚Zukunftsbild' nicht nur aus bereits vorgängigen Formen bildet, sondern sich zugleich von solchen abhebt. Vor der Folie von Gustav Freytags *Bilder aus der deutschen Vergangenheit* (1859-1867) oder Julian Schmidts *Bilder aus dem geistigen Leben unserer Zeit* (1870/71) erweist sich das ‚Zukunftsbild' als überaus subversives Unterfangen: es setzt dazu an,

---

30 Amersin: Land, S. III.

die Darstellungsgrenzen spätrealistischer Literatur, ihren Gegenwarts- und Vergangenheitsbezug, in Richtung einer literarisch noch unerschlossenen Zukunft zu erweitern.

2 Die Politisierung des ‚Zukunftsbildes' nach 1888

> Und nun *jetzt*, in dieser brodelnden, gärenden Gegenwart, wo eine Welt in Kindes- und Todesnöten ist, und eine neue Welt sich hervorringt – wer brennt nicht zu wissen, was der morgige Tag bringt? Gerade in Zeiten der Auflösung, des Wechsels, der Umgestaltung, der gesellschaftlichen und staatlichen Neugeburt, ist der Hang zu Wanderungen ins Land Nirgendwo oder *Utopia* am lebhaftesten.[31]

Das sind die Worte Wilhelm Liebknechts, eines der Gründer der Sozialdemokratischen Partei Deutschlands, geäußert in einem Vorwort zur deutschen Übersetzung von William Morris' News From Nowhere. Or an Epoch of Rest. Being Some Chapters from a Utopian Romance, die auszugsweise 1892/93 in der sozialdemokratischen Zeitschrift *Die Neue Zeit* erscheint. Liebknechts Befund eines gesteigerten Bedürfnisses nach Zukunftswissen („wer brennt nicht zu wissen, was der morgige Tag bringt?") kann als zeitgenössischer Beleg für jenes Zeitenwendebewusstsein gesehen werden, das Wunberg als ein Signum der Jahre vor 1900 erachtet: „Je mehr es mit dem alten Jahrhundert zu Ende ging, desto größer wurden die Erwartungen, die man in das neue setzte. Das heimliche ‚Flügelschlagen der Zukunft' vernahmen nicht nur die Literaten, weil sie ihren *Zarathustra* gelesen hatten; es war überall zu hören [...]."[32] Wenn das gesteigerte Zukunftsbewusstsein des zu Ende gehenden 19. Jahrhunderts den mentalitätsgeschichtlichen Kontext für den einsetzenden Boom der deutschsprachigen Zukunftsliteratur kurz vor 1900 bildet, dann ist es die schrittweise Ablösung der allgemeinen Fortschrittseuphorie zugunsten einer Fortschrittsskepsis, die hierfür den sozialgeschichtlichen Kontext bereitstellt. Doch dieser Boom wäre nicht denkbar ohne Edward Bellamys 1888 in den USA erschienenen Text *Looking Backward. 2000–1887*; jenen innerliterarischen Impuls, der das Florieren des *Zukunftsbildes* ab 1888 eigentlich anstößt.[33] Bellamys Bild des Jahres 2000, das eine von Klassengegensätzen entlastete Gesellschaft zeigt und erzählerisch als Rückblick („looking backward") eines Mannes inszeniert ist, der von 1887 bis 2000 in einen Jahrhundertschlaf

---

31 Das Zitat stammt aus: Liebknecht: Vorwort, S. 38.
32 Wunberg: Utopie, S. 149. Vgl. auch: Wolff-Thomsen: Weltende.
33 Riha datiert die Herausbildung der ‚Zukunftsliteratur' in die Zeit nach dem deutsch-französischen Krieg von 1870/71, in der ein „Wirtschafts- und Technikboom" stattfinde. Riha: Science Fiction, S. 240.

versunken war, trifft insofern den Nerv der Zeit, als es ihre Neugier auf das Kommende nicht abschließend stillt, sondern eine Flut an neuen Zukunftsentwürfen hervorzurufen vermag.[34] Im Sinne eines Zugriffs auf die zahlreichen deutschsprachigen Texten, die in den folgenden Jahren auf Bellamy antworten, seien exemplarisch genannt: H. G. Erdmannsdörffer: *Ein Phantasiestaat. Darstellung und Kritik von Bellamys „Im Jahre 2000. Rückblick auf 1887"*, Leipzig (Reinhold Werther) 1891; Richard C. Michaelis: *Eine Blick in die Zukunft. Eine Antwort auf: Ein Rückblick von Edward Bellamy*, Leipzig (Reclam) 1890, sowie Conrad Wildbrandt: *Des Herrn Friedrich Ost Erlebnisse in der Welt Bellamy's. Mitteilungen aus dem Jahren 2001 und 2002*, Wismar (Hinstorff'sche Verlagsbuchhandlung) 1891.

Im Zuge der florierenden Zukunftsliteratur dieser Jahre wird das ‚Zukunftsbild' zu *einem Segment* innerhalb eines größeren Gattungskomplexes, der sich thematisch durch die Darstellung von Zukunft auszeichnet. Neben das ‚Zukunftsbild' treten der ‚Zukunftsroman', der ‚Zukunftstraum' oder die ‚Zukunftsvorlesung'.[35] Entscheidend ist, dass sich mit diesem Boom auch die Funktion des ‚Zukunftsbildes' verändert: Eine literarische Gattung, die während der 1870er Jahre von den Rändern her Einspruch gegen die Gegenwarts- und Vergangenheitsbezogenheit des Spätrealismus erhebt, rückt nun ins Zentrum der literarischen Produktion (auch wenn das von der auf den Ästhetizismus fixierten Geschichtsschreibung der literarischen Jahrhundertwende immer noch zu wenig wahrgenommen worden ist[36]) und wird zu einem Ort des Gesprächs: Die Texte antworten aufeinander, versuchen sich wechselseitig zu entkräften und erhärten so ihre Zusammengehörigkeit als eine Gattung. Wie im Folgenden anhand zweier Beispiele gezeigt werden soll, formieren sie dabei einen überaus dynamischen Diskurs, in dem mit literarischen Mitteln gesellschaftliche Fragen von höchster Relevanz erörtert werden.

---

34 In Deutschland erscheinen schon ein Jahr nach der Veröffentlichung von *Looking Backward* die ersten beiden Übersetzungen, unter dem Titel *Alles verstaatlicht* (übersetzt von Georg Malkowsky) im Verlag Richard Eckstein Nachfolger, Berlin, sowie als *Ein sozialistischer Roman* (herausgegeben von Max Schippel) im Berliner Vorwärts-Verlag. Ein Jahr später erscheint in der breit rezipierten Reclams Universalbibliothek übersetzt von Georg von Gizycki die erste vollständige Version *Ein Rückblick aus dem Jahr 2000 auf 1887*. Angaben gemäß: Riederer: Acceptance.

35 Daiber: 2222; Mantegazza: 3000; Suttner: Maschinenzeitalter; Venir: Blick. Eine weitere Selbstbezeichnung lautet „technischer Zukunftsroman". Vgl. hierzu: Friedrich: Science-Fiction, S. 672.

36 Ansätze zu einer Revision des Fin de siècle-Bildes bieten Michler: Zukunft; Peck: Labor.

Otto Henne am Rhyns *Aria. Das Reich des ewigen Friedens im Zwanzigsten Jahrhundert. Ein Zukunftsbild auf der Grundlage der Geschichte*, erschienen 1895, nimmt in seiner Einleitung auf eine Reihe anderer Texte der zeitgenössischen Zukunftsliteratur Bezug: unter anderem auf Laßwitz' *Bilder aus der Zukunft*, Bebels *Die Frau und der Socialismus*, Bellamys *Ein Rückblick aus dem Jahre 2000 auf das Jahr 1887*, die *Looking Backward*-sequels Conrad Wildbrandts *Des Herrn Friedrich Ost Erlebnisse in der Welt Bellamy's* und Gregorovius' *Der Himmel auf Erden in den Jahren 1901 bis 1912*, aber auch auf Theodor Hertzkas *Freiland. Ein sociales Zukunftsbild*. Mit diesen Bezugnahmen ordnet sich der Text in den Kontext der Zukunftsliteratur ein, von der er sich zugleich mit einem Gestus der Überbietung absetzt:

> Die genannten Werke und was darüber gesagt und geschrieben wurde, haben in mir die Absicht erweckt und genährt, auch ein Bild der Zukunft zu entwerfen, aber, den weiter oben erwähnten Schriften gegenüber, ein solches, welches an die heutige Wirklichkeit und an die Thatsachen der Geschichte anknüpft, eine allgemeine Umwälzung als unwahrscheinlich und unhistorisch verwirft, jede Gehässigkeit gegen ehrliche Ueberzeugungen vermeidet, nur das Wohl der Menschheit im Auge hat und sich nicht auf die socialen Verhältnisse beschränkt, sondern auch die politischen, religiösen und kulturellen Erscheinungen herbeizieht.[37]

Der 1828 in St. Gallen geborene, 1914 in der Steiermark verstorbene Publizist und Kulturhistoriker Henne am Rhyn verspricht seinen Lesern also ein „Bild der Zukunft", das sich den genannten Texten gegenüber insofern als besonders realitätsnah ausweist, als es die gegenwärtige Realität mit den Mitteln der Geschichts-, Sozial- und Kulturwissenschaften in die Zukunft weiterentwickelt. In dem Anspruch eines so beschaffenen Realitätsbezuges lässt sich ein, wenn auch entferntes Echo sowohl auf jene ‚bild-Gattungen' vernehmen, aus denen sich das ‚Zukunftsbild' herausbildet, als auch auf Amersins *Land der Freiheit*.

In diesem Sinne erinnert zunächst manches von Henne am Rhyns *Zukunftsbild* an zuvor Beobachtetes: Die Welt der Zukunft wird auch hier vorwiegend aus dem für viele ‚Genrebilder' typischen häuslichen Mikrokosmos heraus beschrieben. In Form eines Familientagebuches, das am „1. Januar 190*" begonnen und im Jahr 1994 abgeschlossen wird, schildern verschiedene, zur selben Familie gehörende Autoren das langsame Voranschreiten der Gesellschaft in eine bessere Zukunft.Auf Ebene der gesellschaftlichen Ereignisse, die stets aus privater Perspektive geschildert sind, erzählt der Text die Karriere einer politischen

---

37 Henne am Rhyn: Aria, S. 5. Der einzige Sekundärtext, in dem Henne am Rhyns Werk behandelt wird, ist Affeldt-Schmidt: Fortschrittsutopien.

Bewegung. Der Reichstagsabgeordnete Friedrich Reckemann gründet zu Beginn des 20. Jahrhunderts die so genannte „Rettungspartei", aus der schließlich das „Reich Aria"[38] hervorgeht:

> In diesem Namen ist die Idee enthalten, daß die Verbreitung der socialen, und mit ihr auch der politischen und religiösen Reform über die ganze Erde in der Aufgabe der arische Sprachen redenden Völker liegt, deren Kultur aus der Verschwisterung des klassischen Altertums und des ursprünglichen Christentums hervorgegangen ist.[39]

Als eine ursprüngliche Form des Christentums, welche die existierende Kirche ersetzt, breitet sich der Aria-Gedanke, in Europa entstanden, auch in den Orient aus. Als immer größer werdendes Projekt expandiert er schließlich über den gesamten Erdball, ein Prozess, der – im Sinne der Spannungstechnik – nur an einem Punkt gefährdet wird, als ein Italiener namens Borgia gegen das „Reich Aria" auftritt, aber besiegt werden kann.[40] Am Ende ist eine Zukunftswelt entstanden, in der eine neue Form des Christentums Weltherrschaft erlangt hat. Ähnlich wie Amersins *Zukunftsbild* ist auch jenes von Henne am Rhyn von Fortschrittsoptimismus bestimmt: Die entworfene Zukunft ist als eine explizit bessere Welt gezeigt.

Entscheidend ist, dass das in der Einleitung gegebene Versprechen einer wirklichkeitsnahen Beschreibung von Zukunft anders einzulösen versucht wird. Henne am Rhyn greift zur Plausibilisierung der von ihm gezeigten Zukunft nicht wie Amersin auf Darwins Progress-Modell zurück, sondern suggeriert dem Leser durch seine Erzählweise, eine historische Darstellung des Kommenden zu liefern.

> [...] es ist kein Roman, was ich hier biete, sondern eine, wenn auch dichterisch ausgeschmückte, doch völlig ernst gemeinte Darlegung der Art und Weise, wie die Verhältnisse, besonders in Europa, aber auch in anderen Erdteilen, in einer dem Wohle der Völker günstigen Richtung sich entwickeln könnten, [...][41]

Aufgrund der Tagebuchform suggeriert der Text, eine Art Chronik der zukünftigen Entwicklungen zu geben. Ähnlich einem wissenschaftlichen Text werden dazu auch geschichtswissenschaftliche Werke zitiert.[42] Erzählerisch markiert das eine Differenz zu den zahlreichen zeitgenössischen Texten in der Nachfolge Bellamys: Anstatt des stärker phantastischen Modells der Zeitreise, das

---

38 Henne am Rhyn: Aria, S. 13, 41.
39 Ebd., S. 41.
40 Ebd., S. 138-144.
41 Ebd., S. 5 f.
42 Ebd., S. 25.

Looking Backward und dessen Nachfolgetexte aufgreifen, setzt Henne am Rhyn auf die Suggestion von Unmittelbarkeit (Tagebuch) und Wissenschaftlichkeit (Geschichtsschreibung). Diese inner-generische Differenz ist den ideologischen Abgrenzungskämpfen geschuldet, die sich hier ereignen. Es geht dem Text darum, die von ihm vertretene Position gegenüber den in anderen Zukunftstexten behaupteten Standpunkten, abschätzig als „Utopien der Sozialdemokratie"[43] bezeichnet, durchzusetzen. Generische Abgrenzungen, so ließe sich zuspitzen, korrespondieren mit ideologischen.

Das Beispiel Henne am Rhyns zeigt, dass das ‚Zukunftsbild' nun zu einem Schauplatz geworden ist, an dem mit literarischen Mitteln ein Wettstreit um die Zukunft entfacht ist. Innerhalb der Gattung konfligieren sowohl heterogene ideologische Positionen als auch verschiedene Vorstellungen davon, wie ein sozialdemokratischer Zukunftsstaat auszusehen habe. Diese agonale Dimension der Gattung, der Versuch, andere Zukunftsentwürfe zu entwerten, lässt sich zugespitzt anhand von Eugen Richters *Sozialdemokratischen Zukunftsbildern* beobachten.

Während Henne am Rhyn auf eine ganze Reihe von Texten der Zukunftsliteratur Bezug nimmt, rekurriert der liberale deutsche Reichstagsabgeordnete Richter in seinen *Sozialdemokratischen Zukunftsbildern* (1892) ausschließlich auf die Entwürfe des langjährigen Anführers der Sozialdemokratischen Partei Deutschlands, August Bebel.[44] Richter entwirft eine Zukunftswelt, in der das Erfurter Parteiprogramm von 1891 umgesetzt worden ist und das Berliner Reichstagsgebäude am so genannten Bebelplatz steht.[45] Kurz zusammengefasst, schildern seine *Zukunftsbilder* die Negativfolgen einer Realisierung des sozialdemokratischen Programmes aus Perspektive einer Kleinfamilie. Es handelt sich um Aufzeichnungen, in denen ein Ich-Erzähler vom Leben seiner Frau und seiner beiden Söhne berichtet. Nachdem er am Ende in Tumulten ums Leben gekommen ist, wird sein Bericht an den in die Vereinigten Staaten ausgewanderten Sohn Franz gesendet. Dass Richter ebenso wie Laßwitz als Gattungsname den Plural, *Zukunftsbilder*, verwendet, erinnert noch einmal an das ‚Kulturbild' als generischen Ursprung dieser Form, insofern als die 35 Aufzeichnungen als

---

43 Ebd., S. 14. Vgl. auch S. 150.
44 Brestel: Kontroverse; Richter, Zukunftsbilder, S. 47. Dass Richter erst mehr als zehn Jahre nachdem Bebels *Die Frau und der Sozialismus* (1879) erschienen war, auf dessen Programm antwortet, erklärt Brestel damit, dass er Bebels Ideen lange Zeit nicht ernst genommen habe.
45 Richter: Zukunftsbilder, S. 2, 4. Ein weiterer Bezug auf Bebel ist in der Figurenrede des fiktiven Reichskanzlers auszumachen. Vgl. ebd., S. 41.

Die Gattung ‚Zukunftsbild', 1871-1900 179

zu einem Ganzen zusammengefasste Einzelbilder angesehen werden können. Gleichzeitig wird deutlich, betrachtet man Richters Text vor der Folie von Laßwitz' *Bildern aus der Zukunft*, wie sehr die Gattung in nur weniger als zwanzig Jahren eine Politisierung erfahren hat.

Die von Richter mit den Mitteln der Fiktionsbildung gestaltete Kritik an der Sozialdemokratie zielt besonders darauf ab, das anti-kapitalistische Gleichheitsprinzip zu karikieren. Das folgende Zitat vermag dieses Verfahren anhand der Einrichtung von Staatsküchen zu illustrieren:

> Alle Portionen sind für jedermann gleich groß. Ein Nimmersatt, welcher heute unter Verletzung des sozialdemokratischen Gleichheitsprinzips noch eine Zulage verlangte, wurde herzlich ausgelacht. Auch der Gedanke, den Frauen kleinere Portionen zuzumessen, ist als der Gleichberechtigung beider Geschlechter und ihrer gleichen Arbeitspflicht widersprechend von vornherein zurückgewiesen worden. Freilich müssen auch die Männer von schwerem Körpergewicht mit derselben Portion fürlieb nehmen.[46]

Das ist die Momentaufnahme einer kommenden Gesellschaft, in der Guthaben auf Sparbüchern für nichtig erklärt, Familien aufgrund von Arbeitsanweisungen zerrissen werden und sich Streiks und gewaltsame Zusammenstöße ereignen. Am Ende sieht der Leser eine unglückliche Kleinfamilie, deren Leiden als metonymisch für jenes der Gesamtgesellschaft gelesen werden kann. Mit den *Sozialdemokratischen Zukunftsbildern* hat sich der Wettstreit der Ideologien, der nach 1888 innerhalb des ‚Zukunftsbildes' entfacht, insofern zugespitzt, als Richter nicht mehr darauf abzielt, vorgängige Zukunftsentwürfe durch eine bessere Alternative zu überbieten, sondern lediglich eine andere Zukunftsvision in ein negatives Licht taucht.[47] Dabei spielt wiederum die narrative Gestaltung eine Rolle: Entgegen der massenhaft produzierten, auf das Modell der Zeitreise setzenden Zukunftsliteratur in der Nachfolge von Bellamys Bestseller sind auch Richters *Zukunftsbilder* in Form eines Berichtes gehalten. Hierin wird ähnlich wie bei Henne am Rhyn das Bemühen um eine wirklichkeitsnähere Form der Darstellung manifest, ein

---

46 Ebd., S. 17.
47 Zweifellos erinnert die Darstellung einer in ein derart negatives Licht getauchten sozialistischen Gesellschaft an jene Texte, die nach 1917 geschrieben und von der Forschung als Dystopien bezeichnet werden: Jewgenij Samjatins *Wir* (engl. 1925) und George Orwells *1984* (1948). Allerdings kann es Richter noch nicht darum gehen, die Negativfolgen eines bereits umgesetzten Sozialismus zuzuspitzen, sondern vielmehr darum, auf ein zum damaligen Zeitpunkt erst formuliertes politisches Programm Bezug zu nehmen. Sein Text interveniert in die laufende Debatte um den Zukunftsstaat und antwortet nicht wie jene Samjatins und Orwells auf eine bereits eingetretene politische Realität.

Anspruch, der, das sollte deutlich geworden sein, auf jene literarischen Formen zurückweist, aus denen das ‚Zukunftsbild' entstanden ist.

3 Ausblick – nach 1900: Industriell produzierte Zukunftsliteratur und die Zukunftsforschung als Erbin des ‚Zukunftsbilds'

Folgt man einschlägigen Literaturgeschichten, dann beginnt kurz nach der Wende zum 20. Jahrhundert eine neue Phase in der literarischen Auseinandersetzung mit der Zukunft. Nagl weist darauf hin, dass in den Jahren 1902/03 die serielle Produktion von Zukunftsliteratur einsetzt. In Heftreihen wie *Wunder der Zukunft – Romane aus dem dritten Jahrtausend* oder *Aus dem Reich der Phantasie* werden Szenarien der Zukunft nunmehr in industrieller Form produziert.[48] Kulminierend im „Science-Fiction-Boom" der 1920er Jahre werden zukünftige Welten, wie das Beispiel Hans Dominik, ein vormaliger Student von Kurd Laßwitz, deutlich macht, nunmehr nach marktorientierten Überlegungen ausgerichtet und beworben.[49] Dass die in dieser Form produzierte Zukunftsliteratur über den Zweiten Weltkrieg hinaus erfolgreich bleibt, hat Brandt kürzlich in ihrer Studie über die Geschichte des ‚Zukunftsromans' gezeigt.[50]

Mit der industriellen Produktion von Zukunftsliteratur, die nicht zuletzt daran erkennbar ist, dass sie über Kanäle distribuiert wird, die abseits des Buchhandels stehen, etwa Groschenheft und Kolportageroman,[51] verbindet sich auch ein Prestigeverlust dieser Literatur. Wenn mit Pierre Bourdieu davon auszugehen ist, dass bestehendes oder fehlendes Prestige einer Gattung sich daher bestimmt, wer ihre Leser sind, dann wird man zu dem Schluss kommen können, dass die ab dem 20. Jahrhundert massenhaft produzierte Zukunftsliteratur jenen Misskredit auf sich zieht, der, wie Bourdieu beobachtet, allen für den breiten Markt geschaffenen Erzeugnissen anhaftet.[52] Im Zuge einer solchen Entwertung lassen sich jedoch immer wieder Ansätze beobachten, eine seriösere Form der Auseinandersetzung mit Zukunft herauszubilden. Für die Zwischenkriegszeit können hier die Sozialreformer Josef Popper-Lynkeus und Otto Neurath genannt werden, die in Absetzung zur Belletristik Zukunftsszenarien entwerfen, die durch Statistik gestützt den Anspruch stellen, empirische Zukunftsbeschreibungen zu sein,

---

48 Nagl: Science Fiction, S. 132, 139.
49 Ebd., S. 139, 154.
50 Brandt: Zukunftsroman, S. 347.
51 Ebd., S. 46.
52 Bourdieu: Science Fiction.

aber auch Alfred Döblins *Berge, Meere und Giganten* (1924), ein Text, der als Versuch einer Nobilitierung der Zukunftsliteratur gelesen werden kann.

Ansätze, einen wissenschaftlich fundierten Diskurs über Zukunft gesellschaftlich durchzusetzen, lassen sich jedoch erst etwa 20 Jahre später beobachten, als im Umfeld der amerikanischen Rüstungsindustrie während des Zweiten Weltkrieges Verfahren ausgebildet werden, mit denen „Tendenzen, Probleme und Prozesse der nächsten Zeit"[53] wissenschaftlich beschrieben werden sollen. Für den vorliegenden Zusammenhang entscheidend ist, dass die Väter dieser wissenschaftlichen Zukunftsforschung oder ‚Futurologie', die schon bald auch in Europa institutionalisiert wird, ihre Disziplin *zwischen* den Polen von Imagination und Empirie ansiedeln: Fred L. Polak beschreibt die Futurologie 1969 als eine Wissenschaft, deren Ziel eine „konstruktive Methode der Annäherung an die Zukunft" sei, und macht dabei deutlich, dass seine Disziplin auch auf „Imagination, Intuition, Sensitivität, Inspiration, Kreativität, natürlich auch künstlerische Fähigkeiten" angewiesen sei.[54] Wenige Jahre später hat Robert Jungk, der wohl bekannteste Futurologe des deutschsprachigen Raumes, einen zu szientistisch ausgerichteten Ansatz kritisiert und betont, dass zur Erforschung von Zukunft auch Fähigkeiten notwendig seien, die dem Faktischen und Messbaren entgegen gesetzt wären.[55] Blickt man von diesen programmatischen Äußerungen auf das zuvor Gesagte zurück, wird deutlich, dass die Futurologie jenes Spannungsfeld von Imagination und Empirie beerbt, das auch die literarische Form des ‚Zukunftsbildes' charakterisiert, zu deren Aporien es gehört, die Evidenz einer erst dargestellten, noch nicht eingetretenen Zukunft hervorzukehren.

Es ist Kurd Laßwitz, der 1879 in der Vorrede zu seinen *Bildern aus der Zukunft* eine Dichtung fordert, die über Zukunft spricht, sich aber an die Erfahrung anschließt:

> Die Dichtung hat das Vorrecht, in die Zukunft zu sehen. Wenn aber das, was sie uns erzählt, uns wirklich Vertrauen erwecken soll, so muß sie die Wirklichkeit zu Rathe ziehen und eng an die Erfahrung sich anschließen. Aus dem Verlaufe der Culturgeschichte und dem gegenwärtigen Standpunkte der Wissenschaft kann man mancherlei Schlüsse auf die Zukunft ziehen, und die Analogie bietet sich der Phantasie als Bundesgenossen.

Dieser Anspruch auf Wirklichkeitsnähe, der am Beginn der Geschichte des ‚Zukunftsbildes' steht, setzt sich in der wissenschaftlichen Disziplin der Futurologie fort: Während das ‚Zukunftsbild' eine an der Realität orientierte

---

53 Flechtheim: Futurologie, S. 45.
54 Polak: Weg, S. 54, 59. Vgl. Polaks Vergleich der Futurologie mit der Kunst ebd., S. 51.
55 Jungk: Chance, S. 96.

Literatur sein möchte, versteht sich die Futurologie als eine Wissenschaft, welche auf Potenziale der Literatur zurückgreift. Hier wie dort, so ließe sich pointieren, erfolgt das Reden über Zukunft in einem Spannungsfeld von Phantastik und Realitätsnähe, Dichtung und Wissenschaft, Imagination und Empirie. Es ist vor diesem Hintergrund auch kein Zufall mehr, das Fred L. Polak die Futurologie als Fortsetzung auch des ‚Zukunftsbildes' sieht: „Soziale Utopien und Zukunftsbilder", schreibt er 1969, „haben in der Vergangenheit als ein höchst glückliches, inspirierendes und nützliches Vermittlungselement funktioniert, als das unermüdliche Weberschiffchen zwischen den beiden Polen der kreativen Elite und den Massen [...]."[56] Von der Futurologie erwartet Polak, dass sie nach einer Phase des Antiutopismus eine vermittelnde Funktion übernehme und so wie das ‚Zukunftsbild' ein Wissen über die Zukunft generiere und verbreite.

Literatur

Affeldt-Schmidt, Birgit: Fortschrittsutopien. Vom Wandel der utopischen Literatur im 19. Jahrhundert. Stuttgart 1991.

Amersin, Ferdinand: Das Land der Freiheit. Ein Zukunftsbild in schlichter Erzählungsform. Graz (Commissions-Verlag Leykam-Josefsthal) 1874.

Anzengruber, Ludwig: Eine Begegnung. Genrebild aus dem österreichischen Bauernleben. In: Gesammelte Werke in 10 Bänden. Bd. 4. Stuttgart (Cotta) ³1897, S. 249-262.

Bourdieu, Pierre: Science Fiction. In: Satz und Gegensatz. Über die Verantwortung des Intellektuellen. Übers. von Ulrich Raulff und Bernd Schwibs. Berlin 1989, S. 59-66.

Brandt, Dina: Der deutsche Zukunftsroman 1918-1945. Gattungstypologie und sozialgeschichtliche Verortung. Tübingen 2007.

Brestel, Heinz: Die Kontroverse. In: Ders. (Hrsg.): Zukunftsbilder aus der Vergangenheit. Mit Faksimile-Nachdrucken von August Bebel, „Unsere Ziele", 1870, Eugen Richter, „Sozialdemokratische Zukunftsbilder", 1893. Eine historische Kontroverse, wiederentdeckt für die Gegenwart. Niederglatt 1979, S. 37-52.

Conrad-Martius, Hedwig: Utopien der Menschenzüchtung. Der Sozialdarwinismus und seine Folgen. München 1955.

---

56 Polak: Weg, S. 60 f.

Daiber, Albert: Anno 2222. Ein Zukunftstraum. Stuttgart (Strecker & Schröder) ²1905.

Darwin, Charles: Über die Entstehung der Arten im Thier- und Pflanzenreich durch natürliche Züchtung oder Erhaltung der vervollkommneten Rassen im Kampfe um's Daseyn. Hrsg. von Thomas Junker. Reprint-Ausgabe. Darmstadt 2008.

Fischer, Wilhelm B.: Lasswitz' Shorter Science Fiction. The Anthologies „Bilder aus der Zukunft", „Seifenblasen", and „Traumkristalle". In: The Empire Strikes Out. Kurd Lasswitz, Hans Dominik, and the Development of German Science Fiction. Bowling Green 1984, S. 83-122.

Flechtheim, Ossip K.: Futurologie – eine Antwort auf die Herausforderung der Zukunft? In: Robert Jungk (Hrsg.): Menschen im Jahr 2000. Eine Übersicht über mögliche Zukünfte. Frankfurt/M. 1969, S. 43-49.

Friedrich, Hans-Edwin: Science-Fiction. In: Dieter Lamping (Hrsg.): Handbuch der literarischen Gattungen. Stuttgart 2009, S. 672-677.

Glaw, Thomas: Realität und Utopie. Studien zu Staatsverständnis und Zukunftsvision im deutschen utopischen Roman nach 1871. München 1999.

Henne am Rhyn, Otto: Aria. Das Reich des ewigen Friedens im zwanzigsten Jahrhundert. Ein Zukunftsbild. Pforzheim (Haug) 1895.

Hölscher, Lucian: Utopie. In: Utopian Studies 7 (1996) 2, S. 1-65.

Innerhofer, Roland: Deutsche Science Fiction, 1870-1914. Rekonstruktion und Analyse der Anfänge einer Gattung. Wien 1996.

Jungk, Robert: Die Chance der Imagination. In: Ders.: Zukunft zwischen Angst und Hoffnung. Ein Plädoyer für die politische Phantasie. München 1990, S. 85-96.

Kretzmann, Edwin M. J.: German Technological Utopias of the Pre-War Period. In: Annals of Science 3 (1938), S. 417-430.

Laßwitz, Kurd: Bis zum Nullpunkt des Seins. Erzählung aus dem Jahre 2371. In: Kollektion Lasswitz. Neuausgabe der Schriften von Kurd Laßwitz in der Fassung der Texte letzter Hand. Hrsg. von Dieter Reeken. Abt. I., Bd. 1. Lüneburg 2008, S. 16-64.

Liebknecht, Wilhelm: Vorwort. In: William Morris: Kunde von Nirgendwo (News from Nowhere). Eine Utopie der vollendeten kommunistischen Gesellschaft. Neu hrsg. von Gerd Selle. Köln 1974, S. 37-40.

Mantegazza, Paul: Das Jahr 3000. Ein Zukunftstraum. Aus dem Italienischen von Willy Alexander Kastner. Jena (Costenoble) 1897.

Michler, Werner: Darwinismus und Literatur. Naturwissenschaftliche und literarische Intelligenz in Österreich, 1859-1914. Wien 1999.

Michler, Werner: Zukunft und Augenblick. Utopien der Jahrhundertwende. In: Ulrike Tanzer, Eduard Beutner, Hans Höller (Hrsg.): Das glückliche Leben – und die Schwierigkeit, es darzustellen. Glückskonzeptionen in der österreichischen Literatur. Beiträge des 14. Österreichisch-Polnischen Germanistentreffens Salzburg 2000. Wien 2002, S. 17-32.

Nagl, Manfred: Science Fiction in Deutschland. Untersuchungen zur Genese, Soziographie und Ideologie der phantastischen Massenliteratur. Tübingen 1972.

Peck, Clemens: Im Labor der Utopie. Theodor Herzls Altneuland-Projekt. Frankfurt/M. 2012.

Polak, Fred L.: Auf dem Weg zum Ziel der Ziele. In: Robert Jungk (Hrsg.): Menschen im Jahr 2000. Eine Übersicht über mögliche Zukünfte. Frankfurt/M. 1969, S. 50-62.

Reeken, Dieter von: Vorbemerkungen und editorische Hinweise. In: Kurd Laßwitz: Kollektion Lasswitz. Neuausgabe der Schriften von Kurd Laßwitz in der Fassung der Texte letzter Hand. Hrsg. von Dieter Reeken. Abt. I., Bd. 1. Lüneburg 2008, S. 7-15.

Riederer, Franz Xaver: The German Acceptance and Reaction. In: Sylvia E. Bowman (Hrsg.): Edward Bellamy Abroad. An American Prophet's Influence. New York 1962, S. 151-205.

Riha, Karl: Science Fiction und Phantastik. Zur unterschiedlichen literarischen Reaktion auf den technischen Prozeß um die Jahrhundertwende. In: Götz Grossklaus, Eberhard Lämmert (Hrsg.): Literatur in einer industriellen Kultur. Stuttgart 1989, S. 239-257.

Ritter, Claus: Start nach Utopolis. Eine Zukunfts-Nostalgie. Frankfurt/M. 1978.

Rottensteiner, Franz: Kurd Lasswitz. A German Pioneer of Science Fiction. In: Thomas D. Clareson (Hrsg.): SF: The Other Side of Realism. Bowling Green 1971, S. 289-306.

Rottensteiner, Franz: Kurd Laßwitz' „Bilder aus der Zukunft". In: Dietmar Wenzel (Hrsg.): Kurd Laßwitz. Lehrer, Philosoph, Zukunftsträumer. Die ethische Kraft des Technischen. Meitingen 1987, S. 79-94.

Sengle, Friedrich: Biedermeierzeit. Deutsche Literatur im Spannungsfeld zwischen Restauration und Revolution 1815-1848. Bd. 2. Stuttgart 1972.

Seybold, Eberhard: Das Genrebild in der deutschen Literatur. Vom Sturm und Drang bis zum Realismus. Stuttgart 1967.

Suttner, Bertha von: Das Maschinenzeitalter. Zukunftsvorlesungen über unsere Zeit. Dresden, Leipzig (Piersons Verlag) 1899.

Venir, A. (Christian Stephan Grotewold): Ein Blick nach vorn. Staatssozialistischer Zukunftsroman. Leipzig (Deutsche Verlagsactiengesellschaft) 1906.

Wagner, Karl: Die literarische Öffentlichkeit der Provinzliteratur. Der Volksschriftsteller Peter Rosegger. Tübingen 1991.

Waldau, Max: Nach der Natur. Lebende Bilder aus der Zeit. Teil 1-3. Hamburg (Hoffmann & Campe) ²1851.

Weingart, Peter; Kroll, Jürgen; Bayertz, Kurt (Hrsg.): Rasse, Blut und Gene. Geschichte der Eugenik und Rassenhygiene in Deutschland. Frankfurt/M. 1996.

Wolff-Thomsen, Ulrike: Weltende oder Zeiten(w)ende? Endzeit und Zukunftsvorstellungen in der bildenden Kunst um 1900. In: Manfred Jakubowski-Tiessen (Hrsg.): Jahrhundertwenden. Endzeit- und Zukunftsvorstellungen vom 15. bis zum 20. Jahrhundert. Göttingen 1999, S. 327-347.

Wunberg, Gotthart: Utopie und Fin de siècle. Zur deutschen Literaturkritik vor der Jahrhundertwende. In: Ders.: Jahrhundertwende. Studien zur Literatur der Moderne. Tübingen 2001, S. 149-167.

Sektion C
Literarische Organisationen des Faktischen

Annette Graczyk

Das Fragment in der Aufklärung

Nach allgemeiner Überzeugung entsteht die Literaturgattung des Fragments 1797, als Friedrich Schlegel eine Sammlung von über hundert Gedanken und Einfällen mit dem Titel *Kritische Fragmente* veröffentlichte. Zum Schauplatz des romantischen Fragments wird in den nachfolgenden Jahren dann bekanntlich vor allem die Zeitschrift *Athenäum*. Im 24. *Athenäumsfragment* trifft Schlegel 1798 die für das moderne Fragment charakteristische Unterscheidung: „Viele Werke der Alten sind Fragmente geworden. Viele Werke der Neuern sind es gleich bei der Entstehung."[1]

In der Forschung weiß man durchaus, dass es eine *essayistische* Vorgeschichte des Fragmentarismus etwa bei Montaigne im 16. und bei Pascal im 17. Jahrhundert gibt. In der Vorgeschichte von Collage und Montage hat man zudem noch ältere Vorformen wie den bereits aus der Antike stammenden poetischen *Cento*, das im 14. und 15. Jahrhundert zunächst poetische, dann musikalische *Quodlibet* oder das sich begrifflich im 16. Jahrhundert verankernde, zunächst nur bildkünstlerische *Capriccio* auf ihren offenen bzw. verdeckten Fragmentarismus hin befragt.[2] Weniger bekannt ist indes, dass das Fragmentieren 40 Jahre vor den Romantikern als Darstellungsform praktiziert und öffentlich reflektiert wurde. Auf einige seiner fragmentierenden Vorläufer wie Lessing oder Herder hat Schlegel selbst verwiesen. Aber nicht nur diese beiden Autoren haben Fragmente geschrieben und herausgegeben. Schlegels Hinweis fasst vielmehr eine schon seit Jahrzehnten bestehende Entwicklung zusammen.

In der zweiten Hälfte des 18. Jahrhunderts – genauer: seit den 1760er Jahren – gewinnt das Fragment eine neue erkenntnistheoretische und künstlerische Qualität. Um sie zu profilieren, soll sie hier zunächst vom Fragment alten Typus, nämlich dem überlieferten bzw. überlieferungsbedingten Fragment abgegrenzt werden. Überlieferte Fragmente wurden schon seit der Renaissance und der Frühen Neuzeit in den Bereichen Archäologie, Frühgeschichte, Altphilologie und Kunstgeschichte gesammelt. Sie wurden zugleich Gegenstand fachlicher, aber auch philosophischer und religiöser Betrachtungen. In der Renaissance

---

1 Schlegel: Athenäums-Fragmente, S. 107.
2 Vgl. Möbius: Montage, S. 48-59, S. 80 sowie passim zu anderen Vorläufern fragmentarischer Verfahren.

bürgerten sich auch die aus dem lateinischen *Fragmentum* abgeleiteten Termini in den europäischen Sprachen ein, entsprechend auch der Ausdruck „das Fragment" im Deutschen.

Angesichts der zunehmenden Funde vor allem archäologischer Fragmente im 18. Jahrhundert (namentlich in Pompeji, Herculaneum und Paestum) wurden diese Traditionen verstärkt fortgeführt und führten zu einer Faszination am Fragmentarischen. Gleichzeitig entwickelte sich auch im Bereich der Philologie ein verschärftes Bewusstsein davon, dass uns von den vergangenen, besonders den antiken Kulturen nur ein sehr lückenhaftes und bruchstückhaftes Wissen erhalten ist. Es wird zumeist in beschädigten Manuskripten oder in Zitaten bzw. Paraphrasen späterer Denker überliefert, die noch Zugang zu den Quellen oder Denktraditionen hatten. In diesem Sinne blickt etwa Herder in seiner späteren Zeitschrift *Adrastea* nicht nur freudig, sondern auch mit Wehmut auf die erhaltenen Fragmente antiker Autoren zurück, weil sie für ihn doch zugleich von den unwiederbringlichen Verlusten der Überlieferung zeugen.

Von der Renaissance bis weit über das 18. Jahrhundert hinaus war es üblich, beschädigte Skulpturen aus der Antike zu vervollständigen; man ergänzte sie durch Funde fremder Köpfe oder Gliedmaßen anderer Skulpturen oder durch ergänzende Neumodellierungen. Die Puristen waren mit der Auffassung in der Minderheit, dass die antiken Künstler sogar noch in den überkommenen Bruchstücken unübertreffliche Meisterwerke hinterlassen haben. Sie konnten sich dabei auf Michelangelos demutsvolle Weigerung beziehen, den berühmten Torso vom Belvedere durch eigenes Zutun zu vervollständigen. Damit wuchs den exzeptionellen skulpturalen Fragmenten und sogar den Torsi – über die archäologische Wertschätzung hinaus – das ästhetische Prestige zu, ein unverfälschtes Zeugnis antiker Meisterschaft zu sein. In diesem Sinne widmete Winckelmann dieser (von ihm so genannten) „verstümmelte[n] Statue" 1759 eine eingehende „Beschreibung".[3] Soweit zum überlieferten bzw. überlieferungsbedingten Fragment.

Nur angedeutet werden soll hier eine weitere Bedeutung, wie man sie auch in der *Encyclopédie* von Diderot und D'Alembert ansatzweise nachlesen kann:[4] In der Literatur bezieht man das Fragment auch auf nicht-vollendete Schriften etwa im Nachlass von jüngeren Autoren. Sie werden für die Nachwelt interessant, weil man glaubt, dass sie wichtige, wenn auch unfertige Denkanstöße für die eigene Gegenwart haben könnten.

---

3 Winckelmann: Beschreibung, S. 33.
4 Vgl. den Artikel „Fragment" in: Encyclopédie, Bd. 7, S. 273 f.

Das Fragment in der Aufklärung 191

Entscheidend für die zunehmende Bedeutung des Fragments Mitte des 18. Jahrhunderts jedoch ist, dass es – im Unterschied zum überlieferten oder nachgelassenen Fragment – nunmehr aus freien Stücken eigens künstlich hergestellt wurde. Besonders ab den 1760er Jahren bis über die Wende zum 19. Jahrhundert hinaus erscheinen auf dem Buchmarkt neue Schriften, die sich bereits im Titel als „Fragmente" oder auch „Bruchstücke" bezeichnen – und das in einer bisher nicht gekannten und zunehmenden Dichte in „allen Bereichen des Wissens und des öffentlichen Interesses". So resümiert es Justus Fetscher 2001 in seinem einschlägigen Artikel zum „Fragment" in den *Ästhetischen Grundbegriffen*.[5] Die Grundlage für ein derartiges Resümee hat Dirk Schröder geliefert, indem er 1976 eine Liste von mehreren hundert Titeln veröffentlichte, ohne allerdings zwischen Fragment und Aphorismus zu differenzieren.[6] Schröders Liste, die das Vorfeld der Fragmentästhetik von Novalis klären sollte, würde sich noch stark vermehren, wenn man verwandte Begriffe wie „Brocken", „Mosaiken" oder „Rhapsodien" als Titelbezeichnungen berücksichtigen würde.

Diese quantitative Häufung des Fragmentbegriffs in den Buchtiteln ist ein Indikator für die gestiegene Bedeutung des Fragments. Gerade bedeutende Autoren setzten sich aber mit dem Fragmentarismus auch *qualifizierend* auseinander; etliche verstanden sich als Fragmentisten. Klopstock bekundet etwa seit 1749, dass er am liebsten „stü[c]kweise" bzw. „in kleinen Fragmentchen" arbeite.[7] Die historisch-kritische Klopstock-Edition stuft sein Großepos *Der Messias* (1748-1773) sowie *Die deutsche Gelehrtenrepublik* (1774) heute als „rhapsodische Produkte" eines „verkappten" „Fragmentisten" ein.[8] Noch während seines Aufenthalts in London bekennt sich Hamann 1758 in seinem Tagebuch zu einer Ästhetik der „Brocken",[9] die er gegen das Systemdenken setzt. Er veröffentlicht später nicht nur Fragmente, sondern auch Rhapsodien und Mosaiken.[10] Diese beiden weiteren Begriffe werden schon seit Montaigne dem Essayismus, man könnte auch sagen: dem essayistischen Fragmentarismus zugezählt. Eine weitere Schlüsselfigur für den Fragmentarismus in Deutschland ist Herder. Dass

---

5   Fetscher: [Art.] Fragment, S. 556 f.
6   Schröder nennt über 400 Titel; hinzu kommt noch eine Vielzahl von anonym veröffentlichten Fragmenten. Vgl. Schröder: Fragmentpoetologie, S. 532-574.
7   Zit. n. Hurlebusch: Klopstock, S. 22.
8   Ebd., S. 20.
9   Vgl. den dritten Abschnitt von Hamanns *Tagebuch eines Christen* mit dem programmatischen Titel „Brocken" und dessen einleitende Erklärung. Hamann: Sämtliche Werke, Bd. 1, S. 298-309.
10 Vgl. Hamann: Essais; Hamann: Aesthetica; Hamann: KONXOMPAX.

ausgerechnet er in Schröders Liste fehlt, zeigt, dass der Fragmentarismus des 18. Jahrhunderts noch umfänglicher ist, als es Schröders Verzeichnis ausweist. Herder zerstückelt in den 1760er Jahren Lessings *Literaturbriefe* und „näht" sie, wie er selbst schreibt, nach eigenem Belieben zusammen. Anders gesagt: er fragmentiert die jüngst erschienenen Nummern einer Zeitschrift und nutzt sie als Steinbruch für eigene Entwürfe. Das Ergebnis veröffentlicht er unter dem Titel *Ueber die neuere Deutsche Litteratur* als „Sammlungen" von „Fragmenten".[11] Für Ernst Zinn ist Herder daher der „eigentliche ‚Fragmentist' unter den deutschen ‚Klassikern'"; er habe „die fragmentarische Äußerungsform längst vor den Romantikern [...] herausentwickelt."[12] In ähnlicher Weise schreibt Herder dann ein literarisches Denkmal in Form eines „Torso" auf den 1766 verstorbenen Thomas Abbt.[13] Nach eigenem Bekunden will er diesen Torso aus den wiederum nur „zerstückten Entwürfen" von Abbt hervorgehen lassen. Von Abbt selbst erscheint zu dieser Zeit posthum ein historisches „Fragment" *der ältesten Begebenheiten des menschlichen Geschlechts*.[14] In Zürich veröffentlicht Lavater *Unveränderte Fragmente* aus seinem *Tagebuch* sowie seine umstrittenen *Physiognomischen Fragmente*,[15] die Lichtenberg mit einem *Fragment von Schwänzen* konterkariert.[16] In Wolfenbüttel löst Lessing in den 1770er Jahren als Fragmentist von Reimarus den berühmten theologischen „Fragmentenstreit" aus,[17] wobei besonders er, wie ihm später der Fragmentist Friedrich Schlegel bescheinigt, Fragment und Kritik zusammenführt.

Man diskutiert Ende der 1770er Jahre in „Fragmenten und Antifragmenten" bzw. teilt eine Schrift in „Fragmente" ein. Auch Kant bezeichnet 1766 im ersten Teil seiner satirisch-philosophischen *Träume eines Geistersehers* das zweite und

---

11 Herder: Litteratur.
12 Zinn: Fragment, S. 167.
13 Herder: Abbts Schriften.
14 Abbt: Fragment.
15 Lavater: Unveränderte Fragmente; Lavater: Physiognomische Fragmente.
16 Lichtenberg: Fragment. Das größere Publikum hingegen fühlte sich von Lavaters Unternehmen so angesprochen, dass es von sich aus mitarbeitete und dem Autor Materialien zusandte. Vgl. Graczyk: Neubegründung.
17 Lessing veröffentlichte von 1774 bis 1778 aus dem ihm anvertrauten Nachlass des 1768 verstorbenen Hermann Samuel Reimarus unter verschiedenen Titeln insgesamt sieben „Fragmente eines Ungenannten". Es handelt sich um Auszüge aus der *Apologie oder Schutzschrift für die vernünftigen Verehrer Gottes* von 1767. Lessing hatte aber nicht das fertige Werk, sondern nur Entwürfe und Teile davon in der Hand. Seine theologisch problematischen, so genannten „Wolfenbütteler Fragmente" sind der Anlass des berühmten „Fragmentenstreits" mit dem Pfarrer Goeze u.a.

das dritte Hauptstück, die er beide polemisch in eine miteinander kontrastierende Parallele setzt, als „Fragmente".[18] Seit den 1780er Jahren trägt man mit „Fragmenten" zur philosophischen, politischen, historischen, literarischen, theologischen, medizinischen bzw. naturkundlichen Diskussion bei. Das Fragment wird in der zweiten Hälfte des 18. Jahrhundert nicht nur programmatisch verwendet; es wird auch öffentlich und polemisch diskutiert. Wenngleich das Fragment vor allem bei Hamann mit einem dezidiert aufklärungskritischen Impuls in Dienst genommen wird, erweist es sich doch, im Ganzen gesehen, als Sache und Praxis eines kritischen Denkens, das die Aufklärung selbstaufklärerisch erweitert, indem auch dem Bruchstückhaften, Entwurfhaften und Assoziativen ein Erkenntniszuwachs zugesprochen wird.

Wie lässt sich die beschriebene Aufwertung des Fragments begreifen? Es wäre naiv, auf diese Frage eine eindeutige Antwort nach Maßgabe von Kausalität zu erwarten. Die breite Semantik des Begriffs und seiner verwandten Bezeichnungen lässt sich nicht auf einen Nenner zurückführen. Wie schon angedeutet, findet sich das Begriffsfeld in sehr verschiedenen Bereichen mit teils historischer Tradition, aber auch einer neu in der Gegenwart des späten 18. Jahrhunderts entstehenden Praxis. Es muss vielmehr von einer Konstellation gesprochen werden, in der sich ähnliche Tendenzen in verschiedenen Bereichen entwickeln, die sich gegenseitig beeinflussen und verstärken. Sie führen dazu, dass das Fragmentarische mindestens zum *Vorboten* grundlegender Veränderungen wird, die in der darauf folgenden Romantik mit Hilfe des Fragment-Begriffs als beginnende Moderne verstanden werden.

Ein wichtiger Schlüssel zur Klärung ist die im 18. Jahrhundert betriebene historisch-kritische Methode in der Erschließung überkommener Texte. Aus ihr folgt unter Umständen, dass sich vermeintlich geschlossene Texte in Bruchstücke auflösen. So gelangt Herder zu der Erkenntnis, dass das bislang kanonisierte *Alte Testament*, speziell die *Genesis*, aus Fragmenten zusammengesetzt ist, die unterschiedlichen Quellen und Überlieferungen zuzuordnen sind. Er versteht Moses als einen Sammler von Fragmenten, deren Spuren sich in den altorientalischen Kulturen verlieren.

Fragmente wurden nicht nur gefunden oder nachgemacht; vielmehr lösen sich vormalige Gewissheiten durch neue textkritische Erkenntnisse in Fragmente auf und erlangen dadurch eine epistemische Bedeutung. Die nunmehr

---

18 „Zweites Hauptstück. Ein Fragment der geheimen Philosophie, die Gemeinschaft mit der Geisterwelt zu eröfnen" (Kant: Träume, S. 29); „Drittes Hauptstück. Antikabala. Ein Fragment der gemeinen Philosophie[,] die Gemeinschaft mit der Geisterwelt aufzuheben" (ebd., S. 58).

als Bruchstücke erkannten Texte können zwar mit größerer Gewissheit als zuvor als Zeugnisse gelten, doch bleiben viele Fragen offen, so dass die Zeugnisse in ihrer Unvollständigkeit und unklaren Herkunft zugleich auch Erkenntnisschranken sind.

Auch Homer ist für Herder ein herausragender Zeuge fragmentarischer Überlieferung, weil er Bruchstücke aus verzweigten Mythen gebündelt hat. Er ist für Herder ein Rhapsode, der aus der Tradition nahm und künstlich zusammenfügte, aber die alten Gesänge auch künstlerisch ,zusammenflochte' und ,zusammenstimmte'.[19] Die Sensibilität gegenüber der Überlieferung führt Herder aber auch in die Irre, indem er – wie viele seiner Zeitgenossen – an die Echtheit der Ossiangesänge von Macpherson glaubt. Dieser hatte seine Fälschung 1760 als „Fragmente" veröffentlicht, um ihr die Patina von echten Fundstücken aus der Vergangenheit zu geben.[20] Es ist bei Herder gerade die Faszinationskraft der Fragmente als solche, die ihn davon überzeugt, die vermeintlich authentischen Zeugnisse eines autochthonen nordischen Mythos vor sich zu haben. Herder hält das Fragmentarische der Ossiangesänge nicht nur für überlieferungsbedingt; er erwägt sogar, ob das Fragmentarische nicht Absicht ist, um eine formale Diskontinuität zu erzeugen. Er findet dafür die energetischen Kompositionsformen „Wurf" und „Sprung". In diesen Vermutungen ist er hellsichtig und blind zugleich, denn Macpherson hatte genau diesen Impuls, wenn auch als Herausgeber angeblicher Ossiangesänge. Er schrieb für die Leser seiner Zeit und sein Leser Herder erkannte und anerkannte die gestalterischen Absichten, schrieb sie aber dem nordischen Rhapsoden zu; die Herausgeberschaft von Macpherson stellte er nicht infrage.

Die aus der historisch-kritischen Methode resultierende Verunsicherung verbindet sich bei Herder mit der vor allem im deutschen Protestantismus überkommenen Auffassung, nach der alles menschliche Erkennen nur Stückwerk sei. Sie beruft sich auf Luthers Übersetzung von Paulus' erstem Brief an die Korinther. Hamann, Herder und besonders Lavater ordnen sich dieser Tradition zu. Für diese Autoren gilt mit Blick auf Paulus, dass das wahre Erkennen erst künftig, im Stande der heilsgeschichtlichen Vollendung möglich sein wird.[21] Auf Hamann wird auch die neue Konjunktur des Begriffs „Brocken"

---

19 Vgl. Herder: Werke, Bd. 10: Adrastea, S. 785, 783. Herder übersetzt Rhapsode allerdings nicht etwa als ,Zusammennäher' oder ,Zusammenflicker' von Gesängen, sondern als „Gesangsticker oder Wirker" (ebd., S. 785, Anm. 119).
20 Macpherson: Fragments. Die erste deutsche Übersetzung von Johann Andreas Engelbrecht erschien 1764 in Hamburg.
21 Vgl. Zinn: Fragment, S. 161 u. 166 f. Vgl. weiter Behler: Fragment, S. 127.

zurückgeführt, mit dem Luther in der Übersetzung des Speisungswunders im Johannesevangelium das Wort „fragmentum" ins Deutsche übersetzt.[22] In diesen Fällen begünstig die religiöse Tradition die Akzeptanz der aufklärerischen Lektüre, und auch umgekehrt wird die religiöse Tradition durch die historisch-kritische Methode bestätigt. Radikal zu Ende gedacht, ist der Anschluss der religiösen Sicht an die Moderne freilich umwälzend, weil er die Religiösität selbst infrage stellt.

Die aufklärerische Lektüre unterminiert mit ihrem Zweifel nicht nur die Geschlossenheit der religiösen Überlieferung, sondern auch das säkulare, rationalistische Systemdenken. Die Wertschätzung des Bruchstückhaften geht auf verschiedenartige Impulse zurück, destruiert aber in jedem Fall jegliches Systemdenken. Bei Hamann herrschen religiöse Motive vor, bei ihm tritt die grundsätzliche Verunsicherung besonders klar hervor, wenn er schreibt: „Wir leben hier von Brocken. Unsere Gedanken sind nichts als Fragmente. Ja unser Wissen ist Stückwerk."[23] Und an anderer Stelle: „Wahrheiten, Grundsätze[n], Systems [sic] bin ich nicht gewachsen. [Sondern nur; A. G.] Brocken, Fragmente[n], Grillen, Einfälle[n]."[24]

Herder stellt zudem fest, dass die zeitgenössischen Leser geistig vielfach nur von Fragmenten leben. So würden etwa die Zitate antiker Autoren vorwiegend durch die zeitgenössische Sekundärliteratur vermittelt. Anders gesagt: die Autoren würden selbst kaum noch oder nur in Ausschnitten gelesen. Herder zufolge wurde, angesichts des expandierenden Buchmarktes, auch die wissenschaftliche Literatur der Gegenwart kaum selbst gelesen, sondern vorwiegend durch das Rezensionswesen aufgenommen und verbreitet. Mit dieser Erkenntnis über die damals einsetzende Praxis der Wissensverarbeitung im Rücken nimmt Herder viele Werke seiner Zeitgenossen nicht ganzheitlich, sondern als „Ruinenhaufen", Zitatenflicken oder zusammengeschossene Kollektaneen wahr. Diese Kennzeichnung ist von ihm in der Regel nicht pejorativ gemeint, denn es ist ihm nur zu gut bewusst, dass sich auch seine eigene Literatur aus Exzerpten und Kollektaneen speist, die er aus den Schriften der Vorgänger notwendigerweise fragmentierend exzerpiert hat.

Damit deutet sich eine weitere Dimension des Fragments an, die der expliziten Programmatik vorgelagert ist. Das Zerstückeln von Wissen gehört zwar schon seit der Frühen Neuzeit zur Exzerpierpraxis. Hans Georg von Arburg hat

---

22 Vgl. Zinn: Fragment; Behler: Fragment.
23 Hamann: Tagebuch, S. 299.
24 Vgl. Johann Georg Hamanns Brief an Johann Gotthelf Lindner vom 12.10.1759. In: Hamann: Briefwechsel, S. 431.

aber 2004 mit Blick auf Lichtenberg darauf hingewiesen, dass im 18. Jahrhundert unter anderem auch englische Traditionen einflussreich werden. Diese empfehlen das Fragmentieren von Lern- und Lesestoffen, um dem Lernenden Freiräume für neue, geistreiche Beziehungen und Beleuchtungen zu eröffnen.[25] Man erkennt, dass der Aphorismus etwa bei Lichtenberg mit der Exzerpier- und Kollektaneentechnik zusammenhängt.[26]

In dieser Hinsicht ist das nachträgliche Zeugnis eines Königsberger Studiengenossen von Herder über dessen Exzerpiertechnik aufschlussreich. Der spätere „Kriegs- und Admiralitätsrath" Carl Gottlieb Bock hatte die Anfänge von Herders literarischer Karriere miterlebt und berichtet darüber später in einem kleinen Gedenkaufsatz.[27] Bock hatte in den Jahren 1763 und 1764 zusammen mit Herder die Vorlesungen von Kant besucht und will Herder auf die Idee gebracht haben, sich über die führenden Literaturzeitschriften und deren Rezensionswesen „am leichtesten theoretische Kenntniß und Geschmack" in der „neuern Literatur" anzueignen. Laut Bock hatte Herder dabei die bei Studenten durchaus erwartbare Gewohnheit, sich „gehaltreiche Auszüge aus dem, was er las, zu machen und das unterließ er am wenigsten bei den [Lessingschen] Literatur-Briefen, die ihn durch Inhalt und lebendigen Vortrag sonderlich anzogen." Schon damals hatte Herder den Vorsatz, „fragmentarische Zusätze zu diesem Werke zu machen". Herder habe ihm noch vor der Abreise nach Riga einige daraus entstandene „Bemerkungen" zu lesen gegeben; Bock habe sie später in den gedruckten Literaturfragmenten, „wiewohl weiter ausgeführt", wiedererkannt. Ernst Zinn vermutet, dass Herders „Fragmentarismus" auch mit der Miszellaneen-Mode des 18. Jahrhunderts zusammenhängen könnte.[28]

Diese vermutlich verallgemeinerbare Praxis kennzeichnet einen sanften Übergang von den Fragmenten als überlieferten Bruchstücken zur neuartigen Herstellung von Fragmenten.

Sie erreicht in den 60er Jahren des 18. Jahrhunderts eine neue Qualität, als viele Veröffentlichungen dem Publikum geradezu demonstrativ als Fragmente präsentiert werden. Besonders augenscheinlich ist das neue Interesse des 18. Jahrhunderts am Fragmentarischen bei den künstlichen Ruinen,

---

25 Arburg: Mann, S. 28.
26 Vgl. Mayer: Rhetorik.
27 Diesen Aufsatz von 1805 druckt Herders Sohn Emil Gottfried später in der Ausgabe der Briefe seines Vaters als „Dritte Beilage" mit ab. Bock: Anfänge, S. 134 f. Vgl. auch Otto: Entstehung, S. 682.
28 Vgl. Zinn: Fragment, S. 167.

die seit Mitte des Jahrhunderts (von vereinzelten Vorläufern abgesehen) zunächst in den neuartigen Englischen Gärten gebaut wurden. Diese Landschaftsgestaltung setzte sich später auch auf dem Kontinent durch; mit ihnen gelangten auch die künstlichen Ruinen in die kontinentaleuropäischen Gartenanlagen.[29] Die Forschung hat diese künstlichen (wie auch die echten) Ruinen sowie deren Rezeption in disziplinären Arbeiten untersucht, doch ist der Befund nur selten[30] auf das breitere Fundament des Fragmentarismus gestellt worden.

In den Englischen Gärten wurden antike Bauten errichtet, unter anderem, um einem Bildungsbedürfnis entgegenzukommen, das man sonst nur auf einer *Grand Tour* etwa in Italien befriedigen konnte. Integere Nachbauten von klassisch-antiken Vorbildern bedienten dieses Bedürfnis uneingeschränkt; die nachgebauten Ruinen dienten aber nur teilweise einer Vergegenwärtigung antiker Bildung. Mit den ruinösen Bauten wurden Verlust und Vergänglichkeit verbunden; diese Wirkung wurde in der Gartengestaltung gesteigert, indem man kunstvoll Trümmer um die Ruinen gruppierte und die Vegetation aus den Gemäuern und Steinen sprießen ließ. In solchen Arrangements wurden beispielsweise ruinöse römische Torbögen sowie ruinöse antike Tempel, aber auch Aquädukte sowie Ruinenbrücken und sogar Amphitheater nachgebaut (Abb. 1).

In dieser, von der Antike abgelösten, gegenwartsbezogenen Rezeption kam auch die pittoreske Wirkung der Ruinen in den Blick; sie wurde für die Gartentheorie folgerichtig zu einem explizit formulierten Gestaltungsziel. Für den englischen Theoretiker des Pittoresken William Gilpin tragen etwa „ein ruinöser Turm, ein gotischer Bogen oder Überreste von Schlössern und Abteien" zum Reiz einer pittoresken Schönheit bei,[31] die nicht mehr auf dem Regelmäßigen basiert, sondern nur im Kontrast mit dem Rauhen und Gebrochenen zu erreichen war. Gilpin forderte die Zeitgenossen sogar auf, ein Gebäude mit Hammer und Meißel zerstörend zu bearbeiten, damit es eine pittoreske Wirkung entfalte. Das Fragmentarische erschien reizvoller als das Unversehrte.

Diese Abkehr von der Regelhaftigkeit kam vollends bei den gotisierenden Ruinen zum Durchbruch. Sie wurden ebenfalls gebaut und passten sich, der damaligen Gartentheorie zufolge, besser in eine nordische Landschaft ein. Bei den

---

29 Zur künstlichen Ruine im Landschaftsgarten vgl. Hartmann: Ruine; Zimmermann: Ruinen; Siegmund: Ruine. Zum englischen Garten vgl. Buttlar: Landschaftsgarten.
30 Eine Ausnahme ist Elizabeth Wanning Harries, die auf den Zusammenhang punktuell eingeht. Vgl. Harries: Manner.
31 Gilpin: Three Essays, S. 46. [Dt. Übers. von mir, A.G.]

Abb. 1: Künstliche Ruine in Kew Gardens, London. Kupferstich von William Woollett nach Joseph Kirby, 1763. Aus: William Chambers: Plans, Elevations, Sections and Perspective Views of the Gardens and Buildings at Kew in Surry, London 1763; Republ. Farnborough, Hants (Gregg) 1966, Taf. 42

gotisierenden Ruinen erlaubte man sich größere Freiheiten der Phantasie; man gab dem Irregulären und Verwunschenen größeren Raum zur Entfaltung.[32] Mit dieser Lizenz baute man beispielsweise Kirchenruinen, ruinöse Burgtürme, gotisierende Ritterburgen oder Burgreste.

Während man von den überlieferten Fragmenten annehmen kann, dass sie ehemals zu einem nun verlorenen Ganzen, einer Figur, einem Ensemble oder eben einem Werk gehört haben, bauen die im 18. Jahrhundert entstehenden künstlichen Ruinen und literarischen Fragmente von vornherein *zumeist* nicht auf Geschlossenheit, sondern auf den Fragmentcharakter. Als Bruchstücke mögen sie zunächst suggerieren, dass sie aus einem unvollständig überlieferten Ganzen stammen. Nach der ersten Überraschung wird das Publikum dann aber mit der Zumutung konfrontiert, mit dem absichtlich Unvollständigen aus zeitgenössischer Produktion zufrieden zu sein. Die künstlichen Fragmente aus der Gegenwart können daher nicht auf den *historischen* Reiz der Überlieferung bauen; sie setzen stattdessen auf den *ästhetischen* Reiz, der den bedeutenden Zeugnissen früherer Zeiten ebenfalls eigen ist. Allerdings gibt es damals auch schon Kompilationen, in denen Fragmente gleichsam versteckt werden. Johann Mattheson empört sich, dass musikalische Phrasen unverfroren nicht etwa zitiert, sondern gehäuft für ein neues Werk verwendet werden. Hier zeigt sich bereits die modern anmutende Nähe von Fragment und Plagiat, die aber hier nur am Rande erwähnt werden soll.

Die anfangs gegebenen Selbstzeugnisse von Autoren zeigen, dass das Fragment besonders als literarisches Muster gepflegt wird. Im Literarischen stellt sich das Fragment in die Tradition des Essayistischen und steht für das Unvollständige, das noch nicht zu Ende Gedachte.[33] Doch wird das absichtsvoll

---

32 Zur gotischen Ruine vgl. Graczyk: Ruine.
33 Seit langem beschäftigt sich die Forschung mit der Frage, in welchem Verhältnis der Essay als offene Schreibform eines suchenden Denkens, beginnend bei Montaigne und Pascal, zum Fragment steht. Hugo Friedrich spricht schon in Bezug auf Montaigne explizit vom „Fragmentarismus" und führt Selbstaussagen des Autors an, mit denen dieser sein Verfahren als Mosaik, sowie als „fricassé", „rapsodie" oder „mes brisées" bezeichnet (Friedrich: Montaigne, S. 318, 320). Man hat diese Untersuchungen des Essays bis hin zu dessen Weiterungen im modernen Essayroman (etwa Musils) oder im filmischen Essay fortgeführt (vgl. Haas: Studien; Möbius (Hrsg.): Versuche). Als Berührungspunkte von Essay und Fragment werden allgemein der Entwurfscharakter, die Vorläufigkeit, der Versuchsstatus sowie die Nicht-Abgeschlossenheit einer Denkbewegung genannt, die im Leser weiterlaufen soll (vgl. Haas: Studien, S. 18, 32). Andererseits hat Helmut Henrichs Fragment und Essay gegeneinandergestellt: der Essay wolle, obwohl er sich als Versuch bezeichne, vom „‚Entwurf' schon die

zufällige, bruchstückhafte Fundstück auch als neuartiges Stilmittel verwendet. Die Romane von Lawrence Sterne sind mit ihrem launigen Erzählstil geradezu ein Kompendium variantenreicher Fragmentierungen, das über England hinaus auf Europa ausstrahlte. Zu nennen ist vor allem das eingeschobene „Fragment" „aus Rabelais' Zeiten" in der *Sentimental Journey* von 1768. Der Ich-Erzähler findet es in Paris auf einem Makularturblatt in altem Französisch vor, auf dem ihm sein Bursche einen gerade eingekauften Stich Butter serviert. Er mutmaßt, dass es vielleicht von Rabelais selbst stammen könnte. Die „gothischen Buchstaben" waren „durch Schimmel und durch die Länge der Zeit so bleich und unleserlich geworden", dass es dem Ich-Erzähler erst nach mehreren Anläufen und mit erheblicher Mühe gelingt, sie zu entziffern.[34] Der Inhalt wird dann in einem eigenen Kapitel wiedergegeben. Im Unterschied etwa zu dem „Fragment" über die Stadt Abdera, das unmotiviert, jedoch in sich gerundet in die Erzählung eingelassen ist, wird das „Fragment" aus Rabelais' Zeiten zwar erzählerisch motiviert, ist aber offen: Es bricht abrupt ab, weil das restliche Papier fehle. Die übrigen noch existierenden zwei Bogen sind trotz einiger Anstrengungen nicht mehr aufzutreiben, weil der Bursche sie zu einem anderen Zweck verwendet und außer Haus gegeben habe.[35] Bei Sterne wird der Leser unverhofft durch willkürlich eingesetzt erscheinende Fragmente aus seinem Lesefluss gerissen (Abb. 2). Die ironische Grundierung macht es möglich, diese Abschweifungen als launige Zeichen aus dem wahren Leben zu nehmen, womit dem Roman eine neue Dimension zuwächst. Im *Tristram Shandy* (1759-1767) führen die ständigen Verstöße gegen die Chronologie sowie die mutwilligen Unterbrechungen etwa durch Fundstücke oder Fragmente, (unter anderem

---

,Fertigkeit', vom ,Experiment' schon die ,Lösung'" (Henrichs: Einwände, S. 29). Seit Friedrichs *Montaigne*-Buch erörtert man auch den Charakter und die Form der essayistischen „Fakten"-Erzeugung, die quer zur abstrahierenden Begriffsbildung der Wissenschaft stehe. Nach Haas hat der Essay mit „Fakten und Problemen zu tun [...], die nicht in einer eindeutigen und endgültigen Erklärung zu fassen sind" und daher eine Denkbewegung auslösen, „die nicht in einem festen Punkt zur Ruhe kommt" (Haas: Studien, S. 32). - Die Fragmentisten des 18. Jahrhunderts wollen einerseits gar nicht vollständig sein, sondern konfrontieren den Leser mit der Lückenhaftigkeit und Unabgeschlossenheit ihrer Texte. Andererseits verstehen sie ihre Arbeit doch auch, wie Lavater in Hinsicht auf seine *Physiognomischen Fragmente*, als ein vorläufiges Zwischenergebnis, das von der künftigen Weiterarbeit oder von anderen Wissenschaftlern noch ergänzt werden kann.

34 Sterne: Reise, S. 173.
35 Zur Einordnung von Sternes Fragment in die Vorgeschichte der Montage vgl. Möbius: Montage, S. 41 f.

lateinische) Zitate, Auslassungszeichen, die Sätze und Absätze durchlöchern, Satzabbrüche, Zwischenschaltungen einer weißen und einer schwarzen Seite sowie nicht zuletzt durch Ketten verschachtelter Abschweifungen, die man mit John Lockes Assoziationstheorie in Zusammenhang bringt, zu einem fragmentierten Erzählstil.[36]

Von Lichtenberg wissen wir, wie populär im England seiner Zeit das Fragmentieren und wie verbreitet die Lust daran war. Das *cross reading*, also das absichtliche Querlesen über die Grenzen der Zeitungskolumnen hinweg, bei dem man spielerisch in einen anderen Sachverhalt geriet, war geradezu ein Gesellschaftsspiel. Durch Lichtenbergs eigene *cross readings* kam es auch nach Deutschland.[37] In den *cross readings* wird die Eigentätigkeit des (Zeitungs-)Lesers auf die Spitze getrieben; er wird selbst zum Produzenten, indem er den Zufall und die Willkür der neuen fragmentierenden Zusammenstellung für einen Witz oder Gedankenblitz nutzt.

Die künstlichen Fragmente verändern die Rezeptionshaltung des Publikums nachhaltig, so dass von einer neuartigen Publikumshaltung gesprochen werden muss. Das gilt auch für die künstlichen Ruinen: In den englischen Landschaftsparks waren die Ruinen zwar gefällig im Sinne des Pittoresken und der neuen Stimmungsästhetik einer „sanften Melancholie"; sie provozierten aber auch die virtuelle Ergänzung zu einem Genrebild vergangener Zeiten, das jeder individuell, nach eigenem Ermessen entwarf. Ähnlich spielen die fiktiven Herausgeber von literarischen Fragmenten mit einer vermeintlich historischen

---

36 Nicht nur in Deutschland und England, sondern auch in Frankreich wird in Fragmenten publiziert. Historische Fragmente („fragmen[t]s historiques") lassen sich als Titel schon vor 1750 nachweisen. Von Voltaire erscheinen 1773 *Fragments sur l'Inde* und 1776 *Fragmen[t]s pour servir à l'histoire de la guerre présente en Amérique*. 1774 veröffentlicht der Abbé de Fontenay philosophische Fragmente, die er als *Collection méthodique des morceaux [...] de la philosophie moderne* anzeigt. Politische Fragmente, z. T. vermischt mit literarischen, erscheinen spätestens ab 1788. In der Revolutionszeit stellt Mercier 1792 bereits vorher geschriebene Artikel zu *Fragmen[t]s de Politique et d'Histoire* zusammen, wobei er den Titel *Fragmens* im Vorwort ausdrücklich gegen den (alles totschlagenden) Geist der Systeme richtet; er wolle seinen Geist lieber unabhängig zu den Gegenständen spazieren lassen, die „uns heute so lebhaft interessieren". Das hieße nicht, dass seine Artikel unverbunden seien; die Einheit fände man in seinen „politischen Prinzipien". Vgl. Mercier: Avertissement, S. j-ij (Dt. Übers. von mir, A. G.). Später erscheinen auch Reisefragmente. Über das Fragment im Frankreich des 18. Jahrhunderts gibt es noch keine umfassende Aufarbeitung.

37 Vgl. Riha: Cross-Reading, S. 7 f., 10 u. passim. sowie Möbius: Montage, S. 97 f.

Abb. 2: Beginn des „Fragments" über Knebelbärte aus „Tristram Shandy" (1759-1767).
Aus: Lawrence Sterne: The life and opinions of Tristram Shandy, gentleman, vol. V,
London: printed for T. Becket and P.A. Dehondt, in the Strand, 1762, Kap. I, [S. 6]

[6]

The Fragment.

* * * * * * * * * * * *
* * * * * * * * * * * *

* *——— You are half asleep, my good lady, said the old gentleman, taking hold of the old lady's hand and giving it a gentle squeeze, as he pronounced the word *Whiskers*———shall we change the subject? By no means, replied the old lady—I like your account of these matters: so throwing a thin gauze handkerchief over her head, and leaning it back upon the chair with her face turned towards him, and advancing her two feet as she reclined herself—I desire, continued she, you will go on.

The old gentleman went on as follows:
———Whiskers! cried the queen of *Navarre*, dropping her knotting-ball, as *La Fosseuse* uttered the word———Whiskers;

Hinterlassenschaft, welche die Leser stärker anspricht und fordert. Sie werden angeregt, nach dem verlorenen Ganzen dieser Fragmente zu suchen, wobei jeder eine andere Lösung finden wird. Die neue Rezeptionshaltung des Publikums ist den erwähnten neuen Formen der zeitgenössischen Wissensverarbeitung verwandt, wurde also tendenziell vom Publikum bereits mitgebracht.

Die Offenheit der Fragmente und des Fragmentarismus gegenüber den Rezipienten ist nur möglich, weil sich auch das Selbstverständnis der Autoren ändert, sobald sie Fragmentisten werden. Die Bezeichnung des eigenen Textes als Fragment, Bruchstück oder Stückwerk ist so auch ein Ausweis der eigenen Zurücknahme. Die Entscheidung zum Fragment und – damit verbunden – zum Vorläufigen und Versuchshaften sowie zur kreativen Mitarbeit des Lesers reagiert auf die Einsicht, dass jeder nur aus einer begrenzten Perspektive, einem speziellen Interesse bzw. einem begrenzten Horizont heraus schreiben kann. Dieses Selbstverständnis befreit die Autoren vom Druck, ein geschlossenes Werk, ein gültiges System oder vollständiges Tableau auszuführen. Sie beginnen, sich ihren Weg in die Moderne zu bahnen.

Literatur

Abbt, Thomas: Fragment der ältesten Begebenheiten des menschlichen Geschlechts. Halle (Gebauer) 1767.

Arburg, Hans Georg von: „Der Mann, der erst in seine Excerpta steigen muß oder in seine Bibliothek, ist gewiß ein Artefakt". Lichtenberg, das Exzerpieren und das Problem der Originalität. In: Lichtenberg-Jahrbuch 2004, S. 24-44.

Behler, Ernst: Das Fragment. In: Klaus Weissenberger (Hrsg.): Prosakunst ohne Erzählen. Die Gattungen der nicht-fiktionalen Kunstprosa. Tübingen 1985, S. 124-143.

Bock, Carl Gottlieb Freiherr von: Was mir von dem Anfange der literarischen Laufbahn des verewigten Herder bekannt ist. In: Herder, Emil Gottfried von (Hrsg.): Johann Gottfried von Herder's Lebensbild. Sein chronologisch-geordneter Briefwechsel, verbunden mit den hierhergehörigen Mittheilungen aus seinem ungedruckten Nachlasse, und mit den nöthigen Belegen aus seinen und seiner Zeitgenossen Schriften. Ersten Bandes erste Abtheilung. Erlangen (Bläsing) 1846, S. 133-136.

Buttlar, Adrian von: Der Landschaftsgarten. Gartenkunst des Klassizismus und der Romantik. Köln 1989.

Encyclopédie, ou Dictionnaire raisonné des sciences, des arts et des métiers, par une société de gens de lettres. Bd. 7. Paris (Briasson) 1757.

Fetscher, Justus: [Art.] Fragment. In: Karlheinz Barck, Martin Fontius u.a. (Hrsg.): Ästhetische Grundbegriffe. Historisches Wörterbuch. Bd. 2. Stuttgart, Weimar 2001, S. 551-588.

Friedrich, Hugo: Montaigne [1949]. Mit einem Nachw. von Frank-Rutger Hausmann. Tübingen, Basel ^{3}1993.

Gilpin, William: Three Essays: On Picturesque Beauty, on Picturesque Travel and on Sketching Landscape [...]. London (printed for R. Blamire, in the Strand) ²1794.

Graczyk, Annette: Die gotische Ruine im Gartenreich. Überlegungen, ausgehend von Carl August Boettigers Wörlitzbesuch 1797. In: Heinrich Dilly, Barry Murnane (Hrsg.): „Seltsam, abenteuerlich und unbeschreiblich verschwenderisch": Gotische Häuser um 1800 in England, Potsdam, Weimar und Dessau-Wörlitz. Halle/Saale 2014 (im Druck).

Graczyk, Annette: Lavaters Neubegründung der Physiognomik zwischen Aufklärung, christlicher Religion und Esoterik. In: Monika Neugebauer-Wölk, Renko Geffarth, Markus Meumann (Hrsg.): Aufklärung und Esoterik – Wege in die Moderne. Berlin, Boston 2013, S. 322-339.

Haas, Gerhard: Studien zur Form des Essays und zu seinen Vorformen im Roman. Tübingen 1966.

Hamann, Johann Georg: Aesthetica in nuce. Eine Rhapsodie in Kabbalistischer Prose. In: Ders.: Kreuzzüge des Philologen. Königsberg (o. V.) 1762, S. 159-220.

Hamann, Johann Georg: Briefwechsel. Hrsg. von Walther Ziesemer und Arthur Henkel. Bd. 1: 1751-1759. Wiesbaden 1955.

Hamann, Johann Georg: Essais à la Mosaique. [Mitau] 1762.

Hamann, Johann Georg: KONXOMPAX. Fragmente einer apokryphischen Sibylle über apokalyptische Mysterien. o.O. [1779].

Hamann, Johann Georg: Sämtliche Werke. Historisch-kritische Ausgabe. Hrsg. von Josef Nadler. Bd. 1: Tagebuch eines Christen. Wien 1949.

Harries, Elizabeth Wanning: The Unfinished Manner. Essays on the Fragment in the Later Eighteenth Century. Charlottesville/ VA 1994.

Hartmann, Günter: Die Ruine im Landschaftsgarten. Ihre Bedeutung für den frühen Historismus und die Landschaftsmalerei der Romantik. Worms 1981.

Henrichs, Helmut: Einwände gegen den Essay. In: Die Literatur. Monatsschrift für Literaturfreunde 35 (1932/33), S. 28-29.

Herder, Johann Gottfried: Ueber die neuere Deutsche Litteratur. Drei Sammlungen von Fragmenten. 3 Bde. Riga (Hartknoch) 1766-1767.

Herder, Johann Gottfried: Ueber Thomas Abbts Schriften. Der Torso von einem Denkmaal, an seinem Grabe errichtet. Erstes Stück. o. O. 1768.

Herder, Johann Gottfried: Werke in zehn Bänden. Hrsg. von Martin Bollacher u.a. Bd. 10: Adrastea. Hrsg. von Günter Arnold. Frankfurt/M. 2000.

Hurlebusch, Klaus: Klopstock, Hamann und Herder als Wegbereiter autorzentrischen Schreibens. Ein philologischer Beitrag zur Charakterisierung der literarischen Moderne. Tübingen 2001.

Kant, Immanuel: Träume eines Geistersehers, erläutert durch Träume der Metaphysik. Königsberg (Kanter) 1766.

Lavater, Johann Caspar: Physiognomische Fragmente, zur Beförderung der Menschenkenntniß und Menschenliebe. 4 Bde. Leipzig, Winterthur (Weidmanns Erben und Reich, Steiner) 1775-1778.

Lavater, Johann Caspar: Unveränderte Fragmente aus dem Tagebuch eines Beobachters seiner Selbst; oder des Tagebuches Zweyter Theil. Leipzig (Weidmanns Erben und Reich) 1773.

Lichtenberg, Georg Christoph: Fragment von Schwänzen. Ein Beytrag zu den Physiognomischen Fragmenten. o.O. 1783.

Macpherson, James: Fragments of Ancient Poetry. Collected in the Highlands of Scotland, and Translated from the Galic or Erse Language. Edinburgh (Hamilton & Balfour) 1760.

Mayer, Heike: Lichtenbergs Rhetorik. Beitrag zu einer Geschichte rhetorischer Kollektaneen im 18. Jahrhundert. München 1999.

Mercier, Louis-Sébastien: Avertissement. In: Ders.: Fragmens de Politique et d'Histoire. Bd. 1. Paris (Buisson) 1792, S. j-viij.

Möbius, Hanno: Montage und Collage. Literatur, bildende Künste, Film, Fotografie. Musik, Theater bis 1933. München 2000.

Möbius, Hanno (Hrsg.): Versuche über den Essayfilm. Marburg 1991.

Otto, Regine: Entstehung, Publikation; Wirkung. In: Johann Gottfried von Herder: Ausgewählte Werke in Einzelausgaben. Schriften zur Literatur. Hrsg. von Regine Otto. Bd. 1: Über die neuere deutsche Literatur. Fragmente. Berlin 1985, S. 677-708.

Riha, Karl: Cross-Reading und Cross-Talking. Zitat-Collagen als poetische und satirische Technik. Stuttgart 1971.

Schlegel, Friedrich: Athenäums-Fragmente. In: Ders.: Kritische Schriften und Fragmente 1798-1801. Hrsg. von Ernst Behler und Hans Eichner. Studienausgabe. Bd. 2. Paderborn u.a. 1988, S. 105-156.

Schröder, Dirk: Fragmentpoetologie im 18. Jahrhundert und bei Friedrich von Hardenberg. Untersuchungen zur vergleichenden Rekonstruktion der impliziten Poetologie von Aphorismus und Fragment im ausgehenden 18. Jahrhundert. Kiel 1976.

Siegmund, Andrea: Die romantische Ruine im Landschaftsgarten. Ein Beitrag zu Barock und Klassik. Würzburg 2002.

Sterne, Laurence: Yoricks empfindsame Reise durch Frankreich und Italien, nebst einer Fortsetzung von Freundeshand. Aus dem Englischen von J. J. Chr. Bode. Nördlingen 1986.

Winckelmann, Johann Joachim: Beschreibung des Torso im Belvedere zu Rom. In: Bibliothek der schönen Wissenschaften und der freyen Künste. Bd. 5/1. Leipzig (Dyck) 1759, S. 33-41.

Zimmermann, Reinhard: Künstliche Ruinen. Studien zu ihrer Bedeutung und Form. Wiesbaden 1989.

Zinn, Ernst: Fragment über Fragmente. In: Josef Schmoll (Hrsg.): Das Unvollendete als künstlerische Form. Ein Symposion. Bern, München 1959, S. 161-171.

Bildquellen

Abb. 1 reproduziert nach: Reinhard Zimmermann: Künstliche Ruinen: Studien zu ihrer Bedeutung und Form, Wiesbaden 1989, S. 165.

Abb. 2 reproduziert nach: Eighteenth Century Collections Online, Farmington Hills, Mich.: Cengage Gale, 2009

Sarah Seidel

Der Dialog(roman) als anthropologische und poetologische Erzählform der Spätaufklärung – Johann Jakob Engel und August Gottlieb Meißner

Zeitschriften und andere Periodika bilden ein kulturhistorisches Archiv, in dem Wissen über den Menschen mittels Selbst- und Fremdbeobachtungen zusammengetragen und gespeichert wird. Das lässt sie zu *dem* Medium anthropologischen Erzählens avancieren, was etwa an den Moralischen Wochenschriften seit Mitte des 18. Jahrhunderts zu beobachten ist.[1] Sie bieten dem literarischen Markt des 18. Jahrhunderts die Möglichkeit, anthropologisches Wissen zu konstituieren und einer gebildeten Öffentlichkeit zugänglich zu machen. Indem Leser des *Magazins für Erfahrungsseelenkunde* von Karl Philipp Moritz zur Beobachtung, Protokollierung und Einsendung von pädagogischen Berichten aufgefordert werden,[2] entspinnt sich ein Dialog zwischen (schreibenden) Lesern und Autoren. Die Herausgeberschaft von Carl Friedrich Pockels während Moritz' Italienreise führt zu einem öffentlich ausgetragenen Zerwürfnis,[3] das zahlreiche Revisionen (und Revisionen von Revisionen) hervorbringt, die strukturell dialogisch sind. Die Zeitschriften haben außerdem für die Verbreitung von dialogisierten Romanen große Bedeutung, denn längere Texte werden in den Periodika als Fortsetzungsgeschichten abgedruckt: Engels *Lorenz Stark* ist ein Fortsetzungsroman, der als Rahmung von Schillers Abhandlung *Über naive und sentimentalische Dichtung* zuerst in den *Horen* erscheint, einem Zeitschriftenprojekt mit aufklärerischem Impetus und epistemologischem Interesse.[4] Ein außerdiegetisches Dialogprinzip kann also auf zwei Ebenen beschrieben werden: Anhand des *Magazins zur Erfahrungsseelenkunde* wird deutlich, wie die Autoren miteinander, aber auch mit dem Lesepublikum in einen Dialog treten. Schillers Zeitschriftenprojekt zeigt daneben, dass durch die Anordnung

---

1 Vgl. dazu z.B. Kiesel, Münch: Gesellschaft, S. 83. Zur Moralischen Erzählung der Spätaufklärung vgl. Berg: Erzählte Menschenkenntnis.
2 Vgl. Moritz: Vorschlag, S. 809.
3 Vgl. Bezold: Popularphilosophie, S. 120 f.
4 Vgl. z. B. Meyer: Zarte Empirie, S. 372.

der Beiträge selbst ein Dialog zwischen diesen Texten entsteht. Ab 1778 veröffentlicht August Gottlieb Meißner mit *Bianka Capello* einen Fortsetzungsroman in der ersten Auflage seiner seriell erscheinenden *Skizzen*, den er wie folgt kommentiert:

> Es sind bereits einige Jahre, als der Gedanke, ein Mittelding zwischen Drama und Roman zu schaffen, mich bewog, die schon in der Wahrheit selbst, schier romantische Geschichte Biankens vor mir zu nehmen; in Dialog zu bringen, was leicht dazu tauglich sey; durch kleine Erdichtungen andre undramatische Scenen dramatisch zu machen, und endlich mittels kleiner Zwischensätze, geschrieben im erzählenden Ton, Scen' an Scene zu verbinden.[5]

Als mediale Form der aufklärerischen Wissenskonstitution und -verbreitung formiert sich mit dem Dialog eine Textpraxis, die außerhalb des Theaters und des philosophischen Dialogs steht. Zu seiner (gattungspoetologischen) Theoriebildung trägt am Ende des 18. Jahrhunderts der Popularphilosoph Johann Jakob Engel maßgeblich bei, der mit August Gottlieb Meißner einen Freund für die literarische Umsetzung gewinnt[6] und der „durch seinen Alcibiades die Bahn [brach] in der damahls noch ganz neuen Gattung des dialogisierten Romans, und [...] bald viele Nachahmer [fand]."[7] Diese Tendenz zum Gespräch kulminiert im Dialogroman, dessen deutsche Vertreter neben Meißner auch Christoph Martin Wieland und Friedrich Traugott Hase sind.[8] Ausgehend von Engels Theorie werden im Folgenden die dialogischen Umsetzungen Engels und Meißners untersucht, um die Bedeutung des Dialogisierens für die Erzählliteratur der Spätaufklärung hinsichtlich unterschiedlicher Wissensformationen herauszustellen.

1 Handlung und Gespräch

In der Nachfolge von Christian Thomasius, der bereits 1692 die Seelenschau als Bestandteil des Gesprächs versteht und dabei die Beobachtung der Affekte im Dialog herausstellt,[9] sieht Johann Georg Sulzer im Gespräch folgende Vorzüge:

---

5 Meißner: Bianka Capello, S. 82.
6 Meißner und Engel pflegten neben wissenschaftlichem und literarischem Austausch auch ein freundschaftliches Verhältnis (vgl. Hlobil: Geschmacksbildung, S. 309), was wohl auch für Friedrich Traugott Hase galt; vgl. Voss: Nachwort, S. 26.
7 August Gottlieb Meißners Leben, S. 220.
8 Hase hat mit *Friedrich Aldermann* wohl die reinste Form des Dialogromans versucht; vgl. Winter: Dialog, S. 140.
9 Vgl. Thomasius: Neue Erfindung.

Man sollte denken, die beste Gelegenheit das innerste des Menschen durchzuschauen, wäre die, da man, von ihm unbemerkt, ihn laut denken hörte. Und doch ist ein noch besseres Mittel dazu, nämlich dieses: dass man ihm zuhöre, wenn er, ohne die geringste Zurückhaltung, mit einem anderen spricht; denn dieser andere gibt ihm durch Einwürfe oder durch Aufmunterung oder durch seine Art zu denken, Gelegenheit, sich lebhafter und bestimmter auszudrücken und seine ganze Seele mehr zu entfalten. [...] Das Gespräch ist demnach eine Nachahmung einer Unterredung solcher Personen, die ihre Art zu denken und zu fühlen so gegen einander entfalten, dass der ihnen unbemerkte Zuhörer in das innerste ihrer Gemüter hineinsehen kann.[10]

Die Seelenschau wird für das schildernde Gespräch (in Abgrenzung zum philosophischen)[11] zum zentralen Kriterium erhoben und von Engel spezifiziert. Er nimmt Sulzers Betrachtung zum Anlass, eine eigene Abhandlung über das Gespräch zu verfassen und spannt in seinem Entwurf *Ueber Handlung, Gespräch und Erzehlung* den Begriff der Handlung zwischen die Achsenpunkte des Erzählmodus: das Gespräch und die Erzählung. In Abgrenzung zum Drama, das Engel als eine „Vermischung von zwo Künsten, von Dichtkunst und Pantomime",[12] beschreibt und Meißner in seiner Prager Poetik-Vorlesung (1794/95) als „Gedicht zur wirklichen Vorstellung bestimmt" ausweist,[13] gilt der Dialog als Teil einer Poetik der Dichtkunst, in der eine Aufführungspraxis nicht implementiert ist. Die wirkungsästhetischen Implikationen der Aufführungssituation entfallen und werden durch die Rezeptionsbedingungen der Romanlektüre ersetzt, die der Dramenrezeption entgegenstehen: Der Dialogroman braucht kein anwesendes Publikum, seine Lektüre ist nicht an Öffentlichkeit gebunden, sondern geht mit dem Rückzug ins Private einher.[14] Aus literaturwissenschaftlicher

---

10 Sulzer: Gespräch, S. 473.
11 Platon entwirft mit den Sokratischen Dialogen das Textgenre, doch Entwürfe zu einer Gattungstheorie entstehen erst durch die Neoaristoteliker. Renaissance und Aufklärung gelten wieder als Zeitalter des Dialogs. Die französische Klassik unterscheidet *entretien* (fokussiert das Gesprächsthema) und *conversation* (fokussiert den Gesprächsakt). Das Zusammenspiel beider Formen ist konstitutiv für den Dialogroman. Dessen Niedergang im 18. Jahrhundert korrespondiert mit dem Ende des Interesses am Dialog im 19. Jahrhundert, der dann unter dem Verdacht steht, „sowohl die Dichtung als auch die Philosophie zu kompromittieren"; vgl. Häsner: Dialog, S. 123.
12 Engel: Handlung, S. 29. (Die Seitenzahlenangaben beziehen sich auf die Neupaginierung des Faksimiles.)
13 Vgl. Jungmann: Epopée, S. 38. Zu Meißners Ästhetik-Vorlesungen vgl. Hlobil: Geschmacksbildung, der auch eine Übersicht über die Quellenlage liefert.
14 Vgl. z. B. Koschorke: Körperströme, S. 171 f.; auch schon: Greiner: Entstehung, S. 21.

Perspektive werden die Gattungskonventionen übereinander geschoben.[15] Tatsächlich war es Engels Absicht, die festgefügten Hierarchien der Gattungsordnung zu durchbrechen und eine Gattungsmischung zu forcieren.[16] Im Zentrum seiner Überlegungen steht der Begriff der Handlung, der allerdings nicht durch Raum und Zeit determiniert wird:

> Ich glaube dieses Wort [d.i. Handlung, S.S.] nicht richtiger und fruchtbarer erklären zu können, als wenn ich sage: daß in einem Gedichte nur dann und nur in soferne Handlung sey, als wir darinn eine Veränderung durch die Thätigkeit eines Wesens werden sehn, das mit Absichten wirkt. Alle äußern Umstände der Zeit und des Orts, so wie alle äußern Begebenheiten, gehören zwar mit zum Werden des Dinges, aber sie sind keine Theile der Handlung, sie modificieren sie nur, fließen auf sie ein, sind ihr zuwider oder begünstigen sie.[17]

Mit diesem Handlungsbegriff legt Engel seinen gattungspoetologischen Überlegungen ein anthropologisches Programm zugrunde. Der Anspruch eine „Veränderung durch Thätigkeit", also eine planmäßig herbeigeführte Entwicklung und ihre ‚Triebfedern' zu schildern, erlaubt es nicht, die Darstellung auf den für das Drama maßgeblichen Sonnenumlauf zu verkürzen, vielmehr ist dem Dialogroman daran gelegen, eine längere Zeitspanne zu verfolgen: So werden in Meißners *Alcibiades* und *Bianka Capello* ein ganzes Leben, in Engels *Lorenz Stark* immerhin eine Woche verhandelt. Anders als im Drama werden nicht die Verknotung und Lösung eines Konfliktes verfolgt,[18] sondern die kausallogischen Veränderungen – als konstitutive Handlungselemente – aufgezeigt.[19] Im Dialogroman soll Gegenwart geschaffen werden,[20] indem das Werden einer Geschichte in all ihrer Ursächlichkeit vor den Augen des Rezipienten entwickelt wird. In kleinen Schritten, so die idealtypische Vorstellung, entspinnt sich im Dialog eine aus sich heraus kausale Handlung. Dies sind die Vorzüge gegenüber der Erzählung, die „auch von dem ganz genauen Zusammenhange aller in ihr vorgehenden Veranderungen [sic!] nie eine so specielle, bestimmte, vollständige Idee

---

15 Elementare Parallelen zum Lesedrama wie die „Ablehnung wirkungsorientierter und bühnenbezogener Normen, häufiger Ortwechsel, authentische Figurensprache, Handlungsausdehnung" lassen sich nicht von der Hand weisen; vgl. Ottmers: Lesedrama, S. 404 f.
16 Vgl. Voss: Nachwort, S. 6; und Winter: Dialog, S. 121.
17 Engel: Handlung, S. 15.
18 Vgl. dazu Vogel: Verwicklungskünste.
19 Vgl. Engel: Handlung, S. 22.
20 Vgl. ebd., S. 57.

geben [kann], als das Gespräch."²¹ Daraus folgt, „daß also in einem Gespräche weit mehr Handlung möglich sey, als in einer Erzehlung",²² was Engel darauf zurückführt, dass im Dialog ein „ganze[r] volle[r] Zusammenhange"²³ wiedergegeben werden müsse, wohingegen die Erzählung „nicht bloß die Freyheit [hat], eine ganze Reihe von Veränderungen in Einem allgemeinen Zug zu befassen; sie hat auch die Freyheit, bald größere, bald kleinere Sprünge zu thun, mehrere Momente, und oft ganze Reihen derselben, Tage, Monate, Jahre zu überhüpfen [...]."²⁴

In seinem *Versuch über den Roman* (1774) fordert Friedrich von Blanckenburg ebenfalls ein angemessenes Verhältnis von innerdiegetischer Zeit und anthropologischer Einsicht, denn wenn „das Innre des Menschen, die Geschichte seines Charakters, seines Seyns immer das Hauptaugenmerk des Dichters bleibet",²⁵ könne er nicht von der Wiege bis ins Grab begleitet werden. „Der hier zerrissene Faden", heißt es vorher, „wird dort wieder angeknüpft; oder vielmehr der eigentliche wahre Faden dauert ununterbrochen fort."²⁶ Blanckenburg formuliert damit ebenfalls einen anthropologischen Entwurf, den er mit konkreten poetologischen Forderungen unterlegt. Wechselwirkungen zwischen der Anthropologie des ‚ganzen Menschen' und spätaufklärerischer Literatur-/ Romanproduktion wurden von der Forschung bereits herausgearbeitet:²⁷ Der Dialog der Spätaufklärung steht demnach im Dienst eines anthropologischen Auftrags, konkreter der Introspektion.²⁸ In diesem Sinne aktivieren die Popularphilosophie der Aufklärung und die zeitgenössischen poetologischen Programme das „Zuschauerinteresse",²⁹ einerseits textimmanent zwischen den Figuren und andererseits rezeptionsästhetisch zwischen implizitem Erzähler und Leser.

---

21 Ebd.
22 Ebd., S. 69 f.
23 Ebd., S. 75.
24 Ebd., S. 71.
25 Blanckenburg: Versuch, S. 401. Es sei der Roman die Darstellungsform, „die Veränderung des innern Zustandes" aufzuzeigen, denn das Drama habe weder „Zeit noch Raum, uns auf diese Art zu unterhalten"; ebd., S. 390 f. An anderer Stelle heißt es: „Es ist der dramatische Dichter, der uns vorzüglich mit den Empfindungen seiner Personen unterhalten kann, an statt, daß der Romandichter gewöhnlich zu Beschreibungen seine Zuflucht nehmen muß" (ebd., S. 99).
26 Ebd., S. 396.
27 Vgl. Schings: Roman, S. 257; Schings (Hrsg.): Mensch.
28 Vgl. Oesterhelt: Poetik, S. 161.
29 Vgl. Bachmann-Medick: Ordnung, S. 160. Winter nennt die Rede des impliziten Autors mit dem impliziten Leser in Anlehnung an Marga Barthel „immanent-dialogisches

2 Dialogische Organisation des Wissens: *Alcibiades*

Mit *Alcibiades* (1781-1788)[30] legt Meißner die dramatisierte Biografie des römischen Feldherrn vor, den er selbst als „Halbromane"[31] und ein Rezensent 1791 als „Mittelgattung zwischen Roman und Biographie"[32] bezeichnet. Darin verarbeitet er einen antiken Stoff, der von vielen Kämpfen durchsetzt ist, überführt ihn aber durch die Übernahme aufklärerisch-empfindsamer, anthropologischer Motive in den zeitgenössischen Kontext,[33] was ihm den Titel eines deutschen Alcibiades einbrachte.[34]

Die Überlagerung antiker und zeitgenössischer Erzählwelt ist nur ein Grund dafür, weshalb der Roman eines allwissenden Erzählers bedarf: Dieser sondiert, leitet durch die Handlung, überbrückt, kommentiert das Geschehen.[35] Rudolf Fürst konstatiert, dass der Erzähler die Dialoge „zusammengeschweißt" habe.[36] Der Erzähler reflektiert diese Vorgehensweise und seine eigene Rolle mehrfach kritisch. So heißt es zu Beginn des *Jüngling*-Kapitels: „Sein Muth, sein Geist – Doch still! Ich will ja seinen Karakter nicht erzälen: dialogiren [sic!] will ich ihn [...]."[37] Wird diese eigene Vorgabe der dialogischen Schreibweise im ersten Teil noch relativ streng eingehalten, sieht sich der Erzähler in den Folgeteilen häufig dazu veranlasst einzugreifen: Die Dialoge werden durch Erzählerreden substituiert. Der letzte der vier Teile beginnt schließlich damit, die Eigenschaften des Protagonisten, wie sie sich der Erzähler „dacht", aufzusummieren und ihre exemplarische Darstellung zu betonen.[38] Folglich erachtet es der Erzähler als seine Aufgabe, das Geschehen zu sortieren und die Handlung, im Sinne des

---

Erzählen". Es diene dazu, den Leser in den „Erzählvorgang hineinzuziehen, damit er gezwungen wird, ‚selbst die Lehre' zu ‚ziehen'"; vgl. Winter: Dialog, S. 104-109 (Zitat auf S. 105).

30 Bereits 1778 erscheinen die ersten Szenen anonym in Boies *Deutschem Museum*, vgl. Fürst: Meißner, S. 137.
31 Meißner: Alcibiades, I, S. 165.
32 Anonym: Alcibiades, S. 1867.
33 Vgl. den Diskurs über Schwärmerei oder den Traum als anthropologische Wissensordnung in Meißner: Alcibiades, I, S. 38-44 u. ö.
34 Anonym: Alcibiades, der deutsche.
35 Vgl. zur Rolle des Erzählers in anthropologischen Erzählformen auch: Berg: Beiträge, S. 360, wo die These von Jutta Heinz zurückgewiesen wird, nur personales oder dialogisches Erzählen könne anthropologisch dienstbar gemacht werden.
36 Fürst: Meißner, S. 146.
37 Meißner: Alcibiades, I, S. 111. Ein analoges Verfahren findet sich u.a. ebd., III, S. 252.
38 Meißner: Vorrede, unpag., S. *3v.

Plots, voranzutreiben. Dabei kündigt er zuweilen die Intention der Dialoge sogar an und unterläuft damit sein eigenes Verfahren selbstevidenter Dialogführung.[39] Doch noch innerhalb der Erzählerrede bleibt das dialogische Prinzip präsent, etwa durch rhetorische Fragen. In einer längeren Überleitung, deren Ende wie folgt lautet: „– Doch warum da Erzählung, wo Dialog wieder möglich ist?",[40] wird ein kunstrichterliches Gespräch zwischen Autor und Rezipient imaginiert:

> „Und so einen liebevollen Gatten (höre ich fragen), wagte Aspasia zu hintergehen? Die Gemahlinn des Perikles ward die Geliebte des Alcibiades?"
> Ward es.
> „So ist es falsch, wenn du sie kurz vorher, als das Muster einer Frau uns schildertest, wenn du ihre Weisheit, Schönheit, Tugend –
> Pst! Herr Kunstrichter, ehe Sie den Strom ihrer Entwürfe ausströmen lassen, bitte ich erst um das Gehör von wenig Augenblicken noch.[41]

Was dann folgt, ist eine Verhandlung des Begriffs der Tugendhaftigkeit, allerdings nicht innerdiegetisch oder im moralphilosophischen Sinne, sondern als Auseinandersetzung mit der Rolle des Schriftstellers auf der Metaebene, der die anthropologische Plausibilität der Motivlage seiner Figuren erklären können müsse. Der (Autor-)Erzähler des *Alcibiades* inszeniert sich zu diesem Zweck vielfach selbst als Gesprächspartner in einem Dialog mit Kunstrichtern und Lesern. Die Einleitung zum letzten Teil betont ein solches außerdiegetisches Gespräch und weist damit auf ein Kernproblem des Textes: die Überbrückung außerdiegetischer, zeitlicher Distanz. „[I]ch spreche, wie ich hoffe, mit Lesern, die einer umständlichen Zergliederung des hierinnen liegenden Begrifs [d.i. der Unterschied zwischen Staatsdienern der Vorzeit und der Gegenwart; S. S.] nicht bedürfen."[42] Der in einen aktualisierten Diskurs gebettete antike Stoff wird gekürzt und teils verfremdet, also nach dem Prinzip der poetischen Wahrscheinlichkeit bearbeitet,[43] was u.a. von Johann Wilhelm Ludwig Gleim kritisiert

---

39 Vgl. Meißner: Alcibiades, III, S. 134: „Daß Timandra ihrem Versprechen, er seinem Plane treu verblieb; daß allerdings ein solches Schauspiel Würkung auf die Einwohner Spartens that; dies, und hoffentlich noch einige andere Umstände mehr, wird man aus dem nächsten Dialog sich selbst absondern können."
40 Ebd., I, S. 271; ähnlich auch ebd., II, S. 11.
41 Ebd., I, S. 266.
42 Ebd., IV, Vorrede. unpag., S. *5v.
43 Ein weiteres Beispiel dafür ist die Rede des Nicias im dritten Teil, die so beginnt: „[D]enn seine Worte waren ungefähr diese [...]." (Ebd., III, S. 13) In der entsprechenden Endnote wird dann auf die Quelle verwiesen, das sechste Buch des Thucydides, aber auch darauf, dass Meißner „von dem griechischen Geschichtsschreiber abgegangen"

wird,⁴⁴ mit dem Meißner in seiner Vorrede zum vierten Band des Alcibiades wiederum in einen Dialog tritt. Durch die Verfremdung bedarf es erzählerischer Kommentare und Erklärungen, die die Darstellung Alcibiades' anthropologisch durchsetzen: Neben der Betonung von Empfindungen, Mitleid und der Bewegtheit der Herzen⁴⁵ wird über physiognomische und pathognomische Hinweise das Körper-Seele-Verhältnis thematisiert.⁴⁶ Vor allem die von Engel in seinen *Briefen zu einer Mimik* als unwillkürliche Körperzeichen beschriebenen Veränderungen werden wiederholt ausagiert. Bei Engel heißt es: „[U]nter den physiologischen Gebehrden giebt es viele, die dem freyen Willen der Seele schlechterdings nicht gehorchen [...] so die Thräne des Kummers, das Erblassen der Angst, das Erröthen der Scham."⁴⁷ Die Chiffren für das Erhitzen des Gemüts, die kummervollen Tränen, aber auch die bedeutungstragende Miene als alleiniges Zeichen zur Bestimmung des Gemütszustandes ziehen sich wie ein roter Faden durch den Roman. Mit dem Verweis auf das Seeleneinschreibeverfahren⁴⁸ wird allerdings noch an die rhetorisch-bildliche Kultur angeknüpft.⁴⁹ So konkurrieren rhetorische und ausdifferenziert-anthropologische Zeichenordnung, Vorstellung und Empfindung.⁵⁰

---

sei (vgl. ebd., S. 339). Fürst gleicht die verschiedenen Szenen mit den Quellen ab und folgert daraus Übereinstimmungen, ohne die Literarisierung und Dialogisierung angemessen zu würdigen; vgl. Fürst: Meißner, S. 140 f. In der Endnote 26 im vierten Teil heißt es: „Ich wage hier eine Dichtung, die so nahe an eine warscheinliche Hipothese [sic!] grenzt, daß ich mich im ernst wundere: warum sie noch keinem Dichter, oder Geschichtsschreiber – so viel ich deren nemlich kenne – eingefallen ist." (Meißner: Alcibiades, IV, S. 425.) Die Bedeutung der Selbstreflexivität der Kunst wird durch ein fiktives Künstler-Gespräch exponiert, das den ersten Dialog des Romans bildet (ebd., I, S. 16) und im Anschluss an Lessings Laokoon-Debatte über den fruchtbaren Augenblick in der Bildhauerkunst zu verstehen ist; vgl. dazu Fürst: Meißner, S. 146. Mit der Widmung des ersten Bandes an den Künstler Schenau unterlegt Meißner das Thema mit einer außerliterarischen, zeitgeschichtlichen Dimension.

44 Meißner: Vorrede, unpag., S. *2r.
45 Vgl. z. B. Meißner: Alcibiades, I, S. 208-218.
46 Ebd., III, S. 204: „O, er [Alcibiades; S.S.] ist kein Mann; er ist die Seele ienes Körpers. Schlummert nicht dieser, sobald iene Seele die Einwürkung ihm entzieht." Hier wird die Stärke Alcibiades' in seinem Geist verortet.
47 Engel: Ideen zu einer Mimik, S. 101.
48 So heißt es über die Liebe: „Weggetilgt waren Beyder Nam' aus meinem Herzen" (Meißner: Alcibiades, II, S. 100) oder: „Mancherley weibliche Nahmen stehn eingeschrieben in meinem Herzen" (ebd., IV, S. 189).
49 Vgl. Koschorke: Seeleneinschreibeverfahren, S. 154.
50 Vgl. ebd., S. 148; und Campe: Affekt und Ausdruck, S. 117 u. ö.

In *Alcibiades* verklammern sich aufklärerische Literatur und (das Wissen über) antike Literatur.[51] Dieses intertextuelle Spiel wird indes vielfach aus dem Haupttext in Fuß- und Endnoten verbannt. Die Paratexte bieten einerseits Erklärungen für die Bedeutung von Namen, Sitten und Bräuchen sowie Leseanweisungen, bilden andererseits aber auch das Mittelglied einer Verweisreihe, wie in dieser Endnote deutlich wird:

> Die Stelle, die hier Aspasia im Sinne hat, dürfte wahrscheinlich ohngefähr in der Mitte des vierzehnten Buches der Iliade stehen: wo Juno, mit dem Gürtel der Venus bewafnet, das Herz des Zevs [sic!] vom Krieg der Trojaner und Griechen zu dem sanftern Kriege der Liebe lenkt. – Man suche sie dort selbst, wenn man mehr wissen will.[52]

Von Kritikern muss Meißner sich den Vorwurf gefallen lassen, seinen Helden größer gemacht zu haben als dieser ohnehin sei.[53] Denn er versucht, die Gespräche stets im Zeichen der aufklärerischen Tugendhaftigkeit zu akzentuieren. So kann Alcibiades vor der großen Schlacht gegen die Syraker auch ausrufen: „Aber gesegnet, wer weislich, – wie wir bisher – Genus [sic!] mit Edelmuth, mit Wollust Tugend verbindet […]."[54] Vor allem die Dialoge, die Alcibiades in dem Abschnitt *Der Jüngling* führt, sind von Sokrates' Erziehung zur Tugendhaftigkeit geprägt und schließen einerseits an die Dialoge Platons an und stehen andererseits im Dienste des aufklärerisch-empfindsamen Ideals. So heißt es im zweiten Teil: „Fester sind nicht Leib und Seele, als bey ihm [Alcibiades; S. S.] Streben nach Größe und Hang nach Wollust vereint."[55] Doch mehr noch: Alcibiades wird in exemplarischen Szenen auch messianisch attribuiert[56] und mit besten taktischen Fertigkeiten ausgestattet. Daneben ist es vor allem sein rhetorisches Geschick – „Ueberredung träuft von deinen Lippen!"[57] –, das kontinuierlich zum Thema gemacht wird, da er nie um ein Wort verlegen ist und öffentliche agonale Reden hält.[58] Die Beredsamkeit der Protagonisten und des Erzählers werden mit poetologischen Überlegungen verbunden. „Landschlachten, Seetreffen, und Belagerungen" hingegen bleiben ausgespart, denn diese

---

51 Vgl. z. B. die zahlreichen Anspielungen auf Homer oder Sophokles, aber auch auf Wielands *Agathon* in Meißner: Alcibiades, I, S. 259.
52 Ebd., I, S. 344 f., Endnote 37.
53 So Gleims Kritik; vgl. Meißner: Vorrede, unpag., S. *2r.
54 Ebd., III, S. 52.
55 Ebd., II, S. 179.
56 Ebd., IV, u. a. S. 100 und S. 42.
57 Ebd., III, S. 180.
58 Vgl. dazu z. B. ebd., III, S. 63-67, S. 176-181.

zu *dialogiren* [sic!] würde widersinniger noch seyn, als eine rauschende Kriegsmusik in Worte übertragen zu wollen. Auch eine *einfache*, aber *zusammenhängende Erzählung* würd' hier am unrechten Orte stehn. Denn wer fodert jetzt von meinen Händen die Beschreibung des Peloponnesischen Kriegs? Ienes verwickelten Kriegs, der selbst unter der klassischen Feder des Xenophons und Thucidides stellenweise seinen Lesern Langeweil' erregt!⁵⁹

Nach dem Motto „Besser ist doch Bruchstück als Lücke!"⁶⁰ gibt der Erzähler dann schlaglichtartige Einblicke in das Kriegstreiben. Dies ist mitunter ein Grund dafür, dass sich die Szenen als lose zusammengefügte Textfetzen präsentieren. Die Verknappungen orientieren sich sowohl am Interesse des Lesepublikums als auch am Prinzip der poetischen Wahrscheinlichkeit, das nicht nur für Meißners Textproduktion, sondern auch in seinen Prager Vorlesungen ästhetisch-poetische Maxime darstellte.⁶¹ All dies zusammengenommen hat ihn schon in der Vorrede zum ersten Band zu einer Leseanleitung veranlasst:

> Wer hier ein vollständiges Leben des Alcibiades vermuthete, der würde sich freilich sehr irren; auch wäre dann die Form, die ich dazu erwählt, sehr unbequem; sie würde zum Quartanten erweitern, was einfache Erzählung im mäßigen Octavband zusammen fassen könte. Meine Absicht war bloß, in Dialogen, jezuweilen auch in kleinen Erzählungen, darzustellen, wie ein Mann von dem Karakter [sic!], dem Stande, den äußern Zufälligkeiten, wie ich mir dies alles beim Alcibiades vereint denke, in den wichtigsten Fällen seines Lebens gehandelt habe; oder handeln konte.⁶²

Hier wird nicht bloß das Wahrscheinlichkeitsgebot formuliert, sondern die Verknappung erneut kommentiert. An anderer Stelle geht Meißner sogar noch einen Schritt weiter und bezeichnet seine Dialoge als „Fragmente",⁶³ was den lose zusammenhängenden, ‚ausgefranzten' Charakter seines Textes noch einmal betont. Winter und Becker schlagen vor, dieses Verfahren additiv zu nennen.⁶⁴ Im Anschluss an die zeitgenössische Debatte ist allerdings hervorzuheben, dass Meißner sich damit über Engels Diktum, das Episodenhafte aus der Literatur zu verbannen, hinwegsetzt.⁶⁵

---

59 Ebd., IV, S. 65.
60 Ebd., IV, S. 66.
61 Vgl. Jungmann: Epopée, S. 38 f.
62 Meißner: Alcibiades, I, S. 5 f. Zur Quellenlage sowie zur Entstehungs- und Veröffentlichungsgeschichte vgl. Fürst: Meißner, S. 137-147.
63 Meißner: Alcibiades, III, S. 283.
64 Vgl. Winter: Dialog, S. 95, der sich auf Becker: Roman um 1780, S. 182 bezieht.
65 Vgl. Engel: Handlung, S. 54.

Wenn der Erzähler dann von der „Einwebung einiger Dialoge"[66] spricht oder Alcibiades Blanckenburgs Formulierung vom „Faden [s]einer Red'"[67] in den Mund legt, soll sich kein dramatischer Knoten entspinnen, sondern aus Gesprächen geformte *textura*. Immer wieder wird dies auch innerhalb der Dialoge in die textile Metapher des Bandes transformiert.[68] So heißt es zu Beginn des zweiten Teils in Bezug auf Perikles, Sokrates und Aspasia, die Hauptgesprächspartner im ersten Teil, dass „alle die Bande entzwey [waren], die bisher wenigstens in etwas noch den jungen feurigen Mann gelenkt und eingeschränkt hatten".[69] Poetologische Reflexion und anthropologische Erkenntnis verknüpfen sich hier insofern, als mit dem Band die Verbundenheit zu den Hauptgesprächspartnern Alcibiades' und ihre bisherige charakterbildende Leistung zwar aufgerufen, aber im gleichen Atemzug wieder durchschnitten wird.

3 *Lorenz Stark* – ein „dramatische[r] Romane"[70]

Um ein Vielfaches kürzer ist Engels „Charaktergemälde" *Lorenz Stark* (1795/96, vollständiger Druck 1801), in dem dieser ebenfalls den Versuch unternimmt, anthropologisches und poetologisches Wissen dialogisch zu organisieren. Er wählte einen zeitgenössisch bürgerlichen Rahmen sowie eine Zeitspanne von acht Tagen, um psychische Veränderungen sichtbar zu machen. In die Thematik des *Lorenz Stark* führt von Anfang an eine heterodiegetische Erzählstimme ein, die durch den – in weiten Teilen – dialogisierten Roman leitet und hier die Grunddisposition auffächert und erklärt: „Man sehe hier zur Probe nur einen der letzten dieser Auftritte, der für die Ruhe und Glückseligkeit der Familie die bedeutendsten Folgen hatte."[71] Dieser Anfang führt die dem Dialogroman inhärente Problematik der Exposition vor und zeigt die Grenzen des rein dialogischen Erzählens auf, dessen zeitlichen Endpunkt in der Spätaufklärung er auch markiert. Der Roman entfaltet neben dem poetologischen auch den finanz-ökonomischen Aspekt des Handlungsbegriffs, indem er – dem Untertitel „Charaktergemälde" entsprechend – das Bild des Kaufmanns Lorenz Stark zeichnet.

---

66 Meißner: Alcibiades, I, S. 165.
67 Ebd., IV, S. 138, S. 266 und S. 318.
68 Vgl. z. B. ebd., IV, S. 190 f., S. 248 oder S. 263.
69 Ebd., II, S. 3.
70 So die Bezeichnung Jean Pauls in seiner *Vorschule der Ästhetik*, § 71, in der Engel, aber nicht Meißner namentlich erwähnt wird.
71 Engel: Lorenz Stark, S. 8.

Auffällig ist die Variation der Erzählmodi, die von der direkten über die indirekte Rede bis zur Erzählerrede reicht und ganz im Dienst der Introspektion steht, denn der eigentliche Schauplatz der Handlung sei die denkende und empfindende Seele.[72] Die „körperlichen Veränderungen" sind reiner Seelenausdruck: Auch in diesem Text fließen unentwegt Tränen,[73] und es werden dezidierte physiognomische, pathognomische und akusmatische Beschreibungen gegeben, die mit Campe als affektive Ausdifferenzierung des Körperausdrucks beschrieben werden können.[74] Einerseits unterstreichen sie die gesprochenen Worte, indem sie das Innere nach außen tragen,[75] andererseits aber dienen diese Beobachtungen auch der Konstitution von Bedeutung durch den Erzähler, was hier durch die externe Fokalisierung unterstrichen wird: „Ein ihm eigenes flüchtiges Muskelnspiel [sic!] um die Gegend der Lippen schien anzudeuten, daß er die Krankheit des Sohnes eben nicht für die ernsthafteste halte."[76] Besonders stark werden auch die Veränderungen der Hautfarbe als Abbild körperlicher Unruhe hervorgehoben, welche Engel schon in seinen *Ideen zu einer Mimik* mit besonderer Bedeutung belegt: „Dennoch hat die Seele noch immer einige Gewalt über die Muskeln; über das Blut sagt Cartesius, hat sie keine: Erröthen und Erblassen läßt sich daher wenig oder fast gar nicht hindern."[77] So kann für *Lorenz Stark* festgehalten werden, dass die im Theater auf die Bühne gebrachte Gestik und Mimik durch den Erzähler hinzugefügt werden muss.[78] Eine weitere Form der Introspektion ist der Traum, in dem der alte Stark die Heirat seines Sohnes mit der aus seiner Sicht unstandesgemäßen Witwe antizipiert. Während die zeitgenössische Kritik Engel vorwarf, er habe den Text künstlich verlängern wollen, um sich ein Einkommen in den *Horen* zu sichern, (wofür sich biografische Argumente finden ließen,)[79] wird die Traum-Szene von Winter mit spezifisch dramentheoretischem Vokabular als retardierendes Moment beschrieben.[80] Aus diskurshistorischer Sicht muss

---

72 Vgl. Engel: Handlung, S. 25.
73 Vgl. Engel: Lorenz Stark, S. 22-25, S. 83 u.ö.
74 Vgl. Campe: Affekt und Ausdruck, S. 72, S. 291.
75 Vgl. zum akusmatischen Ausdruck der Seele: „Die Verlegenheit und die Furcht der guten Frau hatten ihre Stimme so sehr gedämpft […]" (Engel: Lorenz Stark, S. 55).
76 Ebd., S. 41.
77 Engel: Ideen zu einer Mimik, S. 65.
78 Dies konstatiert auch schon Voss: Nachwort, S. 129.
79 Košenina, Wehrhahn: Nachwort, S. 102. Bis zu der Veröffentlichung der ersten Teile war der Roman nämlich noch gar nicht fertiggestellt. Zur Textgenese siehe Voss: Nachwort, S. 123-127.
80 Vgl. Winter: Dialog, S. 163.

der Traum jedoch vielmehr als ‚sekundäres' empfindsames Element hervorgehoben werden, das ganz im Zeichen der anthropologischen Introspektion steht.[81]
Neben der Darstellung des *commercium mentis et corporis* mittels Mimik gibt es einen weiteren anthropologischen Zusammenhang, der in *Lorenz Stark* rhetorisch-poetologisch gewendet wird: Inneres oder seelisches Leid, metonymisch auf eine „Unruhe des Herzens" verschoben, macht sich in körperlichem „Uebelbefinden" sichtbar.[82] Dezidierte Einblicke in die Gedanken der Figuren schaffen außerdem eine außerdiegetische Kommunikationsebene zwischen dem Leser und den Figuren, die innerdiegetisch geheim bleibt.[83] Darüber hinaus werden Worte durch Körperzeichen ersetzt und für den Leser hermeneutisch interpretiert, mithin doppelt präsentiert: „Nie – sagte ihm ein stilles, schwaches Kopfschütteln der Witwe. [...] Eben so wenig – sagte ihm ein abermaliges Kopfschütteln; denn die Witwe, der das Herz immer voller und schwerer ward, war nicht im Stande zu reden. –"[84] Das gesprochene Wort bleibt der Deutungshoheit der Figur verhaftet, die es ausspricht,[85] wodurch Missverständnisse entstehen, die im Kommunikationsakt ausgeräumt werden müssen.[86] Schließlich wird der hermeneutischen Deutung explizit eine tragende Rolle zugesprochen, denn: „Der Text war dunkel; die Auslegung ist sonnenhelle."[87]
Wenn es am Ende der 19. Szene heißt: „Mit diesen Worten ergriff sie ihre Enveloppe, und war schon längst auf der Straße, als der Doctor noch immer den Faden suchte, woran er seinen casuistischen Knäuel entwirren könnte",[88] werden auch hier poetologische Überlegungen implementiert. Das ‚casuistische Knäuel' ist wie schon die ‚Einwebung der Dialoge' in *Alcibiades* keinesfalls als dramatische *desis* zu verstehen, sondern vielmehr im Sinne einer lose verbunden *textura*.

4 Der Dialogroman – ein literarisches ‚Ungethüm'?

Als Form der unprivilegierten Rede versucht der Dialogroman selbstreferenziell die Bedingungen des (literarischen) Sprechens inszenatorisch zu bespielen, die

---

81 Vgl. dazu u. a. Stöckmann: Traumleiber, S. 3.
82 Engel: Lorenz Stark, S. 39.
83 Vgl. ebd., S. 55.
84 Vgl. z. B. ebd., S. 56 f.
85 So z. B. die Rede der Tochter mit ihrem Vater, als sie die Situation der Witwe Lyk beschreibt, vgl. ebd., S. 68.
86 Vgl. z. B. die glückliche Wendung am Ende, in der Vater Stark den Sohn als seinen Stellvertreter einsetzt; ebd., S. 89.
87 Ebd.
88 Ebd., S. 49.

mit der Aufklärung zur politischen Forderung nach dem Recht auf freie Meinungsäußerung transformiert werden. Trotz dieser modernen politischen wie der anthropologischen und poetologischen Implikationen war dem Genre nur eine kurze Blüte beschert. Zwar kann *Alcibiades* mit zwei Auflagen und zwei Nachdrucken keinen geringen Erfolg verzeichnen, doch bleibt der Nachhall verhalten.[89] Im Falle Meißners mag das daran liegen, dass der Charakter seines Helden schon von Beginn an ausgebildet ist und eine ‚Entwicklung' sich deshalb – anthropologisch und poetologisch – nicht nachzeichnen lässt.[90] Beständig wird seine Größe, die sich vor allem in seinen rhetorischen Fähigkeiten ausdrückt, durch die erzählerische Auszeichnung in der ersten Person Plural als „unser Held" herausgestellt, wodurch Engels Anforderungen an den Handlungsbegriff unterlaufen werden. Fürst findet außerdem folgende Erklärung für das Scheitern des Dialogromans am Beispiel des *Alcibiades*:

> Die rein pragmatische Darstellungsweise, das Nebeneinander oder vielmehr Durcheinander von Liebesabenteuern, Staatsactionen, Zechscenen, Kriegsscenen und gleichgiltiger Conversation, das abwechslungsreich sein soll, in Wahrheit aber nur von einer mangelhaften Durcharbeitung der Quellen spricht, wirkt verwirrend und schwächt das Interesse.[91]

Schließlich hat die Fülle rhetorischer Tropen[92] und Figuren wie der *Akkumulatio* den *Alcibiades* auf vier Bände anschwellen lassen, was Meißner selbst kritisch reflektiert:

> Mit meinem Alcibiades will es mir im Punkt der Endigung nicht so gut werden. Der verzweifelte Grieche hat ein so zähes Leben, daß ich sorge, er wird eh [sic!] meinen Tod, als ich den seinigen erleben, und doch hätt' ich ihn gern nun mit Ehren todt. Sobald er fertig ist, send' ich Ihnen solchen zu.[93]

Auch Fürst gibt zu bedenken, dass *Alcibiades*, der von Meißner als „das beste, was er geschrieben" habe,[94] bezeichnet wurde, eher an die „Ungethüme des

---

89 Fürst: Meißner, S. 152.
90 Vgl. Meißner: Alcibiades, IV, S. 260, S. 274: Hier proklamiert der Protagonist Kontinuitäten zu seiner Jugend. Vgl. außerdem die Rezension: Anonym: Alcibiades, der deutsche, S. 430, und auch Becker: Roman um 1780, S. 182.
91 Fürst: Meißner, S. 149.
92 Am dominantesten sind die lebensbezogenen Metaphern der Jahreszeiten und der Gemütsbeschreibungen zwischen hitzig und kalt.
93 Brief Meißners an Johann Baptist Edlen von Alxinger, 20.10.1786, vgl. das noch unveröffentlichte Manuskript von Wögerbauer: Die Prager Jahre.
94 Zit. n. Fürst: Meißner, S. 138.

17. Jahrhunderts"[95] erinnere. Weiter kann festgestellt werden, dass das Genre generell an Handlungsarmut leidet und es gerade die Erzählerrede ist, die sowohl die Lebensbeschreibung vorantreibt als auch eine Fülle an Beobachtungen und Erklärungen anbieten muss, um den Mangel der Aufführung zu kompensieren. Die Kommentierung hinsichtlich der Quellenlage in Haupt- und Paratexten spricht außerdem für die Inkompatibilität des Dialogromans mit bestimmten, vor allem umfangreichen Stoffen bzw. gegen die Durchführbarkeit des Konzeptes. Meißner hielt dennoch an seinem Plan fest und versuchte, in gleicher Weise andere „Helden des classischen Altherthums" in die Form des Dialogromans zu bringen.[96] Diese scheiterten bereits in der Produktionsphase und wurden als kurze Szenen und Dialoge in den *Skizzen* veröffentlicht.

In der Gesamtausgabe bei Anton Doll (Wien 1813/14) sind diese Fragmente als ebensolche *Szenen und Dialoge* zusammengefasst. Der Band versammelt neben *Szenen aus dem unvollendeten Schauspiel Julius Cäsar* auch den von Meißner gestrichenen ersten Auftritt aus seinem Schauspiel *Johann von Schwaben* sowie einige unabhängige Szenen, die sowohl antike als auch aufklärerische Stoffe verbunden mit poetologischen Überlegungen enthalten. Zentrale Themen sind – ähnlich wie in *Alcibiades* – angemessenes herrschaftliches Handeln, das Ideal der Tugendhaftigkeit sowie die rhetorische Bearbeitung der Wechselwirkungen von Körper und Seele. Während in den kurzen Szenen auf einen Erzähler verzichtet werden kann, gehören intertextuelle Anspielungen und paratextuelle Verweise ebenfalls zur narrativen Ausstattung. Exemplarisch kann dies an der Szene *Die beyden Genien* veranschaulicht werden, in der sich zwei Gelehrte über ihre diametralen Ziele in der (Politik-)Beratung unterhalten: Während der erste Genius den König durch Kriege zu einem unvergesslichen Herrscher machen will, ist das Ziel des zweiten die Erziehung eines jungen Mädchens zur Tugendhaftigkeit.[97] Beide erzählen ausführlich, wie der eine Machtinteressen, der andere moralische Ziele verfolgt. Die Szene endet damit, dass der König, der von beiden unbemerkt alles mit angehört hat, hervortritt und im Sinne der Tugendlehre eine Beförderung des zweiten und eine Herabsetzung des ersten Genius veranlasst. Sulzers Vorstellung des Gesprächs als „Nachahmung einer Unterredung solcher Personen, die ihre Art zu denken und zu fühlen so gegen einander entfalten, dass der ihnen unbemerkte Zuhörer in das innerste ihrer Gemüter hineinsehen kann",[98] wird nicht nur auf das Rezipienten-Verhältnis übertragen, sondern auf

---

95 Ebd., S. 147.
96 Ebd., S. 153.
97 Vgl. Meißner: Die beyden Genien, S. 128.
98 Sulzer: Gespräch, S. 473.

einer innertextuellen Ebene gedoppelt. Die unbemerkte Hörerschaft, die in der Tragödie ihre Entsprechung in vielen Intrigenszenen findet, verwendet Meißner auch in *Alcibiades*.[99]

Besonders bemerkenswert an der *Farce aus der Geschichte des Königs Karl des Zweyten* mit dem Titel *Der König im Bordell* sind die paratextuellen Verweise, die zum einen durch historische Referenzen Beglaubigungsstrategien darstellen, zum anderen das Wissen des gebildeten Lesers beschwören, was wie in *Alcibiades* als rhetorische Strategie entlarvt werden kann.[100] Sind es doch gerade die paratextuellen Gewebepartikel, die dem Rezipienten die Ausgestaltung der erzählten Welt erklären und damit seine (Ein-)Bildung(s-kraft) in Frage stellen.

In Meißners Dialogen verbinden sich moralische Werte wie Tugendhaftigkeit mit poetologischen Überlegungen[101] in dialogischer Auseinandersetzung mit der (literarischen) Öffentlichkeit und stehen so ganz im Dienste des spätaufklärerischen Projekts einer literarischen Anthropologie bzw. einer anthropologischen Literatur. Dem Dialogroman gelingt es jedoch nicht, den von Engel eingeführten Handlungsbegriff im Dialog umzusetzen. Dadurch bleibt er lose gewobene *textura*, für deren Verbindung und Festigkeit der Erzähler als Garant immer wieder einspringen muss.[102] Auf der Werkebene sind es die durch das periodische oder serielle Erscheinen forcierten Unterbrechungen und Rahmungen, die dieses *textura*-Verständnis unterstreichen. Was als Mangel an *consecutio* im Dialogroman das Episodenhafte hervorkehrt, ist der kleinen Form der *Szenen und Dialoge* in ihrer Exemplarizität gerade nicht eingeschrieben. In ihrer Kürze ist das Episodenhafte stets angelegt, sie müssen sich daher nicht am Anspruch, eine Entwicklung aufzuzeigen, messen lassen. Letztlich unterstreichen sie das Rätsel, das in der Ambivalenz von Theorie und Praxis des Dialogromans begründet liegt: Denn während Engels Poetik die Implikationen des Genres sehr plausibel darstellt, schaffen die literarischen Texte es nicht, diese Vorgaben anschaulich

---

99   Pericles wird zu einem unbeobachteten Zeugen von Alcibiades' Gespräch mit Timadra; vgl. Meißner: Alcibiades, II, S. 75-86. Vgl. auch ebd., IV, S. 38-48, S. 303.
100 Appelle an den gebildeten Leser finden sich auch in *Alcibiades* wieder. Hier heißt es z. B. über seine Siege im Wagenrennen: „Wie hoch nach griechischen Sitten ein Sieg in diesen Spielen gehalten wurde, davon sez' ich die Wissenschaft bei meinen Lesern voraus." (Ebd., III, S. 340)
101 Eine andere Ansicht vertritt Heinz: Wissen, S. 147.
102 Der Rede Alcibiades' bei seiner Rückkehr nach Athen (vgl. Meißner: Alcibiades, IV, S. 169-173) sowie Timandras Worten nach dem Tode Axiochus', der in der zweiten Ausgabe Antioch heißt (ebd., S. 244), können ebenfalls eine solche Garantiefunktion zugesprochen werden, da sie die Fäden der Handlung noch einmal zusammenführen.

umzusetzen. Vielmehr koinzidiert diese Transfer-Problematik mit dem Bedeutungsverlust der Regelpoetiken im 18. Jahrhundert.

Literatur

Anonym: Alcibiades, der deutsche. 1r Theil. In: Allgemeine deutsche Bibliothek 97 (1791) 2. St., S. 429-430.

Anonym: Alcibiades. 1r, 2r, 3ter u. 4ter Theil. In: Allgemeine deutsche Bibliothek (1791), 3. Abt., Anh. zu 53./86. Bd., S. 1864-1872.

August Gottlieb Meißners Leben. In: A. G. Meißners sämmtliche Werke. Bd. 36: Vermischte Schriften. Wien (Doll) 1814, S. 219-231.

Bachmann-Medick, Doris: Die ästhetische Ordnung des Handelns. Moralphilosophie und Ästhetik in der Popularphilosophie des 18. Jahrhunderts. Stuttgart 1989.

Becker, Eva Dorothea: Der deutsche Roman um 1780. Stuttgart 1964.

Berg, Gunhild: Beiträge zur Menschenerkenntnis. ‚Anthropologisierte' Erzählstrategien in Moralischen Erzählungen der deutschsprachigen Spätaufklärung. In: Manfred Beetz, Jörn Garber, Heinz Thoma (Hrsg.): Physis und Norm. Neue Perspektiven der Anthropologie im 18. Jahrhundert. Göttingen 2007, S. 354-372.

Berg, Gunhild: Erzählte Menschenkenntnis. Moralische Erzählungen und Verhaltensschriften der deutschsprachigen Spätaufklärung. Tübingen 2006.

Bezold, Raimund: Popularphilosophie und Erfahrungsseelenkunde im Werk von Karl Philipp Moritz. Würzburg 1984.

Blanckenburg, Friedrich von: Versuch über den Roman [1774]. Faksimile. Stuttgart 1965.

Campe, Rüdiger: Affekt und Ausdruck. Zur Umwandlung literarischer Rede im 17. und 18. Jahrhundert. Tübingen 1990.

Engel, Johann Jakob: Herr Lorenz Stark. Ein Charaktergemälde. Hrsg. von Alexander Košenina, Matthias Wehrhahn. St. Ingbert 1991.

Engel, Johann Jakob: Ideen zu einer Mimik. Erster Theil. Berlin (Mylius) 1795.

Engel, Johann Jakob: Über Handlung, Gespräch und Erzählung [1774]. Faksimile. Hrsg. von Ernst Theodor Voss. Stuttgart 1964.

Fürst, Rudolf: August Gottlieb Meißner. Eine Darstellung seines Lebens und seiner Schriften mit Quellenuntersuchungen. Stuttgart 1894.

Greiner, Martin: Entstehung der modernen Unterhaltungsliteratur. Studien zum Trivialroman des 18. Jahrhunderts. München 1964.

Häsner, Bernd: Dialog. In: Dieter Lamping (Hrsg.): Handbuch der literarischen Gattungen. Stuttgart 2009, S. 121-127.

Heinz, Jutta: Wissen vom Menschen und Erzählen vom Einzelfall. Untersuchungen zum anthropologischen Roman der Spätaufklärung. Berlin, New York 1996.

Hlobil, Tomáš: Geschmacksbildung im Nationalinteresse. Die Anfänge der Prager Universitätsästhetik im mitteleuropäischen Kulturraum 1763-1805. Hannover 2012.

Jungmann, Joseph: Von der komischen Epopée. (Handschrift, Literaturarchiv Strahov in Prag, Signatur: 14/F/9).

Kiesel, Helmut; Münch, Paul: Gesellschaft und Literatur im 18. Jahrhundert. Voraussetzungen und Entstehung des literarischen Markts in Deutschland. München 1977.

Koschorke, Albrecht: Körperströme und Schriftverkehr. Mediologie des 18. Jahrhunderts. München ²2003.

Koschorke, Albrecht: Seeleneinschreibeverfahren. Die Theorie der Imagination als Schnittstelle zwischen Anthropologie und Literatur. In: Rudolf Behrens, Roland Galle (Hrsg.): Historische Anthropologie und Literatur. Romanistische Beiträge zu einem neuen Paradigma der Literaturwissenschaft. Würzburg 1995, S. 135-154.

Košenina Alexander; Wehrhahn, Matthias: Nachwort. In: Johann Jakob Engel: Herr Lorenz Stark. Ein Charaktergemälde. Hrsg. von dens. St. Ingbert 1991, S. 99-107.

Meißner, August Gottlieb: Alcibiades. 4 Theile. Leipzig (Breitkopf) 1781-1788.

Meißner, August Gottlieb: Bianka Capello. In: Skizzen. 1. Sammlung. Tübingen (Balz & Schramm)1776, S. 82-125.

Meißner, August Gottlieb: Die beyden Genien. In: Sämmtliche Werke. Bd. 4. Scenen und Dialoge. Wien (Doll) 1814, S. 125-129.

Meißner, August Gottlieb: Vorrede. In: Alcibiades. 4. Thl. Leipzig (Breitkopf) 1788, unpag.

Meyer, Herman: Zarte Empirie. Studien zur Literaturgeschichte. Stuttgart 1963.

Moritz, Karl Philipp: Vorschlag zu einem Magazin einer Erfahrungsseelenkunde. In: Dichtungen und Schriften zur Erfahrungsseelenkunde. Hrsg. von Heide Hollmer, Albert Meier. Frankfurt/M. 2006, S. 793-809.

Oesterhelt, Anja: Poetik des Dialogs als Projekt der Aufklärung. Funktionen des Dialogs in theoretischen Schriften Christoph Martin Wielands und Johann

Jakob Engels. In: Marion Gymnich (Hrsg.): Funktionen von Literatur. Theoretische Grundlagen und Modellinterpretationen. Trier 2005, S. 157-169.

Ottmers, Martin: Lesedrama. In: Harald Fricke (Hrsg.): Reallexikon der Literaturwissenschaft. Bd. 2. Berlin, New York 2000, S. 404-406.

Paul, Jean: Vorschule der Ästhetik. Nebst einigen Vorlesungen in Leipzig über die Parteien der Zeit. Hrsg. von Wolfhart Henckmann. Hamburg 1990.

Schings, Hans-Jürgen (Hrsg.): Der ganze Mensch. Anthropologie und Literatur im 18. Jahrhundert. DFG-Symposium 1992. Stuttgart, Weimar 1994.

Schings, Hans-Jürgen: Der anthropologische Roman. Seine Entstehung und Krise im Zeitalter der Spätaufklärung. In: Bernhard Fabian, Wilhelm Schmidt-Biggemann, Rudolf Vieraus (Hrsg.): Deutschlands kulturelle Entfaltung. Die Neubestimmung des Menschen. Wandlungen des anthropologischen Konzepts im 18. Jahrhundert. München 1980, S. 247-277.

Stöckmann, Ingo: Traumleiber. Zur Evolution des Menschenwissens im 17. und 18. Jahrhundert. Mit einer Vorbemerkung zur literarischen Anthropologie. In: IASL 26 (2001), S. 1-55.

Sulzer, Johann Georg: [Art.] Gespräch. In: Allgemeine Theorie der Schönen Künste. Bd. 1. Leipzig (Weidmann) 1771, S. 473-476.

Thomasius, Christian: Ueber die neue Erfindung einer wohlgegründeten und für das gemeine Wesen höchstnöthigen Wissenschafft / Das Verborgene des Hertzens anderer Menschen auch wider ihren Willen aus der täglichen Conversation zu erkennen. In: Kleine Teutsche Schriften. Hrsg. von Werner Schneiders. Hildesheim, Zürich, New York 1994.

Vogel, Juliane: Verwicklungskünste. Lösungskünste. Zur Geschichte des dramatischen Knotens. In: Poetica. Zeitschrift für Sprach- und Literaturwissenschaft 40 (2008), S. 269-288.

Voss, Ernst Theodor: Nachwort. In: Johann Jakob Engel: Über Handlung, Gespräch und Erzählung [1774]. Faksimile. Hrsg. von dems. Stuttgart 1964, S. 2-171.

Winter, Hans-Gerhard: Dialog und Dialogroman in der Aufklärung. Mit einer Analyse von J. J. Engels Gesprächstheorie. Darmstadt 1974.

Wögerbauer, Michael: Die Prager Jahre des Ästhetikers August Gottlieb Meißner. Göttingen [vorauss.] 2014.

Stephanie Bölts

Rhapsodisches Wissen.
Die Rhapsodie als Organisationsform
von Wissen um 1800

Warum ich aber diesen Vortrag nicht an eine systematische Ordnung binde, habe ich zureichende Gründe, die ich hier anzuführen nicht für nothwendig halte. Deswegen habe ich dem Ganzen die Aufschrift Rhapsodie gegeben: nicht als ob die Bruchstücke aus andern Schriften dieser Art wörtlich ausgehoben wären, wozu die Leser durch eine Nebenbedeutung des Wortes allenfalls könnten verleitet werden; sondern, einmal weil ich keine von denen am Ort rubricirten Materien in große Formen ausdehnen, und ihre Entwicklung nicht bis auf den letzten Faden ausspinnen werde, hernach, weil die Folge derselben nicht durch den Zusammenhang der Gedanken, sondern nach Disposition der Seele zu dieser oder jener Betrachtung, oder auch durch Umstände, durch Unterredungen mit andern Personen, durch Lectüre, oder durch anderen zufälligen Anstoß von Ideen, bestimmt werden soll.[1]

Um 1800 finden sich zahlreiche Texte, die in ihren Titeln als „Rhapsodie" oder als „rhapsodisch" bezeichnet sind, so wie die kurze Schrift *Rhapsodische Bemerkungen über Erziehung und Unterricht der Jugend beyderley Geschlechts* des Augsburger Gymnasialrektors Hieronymus Andreas Mertens, die im Titel und in der Einleitung auf die Rhapsodie rekurriert. Seine Begründung für diese Bezeichnung lässt Rückschlüsse auf ein Wissen zu, das mit der Rhapsodie verbunden ist, und durch das folglich bestimmte Erwartungen beim Rezipienten geweckt werden sollen. Dazu gehören fehlende Systematik, Kürze und Unvollständigkeit. Die Argumentation ist nicht logisch-rational aufgebaut, sondern vom Seelenzustand des Verfassers sowie externen Anregungen durch Gespräche, Lektüre oder gar Zufall bestimmt. Zudem wird eine Technik des Aneinanderreihens von unterschiedlichen Textausschnitten, die nicht als Zitat kenntlich gemacht werden, mit der Gattung Rhapsodie verknüpft, auch wenn der Verfasser diese mögliche Lesererwartung zurückweist.

Das Beispiel zeigt, dass, obwohl die Rhapsodie als Gattung selten in Lexika oder Poetiken theoretisiert wird,[2] es anscheinend so etwas wie ein Gattungswissen gibt, das ihr inhärent ist, und dass sich zudem, obwohl der Begriff Rhapsodie

---

1   Mertens: Rhapsodische Bemerkungen, S. 2.
2   Vgl. Fantoni: Deutsche Dithyramben, S. 46.

ursprünglich ein poetisches Gattungsformat bezeichnet, auch nicht-poetische und nicht-fiktionale Texte um 1800 dieses Wissens bedienen.

Mit der Entscheidung für eine Gattung wird auch die Repräsentation und Organisation der behandelten Wissensinhalte eines Textes bestimmt, denn die Konventionen einer Gattung strukturieren die dargestellte Wirklichkeit auf eine spezifische, sprachlich-textuelle Art und Weise.[3] Durch die Zuschreibung zu einer bestimmten Gattung werden somit zugleich andere textliche Erscheinungs- und Äußerungsweisen ausgeschlossen.[4] Dabei wird das Wissen einer Gattung durch den Einzeltext, der sich ihr zuordnet, immer erneut bestätigt, festgeschrieben, aber auch verändert und unterlaufen.

Im Folgenden soll das Wissen, das die Rhapsodie als Gattung über sich selbst produziert und durch das sie zugleich auch in ihr verhandelte Wissensinhalte mitgestaltet, fokussiert werden. Die Frage nach dem impliziten Wissen der Rhapsodie soll insbesondere anhand eines Einzeltextes, der ebenfalls nicht aus dem literarischen Bereich stammt, sich aber dieser poetischen Gattung zuschreibt, erörtert werden: Johann Christian Reils einflussreiches Buch *Rhapsodieen über die Anwendung der psychischen Curmethode auf Geisteszerrüttungen* (1803) rekurriert auf ein bestimmtes, der Rhapsodie inhärentes Wissen und nutzt es zur Darstellung seines Themas, aktualisiert und verändert dieses Wissen aber auch.

Bevor anhand dieses Textes die Gattung Rhapsodie als Organisationsform von Wissen um 1800 in den Blick genommen wird, soll zunächst das Gattungswissen der Rhapsodie anhand der Semantik des Begriffs, seiner antiken Herkunft und seiner zeitgenössischen Verwendung für philosophisch-ästhetische Texte und Lyrik des Sturm und Drang thematisiert werden. Deutlich wird, dass die Rhapsodie ein offenes Format ist, das sehr unterschiedliche Formen und Themen integrieren kann.[5]

1 Zum Begriff: ‚Genähter Gesang'

Der Begriff Rhapsodie stammt aus dem Griechischen und setzt sich aus dem Stamm des Verbes ‚rhaptein': ‚nähen' oder ‚flicken' und dem Nomen ‚ode' für ‚Gesang' zusammen.[6] Der Gattungsname impliziert das Zusammenfügen von etwas zunächst Disparatem: Während der Gesang auf die mündliche

---

3   Vgl. Vogl: Einleitung, S. 15. Horst Steinmetz spricht von Gattungen als „konventionalisierte[n] Wirklichkeitsstrukturierungen" (Steinmetz: Gattungen, S. 50).
4   Vgl. zum ‚Selektionscharakter' von Gattungen Voßkamp: Gattungen, S. 29 f.
5   Vgl. Salmen: Geschichte, S. 9.
6   Vgl. Widmaier: Rhapsodie, S. 1.

Tradierung durch den Rhapsoden im antiken Griechenland verweist, bezeichnet die Stoffmetapher die Produktion von ‚Textur'. Die wahrscheinlich älteste Verbindung der beiden Wortfelder findet sich bei dem griechischen Dichter Pindar, der von ‚genähten Epen' spricht.[7] Zentrales Merkmal der Rhapsodie ist dabei zunächst die Oralität, denn der Rhapsode trug ursprünglich vor allem Teile epischer Dichtung – insbesondere Homers – vor. Bei der schriftlichen Fixierung der *Ilias* und *Odyssee* durch Zenedotos werden die einzelnen Abschnitte dann als Rhapsodien bezeichnet, die mündliche Gattung also in eine schriftliche übertragen.[8]

In Platons Dialog *Ion* diskutiert ein gleichnamiger Rhapsode mit Sokrates das Verhältnis des Rhapsoden zur Dichtung und die Art des Wissens, die er produziert. Der Rhapsode, so die Figur Sokrates, müsse den Text nicht nur auswendig lernen:

> Denn es kann doch keiner ein Rhapsode sein, wenn er nicht versteht, was der Dichter meint; da ja der Rhapsode den Zuhörern den Sinn des Dichters überbringen soll, und dies gehörig zu verrichten, ohne einzusehen, was der Dichter meint, ist unmöglich.[9]

Der Rhapsode verstehe den Dichter nicht aus überlegenem Kunstverstand, sondern auf Grund einer „göttliche[n] Kraft",[10] welche sich von der Muse auf den Dichter und dann auf den Rhapsoden fortpflanze. Diese unmittelbar erlangte Form des Wissens sei weder auf das Werk anderer Dichter übertragbar noch objektiv verallgemeinerbar, weswegen der Rhapsode nicht über Kunst urteilen könne wie indes der Arzt über medizinische Themen. Um Dichtung so vorzutragen, dass das Publikum affiziert wird, müsse der Rhapsode ebenfalls in einen begeisterten und reflexionslosen Zustand versetzt sein. Die Inspiration pflanze sich wie die magnetische Anziehung vom Dichter auf den Rhapsoden und schließlich auf den Zuschauer fort.[11] Dass der Rhapsode nichts Neues erschaffe, sondern nur Vermittler des Dichters sei, führt später zu seiner pejorativen Bewertung. Die Rhapsodie wird als anspruchsloses Flickwerk abgewertet. Im 16. Jahrhundert werden Texte, die durch Verknüpfung oder Reihung von präfixierten Textteilen entstehen, als Rhapsodie bezeichnet. Seit dem 18. Jahrhundert wird diese Bedeutung auch auf die Musik übertragen.[12]

---

7 Vgl. ebd., S. 3.
8 Vgl. ebd., S. 2.
9 Platon: Ion, S. 5 (530c).
10 Ebd., S. 15 (533d).
11 Vgl. ebd., S. 15-17 (533d-534e).
12 Vgl. Widmaier: Rhapsodie, S. 3.

2 Rhapsodien des 18. Jahrhunderts

Im 18. Jahrhundert sind einige ästhetische und philosophische Texte als Rhapsodie bezeichnet worden wie beispielsweise Mendelssohns *Rhapsodie oder Zusätze zu den Briefen über die Empfindungen* (1761), Hamanns *Aesthetica in Nuce. Eine Rhapsodie in Kabbalistischer Prose* (1762) oder Herders *Dithyrambische Rhapsodie über die Rhapsodie kabbalistischer Prose* (1765). Die Wiederholung der Rhapsodie in den Paratexten philosophischer Abhandlungen erlaubt es, von einer Gattung zu sprechen.[13] Gegen die Verwendung der Rhapsodie im philosophischen Diskurs wendet sich hingegen Kant in der *Kritik der reinen Vernunft*:[14] „Unter der Regierung der Vernunft dürfen unsere Erkenntnisse überhaupt keine Rhapsodie, sondern sie müssen ein System ausmachen [...]."[15] Kant kontrastiert Rhapsodie und System und stellt dadurch das Unsystematische und Assoziative der rhapsodischen Wissensproduktion heraus, die aus dem zufälligen Reihen verschiedener Formen, Ideen und Stile entsteht.

Als Initialdokument der erwähnten philosophischen Rhapsodien kann Shaftesburys *The Moralists, a Philosophical Rhapsody. Being a Recital of Certain Conversations on Natural and Moral Subjects* (1709) gesehen werden, der damit das poetische Gattungsformat in den philosophischen Diskurs einführte,[16] auf das Hamanns und Herders Rhapsodien Bezug nehmen.[17] Die erwähnten Rhapsodien sind Texte, die ihre Themen unsystematisch in einem assoziativ-abgerissenen, fragmentarischen und improvisierten Stil behandeln.[18] Dabei werden unterschiedliche Textmaterialien aneinandergereiht und verknüpft, so dass Form- und Funktionsmerkmale verschiedener Gattungen und Stile vermischt werden.

Hamanns 1762 in dem Sammelband *Kreuzzüge eines Philologen* veröffentlichte Schrift *Aesthetica in Nuce. Eine Rhapsodie in Kabbalistischer Prose* behandelt das Verhältnis von Dichtung und Religion und nimmt zu der poetologischen Streitfrage Stellung, ob die Poesie aus der jüdisch-christlichen Tradition oder aus der antiken und damit heidnischen stamme.[19] Hamann wendet sich gegen ein rationales Verstehen von Bibel und Glauben und konzipiert Gott, den Kreator

---

13 Vgl. Rudolph: Kontinuum, S. 270.
14 Vgl. ebd., S. 271.
15 Kant: Kritik, S. 695 f.
16 Vgl. Rudolph: Kontinuum, S. 270 f.
17 Vgl. Gaier: Kommentar, S. 883.
18 Vgl. Fantoni: Deutsche Dithyramben, S. 46.
19 Vgl. Kemper: Deutsche Lyrik, S. 78; und Wolff: Ästhetische Nuss, S. 335-337.

der Schöpfung und Autor der Bibel, stattdessen als absoluten Poeten, der sich in Bildern und Geschichten offenbart habe.[20]

Bereits der Titel zeigt die Zusammensetzung von unterschiedlichen Stil- und Gattungstraditionen an: die „Rhapsodie", das „Kabbalistische" und die „Prosa". Das Adjektiv „kabbalistisch" impliziert, dass die *Aesthetica* auf einen esoterisch-mystischen Sinn hin gelesen werden soll. „Prose" ist hingegen für Hamann nur eine abgeleitete Form der schöpferischen Poesie, hinter der der enthusiastische Ausleger – der Rhapsode – erst die tiefere Wahrheit erkennen muss. Die Elemente „kabbalistisch" und „Prose" bauen also einen Kontrast auf: Hamann stellt durch seine kabbalistische Behandlung der Prosa gerade deren aufklärenden Impetus in Frage.

Hamanns Text setzt sich aus zahlreichen Zitaten und Referenzen auf andere biblische, antike und literarische Texte zusammen und ist von einer bild- und metaphernreichen Sprache im abgerissenen und begeisterten Stil gekennzeichnet. Ausrufe und Gedankenstriche prägen das Textbild schon im ersten Satz:

> Nicht Leyer! – noch Pinsel! – eine Wurfschaufel für meine Muse, die Tenne heiliger Litteratur zu fegen! – Heil dem Erzengel über die Reliquien der Sprache Kanaans! – auf schönen Eselinnen siegt er im Wettlauf; – aber der weise Idiot Griechenlands borgt Euthyphrons stolze Hengste zum philologischen Wortwechsel.[21]

Auf engstem Raum wird hier auf das Matthäusevangelium (3, 12), das Buch der Richter (5, 10) und Platons Dialog *Kratylos* angespielt. Die Textstücke, auf die Hamann sich bezieht, werden neu zusammengefügt, so dass Bruch und Naht zugleich sichtbar sind. Die Semantik der Rhapsodie – das Zusammennähen von Gesängen zu einem Text – wird somit performativ ausagiert. Dieser „Cento Stil"[22] zwingt den Leser, sich auf das Sprach- und Bilderspiel einzulassen, um ein Sinnganzes herzustellen.

Ausdrücklich referiert Herders unveröffentlichte *Dithyrambische Rhapsodie über die Rhapsodie kabbalistischer Prose* (1765) auf Hamanns Text. Herder imitiert Hamanns Stil und entwickelt dessen Gedanken weiter, parodiert und kritisiert den Text aber auch.[23] Überdies zeigt bereits der Titel das Zusammenfügen von verschiedenen Gattungen im Format der Rhapsodie an: *Dithyrambisch* bezeichnet den hymnisch ekstatischen Stil der Chorlieder des Dionysos-Kults, griechischer Tragödien und der daraus abgeleiteten Hymne.[24] Der Dithyrambus

---

20 Vgl. Kemper: Deutsche Lyrik, S. 30.
21 Hamann: Aesthetica, S. 197.
22 Widmaier: Rhapsodie, S. 3.
23 Vgl. Gaier: Kommentar, S. 880 f.
24 Vgl. ebd., S. 883.

wird somit als zusätzliche Stilbeschreibung der Rhapsodie genutzt.[25] Damit wird angedeutet, dass, während Hamann von Poesie in Prosa redet, Herder von Prosa poetisch inspiriert spricht.[26] Indem Herder Hamanns Text interpretiert, rückt er sich selbst in die Rolle des Auslegers, also des Rhapsoden, deutet aber auch Kritik an der Gattung an: „Der Rhapsodist hat gelesen, selbst wo es niemand weiß, und als ἑρμενεύς ἑρμενέων [Ausleger des Auslegers; S. B.] schreit er oft vor uns, und beinahe stets vor die Nachwelt, Noten ohne Text; denn wer ists, der mit ihm zugleich lese!"[27] Herder wirft Hamann hier vor, durch die ungekennzeichneten Verweise auf andere Texte unverständlich zu werden. Während die Rhapsodie das Einzelne zusammenfügen soll, wird sie bei Hamann schwer zugänglich, da die Brüche zu stark und die Nähte zu schwach sind.[28]

Herders Vorwurf zeigt, dass das aus verschiedenen Texten und Gattungsformen zusammengesetzte Werk, das die Semantik der Rhapsodie impliziert, eine Konstruktion ist, die erst in der Rezeption entsteht, wenn der Leser das Sprachspiel mitvollzieht. Einzelteile und Zusammenhang sollen zugleich erkennbar sein: „Im Flickenteppich der Rhapsodie sind Kontinuum und Bruch miteinander versöhnt: bilden Brüche das Kontinuum."[29] Dieses Verhältnis von Bruch und Kontinuum kann somit zum impliziten Gattungswissen der Rhapsodie gezählt werden.

Die performative Dimension der Rhapsodie[30] kommt vor allem auch in Diskussionen um die Neuetablierung der Figur des Rhapsoden als Deklamator sowohl epischer als auch lyrischer Dichtung im 18. Jahrhundert, deren Ausläufer bis ins 19. Jahrhundert reichen, zum Tragen.[31] Mündlichkeit und Performativität machen die Rhapsodie auch für poetologische Diskussionen im Bereich der Lyrik interessant, in dem die Rhapsodie als ‚bruchstückhaftes' und offenes Gattungsformat Eingang findet. Hamanns *Aesthetica* wurde von den Stürmern und Drängern als Neukonzeption der Poesie gelesen und lieferte zentrale Stichwörter für die Entwicklung der Genieästhetik.[32] Als Rhapsodie werden formal ungebundene, frei rhythmisierte, lyrische Formen, die durch begeistert-ekstatische

---

25 Zur Verwandtschaft der beiden Begriffe vgl. Fantoni: Deutsche Dithyramben, S. 46.
26 Vgl. Gaier: Kommentar, S. 880.
27 Herder: Dithyrambische Rhapsodie, S. 38 [Hervorhebg. im Orig. getilgt; S. B.].
28 Vgl. Rudolph: Kontinuum, S. 269.
29 Ebd.
30 Vgl. zu Performanz und Rhapsodie auch Schmidt-Biggemann: Christologische Poesie.
31 Vgl. Widmaier: Rhapsodie, S. 7; und Salmen: Geschichte, S. 20-29.
32 Vgl. Kemper: Deutsche Lyrik, S. 77-79.

Ausdrucksformen, assoziatives Sprechen und ‚subjektiven' Gefühlsausdruck gekennzeichnet sind, benannt. Die Rhapsodie steht dabei in engem Bezug zu den Gattungen Ode und Hymne, und das Adjektiv „rhapsodisch" wird auch zur Spezifizierung dieser Formen genutzt. Neben der Rückanbindung an die als ursprünglich aufgefasste Antike trifft auch die Nähe zur Mündlichkeit das Interesse der Stürmer und Dränger und ihrer programmatischen Imitation von Oralität. Zum Beispiel nennt Christian Friedrich Daniel Schubart sein Gedicht *Der ewige Jude* (um 1783), das durch den Verzicht auf Reime und durch syntaktisch bedingte Zeilensprünge ‚natürliche' Mündlichkeit nachahmt, im Untertitel explizit *Eine lyrische Rhapsodie*.[33] Mit diesem Paratext werden das Gattungsformat der Rhapsodie und seine Implikationen erst für die Lyrik beansprucht. Schubart überführte den Formbegriff der Rhapsodie auch in die Musik, indem er 1786 die Hefte *Musicalische Rhapsodien* veröffentlichte, die „aus deutschen Texten zu welschen Meisterstücken, aus Volksliedern, Klavier- und Orgelkompositionen" bestehen.[34] Die heterogene Auswahl zeigt die programmatische Nähe zu ‚authentischen' mündlichen Traditionen sowie das ‚typisch' rhapsodische Zusammenfügen von unterschiedlichen Materialien.

3 Reil: *Rhapsodieen über die Anwendung der psychischen Curmethode auf Geisteszerrüttungen*

Bereits in der Vorrede zu seinem medizinisch-psychiatrischen Text stellt Reil heraus, dass sein immerhin 500 Seiten zählendes Werk unsystematisch und unvollständig sei. Er verdeutlicht diese gattungsspezifische Bruchstückhaftigkeit mit einer Gebäudemetapher: Seine *Rhapsodieen* seien nur der Versuch, „ein Steinchen in irgend eine leere Fuge dieses großen Gebäudes einzuschieben".[35] Dieses Bild impliziert, dass Reils *Rhapsodieen* ein Baustein zu einem System, das zukünftig vollendet sein soll, sind. Das Vorläufige und Unsystematische betont Reil erneut mit der Stoffmetaphorik der Rhapsodie: Seine Abhandlung habe kein „systematisches Gewand", sie trete stattdessen in „leichte[r] Draperie" auf,[36] und zur „Umkleidung" fehle es ihm an Zeit.[37]

Die Rückbindung an die Antike, die die Gattungsbezeichnung Rhapsodie aufruft, statuiert Reil auch auf inhaltlicher Ebene, wenn er angibt, ein Wissen

---

33 Schubart: Jude.
34 Schubart: Musicalische Rhapsodien, S. 59.
35 Reil: Rhapsodieen, S. 4.
36 Ebd., S. 6.
37 Ebd.

zusammenzutragen, dass die ‚Alten' teilweise schon gehabt hätten, dessen „Ueberreste" und „Bruchstücke" jedoch von den zeitgenössischen Ärzten missachtet würden:

> Diese Curmethode ist zwar als eigne Disciplin, in einem systematischen Zusammenhang und in Verbindung mit den ihr angehörigen Wissenschaften nie bearbeitet. Doch finden wir hie und da Bruchstücke derselben, die uns die Geschichte der Arzneikunde, aus der älteren und neueren Zeit, aufbewahrt hat. [...] Die Griechen und Römer waren mit ihr nicht unbekannt. Davon überzeugen uns manche Stellen in den Schriften in den Hippocrates, Celsus und C. Aurelianus. Auch die Araber bedienten sich ihrer zur Heilung der Krankheiten.[38]

Ein verschüttetes und verstreutes Wissen wird wiederentdeckt, zusammengefügt und aktualisiert. In der Semantik der Rhapsodie bleibend, sammelt der Rhapsode hier - statt Poesie - Wissen, um es zu verkünden, aber auch, um es weiterzuentwickeln. Die Bezeichnung „Bruchstücke" verdeutlicht zudem die Verwandtschaft der Rhapsodie mit dem Fragment, wobei durch den Verweis auf das Wissen der ‚Alten' auf die ursprüngliche Bedeutung des Fragments als Überbleibsel aus einer vergangenen Zeit rekurriert wird.[39] Während das Ganze des fragmentarisch überlieferten Kunstwerkes jedoch verloren ist, streben Reils *Rhapsodieen* einen Übergang zu einem neuen ‚Ganzen' in Form einer umfassenden Pathologie und Therapie der psychischen Krankheiten an.

Reil entwickelt in seinen *Rhapsodieen*, die in 28 unterschiedlich lange Paragraphen gegliedert sind, neurophysiologische und psychologische Erklärungsmodelle für ‚Geisteskrankheiten', sammelt und systematisiert Anwendungsmöglichkeiten der ‚psychischen Kurmethode'. Er nähert sich seinem Thema, indem er die Ähnlichkeit des Irrenhauses zur Welt feststellt und die Häufigkeit der Geisteskrankheiten zu einer Kulturdiagnose ausbaut. In den Paragraphen diskutiert er Kurmethoden, sammelt Anwendungsbeispiele und gibt Empfehlungen für die Organisation und den Bau von Heilanstalten.[40]

4 Der Arzt als Rhapsode

Um die Größe seines Vorhabens zu unterstreichen, stellt Reil ein Zitat von Francis Bacon über die Notwendigkeit, große Anstrengungen gemeinsam anzugehen,

---

38 Ebd., S. 28.
39 Zu Gattung und Geschichte des Fragments vgl. den Beitrag von Annette Graczyk in diesem Band.
40 Reils *Rhapsodieen* greifen die um 1800 vieldiskutierte Frage nach dem Zusammenhang von Seele und Körper auf; vgl. Schmaus: Psychosomatik, S. 101 f.

als Motto über seinen Text. Durch den Bezug auf Bacon, der als Wegbereiter des Empirismus und der modernen Naturwissenschaften gilt,[41] wird dem poetisch-rhapsodischen Format zugleich ein empirisch-naturwissenschaftliches Vorgehen zur Seite gestellt. Für das Vorhaben, die psychischen Krankheiten zu erklären und darauf aufbauend Therapiemethoden zu entwickeln, empfiehlt Reil die Ärzteschaft aufgrund ihres empirischen Wissens, ihrer Mitleidensfähigkeit und Hilfsbereitschaft.[42] Die Tätigkeit des psychischen Arztes ist dabei wie die des Rhapsoden eine hermeneutische: Er muss die oft verworrenen Krankheitssymptome lesen und in ihrer Komplexität verstehen. Wie der Rhapsode ist er ein ‚Ausleger':

> Manche Hindernisse beseitigt das Genie des Künstlers in der Ausübung. Hier scheiden sich Theorie und Praxis. Jene giebt die allgemeinen Regeln, diese muss sie den individuellen Umständen anpassen.[43]

Der Arzt erhält geniale Züge, sein Können beruht auf dem Zusammenspiel abstrakten Wissens und individueller Intuition. In Platons *Ion* wurde dem Rhapsoden ein privilegiertes Verständnis des Dichters, dessen Werk er vorträgt, zugesprochen. Die Rede vom ‚Genie' überträgt das rhapsodische Inspirationsmodell in die Wissenschaften, in denen es dem Verständnis von Mensch und Natur dient. Wenn Reil den Arzt als „Genie" bezeichnet, geht es ihm somit ebenfalls um eine besondere Fähigkeit des Verstehens. Der Arzt kann die Zusammenhänge hinter den einzelnen Symptomen des individuellen Falls erkennen und diese zu einer Krankheitsdiagnose zusammenfügen, um auf dieser Basis seine Therapie aufzubauen. Wie der Rhapsode ist der Arzt in der Lage, sich in den Urheber oder Träger der Zeichen hineinzuversetzen. Im Fall des Rhapsoden ist das der Dichter, hinter dem wiederum die Wirkung einer göttliche Kraft oder der Muse sichtbar wird. Im Fall des Arztes ist der Patient der Träger verschiedener als Symptome fungierender Zeichen, hinter denen die Natur erkennbar wird.

Das Ausmaß und die Bedeutung des eigenen Unterfangens unterstreicht Reil wiederholt durch metaphernreiche Vergleiche und pathosgeladene Beschwörungen, die den Stil der philosophischen Rhapsodien alludieren und die längeren logisch argumentierenden Passagen unterbrechen:

> Heil unserm Wagnitz! Sanft ruhe Howard's Asche! Ein kühnes Geschlecht wagte sich an die gigantische Idee, die dem gewöhnlichen Menschen Schwindel erregte, eine der verheerendsten Seuchen von dem Erdball zu vertilgen. [...] Ueber sie alle schwebt, gleich

---

41 Vgl. Gamper: Dichtung, S. 596 f.
42 Reil: Rhapsodieen, S. 17.
43 Ebd., S. 36.

dem Adler, eine sublime Gruppe speculativer Naturphilosophen, die ihre irdische Beute in dem reinsten Aether assimilirt und als schöne Poesien wieder giebt.[44]

Indem Reil die Verbreitung psychischer Krankheiten als Seuche bezeichnet, unterstreicht er die Wichtigkeit seines Vorhabens. Die Rede von der Seuche oder Epidemie etabliert eine bestimmte „Wahrnehmungsstruktur",[45] die die Aufmerksamkeit auf die große Anzahl von Personen, die in einem bestimmten Raum zu einer bestimmten Zeit dieselben Symptome zeigen, lenkt. Reil impliziert so ein epidemisches Vorkommen der Geisteskrankheiten aufgrund des Bedarfs an Hospitalplätzen für Geisteskranke, der sich in den letzten 20 Jahren verdoppelt habe.[46] Vor dem Hintergrund solcher konkreten Beispiele weitet er die Häufung der Geisteskrankheiten zu einer Kulturdiagnose aus, indem er sie mit dem kulturellen Fortschritt der Menschen begründet, der diese vom Naturzustand entfremde.[47]

Das Bild vom Naturphilosophen als Adler, der die „irdische Beute", die empirische Arbeit der Ärzte, aufgreift, entwirft eine ideale Zusammenarbeit von Medizin und Philosophie. Später baut Reil diese Vorstellung zum Ideal eines Staates aus, in dem sich die verschiedenen Wissenschaften ergänzen. Diese Utopie entwirft Reil in Form eines persönlichen Traumberichts:

> Mir träumte jüngst, und wer kann davor, dass man träumt, nach einem glücklichen Abend in dem geschlossenen Zirkel einiger Freunde, in dem Land der Severamben [sic] zu seyn. Ich sah daselbst neben der Armee, die die äussere Sicherheit besorgte, auch ein literarisches Corps, das aus Chemikern, Anatomen, Botanikern und anderen Naturforschern bestand. Der Auditeur, den es zur Zierrath bei sich führte, war ein speculativer Naturphilosoph. [...] Dies Corps bestand auf Kosten des Staats, und war bloss dazu bestimmt, Künste und Wissenschaften, durch dieselben jeden Zweig des Erwerbs,

---

44 Ebd., S. 52 f. (Hervorhebungen im Orig. getilgt; S.B.). Heinrich Balthasar Wagnitz (1755-1838), evangelischer Theologe, setzte sich als Prediger am Zuchthaus in Halle für Reformen ein (vgl. Vierhaus: Enzyklopädie, S. 358). Sein Vorbild waren die Veränderungen des Strafvollzugs, die John Howard (1726-1790) in England durchgesetzt hatte (vgl. Morgan: Howard). Reformen zielten u.a. dagegen, psychischen Krankheiten moralische Implikationen zu unterstellen und daher Kriminelle und ‚Geisteskranke' in denselben Anstalten unterzubringen.
45 Foucault: Geburt, S. 40.
46 Vgl. Reil: Rhapsodieen, S. 11. Gemeint sind Torgau und Waldheim, über die Johann Gottfried Langermann, der bis 1804 Arzt im Zucht- und Irrenhaus in Torgau war, in seiner Dissertation *De Methodo cognoscendi curandique animi morbos stabilienda* (1797) berichtet. Vgl. Weiner: The Madman, S. 292.
47 Vgl. Reil: Rhapsodieen, S. 12. Vgl. auch Schmaus: Psychosomatik, S. 102.

die Industrie und die innere Wohlfahrt der Einwohner zu fördern. [...] Wohin es kam, blühte der Erwerbsfleiss, Wohlstand und Reichthum unter seinen Fussstapfen auf.[48]

In Reils idealem Staat werden durch ein „literarisches Corps" Ökonomie, Wohlfahrt, Wissenschaft und Moral befördert. Durch den Verweis auf die Sevaramben rekurriert Reil auf Denis Vairasses Roman *Histoires des Sévarambes*[49] und zitiert damit das Wissen der literarischen Utopie an. Diese für die Rhapsodie typische Mischung von verschiedenen Gattungsformen ermöglicht es Reil, in subjektiver Form ein übergeordnetes Ideal zu entwerfen, zu dem seine *Rhapsodieen* auf einem Teilgebiet beitragen sollen. Die Subjektivität wird durch die Ich-Form und den Verweis auf den im Kreis der Freunde genossenen Abend unterstrichen. Reils persönlicher Traumbericht beschließt den sechsten Paragraphen der *Rhapsodieen*, in dem es um die Einordnung der psychischen Kurmethode in die medizinische Wissenschaft und Ausbildung geht.

Mit der Paragraphenform verwendet Reil die übliche Schreibweise für philosophische Systeme in seinen *Rhapsodieen*. Die Paragraphen sollen jedoch kein festes System ergeben, vielmehr wolle Reil „nur Versuche machen, und einige Grundrisse entwerfen, die von der Zukunft erst ihre Vollendung erwarten."[50] Mit der Rhapsodie benutzt Reil für die Entwürfe dieser „Grundrisse" eine Gattung, deren Semantik und Tradition das Transitorische und Flexible bereits inhärent ist, da es gerade die ursprünglich mündliche Vortragsform ermöglichte, bestimmte Einzelteile neu und unterschiedlich zusammenzufügen. Die poetische Rhapsodie eignet sich daher für Reils Entwürfe. Sie bringt die nummerierten Paragraphen in einen vorläufigen Ordnungszusammenhang und markiert zugleich deutlich die Bruch- und Nahtstellen zwischen den Einzelteilen.

5 Rhapsodische Quellenkompilation

Das Wissen, das dabei gesammelt und geordnet wird, stammt aus heterogenen Quellen. Reil exemplifiziert und unterstreicht seine allgemeinen Aussagen mit einer Vielzahl an Fallgeschichten unterschiedlicher Provenienz und Funktion. So führt er die *Historia dynastiarum* des syrischen Gelehrten

---

48 Reil: Rhapsodieen, S. 43 f.
49 Denis Vairasses Roman behandelt in zwei Büchern die Geschichte des Kapitäns Siden und seiner Mannschaft, die nach einem Schiffbruch im Land der Sevaramben auf dem australischen Kontinent stranden. Das erste Buch erschien 1675 in London, die französische Ausgabe 1677-1679 und die erste deutsche Übersetzung 1689 (vgl. Saage: Utopische Profile, S. 16 f).
50 Reil: Rhapsodieen, S. 218.

Gregorius Bar-Hebraeus zum Beweis arabischer Kenntnisse in der Psychotherapeutik an.[51] Die biblische Geschichte des babylonischen Königs Nebukadnezar (Daniel 4, 22-33) dient ihm als Fallbeispiel einer durch Hochmut verursachten Geisteskrankheit,[52] in dem Gott selbst die Rolle des psychischen Arztes übernimmt und den eitlen König durch gezielte Demütigung heilt.

Seine Fallbeispiele, die Reil aus eigenen und fremden zeitgenössischen Texten bezieht, integriert er auf unterschiedliche Weise in seinen Text. Oft reiht er kurze Ausschnitte aus unterschiedlichen Quellen assoziativ aneinander, um eine Verallgemeinerung zu belegen:

> Dann kann noch das Bewusstseyn, sofern es sich durch ein Zusammenfassen aller unserer Verhältnisse zur Einheit einer Person äussert, von der Norm abweichen. [...] Jene cataleptische Frauensperson hatte in ihrem Anfall das widersprechende Gefühl, als wenn sie zu einerley Zeit in ihrem Körper zugegen und nicht zugegen gewesen wäre *). Mein ganzes Ich, sagt Herz **), war mir in dem ersten Momente meiner Rekonvalescenz nicht fühlbar. Beinahe kam es mir vor, als wenn der Genesene, ein ganz anderes Subject, neben mir im Bette wäre. Ein anderer Fieberkranker wurde, da er von seiner Fühllosigkeit erwachte, von der Einbildung geplagt, er habe sich verdoppelt [...] *). Ich sah einen Ruhrkranken, dem das Gemeingefühl seinen Körper, in seine Bestandtheile aufgelöst, wie er in den Cabinettern der Anatomen aufbewahrt wird, vorlegte. [...] Ein ähnliches Beispiel wird beim Mauchart **) erzählt.[53]

Reil nutzt hier die rhapsodische Technik des Aneinanderreihens unterschiedlicher Textausschnitte, um seine Ideen von den seelischen Krankheiten und ihrer Therapie entlang empirischer Beobachtungen zu entwickeln. Die Asteriske, die die Fußnoten anzeigen, markieren die Sprünge zwischen den Quellen, die in den Anmerkungen ergänzt werden.[54] Die einzelnen Fälle werden ‚nähend' zusammengefügt.

In teilweise seitenlangen Fußnoten unterfüttert Reil seine Ausführungen. So untermauert er seine Empfehlung, Genesenen ihren Aufenthalt im Tollhaus zu verschweigen, mit einer dreiseitigen Zusammenfassung des *Fragments aus dem Tagebuch eines Reisenden*, das 1788 in Moritz' *Magazin* abgedruckt wurde.[55]

---

51 Vgl. ebd., S. 28 f. - Gregorius Bar-Hebraeus Abu al-Faraj (1225/26-1286) war Maphrian der Syrisch-Orthodoxen Kirche im 13. Jahrhundert und galt als Universalgelehrter (vgl. Bautz: Kirchenlexikon, Sp. 370 f.).
52 Vgl. Rhapsodieen, S. 295.
53 Ebd., S. 78-80 (Hervorhebungen im Orig. getilgt; S. B.).
54 Diese sind Reil: Erkenntniß; Herz: Psychologische Beschreibung; Allgemeines Repertorium.
55 Schubart: Fragment.

In dem Fallbeispiel erschlägt ein junger, vom Wahnsinn genesener Mann seinen Vater, als er sich an die Zeit im Irrenhaus erinnert. Die dramatischen Höhepunkte der einsetzenden Erinnerungen und des Totschlags zitiert Reil dabei wörtlich, übernimmt also auch den literarischen Stil des Originaltextes.[56] Reils ‚Grundrisse' der psychiatrischen Wissenschaft üben somit die rhapsodische Technik des Zusammenfügens verschiedener Textmaterialien, sachlicher wie literarisierter Sprechweisen. Reils Text funktioniert nach einer Kompilationslogik, die verschiedene Texte, Wahrnehmungsformen sowie Gattungsformate sammelt und neu zusammensetzt, um psychosomatische Wirkungsweisen und Krankheiten zu erklären.

Das Zusammenführen von Teilen kennzeichnet dabei auch den Inhalt des Textes, denn Figuren von Ganzheit und Einzelnem organisieren auch die Darstellung von Seele, Körper und Krankheit. Der Mensch als eine personale Einheit setzt sich aus unzähligen Einzelteilen zusammen. Agenten dieser Einheit sind das Nervensystem und das ‚Selbstbewusstsein', das um 1800 in philosophischen, medizinischen, psychologischen und literarischen Diskursen eine zentrale Kategorie ist[57] und bei Reil zusammen mit den Seelenkräften ‚Besonnenheit' und ‚Aufmerksamkeit' im gesunden Zustand die personale Einheit und das Funktionieren des Individuums in seiner Umwelt sichert, indem es Wahrnehmungen in ihre zeitlichen und räumlichen Beziehungen zum eigenen Ich setzt und zwischen Subjekt und Objekt unterscheidet.

Das Selbstbewusstsein als „Grundveste unserer ganzen moralischen Existenz" fügt das „Mannichfaltige zur Einheit" zusammen.[58] Da unbekannt ist, wie dieses Zusammenfügen des Einzelnen in der Seele abläuft, erklärt es Reil, um seelische Prozesse kommunikabel zu machen, mit einer Analogie zum Körper:

> Ich will es daher versuchen, diesem Vermögen der Seele durch eine Analogie aus dem Gebiete der Organisation näher zu treten. Der Mensch hat Individualität, wenn er gleich höchst theilbar; Einheit, wenn er gleich ein Aggregat der fremdartigsten Organe ist. Knochen, Knorpel, Drüsen, Eingeweide, wie verschiedner Natur sind nicht diese Dinge?[59]

Dem Empfinden seelisch-körperlicher Einheit wird die Verschiedenheit der einzelnen Körperteile und Organe entgegengesetzt. Die Ursache für die körperliche funktionale Einheit ist das Nervensystem:

---

56 Vgl. Reil: Rhapsodieen, S. 447-449.
57 Vgl. Huber: Text.
58 Reil: Rhapsodieen, S. 53.
59 Ebd. S. 54.

> Erst durch das Nervensystem, an dessen Schnüre sie [die Organe und Körperteile; S. B.] aufgereiht sind, kömmt Einheit in diese grosse Mannichfaltigkeit. Aeste desselben sammlen einzelne Parthieen zu Sinnorganen, Eingeweiden, Gliedern u. s. w. auf, und dann erst werden diese verschiednen Getriebe, durch das Gehirn, als den Hauptbrennpunkt des Nervensystems, zu einem Ganzen zusammengehängt. Dieser Einrichtung, die das mannichfaltige Körperliche zu einem Individuum erhebt, scheint die Ursache des Selbstbewusstseyns verwandt zu seyn [...].[60]

Die Erklärung wird durch das Engführen verschiedener Metaphernfelder rhetorisch erzeugt: Die „Schnüre" des Nervensystems verknüpfen die einzelnen Körperteile zunächst zu ‚Gattungen' wie die „Sinnesorgane" oder die „Glieder" und schließlich zu einem ‚Netz' zusammenhängender Einzelteile. Das Gehirn ist der Haltepunkt dieses Netzes, von dem aus die verschiedenen „Getriebe" koordiniert werden. Die Organe sind an den ‚Ästen' des Nervensystems aufgereiht. Die Baummetapher drückt das vereinheitlichende und stabilisierende Prinzip des Nervensystems aus.[61] Der Körper erscheint somit als natürliches ‚Ganzes', in dem die unterschiedlichen Einzelteile zweckmäßig zusammenarbeiten.

In philosophischen Diskursen ist seit der Antike auf verschiedene Weise die Vorstellung einer Art ‚Weltganzem' am Leib-Seele-Problem und am körperlichen Organismus diskutiert worden.[62] Krankheit entsteht, wenn diese Ganzheit zerstört wird, Seele und Körper wahrnehmungspsychologisch in ihre Einzelteile zerfallen,[63] ein Vorgang, den Reil durch die Aneinanderreihung verschiedener Metaphernfelder beschreibt. Er reflektiert dabei die hermeneutische Funktion bildlicher Sprache bei der Erkenntnis psychischer Prozesse, die sich der unmittelbaren Beobachtung entziehen:

> So lange der Mensch gesund ist, sammlet das Nervensystem seine durch die ganze Organisation ausgestreckten Glieder in einem Mittelpunkt. [...] Allein die Angel der Verknüpfung kann abgezogen werden. Das Ganze wird dann in seine Theile aufgelöst, jedes Getriebe wirkt für sich, oder tritt mit einem anderen, ausserhalb des gemeinschaftlichen Brennpunkts, in eine falsche Verbindung. Der Körper gleicht einer Orgel; bald spielen diese bald jene Theile zusammen, wie die Register gezogen sind. Es werden gleichsam Provinzen abtrünnig; man verzeihe mir diese bildliche Sprache, die man in der Psychologie nicht entbehren kann. In diesem Zustande muss die Synthesis im Bewusstseyn

---

60 Ebd., S. 54 f.
61 Nach der antiken Medizin konzipierte Galen die Nerven als verzweigtes Röhrensystem, durch das das Gehirn einen ‚Seelengeist' pumpe. Diese Vorstellung entwickelte sich zur Annahme eines Nervenfluidums, das durch die Nerven fließt, die bis ins 19. Jahrhundert valide blieb (vgl. Stahnisch: Nerven, Sp. 559 f.).
62 Vgl. Kaulbach.: Ganzes/Teil.
63 Vgl. Rieger: Kybernetik, S. 102 f.

verlohren gehn. Die Seele ist gleichsam von ihrem Standpunkt weggerückt; unbekannt in ihrer eigenen Wohnung, in welcher sie alles umgestürzt findet, hat Mast und Ruder verloren und schwimmt gezwungen auf den Wogen der schaffenden Phantasie in fremde Welten, Zeiten und Räume, glaubt bald ein Wurm bald ein Gott zu seyn, lebt in Höhlen oder Palästen und versetzt sich in Zeiten, die nicht mehr sind, oder noch kommen sollen.[64]

Krankheit – so evozieren die Maschinen-, die Orgel-, Politik- und Schiffsmetaphern – entsteht, wenn sich das Zentrum eines funktionierenden Systemganzen auflöst oder verschiebt.

Reils Text ist sowohl auf der inhaltlichen als auch der formalen Ebene von Teil-Ganzes-Formen geprägt und schreibt sich damit in die Wissensstruktur der Rhapsodie ein. Das Nervensystem fügt die disparaten Körperteile zu einer funktionalen Einheit zusammen. Das Selbstbewusstsein wiederholt diese Operation auf der Ebene der Seelenkräfte. Die Parallelen zwischen der Semantik und Metaphorik der Rhapsodie, die verschiedene Textmaterialien zu einem neuen Ganzen zusammenfügt, und den Figuren, mit denen Körper und Seele verbunden werden, weisen die Spannung zwischen Ganzem und Einzelnem, Sichtbarem und Unsichtbarem als ein bestimmtes Wahrnehmungsmuster aus, das sowohl der formalen als auch der inhaltlichen Gestaltung zugrunde liegt.

6 Die Gattung als Methode?

Die Gattung Rhapsodie scheint Reil besonders dazu geeignet zu sein, das Vorläufige und Transitive seines Werkes zu markieren. Eine feste Systematik ist erst im Entstehen, eine streng geschlossene Gattung daher unangemessen. Die *Rhapsodieen* sind Bausteine zur Fixierung und Systematisierung. Dazu braucht es die Arbeit des Arztes, der als Rhapsode das Wissen sammelt, zusammensetzt, organisiert und verkündet. Die von Reil entworfene Ärztefigur führt den inspirierten Rhapsoden so in die Wissenschaft ein.

Vorläufigkeit markieren auch die Krankheitskonstruktionen des Textes, dessen argumentative Bewegung von einem Nicht-Wissen, das immer wieder eingestanden und sogar hervorgehoben wird, zu einem zukünftigen Wissen verläuft: Wissen wird gleichermaßen erst *er-schrieben*. Kontinuum und Bruch, die die Textform charakterisieren, bestimmten auch das Körper-Seele-Verständnis: im gesunden Zustand ist der Körper ein aus Einzelteilen zusammengesetztes Ganzes, während Krankheit sich in verschiedenen Zerfallserscheinungen äußert. Die Rhapsodie wird wissenspoetologisch genutzt, um ein durch Umbrüche

---

64 Reil: Rhapsodieen, S. 63 f.

und Leerstellen gekennzeichnetes Krankheitswissen darzustellen. Diese Funktion der Rhapsodie ist gerade vor dem Hintergrund, dass Reil vielfach als Begründer der Psychiatrie in Deutschland gesehen wird, hervorzuheben, da aus dieser Retroperspektivik die Offenheit, die er seinem System einschrieb, übersehen werden kann.

Dabei lassen sich zwei Funktionen der Rhapsodie feststellen: Erstens wird die Gattungsbezeichnung zu einer rhetorischen Strategie. Die Gattungswahl erscheint als Ausdruck eines Bescheidenheitstopos, mit dem der Druck, das eine richtige System zu produzieren, abgewehrt wird, um dann nichtsdestoweniger zu versuchen, ein System zu erstellen. Zweitens ist die Rhapsodie durch die in ihrer Semantik ausgedrückten Brüche und Nahtstellen und damit implizierte Veränderbarkeit geeignet, einer ins Endlose gehenden Empirie gerecht zu werden und Wissen aus heterogenen Quellen zusammenzuführen. Die literarisch-philosophische Gattung entspricht hier einem Bedürfnis der zeitgenössischen Medizin, mit der sie auf Herausforderungen und Entwicklungen reagieren und ihre Umbrüche herausstellen kann. Das *Rhapsodische* wird zur Methode, mit der Wissen, der limitierten Erfahrung gemäß, darstellbar wird.

Hierfür spricht auch, dass das Adjektiv „rhapsodisch" wie im eingangs zitierten Beispiel vielfach in Gattungsbezeichnungen als Spezifizierung einer bestimmten Wahrnehmung in ganz unterschiedlichen Wissensdiskursen genutzt wird.[65] Als (Gattungs-)Spezifikation zu ‚Beobachtung' und ‚Bemerkung' wird das Adjektiv „rhapsodisch" zur Bezeichnung eines bestimmten Stils verwendet, der auch andere Gattungen kennzeichnen kann. Sich wiederholende Merkmale der Rhapsodie sind die Bruchstückhaftigkeit, Formen- und Gattungsvielfalt, unsystematische Anordnung sowie assoziative Reihung von unterschiedlichen Textmaterialien und Stilmerkmalen.

Obwohl normenpoetologische Aussagen über die Rhapsodie fehlen, lässt sich das Wissen, das sie über sich produziert, aus Texten, die es ausagieren, ableiten. Die Rhapsodie oder das Rhapsodische kann sowohl im literarischen als auch außerliterarischen Bereich als Reaktion auf Veränderungen in Wissensdiskursen gesehen werden: Der Gestus des Zusammentragens drückt den Wunsch nach der Herstellen fester Wissensordnungen aus, gleichzeitig akzentuiert die Gattung aber eben insbesondere die Umbrüche. Dabei kann die Rhapsodie gerade auch als Versuch der erneuten Vereinigung verschiedener sich um 1800

---

65 Vgl. zum Beispiel Mertens: Rhapsodische Beobachtungen; Zwierlein: Rhapsodische Bemerkungen; Hilscher: Rhapsodische Bemerkungen; Thaer: Rhapsodische Bemerkungen; Hallberg-Broich: Rhapsodische Ansichten; Kosmeli: Rhapsodische Briefe; [Anonym]: Rhapsodische Bemerkungen.

ausdifferenzierender Diskurse interpretiert werden; so spricht Reil die notwendige Zusammenarbeit bestimmter Wissensdiskurse mehrfach an. Deren spätere Trennung könnte erklären, warum die Rhapsodie sich als textliche Darstellungsweise in den Wissenschaften nicht durchgesetzt hat. Als Gattungsbezeichnung wird sie inzwischen nur noch in der Musik verwendet.

Literatur

[Anonym]: Rhapsodische Bemerkungen über die Begebenheiten mit dem Erzbischofe zu Köln, Freiherrn Droste-Vischering. Altona (Hammerich) 1838.

Allgemeines Repertorium für empirische Psychologie und verwandte Wissenschaften. Hrsg. von Manuel David Mauchart. 6 Bde. Tübingen (Heerbrandt) 1792-1801.

Bautz, Friedrich Wilhelm (Hrsg.): Biographisch-Bibliographisches Kirchenlexikon. 1 Bd. Hamm [2]1990.

Fantoni, Francesca: Deutsche Dithyramben. Geschichte einer Gattung im 18. und 19. Jahrhundert. Würzburg 2009.

Foucault, Michel: Die Geburt der Klinik. Eine Archäologie des ärztlichen Blicks. Aus dem Frz. von Walter Seitter. Frankfurt/M. [8]2008.

Gaier, Ulrich: Kommentar. In: Johann Gottfried Herder: Werke. Hrsg. von Martin Bollacher, Jürgen Brummack, Ulrich Gaier u.a. 1. Bd.: Frühe Schriften 1764-1772. Hrsg. von Ulrich Gaier. Frankfurt/M. 1985, S. 811-1333.

Gamper, Michael: Dichtung als ‚Versuch'. Literatur zwischen Experiment und Essay. In: Zeitschrift für Germanistik N.F. 17 (2007) 3, S. 593-611.

Hallberg-Broich, Theodor von: Rhapsodische Ansichten und Motive für Armen-Kolonien. (= Patriotische Ansichten über Armen-Kolonien, hrsg. von der Praktischen Gartenbau-Gesellschaft in Bayern; 2). Frauendorf (Praktische Gartenbau-Gesellschaft) 1829.

Hamann, Johann Georg: Aesthetica in Nuce. Eine Rhapsodie in kabbalistischer Prose. In: Sämtliche Werke. Schriften über Philosophie / Philologie / Kritik. 1758-1763. Hrsg. von Josef Nadler. 2. Bd. Wien 1950, S. 197-217.

Herder, Johann Gottfried: Dithyrambische Rhapsodie über die Rhapsodie kabbalistischer Prose. In: Werke. Frühe Schriften 1764-1772. Hrsg. von Martin Bollacher, Jürgen Brummack, Ulrich Gaier u.a. 1. Bd. Hrsg. von Ulrich Gaier. Frankfurt/M. 1985, S. 31-39.

Herz, Marcus: Psychologische Beschreibung seiner eigenen Krankheit. In: Magazin zur Erfahrungsseelenkunde 1. Bd. (1783) 2. St., S. 44-72.

Hilscher, Christian Gottlob: Rhapsodische Bemerkungen über verschiedene für Stadt- und Landbewohner intereßante Gegenstände vorzüglich mit Hinsicht auf Chursachsen. Leipzig (Hilscher) 1799.

Huber, Martin: Der Text als Bühne. Theatrales Erzählen um 1800. Göttingen 2003.

Kant, Immanuel: Kritik der reinen Vernunft. In: Werke in sechs Bänden. Hrsg. von Wilhelm Weischedel. 2. Bd. Darmstadt ^{5}1983.

Kaulbach, Friedrich.: Ganzes/Teil. In: Joachim Ritter u.a. (Hrsg.): Historisches Wörterbuch der Philosophie. 3. Bd. Basel 1974, Sp. 3-19.

Kemper, Hans Georg: Deutsche Lyrik der frühen Neuzeit. Sturm und Drang. Genie-Religion. 6. Bd./II. Tübingen 2002.

Kosmeli, Michael: Rhapsodische Briefe auf einer Reise in die Krim und die Türkei. Halle (Gebauer) 1813.

Mertens, Hieronymus Andreas: Rhapsodische Beobachtungen über Erziehung und Unterricht der Jugend beyderley Geschlechts. Eine Einladungsschrift zu den öffentlichen Schulreden und der damit verbundenen jährlichen Austheilung der Schulpreise [...] für Gönner und Freunde des hiesigen Schulwesens, besonders für Eltern und Anverwandte unsrer Lehrlinge geschrieben. 2 Stke. Augspurg (Späth) 1784-1785.

Morgan, Rod: Howard, John. In: Henry. C. G. Matthew und Brian Harrison (Hrsg.): Oxford Dictionary of National Biography. In Association with the British Academy. From the earliest times to the year 2000. 28. Bd. Oxford 2004, S. 390-393.

Platon: Ion. In: Werke in acht Bänden. Griechisch und Deutsch. Hrsg. von Günther Eigler. 1. Bd. Bearb. von Heinz Hofmann. Darmstadt 1972, S. 2-39.

Reil, Johann Christian: Rhapsodieen über die Anwendung der psychischen Curmethode auf Geisteszerrüttungen. Halle (Curtsche Buchhandlung) 1803.

Reil, Johann Christian: Ueber die Erkenntniß und Cur der Fieber. Allgemeine Fieberlehre. 5 Bde. Halle (Curtsche Buchhandlung) 1799-1815.

Rieger, Stefan: Die Kybernetik des Menschen. Steuerungswissen um 1800. In: Joseph Vogl (Hrsg.): Poetologien des Wissens um 1800. München 1999, S. 97-119.

Rudolph, Andre: Kontinuum der Rhapsodie. Herder – Hamann – Shaftesbury. In: Sabine Groß, Gerhard Sauder (Hrsg.): Der frühe und der späte Herder. Kontinuität und/oder Korrektur. Beiträge der Internationalen Herder Gesellschaft Saarbrücken 2004. Saarbrücken, Heidelberg 2007, S. 269-283.

Saage, Richard: Utopische Profile. Aufklärung und Absolutismus. Münster 2002.

Salmen, Walter: Geschichte der Rhapsodie. Zürich, Freiburg 1966.

Schmaus, Marion: Psychosomatik. Literarische, philosophische und medizinische Geschichten zur Entstehung eines Diskurses (1778-1936). Tübingen 2009.

Schmidt-Biggemann, Wilhelm: Christologische Poesie. Bemerkungen an Hamanns „Aesthetica in nuce". In: Claudia Brinker von der Heyde, Niklaus Largier (Hrsg.): Homo Medietas. Aufsätze zu Religiosität, Literatur und Denkformen des Menschen vom Mittelalter bis in die Neuzeit. Festschrift für Alois Maria Haas zum 65. Geburtstag. Bern 1999, S. 487-506.

Schubart, Christian Franz Daniel: Der ewige Jude. Eine lyrische Rhapsodie. In: Werke in einem Band. Hrsg. von Ursula Wertheim und Hans Böhm. Weimar 1959, S. 298-302.

Schubart, Christian Franz Daniel: Musicalische Rhapsodien. In: Gesammelte Schriften und Schicksale. 5. Bd. Stuttgart (Scheidle's Buchhandlung) 1839, S. 53-59.

Schubart, Ludwig Albert: Fragment aus dem Tagebuch eines Reisenden. In: Magazin zur Erfahrungsseelenkunde 6. Bd. (1788) 3. St., S. 90-125.

Stahnisch, Frank W.: Nerven. In: Bettina Jagow, Florian Steger (Hrsg.): Literatur und Medizin. Ein Lexikon. Göttingen 2005, Sp. 558-563.

Steinmetz, Horst: Gattungen. Verknüpfungen zwischen Realität und Literatur. In: Dieter Lamping, Dietrich Weber (Hrsg.): Gattungstheorie und Gattungsgeschichte. Ein Symposium. Wuppertal 1990, S. 45-69.

Thaer, Albrecht: Rhapsodische Bemerkungen zu B. Bell's Abhandlungen über den Ackerbau. Berlin (Realschulbuchhandlung) 1804.

Vierhaus, Rudolf (Hrsg.): Deutsche Biographische Enzyklopädie. 10. Bd. München ²2008.

Vogl, Joseph: Einleitung. In: Ders. (Hrsg.): Poetologien des Wissens um 1800. München 1999, S. 7-16.

Voßkamp, Wilhelm: Gattungen als literarisch-soziale Institutionen. In: Walter Hinck (Hrsg.): Textsortenlehre - Gattungsgeschichte. Heidelberg 1977, S. 27-44.

Weiner, Dora B.: The Madman in the Light of Reason. Enlightenment Psychiatry. Part II: Alienists, Treatises, and the Psychologic Approach in the Era of Pinel. In: Edwin R. Wallace, John Gach (Hrsg.): History of Psychiatry and Medical Psychology. New York 2008, S. 281-304.

Widmaier, Tobias: Rhapsodie. In: Hans Heinrich Eggebrecht, Albrecht Riethmüller (Hrsg.): Handwörterbuch der musikalischen Terminologie. 35. Slg. Stuttgart 2003, S. 1-7.

Wolff, Jens: Ästhetische Nuss oder Reliquie – Hamanns christologischer Symbolismus. In: Manfred Beetz, Andre Rudolph (Hrsg.): Johann Georg Hamann. Religion und Gesellschaft. Berlin, Boston 2012, S. 334-345.

Zwierlein, Hans Karl von: Rhapsodische Bemerkungen über die freie Wahl des Gerichtsstandes des hohen Hauses Braunschweig Lüneburg in Hinsicht auf die Sache des Herrn von Berlepsch. o. O. 1797.

Gunhild Berg

Der deutschsprachige Experimentalroman. Begriff und Wissenstextur einer (nicht)existenten Gattung narrativer „Studien"

> Der ganze experimental-belletristische Lärm Zolas ist daher nur das eitle, aus gutem Glauben und Marktschreierei vermischte Gebaren eines dialektisch ungeschickten Phrasenmachers, der die Aufgaben der Kunst und der Wissenschaft absolut verwechselt.[1]

Ludwig Pfaus vehemente Kritik belegt die lebhafte, obgleich unterschiedliche Aufnahme der von Émile Zola propagierten Gattung des „roman expérimental" in der deutschsprachigen Literaturszene der 1880er Jahre. Sie zeigt außerdem, dass die Diskussion um Zolas Poetik und Werk nicht nur dem *Konzept* einer experimentellen Literatur, sondern zugleich auch dem *Wort* „Experimentalroman" galt. „Phrasenmacher[ei]", „Marktschreierei" und rhetorische Effekthascherei wirft Pfau hier dem Dichterkollegen Zola vor, spricht ihm als Autoren wie als Poetologen sprachliche Kompetenz und damit die Voraussetzung für literarisches Arbeiten ab. Zu berücksichtigen ist also im Verfolg dieser Diskussion die inhaltliche (onomasiologische) wie die formal-begriffliche (semasiologische) Ebene der Auseinandersetzung zu diesem historischen Zeitpunkt. Zwar fiel das Konzept der Gattung „Experimentalroman", das Zola 1879 entwarf,[2] offenbar auf den tönernen Boden der noch ausstehenden Positionsbestimmung der Literatur im Verhältnis zu den Naturwissenschaften im Prozess der Moderne. Doch nicht dieses Nachhallen poetologischer Konzepte ist der Gegenstand der vorliegenden Studie, sondern die Frage, ob sich Zolas Programm des Experimentalromans in der deutschsprachigen Literatur wiederfindet, mithin die Frage, ob es einen deutschsprachigen Experimentalroman gibt bzw. was ihn – im Unterschied zur nicht nur französischen, sondern auch der italienischen, niederländischen,

---

1   Pfau: Emile Zola, S. 71.
2   Zolas *roman expérimental* erschien zuerst im September 1879 in der St. Petersburger Zeitschrift *Le Messager d'Europe*, einen Monat später in der Pariser Zeitschrift *Le Voltaire* und 1880 dann monographisch. Stöckmann: Naturalismus, S. 53. Die erste deutsche Übersetzung von 1904 ist Zola: Experimentalroman.

russischen und anderen europäischen ebenso wie der amerikanischen Literatur[3] – in der deutschsprachigen Literatur verhindert haben könnte.

Zur Beantwortung können gemäß der Differenzierung, die das Eingangszitat von Pfau bereits nahelegt, sowohl formal-begriffliche als auch inhaltliche Kriterien angelegt werden.[4] Auf der Suche nach potenziellen deutschsprachigen Gattungsvertretern bietet es sich daher an, von der para-, insbesondere peritextuellen (Selbst-)Bezeichnung der Texte als „Experimentalroman" auszugehen und/oder von inhaltlichen wie strukturellen Orientierungen an Zolas Gattungsprogramm. Geprüft wird daher nicht im systematischen, sondern im rein historischen Sinne einer Gattungsgeschichtsschreibung, inwiefern das zeitgenössische Konzept naturwissenschaftlich-experimentellen Erfahrungsgewinns literarische Texte strukturierte und damit zur narrativen Wissenstextur wurde.

1 Bernards „Médicine expérimentale" und Zolas „Roman expérimental"

Zwar traten seit dem späten 18. Jahrhundert okkasionelle Wortbildungen auf, die den „Experiment"-Begriff in Bereichen außerhalb der Naturwissenschaften etwa auf politische und auch literarische oder ästhetische Phänomene anwendeten,[5] die jedoch vorerst keine diskursive Wirkung entfalteten. Explizit wie programmatisch verschrieb sich die Literatur dem naturwissenschaftlichen ‚Experiment' allerdings mit Émile Zolas Konzeption in *Le roman expérimental* (1879), die der Romancier in Anlehnung an Claude Bernards *Introduction à l'étude de la médicine expérimentale* entwickelte.[6]

Das Programm des Experimentalromans grenzt das freie Spiel der Phantasie und Imagination des Schriftstellers auf wissenschaftliches Wissen und Vorgehen ein. Methodisch zeichnet sich das Gattungsprogramm durch empirische Beobachtung, exakte und detaillierte Dokumentation, eine quasi fotografische Aufzeichnungsweise,

---

3   Vgl. zur englischen, amerikanischen und russischen Zola-Rezeption bzw. -Adaption Mennemeier: Literatur, S. 212-218; und Nicolosi: Experimente. Die europaweite Ausbreitung des Naturalismus zeigt tabellarisch Chevrel: Naturalisme, S. 41, 44, 46.

4   Zur Kombination induktiver und deduktiver Gattungsanalyse rät im Anschluss an Klaus W. Hempfer auch Zymner: Gattungstheorie, S. 131, 133.

5   So etwa G. C. Lichtenbergs Wortschöpfung „Experimentalpolitik", F. Schillers Beurteilung von Goethes *Wilhelm Meisters Lehrjahren* als „Experiment", G. Th. Fechners *Experimentale Aesthetik* u.a. Vgl. zu Einzelbelegen Berg: Konjunktur. Für die Bedeutung des Konzepts in der Romantik vgl. richtungsweisend Daiber: Experimentalphysik.

6   Hierfür ist es unerheblich, ob Zola Bernards Konzept mehr oder weniger adäquat verstand und übertrug, wie es etwa Lepenies und Busch bestreiten; vgl. Lepenies: Wissenschaftler, S. 139; Busch: Bernards „Introduction", S. 62.

wissenschaftliche Kenntnisse sowie neutrale Beschreibung aus.[7] Wie Bernards Naturforscher im experimentellen Prozess übernehme der Schriftsteller, laut Zola, die Funktion eines Beobachters und die eines Experimentators:

> Der Beobachter in ihm gibt die Tatsachen so, wie er sie beobachtet hat, setzt den Ausgangspunkt fest und stellt den festen Grund und Boden her, auf dem die Personen aufmarschieren und die Erscheinungen sich entwickeln können. Dann erscheint der Experimentator und bringt das Experiment zur Durchführung, d. h. er gibt den Personen ihre Bewegung in einer besonderen Handlung, um darin zu zeigen, dass die Aufeinanderfolge der Tatsachen dabei eine solche ist, wie sie der zur Untersuchung stehende Determinismus der Erscheinungen ist.[8]

Leitendes Strukturmuster in Zolas Romanen ist die doppelte Determiniertheit des Menschen: seine Abhängigkeit von einerseits Vererbung und andererseits Milieu, d. h. von seinem physiologischen Temperament ebenso wie von den sozialen Faktoren seiner Erziehung, Lebensbedingungen usw.[9] Dem poetologischen Konzept nach ordnet der Autor also lediglich Figuren (insbesondere ihre Erbanlagen) und ihr Milieu, in das er sie versetzt, als Ausgangslage an und zieht die Schlussfolgerungen mithilfe der auf diese Bedingungen bezogenen Gesetzmäßigkeiten, die einen bestimmten Sachverhalt zeitigen (sollen), der die Handlung des Romans festlegt.[10] In diesem Sinne ist die Romanaufzeichnung „einfach das Protokoll des Experiments, das der Romanschriftsteller vor den Augen des Publikums wiederholt".[11] Den auf diese experimental-narrative Weise gewonnenen Hypothesen sprach Zola wissenschaftliches Erkenntnispotenzial zu.[12] Der Roman könne wissenschaftliche Theorien überprüfen und weiterentwickeln.[13]

Zolas enge Orientierung, ja Adaption von Claude Bernards „médicine expérimentale" bezog sich – folgenreich – sowohl auf dessen Theorieaufbau als auch auf den Begriff des ‚Experimentellen' als Attribut. Denn analog zu Bernards Wortbildung „médicine expérimentale", mit der dieser seine Abhandlung übertitelte,

---

7 Zum Schriftsteller als dem „Photographen der Erscheinungen" (Zola: Experimentalroman, S. 12) vgl. eingehend Albers: Sehen und Wissen, S. 189-225.
8 Zola: Experimentalroman, S. 13 f.
9 Neben Bernards Experimentalmethode und Theorie der *force vitale* ist Zolas Werk von Hippolyte Taines sozialem Determinismus, Auguste Comtes geschichtsphilosophischem Dreistadienmodell und Charles Darwins Theorie der Phylogenese beeinflusst. Vgl. dazu Gumbrecht: Zola, S. 16 f., 40.
10 Vgl. Bachmaier: Experimentalroman, S. 102. Vgl. auch Müller: Zola, S. 80 f.
11 Zola: Experimentalroman, S. 15.
12 Vgl. ebd., S. 15. – Vgl. Höfner: Zola, S. 133, 145 f.
13 So Gamper: Normalisierung, S. 155 f.

komponierte Zola „roman expérimental". Aus deutschsprachiger Sicht scheint der „expérimental"-Titel, der Programm wurde, vom innerhalb beider Abhandlungen dominierenden Begriff „expérience" abzuweichen, obwohl sich das französische Adjektiv „expérimental/e", das Bernard wie Zola richtungsweisend gebrauchten, auf das Nomen „expérience" bezieht.[14] Zu Bernards Zeit differenzierte das französische Lexem „expérience" indes nicht zwischen den beiden Arten von Erfahrungen, für die das Englische wie das Deutsche die Unterscheidung einer allgemeinen (Lebens-)Erfahrung (lat. *experientia*) einerseits und der willkürlich eingeleiteten, wissenschaftlichen Erfahrung im Experiment (lat. *experimentum*) andererseits vorsehen.

Vielmehr definierte das *Dictionnaire de l'Académie Française* „expérience" als „[é]preuve qui se fait à dessein, ou par hasard".[15] Dem historischen Sprachgebrauch gemäß sind daher für Bernard auch die in speziellen wissenschaftlichen Kontexten erworbenen Erfahrungen nicht zwingend konkrete Versuchsanordnungen, sondern gleichermaßen zufällig oder ‚passiv' gewonnene Beobachtungen. Indem Bernard an die doppelte Bedeutung des Begriffs „expérience" als einer zufälligen ebenso wie einer gezielt herbeigeführten Erfahrung anschließt, kann er die naturwissenschaftlich erfolgreich etablierte Untersuchungsmethode ‚toter' Objekte der Physik und Chemie auf die ‚lebendigen' Prozesse am (menschlichen) Körper übertragen, die wegen ihrer Lebendigkeit vom Physiologen weniger beherrschbar als nur beobachtbar sind, um auch die Physiologie in den Rang einer Erfahrungswissenschaft zu erheben.

In diesem Sinne reflektiert Bernard in seiner Abhandlung zur Experimentalmedizin explizit den französischen Sprachgebrauch der Worte „expérience" und „observation" und unterscheidet zwischen ihrer Verwendung im Singular, bei der „expérience" „ganz allgemein und in abstraktem Sinne eine durch Lebenserfahrung erworbene Belehrung" und „observation" „die genaue Feststellung einer Tatsache mit Hilfe von Untersuchungsmitteln und Studien" bedeute. Eine Ausweitung der Verwendung beziehe sich auf die Pluralformen beider Begriffe, die die wissenschaftliche Untersuchungsweise *„faire des expériences* ou *faire des observations"* bezeichneten, bei der man „Proben oder Versuche in der Absicht ausführt, Tatsachen zu erhalten, aus denen der Verstand mittels der Logik eine

---

14 Der Artikel „Expérimental" im *Dictionnaire* der französischen Nationalakademie erklärt das Adjektiv als „Fondé sur les expériences" (Le Dictionnaire de L'Académie françoise [!], Bd. 1, S. 418). Gleichermaßen wird das Verb „expérimenter" mit „[f]aire expérience de …" erklärt (ebd.).

15 Diese Definition wird in den ersten sieben Auflagen des *Dictionnaire* beibehalten. Vgl. Dictionnaire de l'Académie française [7]1878, Art. „expérience", Bd. 1, S. 701.

Erkenntnis oder Belehrung entnehmen kann".[16] Bernard schloss damit an eine semantische Veränderung an, die das *Dictionnaire de l'Académie Française* nicht früher als in der Auflage von 1835 nomenklatorisch bezeugt: Hierin tauchte unter dem Lemma „expérience" nun auch erstmals der Pluralgebrauch auf, und zwar nicht mehr nur im allgemeinen Sinne für Welt- und Menschenkenntnis, sondern nun auch zusätzlich im speziellen Sinne für physikalische und chemische, pneumatische und elektrische ‚Erfahrungen'.[17] Die Mehrdeutigkeit von „expérience" hinsichtlich einer alltagsweltlich wie auch einer wissenschaftlich gewonnenen Erfahrung blieb indes vorerst erhalten. Erst im 20. Jahrhundert wurde die Bedeutung von „expérience" auf die methodische Herbeiführung vornehmlich experimenteller Erfahrung eingeengt, also „expérience" synonym zum deutschen wie englischen „E/experiment" gebraucht.[18] Zwar drang Bernard auf eine Differenzierung des Begriffs „expérience", doch schränkte er den Erfahrungsbegriff mit seiner Wortwahl nicht auf die naturwissenschaftliche Experimentalmethode ein.

Der Physiologe schloss in einem ersten Schritt explizit an einen allgemein gängigen „expérience"-Begriff an, um ihn anschließend im wissenschaftlichen Sinne zu spezifizieren und erst in einem zweiten Schritt die experimentalmethodisch gestützte, durch Intervention gezielt herbeigeführte Form der wissenschaftlichen Erfahrung gegenüber der Beobachtung, die bloß eine Vorstufe zu jener sei, zu bevorzugen. Um Erfahrung zu erwerben, sei es indes nicht nötig, selbst Erfahrungen zu machen, sondern man könne sich auf als Tatsachen etablierte Feststellungen (anderer) stützen; ebenso könne man selbst Beobachtungen und Erfahrungen anstellen, ohne an Erfahrung zu gewinnen.[19] Erforderlich ist für Bernard ein Wechselspiel zwischen der Feststellung von Tatsachen und ihrer Auswertung bzw. der empirisch geleiteten Theoriebildung und ihrer Überprüfung mithilfe vom Menschen provozierter Erfahrungen. In all diesen Anforderungen folgte Zola Bernard. Zugespitzt glaubte er, das Wort „Arzt" lediglich durch das Wort „Romanschriftsteller" ersetzen zu müssen, um seinen Gedanken „die Strenge einer wissenschaftlichen Wahrheit zu verleihen".[20]

---

16 Bernard: Introduction, S. 40; Bernard: Einführung, S. 27. – Gumbrecht macht zuerst auf die semantische Differenzierung aufmerksam. Vgl. Gumbrecht: Zola, S. 43.
17 Vgl. Dictionnaire de L'Académie française ^{6}1835, Art. „expérience", Bd. 1, S. 709.
18 Nicht früher als in der achten *Dictionnaire*-Auflage von 1932-1935 heißt es: „Expérience. n. f. Épreuve instituée pour étudier la façon dont se passent les phénomènes naturels et rechercher les lois qui les régissent, en les reproduisant artificiellement" (Dictionnaire de L'Académie française ^{8}1932, Art. „expérience", Bd. 1, S. 511).
19 Bernard: Introduction, S. 40; Bernard: Einführung, S. 28.
20 Zola: Experimentalroman, S. 7 f.

Während also „expérience" und das dazugehörige Adjektiv „expérimental/e" im damaligen Französisch eine jede, auch zufällig zustande kommende Art des Erfahrungsgewinns meinen konnte, ist die Wortgeschichte von „Experiment" im Deutschen naturwissenschaftlich geprägt: „Experiment" war schon in seiner ursprünglich lateinischen Form ein naturforschender, nämlich medizinischer Begriff für eine in der Heilkunde bewährte Rezeptur und wurde durch das englische Pendant (engl. „experiment") im Gefolge des Bacon'schen Empirismus im 17. und 18. Jahrhundert schnell als gezielt herbeigeführtes, naturwissenschaftliches Untersuchungsergebnis besetzt, bis es im 19. Jahrhundert schließlich „endgültig seine heutige zentrale Stellung im wissenschaftlichen Wortschatz" erlangte.[21] Im Unterschied dazu ist die Übersetzung des englischen „experiment" ins Deutsche mit „Versuch" semantisch breiter, denn „Versuch" kann Angriff, Probe, Prüfung, Untersuchung, Unternehmung u. Ä. bedeuten.[22] Die im engeren Sinne experimentelle ist nur eine unter mehreren Unterbedeutungen von „Versuch". So wie also „Versuch" im Deutschen aufgrund seiner herkömmlich variablen oder sogar vagen Polysemantik breit anschlussfähig ist und leicht in verschiedenen Diskursen zugleich aktiv verwendet werden kann, so ist „expérience" ein im Französischen entsprechend weiter und adaptionsfähiger Begriff. Das befördert die Karriere von „expérience" dort und behindert die Karriere der Übersetzung dieses Wortes mit „Experiment" hier im deutschsprachigen poetologischen und literarischen Bereich, da der deutsche „Experiment"-Begriff zu dieser Zeit längst naturwissenschaftlich spezifiziert und okkupiert ist.[23] Diese sprachliche Differenz prägt, wie Pfaus Missbilligung des „experimental-belletristischen Lärm[s]" zeigt, die insbesondere deutsche Rezeption, für die die wörtliche Übertragung des titelgebenden Kompositums mit „experimentell" (anstatt mit „durch Erfahrung") das Verständnis des literarischen Programms im strikt experimentalwissenschaftlichen Sinne präjudiziert.[24]

Dieser Erklärungsansatz soll nun keineswegs die deutsche Zola-Rezeption als sprachliches Missverständnis oder als Übersetzungsfehler abtun, sondern vielmehr die Ausstrahlungskraft von Gattungsbezeichnungen hervorkehren. Gattungsbegriffe wirken nicht nur komplexitätsreduzierend als Rezeptionshilfe,[25]

---

21 Vgl. Kranzhoff: Experiment, S. 85-101, Zitat auf S. 101.
22 Vgl. Grimm, Grimm: Wörterbuch, Art. „Versuch", Bd. 25, Sp. 1822-1826.
23 Vgl. Grimm, Grimm: Wörterbuch. Neubearbeitung, Art. „Experiment", Bd. 8, Sp. 2510-2511.
24 Pfaus Zola-Kritik basiert eben genau auf der in einem strengen Sinne naturwissenschaftlichen Konnotation des Begriffs „Experiment" mit „exacter Wissenschaftlichkeit" (Pfau: Emile Zola, S. 651 f.). Vgl. dazu unten.
25 Vgl. Klausnitzer: Literatur und Wissen, S. 40.

sie trachten überdies auch nach inner- wie außerliterarischem Prestige, das in verschiedenen historischen und diskursiven Kontexten unterschiedlich groß sein kann. Die mit der Übertragung des Zola'schen Kompositums ins Deutsche vorliegende semantische Differenzierung signalisiert auch eine (im Französischen nicht intendierte) konzeptionelle Nuancierung des Zola'schen Programms. Diese anscheinend marginale semantische Abweichung demonstriert die Wirkmächtigkeit von Begrifflichkeiten, die nicht allein über ein Konzept oder eine Idee wirken, sondern auch über die ihrem Wortkörper inhärente, niemals konnotationsfreie Ausstrahlungskraft, kurz: über das symbolische Kapital des Worts. Wie das Beispiel von Zolas Experimentalpoetik zeigt, erwies sich die Beibehaltung des einen gängigen französischen Wortkörpers („expérience") für zwei ausdifferenzierte Bedeutungen, nämlich für sowohl eine zufällige als auch eine bewusst provozierte, experimentell herbeigeführte Erfahrung[26] als im literarischen Bereich anschlussfähiger als dieselbe semantische Differenz, die sich im Deutschen auch terminologisch in zwei Worte, nämlich in „Erfahrung" und „Experiment", scheidet.

2 Narrative „Experimente", „Studien", „soziale Romane". Die deutsche Rezeption des „Experimentalromans"

Als von inhaltlichen Missverständnissen geprägt fasst Müller die historische deutsche Rezeption von Zolas *Experimentalroman* zusammen: Diejenigen deutschen Zeitgenossen Zolas, die ihn positiv wahrnahmen, verstanden ihn falsch; diejenigen, die ihn richtig verstanden, lehnten sein Konzept ab.[27] Die wohl bekannteste zeitgenössische deutschsprachige Reaktion auf Zolas Entwurf, Wilhelm Bölsches *Naturwissenschaftliche Grundlagen der Poesie* (1887), verteidigt nicht nur Zolas Ansinnen, dass sich der Dichter „dem Naturforscher nähern" müsse,[28] sondern auch die Methode und den „Name[n] ‚Experimental-Roman'":

> Jede poetische Schöpfung, die sich bemüht, die Linien des Natürlichen und Möglichen nicht zu überschreiten und die Dinge logisch sich entwickeln zu lassen, ist vom Standpuncte der Wissenschaft aus betrachtet [...] ein in der Phantasie durchgeführtes Experiment [...]. Der Dichter, der Menschen, deren Eigenschaften er sich möglichst genau ausmalt, durch die Macht der Umstände in alle möglichen Conflicte gerathen [...] lässt, ist in seiner Weise ein Experimentator, wie der Chemiker, der allerlei Stoffe mischt, in gewisse Temperaturgrade bringt und den Erfolg beobachtet. Natürlich: der Dichter hat Menschen vor sich, keine Chemikalien. Aber [...] auch diese Menschen

---

26 Vgl. Kranzhoff: Experiment, S. 84 f.
27 Vgl. Christine Müllers Kommentar in Brauneck, Müller (Hrsg.): Naturalismus, S. 671.
28 Vgl. Bölsche: Grundlagen, S. 7.

fallen in's Gebiet der Naturwissenschaften. Ihre Leidenschaften, ihr Reagiren gegen äussere Umstände, das ganze Spiel ihrer Gedanken folgen gewissen Gesetzen, die der Forscher ergründet hat [...].[29]

Bölsches Text ist nicht zu unrecht vorgeworfen worden, er propagiere eine szientifische „Schein-Epistemologie, hinter der sich ein populärwissenschaftliches Projekt auf realidealistischer Theoriegrundlage verbirgt".[30] Die „geniale Anlage",[31] die Bölsche weiterhin vom Dichter fordere, dekuvriere das Traditionelle seiner Poetik eines idealistischen Realismus.[32] Doch im Bestreben, den Hiatus zwischen Natur- und Geisteswissenschaften zu schließen, dient Bölsches Appell an das schöpferische Genie des Dichters vielleicht nicht allein dazu, das traditionalästhetische Spezifikum der Kunstproduktion als Abgrenzungsmerkmal der Literatur gegenüber der Naturforschung zu verteidigen, als vielmehr im Gegenteil gerade auch dazu, eine weitere Parallele zwischen naturwissenschaftlicher und künstlerischer Methodik herauszustellen: Denn auch Zola spricht vom ‚Schöpfergenie' des (forschenden wie schriftstellernden) Experimentators[33] und greift damit auf eine Komponente des naturwissenschaftlichen Experimentierkonzepts des 19. Jahrhunderts zurück, die neben dem Techniker, der die Experimente im Interesse unverfälschter Ergebnisse unvoreingenommen auszuführen hat, des ‚Genies' auch im naturforschenden Zusammenhang dennoch nicht entbehren kann. Zola fordert wie sein Vorbild Bernard nicht nur die Beherrschung des Handwerks, das den epistemischen Gegenstand unter definierten Ausgangsbedingungen der Kontrolle unterwirft, zurichtet und analysiert, sondern auch die besondere Gabe, mithilfe der Einbildungskraft (*imagination*) Erkenntnis versprechende Ideen für neue Experimente zu erfinden, als persönliches Charaktermerkmal vom Wissenschaftler: „Was wird also bei dem experimentellen Romanschriftsteller aus dem Genie? Es bleibt das Genie, die apriorische Idee, es steht nur unter der Kontrolle des Experiments."[34] Nicht weniger als der literarische fordert also auch der naturwissenschaftliche Diskurs eine genialische Inspiration von seinen Protagonisten, die aus dem Bekannten das (noch) Unbekannte gewinnen und gestalten sollen.

Doch mehrheitlich verwarfen die deutschen Autoren Zolas Experimentalpoetik.[35] Pfau etwa warf Zola in erster Linie vor, die Naturwissenschaften falsch

---

29 Ebd., S. 7 f.
30 Stöckmann: Naturalismus, S. 52.
31 Bölsche: Grundlagen, S. 8.
32 Stöckmann: Naturalismus, S. 52.
33 Zola: Experimentalroman, S. 18.
34 Ebd., S. 42. Vgl. zu dieser doppelten Funktion auch Bernard: Einführung, S. 41, 44.
35 Zur Ambivalenz der deutschen Zola-Rezeption vgl. Moe: Naturalismus, S. 71-87.

verstanden zu haben: Zola zeige „ein[en] toll gewordene[n] Darwinismus, der […] sich einbildet, einen wissenschaftlichen Realismus zu treiben",[36] da er die prinzipielle Differenz zwischen Naturwissenschaft und Literatur verkenne: „Die Thatsachen des Naturforschers beweisen etwas, die Phantasien des Fabulisten aber beweisen nichts […]."[37] Arno Holz, obwohl er mit seinem experimentell gewonnenen Kunstgesetz die naturalistische Avantgarde vertrat,[38] lehnte gemäß der im engsten Sinne naturwissenschaftlichen Bedeutung des deutschen Worts „Experiment" eine Anwendung des Begriffs auf fiktionale Literatur rundheraus ab: „,Ein in der *Phantasie* durchgeführtes Experiment' […] ist ein einfaches Unding".[39]

So mag es nicht verwundern, dass sich nach unseren Recherchen kein deutschsprachiges literarisches Werk der zweiten Hälfte des 19. Jahrhunderts als „Experimentalroman" („-novelle", „-drama" o. Ä.) bezeichnet.[40] Da sich kein Prosatext peritextuell der Gattung „Experimentalroman" zuordnet, müsste eine am Paratext orientierte Gattungsgeschichte konstatieren, dass es keinen deutschsprachigen Experimentalroman gibt. Doch während die Verwendung des Begriffs „Experiment" offensichtlich vermieden wird, firmieren „soziale" oder „Sittenromane" dieser Zeit nicht selten in Untertiteln als „Studien" oder „Skizzen". Dazu gehören etwa die „Novellistische Studie" *Bahnwärter Thiel* (1888) von Gerhart Hauptmann und die „Studie aus dem Studentenleben" *Krumme Windgasse 20* (1890) von Arno Holz und Johannes Schlaf. In Holz' und Schlafs *Neuen Gleisen* (1892) wandert das Wort vom Untertitel ins „Vorwort", das nun nicht nur diese peritextuelle Zuschreibung der Texte als „Studien" übernimmt, sondern überdies ihre Entstehungsgeschichte erzählt.[41] Rückblickend erklären die Autoren den produktionsästhetischen Prozess ihrer Zusammenarbeit zu

---

36 Pfau: Emile Zola, S. 36.
37 Ebd., S. 35. Pfau wirft Zola des Weiteren „Vielmalerei" und „Schmutzmalerei" vor (ebd., S. 66). Zolas literarische Bilder moralischer Sittenverderbnis und Ausschweifung erregten vielfach Anstoß. Bölsches Forderung nach der Darstellung nur des „Gesunden" kann daher auch als eine prohibitive Maßnahme zur moralischen ‚Reinheit' gegen weitere die deutsche Zensur alarmierende Vorwürfe der Sittenlosigkeit aufgefasst werden; vgl. Bölsche: Grundlagen, S. 9 f., 64 f. Vgl. dagegen Stöckmann: Grundlagen, S. 59.
38 Vgl. dazu Berg: Holz's Formula.
39 Holz: Kunst, S. 80.
40 Dies ergab eine vollständige Durchsicht der Bände zum 19. Jahrhundert des *Goedeke*, für die ich Elisabeth Oberthür zu Dank verpflichtet bin.
41 Holz, Schlaf: Vorwort, S. 3.

„ein[em] einzige[n] grosse[n] Experiment", zum Kampf um „eine neue Kunstform", einer neuen dramatischen „Technik", das „geglückt" sei.[42]

Wie diese Selbstdarstellung impliziert, referieren die Autoren mit der Verwendung des Worts „Studie" im „litterarischwissenschaftlichen bedeutungsbezirk" semantisch auf eine „wissenschaftliche und litterarische vorarbeit" mit ggf. „eigenwertige[r] darstellungsform" oder auf „kurze untersuchungen", also auf den Prozess oder das Ergebnis einer intensiven (wissenschaftlichen) Beschäftigung.[43] Der Grimm'schen *Wörterbuch*-Definition wie auch Holz' und Schlafs Verwendung nach verbindet der Forschungsaspekt in diesen Text-„Studien" literarischen und wissenschaftlichen „Bedeutungsbezirk" miteinander.[44] Intertextuell schließen die Autoren mit dem Begriff „Studie" überdies an die Peritexte von Zolas ersten Romanen an, der sie als „l'étude" bezeichnete.[45] Zola hatte dem naturwissenschaftlichen Bestreben seiner Dichtung schon mit dem Untertitel „l'étude" für seinen Roman *Thérèse Raquin* (1867) entsprechen wollen, doch hatte der Verlag gerade wegen der Konnotation dieses Worts mit dem ernsthaft Wissenschaftlichen diesen Untertitel als für einen Roman verkaufsschädigend abgelehnt.[46]

Neben dem Wort „Studie" teilen sich die französischen und deutschen Romane das Stichwort „sozial". In programmatischer Verbindung von Natur- mit Sozialgeschichte stellt Zola es im Untertitel seines von 1870 bis 1893 geschaffenen *Rougon-Macquart*-Zyklus, „Histoire naturelle et sociale d'une famille sous le Second Empire" („Natur- und Sozialgeschichte einer Familie während des Zweiten Königreichs"), aus. Doch während Zola für seine zugleich ‚natur- und sozialgeschichtlichen' Romane später die Gattungsbezeichnung „Experimentalroman" kreiert, schließen die deutschen Autoren sozialer Romane begrifflich an eine Gattung an, die im Vormärz erste Aufmerksamkeit erregt hatte. Der soziale Roman des Vormärz hatte „*das* Problem seiner Zeit" aufgegriffen: „die Entstehung,

---

42 Vgl. ebd., S. 5.
43 Grimm, Grimm: Wörterbuch, Art. „Studium", Bd. 20, Sp. 289 f.; Art. „Studie", Bd. 20, Sp. 271.
44 Auch auf poetologischer Reflexionsebene hält etwa M. G. Conrad die Bezeichnung „Studie" für Romane nach Zola'schem Vorbild für angebracht. Vgl. Conrad: Madame Lutetia, S. 35.
45 Vgl. „mes études littéraires" (Zola: Roman expérimental, S. 1); „Les Rougon-Macquart, le groupe, la famille que je me propose d'étudier [...]." (Émile Zola: Préface. In: Zola: La Fortune, S. 1-2, hier S. 1); „[...] j'ai essayé d'écrire une œuvre d'art et de science [...]" (Émile Zola: Préface. In: Zola: La curée, S. 1-2, hier S. 1).
46 Vgl. Jurt: La science, S. 45 f.

das Wachstum und die Bewegung des Proletariats im Prozeß der kapitalistischen Industrialisierung".[47]

Die Bibliographie sozialer Romane von Hans Adler mit mehr als 130 Titeln[48] weist indes eine zweite konjunkturelle Spitze auf, die zeigt, dass die deutschsprachigen Autoren in Zolas Zeitalter nicht einfach eine Tradition des sozialen Romans fortschrieben, die des dezidiert naturwissenschaftlichen Programms, das auch Zola forderte, nicht bedurft hätte. Denn der soziale Roman boomt bis in die Mitte der 1850er Jahre (einschließlich Robert Prutz' *Engelchen* (1851) und Karl Gutzkows *Ritter vom Geiste* (1850-51)), erfährt dann indes einen Rückgang und erst und ausgerechnet in den 1880er bis zum Ende der 1890er Jahre einen weiteren und nun immensen Aufschwung.[49] Der deutschsprachige soziale Roman hat also während des Vormärz um 1850 und während des Naturalismus um 1880/90 Konjunktur.

Wenn etwa Conrad Alberti über die moderne, „realistische" Literatur der 1880er Jahre, die für ihn „der jüngere Bruder der modernen Naturwissenschaft" ist, über „die Kunst der Beobachtung, des Versuchs, der Induktion" reflektiert, dann nennt er den „soziale[n] Roman" als Repräsentanten dieser modernen Literatur.[50] Aber er meint damit nicht mehr den vormärzlichen Gattungstypus, der empiriegesättigt die sozialen Verhältnisse anhand eines motivischen Spektrums um das Proletariat, Fabrikarbeit insbesondere in der Textil- und Metallindustrie, den Straßen- und Eisenbahnbau, Streiks, Klassengrenzen überschreitende Liebe, Frauen-, Kinder- und Schichtarbeit, Krankheit, Kriminalität und Prostitution mit gelegentlichen sozialtheoretischen Unterfütterungen darstellte. Der naturalistische soziale Roman versteht sich nun vielmehr als Teil des naturwissenschaftlichen Erkenntnisstandes und Weltbildes.[51] Daher genüge es nicht mehr, so Wilhelm Blos, dass der „moderne Romanfabrikant [...] bei Verfertigung seines ‚sozialen Romans' ganz das alte Gerüste und die alte Schablone bei[behält]; gelegentlich wird ein Arbeiter oder eine Arbeiterin eingeschoben und in den Knäuel der Handlung eingeflochten". Dieses nur motivischen „Feigenblatt[s]" wegen dürfe er sich nicht „anmaß[en], die Benennung ‚sozialer Roman' für die nach alter Schablone hergestellten Industrieprodukte in Anspruch zu nehmen".[52] Vielmehr

---

47 Halter: Sklaven, S. 2. – Ähnlich zum Merkmal eines „maßgebliche[n] Anteil[s] proletarischer Elemente" auch Edler: Anfänge, S. 19.
48 Adler: Bibliographie, S. 428-434.
49 Ohne quantitative Belege so auch schon Halter: Sklaven, S. 103.
50 Vgl. Alberti: Realismus, S. 24 f., 36.
51 Vgl. ebd., S. 25; und auch Bölsche: Grundlagen, S. 4 f.
52 Blos: Roman, S. 424 f.

habe der soziale Roman „die Aufgabe", so Blos weiter, „uns das innere Gefüge und Getriebe der Gesellschaft zu enthüllen und damit die Gebilde, Erscheinungen und Gestalten, die sich auf der Oberfläche der Gesellschaft bewegen, zu erklären."[53] Damit übernimmt der soziale Roman nicht mehr nur wie im Vormärz eine überwiegend mitleiderweckende, aufrüttelnde Funktion,[54] sondern – wenigstens dem Anspruch nach – die dem Kausalitätsparadigma gehorchende Erklärungsfunktion der modernen Naturwissenschaften. Denn die seit den 1830er Jahren unbeantworteten Problemlagen auf die ‚soziale Frage', zu deren Lösung im Vormärz schon „durch die bloße Darstellung sozialen Elends" mit oder ohne die Zuhilfenahme von Theorien beigetragen werden sollte,[55] provozieren im Naturalismus literarische Antworten, die die Folgen ihrer Ausgangsbeobachtungen für Individuum, Gesellschaft, Politik und Wirtschaft durchexerzieren.

Mithin zielt der soziale Roman auf eine Erkenntnis der Folgen der Industrialisierung unter den entstandenen sozioökonomischen Verhältnissen und unter sozialen, einschließlich staatlichen wie politischen Umgebungsbedingungen zum meist gegenwärtigen Zeitpunkt. Unter den hinzutretenden experimentalwissenschaftlichen Vorzeichen wird der soziale Roman zum prognostischen Mittel, denn im Roman

> ist Gelegenheit, großartige Gestaltungen des neuen gedachten oder wirklichen Lebens mit allen Einflüssen der jüngsten Zeit – Pauperismus, Proletariat, Communismus und kirchliche Wirkungen – in Verbindung zu bringen und deren Entfaltung zu entwickeln. So entstehen [...] tagesgeschichtliche [Romane; G. B.], ja, fast möchte man sie zukunftsgeschichtliche nennen.[56]

Objekte, an denen sich diese Entwicklungen kristallisieren, sind Individuen überwiegend aus den abhängig arbeitenden unteren sozialen Schichten, die in dieses Setting gesetzt werden und Einzelfälle zu sein scheinen, aber zugleich

---

53 Ebd., S. 425.
54 Vgl. Adler: Einleitung, S. 8.
55 Vgl. Helmes: Roman, S. 105. – Einige deterministische Relationen zeichnen die frühen sozialen Romane bereits, indem Krankheit als Folge der Arbeits- und Wohnverhältnisse, die Auflösung familialer Strukturen als Folge von Schichtarbeit, Kriminalität und Prostitution als Folge zu niedriger Löhne gelten; vgl. Adler: Literatur und Sozialkritik, S. 301 f.
56 [Anonym:] „Neue Literatur und deren Publikum". In: Kölnische Zeitung, Nr. 277 vom 4. 10. 1845, unpag.; zit. n. Adler: Literatur und Sozialkritik, S. 290 – Das Zitat greift in der Verbindung von (experimental)wissenschaftlicher Prognostik und sozialem Sujet der späteren Gattung des Zukunftsromans vor; vgl. zum „Zukunftsbild" den Beitrag von Robert Leucht in diesem Band.

einen sozialen Typus vertreten sollen. Für Alberti müsse der „moderne" soziale Roman anhand bzw. durch seine Motive repräsentativer Individuen hindurch das miteinander verbundene Wirken der Naturgesetze sichtbar machen, so dass „Individualisirung und Prinzipalisirung"[57] miteinander verschmelzen: „Jedes wirkliche Kunstwerk soll eines der großen Naturprinzipien oder eine Kombination mehrerer gegeneinander wirkender, einander durchkreuzender – nicht erläutern oder beweisen – sondern verkörpern".[58] Kunst verkörpere, ja synthetisiere die Wechselwirkungen der „Naturprinzipien": Sie sei „die Synthese der Naturgesetze, die plastische, unter individuellem Scheine verkörperte Darstellung der die Welt regierenden Prinzipien." Diese „Prinzipien" seien „[d]ie Zuchtwahl, oder wie die Dichter sagen, die Liebe, [...] neben [...] dem Kampf ums Dasein, das heißt dem Selbsterhaltungstriebe, der Vererbung und der Anpassung, das heißt der Beeinflussung durch äußere Verhältnisse, als Erziehung, Lebensgewohnheiten und dergleichen."[59] Der Daseinskampf wird als ‚Gesetz' der Moderne zum Grundprinzip erklärt,[60] dem die übrigen Naturgesetze beigeordnet werden. Diese Naturgesetze zu analysieren und theoretisch zu erklären sei der Wissenschaft vorbehalten; „die Kunst", so Alberti weiter, „ist stets experimentell – synthetisch." Die Kunst fördere daher „in der ihr eigenthümlichen Weise", also mit genuin ästhetischen Mitteln die „Erkenntniß der Naturgesetze".[61] Mit der Charakterisierung der Kunst als „experimentell – synthetisch" nähert sich Alberti sowohl der Terminologie von Zolas Experimentalpoetik als auch dem Strukturprinzip von Zolas genealogischem Romanwerk an, das synchrone Milieubeschreibungen mit diachroner Vererbungslehre verbindet.[62] Die Berufung auf Naturgesetze und naturwissenschaftliche Prognostik, deterministische Konzepte und die Orientierung am Kausalitätsdenken des positivistischen Milieubegriffs bieten bei allen Verschiedenheiten gemeinsame epistemisch relevante Wissensstrukturen von sozialem und Experimentalroman.

3 Experimentaltexturen „sozialer Romane"

Der Anspruch auf wissenschaftliche Konstruktionsweise der sozialen Fragestellung in der Narration wird zu einem zentralen Merkmal der Gattung. Sie schlägt

---

57 Alberti: Realismus, S. 15.
58 Ebd., S. 14.
59 Ebd., S. 20 f.
60 Vgl. zu diesem Narrativ eingehend Stöckmann: Wille, S. 65 f.
61 Alberti: Realismus, S. 14.
62 Vgl. Gumbrecht: Zola, S. 33.

sich in weiteren strukturellen Merkmalen nieder: Der soziale Roman ist stringent und strikt kausal gestaltet und beschränkt sich weitestgehend auf natur- bzw. sozialgesetzlich relevante Parameter.

In Conrad Albertis *Riesen und Zwerge* (1887) etwa wird der Titel mehrfach metaphorisch wiederaufgegriffen: Protagonisten sind der Fotograf Hans und sein Freund, der Mediziner Egon. Beider Berufe sind signifikant weniger für die moderne, industriell dominierte Arbeitswelt als vielmehr für die moderne Poetik und Literatur, indem sie auf Figuren wie Doktor Pascal als einem Vertreter der modernen Leitwissenschaft der Medizin im Rahmen onto- wie phylogenetischer Diagnostik von Zolas *Rougon-Macquart*-Zyklus ebenso wie auf den Schriftsteller als dem „Photographen der Erscheinungen" in Zolas Experimentalpoetik anspielen.[63]

Im Roman selbst werden die titelgebenden ungleichen Verhältnisse anhand der Frage thematisiert, „ob der Mensch der Natur gegenüber ein Riese oder ein Zwerg" sei,[64] so dass sie verschiedene Ebenen des Textes strukturiert: Zum einen in einer Diskussion zwischen Hans und Egon, in der Hans, das ‚Kraftgenie', für den Menschen als Bezwinger der Natur und des Schicksals plädiert. Der medizinische Laie Hans bestreitet damit die Ansicht des Mediziners, der zufolge die Natur sich den Menschen auf unergründete Weise unterwirft.[65] Diese allgemeine Gesetzmäßigkeit von der Allgewalt der Natur wird zum anderen am Beispiel des Wahnsinns theoretisch wie ‚praktisch' verifiziert: Egons Forschungen über die wachsende Fallzahl an psychopathologischen Erkrankungen zeigen drei Ursachen auf: den „Kampf ums Dasein" insbesondere in Form wachsender beruflicher Existenznöte, das Laster der Ausschweifungen und die Vererbung.[66] Obgleich Hans gegen diese Erkenntnis opponiert und sogar den Wahnsinn für mit Willen und Verstand steuer- und besiegbar hält, so ist es gerade sein tödlicher Krankheitsverlauf, der das ‚Naturgesetz' bestätigt. Denn der Mediziner Egon stellt Symptome eines beginnenden, erblich bedingten Wahnsinns bei seinem Freund fest. Die Diagnose zeigt den Erkenntnisfortschritt der Wissenschaft, die die Krisis genau vorhersagen kann, und zugleich die Grenzen ihrer Macht, die sie den Wahnsinn nicht heilen kann. Zwar fordert Hans die Natur gleichsam

---

63 Zola: Experimentalroman, S. 12. – Zudem legt die Charakterisierung der beiden Hauptfiguren Hans und Egon (bzgl. Physis, Haartracht, Körperhaltung, Blickrichtung und Kleidung) einen Vergleich mit Schiller und Goethe nahe, der der (national-) literarischen Autoreferentialität dient. Vgl. Alberti: Riesen, S. 3 f.
64 Ebd., S. 40.
65 Ebd., S. 4-7.
66 Ebd., S. 39 f.

heraus: „"das Leben wird den Schiedsspruch in unserem Streite fällen, [...] Egon"".[67] Doch ist damit nur schon von Beginn des Romans an seine Struktur als eine Beweisführung des „"nie fehlgreifende[n] Urtheil[s]"" des Lebens, das Hans besiegen wird, vorgegeben.[68] Die infolge des Krankheitsverlaufs unaufhaltsame Entwicklung der Handlung ist für Alberti die moderne Tragödienstruktur, bei der der Held nicht mehr wie in der Antike gegen eine göttliche Schicksalsmacht, sondern gegen seine geistig-körperliche wie soziale Disposition ankämpft.[69]

Überdies zeigt der Roman nicht nur, dass die determinierten Zusammenhänge zwischen den physischen Ursachen und ihren zukünftigen Folgen medizinisch prognostizierbar sind, sondern auch, dass die gesellschaftlichen Umstände die Krankheit auszubrechen befördern statt sie zu verhindern oder aufzuhalten. Denn als Fotograf ist Hans für den Vater seiner geliebten Flora Guntershof, einem Bankier, kein standesgemäßer Bräutigam. Ihm, der selbst ein sozialer Aufsteiger ist, bietet Hans daher an, es ihm erst gleichzutun und dann um seine Tochter anzuhalten. Der gesellschaftliche Kampf wird zu einem persönlichen: „"[...] nun muß es sich zeigen, welcher Theil der stärkere ist, Dein Vater oder ich.""[70]

Um durch rasch vermehrtes ökonomisches und soziales Kapital die Chancen auf die Heirat mit seiner Geliebten zu maximieren, gibt Hans seine berufliche Selbstständigkeit auf und bildet sich für eine eigene Unternehmensgründung als Angestellter in einem Kontor weiter. Dabei überanstrengt er sich aber, weshalb sein Erfolg, als er seine Braut heimführt, zwar beweist, „"daß wir Riesen sind, wo Riesenaufgaben unserer harren [...]"",[71] doch seine Krankheit infolge dieses übermäßigen geistigen wie körperlichen Krafteinsatzes noch am Hochzeitstag in einem Tobsuchtsanfall ausbricht. Kurze Zeit später erliegt Hans ihr.

Das dichotomische Strukturprinzip von „Riesen" und „Zwergen" bestimmt die Figurenkonstellationen und den Plot: Es stellt den „ein wenig ungeschlachten Riesen" Hans neben seinen Freund Egon;[72] es lässt diesen Hünen in der emotionalen Konkurrenz um Flora über alle Rivalen siegen, ihn aber im Kampf gegen den „Riesen" der gesellschaftlichen Verhältnisse, dessen einer Arm die Standeshierarchien und -dünkel, dessen anderer Arm das ökonomische Grundprinzip

---

67 Ebd., S. 4.
68 Ebd. – Das Motiv des vererbten Nervenleidens, das die Stammmutter der Rougons in die Familie einbringt, zieht sich gleichfalls durch Zolas Romanzyklus.
69 Vgl. Alberti: Natur, S. 217 f.
70 Alberti: Riesen, S. 52.
71 Ebd., S. 95.
72 Ebd., S. 7.

des bürgerlichen Kapitalismus ist, im Bündnis mit dem „Riesen" Natur als menschlicher „Zwerg" unterliegen. Das in seinen Kräften Stehende vermag der moderne Charakter zu leisten, scheitert aber an den nicht mit ihm kooperierenden, sondern gegen das Glück des Einzelnen arbeitenden gesellschaftlichen Kräfte. Die auf diese strukturelle Verbindung aus vererbter Krankheit (*race*), sozialem Stand (*milieu*) und psychophysischer Höchstleistung (*moment*) konzentrierte Darstellung verdeutlicht die natur- und sozialgesetzlichen Mechanismen, die dem deterministischen Verlauf des Romans zugrunde liegen.

Die Figurenzeichnung und -führung in Albertis Roman ist auf zweierlei Weise für den sozialen Roman charakteristisch: Zum einen stellt Wilhelm Heinrich Riehl fest, dass die Figuren, die der Roman „ehedem zeichnete, stereotypen Figuren ganz anderer Art Platz gemacht [haben], *gesellschaftlich* individualisirten Figuren".[73] Denn anstelle des individuellen Schicksals müsse nun „durch das Einzelne, Individuelle hindurch ein allgemeiner Prozeß sichtbar" gemacht werden.[74]

Zum anderen ist die Figurenführung sehr strikt, eng motiviert und schmucklos. Bölsche lobt die Vorteile, die dem Schriftsteller aus der Unfreiheit des menschlichen Willens entstünden, der zufolge das Handeln eines Menschen „das restlose Ergebnis" sozialer Faktoren sei.[75] Julius Röhr stellt den Roman sogar an die Seite der „socialökonomischen Forschung", da er „das Milieu [...] als den Menschen gewissermaßen hervorbringend" zeige. „Die Personen sind durch das Milieu gewissermaßen erklärt".[76]

Doch darüber hinaus erklären die Milieuanalysen sozialer Romane nicht allein das Werden und Gewordensein einzelner Individuen. Vielmehr plausibilisiert das karge Personal die ausnahmslosen Wechselwirkungen zwischen den gesellschaftlichen Subjekten, deren Handlungen unvermeidliche Folgen für sie selbst und andere zeitigen. Indem der soziale Roman die enge Verkettung von Milieu, Charakter und Handeln herausstellt, die nicht nur die einzelne Figur, sondern alle Subjekte einer familial vorgegebenen und sozial erweiterten Kohorte sowie ihr Zusammenleben bestimmt, deckt er gesellschaftliche Strukturen, Determinismen und Interdependenzen auf. Der wissenschaftliche Anspruch

---

73 W. H. R. [Wilhelm Heinrich Riehl]: Der sociale Roman. In: Beilage zur Augsburger „Allgemeinen Zeitung", Nr. 159 vom 8. Juni 1851, S. 2537-2538; zit. n. Adler: Literatur und Sozialkritik, S. 312 f.
74 Mennemeier: Literatur, S. 47.
75 Vgl. Bölsche: Grundlagen, S. 25.
76 Julius Röhr: Das Milieu in Kunst und Wissenschaft. In: Freie Bühne für modernes Leben 2 (1891), S. 341-345; zit. n. Brauneck, Müller (Hrsg.): Naturalismus, S. 73 f.

dieser Zusammenhänge geht nicht auf den sozialen Roman des Vormärz, sondern auf Zola zurück. Max Nordau hält genau diese anhand der Romanfiguren exemplarische Erforschung der sozialen Interaktionsmechanismen für die wichtigste, sozialwissenschaftlich herausragende Leistung Zolas, indem seine Romane „dem bisher üblich gewesenen Einzelhelden des Romans einen Kollektiv-Helden substituiren":[77]

> Der Zola'sche Roman widmet der Umgebung dieselbe Aufmerksamkeit wie dem Helden; der Held verschwindet sogar unter dieser nivellirenden Behandlungsweise; [...] das Licht fällt [...] auf eine weite Menschengruppe [...]; die handelnden Personen sind in ihrem natürlichen Medium; [...] jeder von ihnen gewinnt eine Bedeutung für das Leben und die Entwickelung aller übrigen [...]. Der einzelne Mensch hat keine isolirte Existenz, sondern steht in Wechselbeziehungen zu zahllosen andern Menschen [...]; man muß zeigen, wie die Einzelexistenzen mit der Existenz von Volksklassen und Nationen zusammenhängen.[78]

Nicht nur erfasst der soziale Roman im Gefolge Zolas die „Modalitäten der sozialen und ökonomische Hervorbringung" des einzelnen Menschen,[79] sondern auch die gesellschaftlicher Gruppen. Damit teilt er die Prätention einer frühen Sozialwissenschaft, die Kollektiva statistisch und völkerpsychologisch untersuchte und nun die Gesetze des Sozialen, sozialer Gruppen und sogar gesellschaftlicher Massen zu analysieren begann.[80]

Gerade die sozialanalytische Darstellungsweise erlaubt Erkenntnisse, die insofern wissenschaftlich intendiert sind, als sie von Determinismen, also zwingenden, unvermeidlichen Zusammenhängen ausgehen. Die literarischen Einsichten sollen Wissens- und Gesellschaftssystem verändern:

> Der naturalistische Roman hat sich zur Aufgabe gestellt, Gesetze und Causalzusammenhänge, welche das Menschenleben beherrschen, wahrheitsgetreu darzustellen, um die richtige Einrichtung desselben durch Benutzung dieser Gesetze zu ermöglichen.[81]

Damit propagiert er die moderne Idee der „Gestaltbarkeit des Sozialen",[82] bietet allerdings verschiedene Modelle für die Art und Weise sowie den Grad der

---

77 Nordau: Zola, S. 130.
78 Ebd., S. 130 f.
79 Vgl. Stöckmann: Naturalismus, S. 34.
80 Zu massenpsychologischen Phänomenen vgl. Gamper: Normalisierung.
81 Julius Röhr: Das Milieu in Kunst und Wissenschaft. In: Freie Bühne für modernes Leben 2 (1891), S. 341-345; zit. n. Brauneck, Müller (Hrsg.): Naturalismus, S. 75.
82 Den ‚sozialplanerischen' bzw. ‚sozialtechnologischen' Dreischritt von der sozialwissenschaftlichen Erkenntnis der sozialen ‚Tatsachen' zur gesellschaftlichen Prognose und politischen prohibitiven Maßnahme exerziert Comtes „soziale Physik" im

Beeinflussbarkeit der durch Gesetzmäßigkeiten bestimmten sozialen Zusammenhänge an, die von Albertis ‚frommen Helfern' über soziale Einrichtungen und Gesetzgebung bis hin zur Revolution reichen.[83]

Doch eine strukturelle Folgeerscheinung dieser Leitidee, der Handlungsentwicklung naturwissenschaftliche Gesetzmäßigkeiten zugrunde zu legen, ist die Vorhersehbarkeit des Plots, die etwa Alberti beklagt: Der Roman als

> die Dichtform des darwinistischen Zeitalters [...] verlangt die genaueste, klarste Darlegung aller mitwirkenden Motive, den fortlaufenden Bericht über die Wirkungen ihrer Kreuzungen, er verlangt die eingehendste Behandlung für die Stadien der Vorbereitung, für die Uebergänge. [...] er zwingt, auf Ueberraschungen, auf den Reiz der Spannung beinah völlig zu verzichten – und dennoch soll er nicht einen Augenblick aufhören, zu fesseln [...].[84]

Diese Erwartbarkeit der Story auf Kosten spannender oder überraschender Wendungen wird in den Romanen etwa von Alberti um ihrer Evidenz willen gezielt beibehalten oder aber etwa in Friedrich Spielhagens *Sturmflut* (1877) mithilfe eines größeren Figurenarsenals, dessen verschiedenartige Charaktere und Handlungen Einfluss auf das komplexe Geschehen nehmen können, gemindert.

Die Wissensstrukturen sozialer Romane sind demzufolge natur- und sozialwissenschaftliche Sätze, die eine scheinbar neutrale und detaillierte Darstellung bedingen:

> Je minutiöser die Versenkung in das soziale, ökonomische, geographische und biogenetische Detail, desto größer die Plastizität der Erscheinungen, Charaktere und Vorgänge in ihrer raum-zeitlichen Bedingtheit und desto größer die Transparenz des Dargestellten für die Gesetzmäßigkeiten, die es determinieren.[85]

Als Darstellungsmittel wird der Foto-Realismus Motiv und Strukturgeber etwa in den sozialen Romanen Albertis. Dazu gehört seine Hauptfigur aus *Riesen und Zwerge*, der Fotograf Hans Meiling, der ein Patent entwickelt, wie das Silber aus alten Fotografien ‚recycelt' werden könne,[86] ebenso wie Albertis fotografischer Beschreibungsstil für die Großstadt, der die detaillierte Beschreibung mehrerer,

---

Système de politique positive, ou traité de sociologie (1851-1854). Zur Comte-Rezeption bei Zola und Holz vgl. Stöckmann: Naturalismus, S. 40 f.
83 Zu den Schwierigkeiten der Naturalisten, sich gegenüber Arbeiterschaft und Sozialdemokratie ideologisch zu positionieren vgl. Stöckmann: Naturalismus, S. 28.
84 Alberti: Natur, S. 241 f.
85 Stöckmann: Naturalismus, S. 33 f.
86 Vgl. Alberti: Riesen, S. 13 f.

jeweils herausgelöster Einzelszenen und -gruppen mit Bildern der Bewegung und des Durcheinanders vom Ganzen überblendet zusammenlaufen lässt.[87]
Ähnliches gilt für das Fotomotiv in Albertis Roman *Wer ist der Stärkere?* (1888), der schon im Titel das naturwissenschaftliche Programm annonciert, dem der Roman als Auftaktband in Albertis sechsteiligem Zyklus *Der Kampf ums Dasein* (1888-1895) folgt. Das Setting beginnt mit zwei sozialen Aufsteigern: mit der Tochter einer Wäscherin, Lucie, die es geschafft hat, Operettensängerin am Theater und Ehefrau des Bauunternehmers Semisch zu werden, sowie mit dem Arbeitersohn, dem „Proletarier" Hilgers, der, aus kleinen Verhältnissen stammend, sich ein Studium auf der Bauakademie zusammensparen musste und sich bis zum Bauleiter in Semischs Firma hochgearbeitet hat. Lucie, die vom Verlangen, „auch eine Rolle zu spielen in dieser Welt", angetrieben wird,[88] rekapituliert ihren sozialen Aufstieg anhand von fotografischen Porträts, die sie an den verschiedenen Stationen ihres Lebenswegs, in den jeweiligen Milieus und mit den dazugehörigen Kleidungen, Accessoires und Mienen zeigen, also die jeweiligen Stadien ihrer sozialen wie individuellen Entwicklung repräsentieren.[89] Den Charakter des Architekten Hilgers veranschaulicht eine Fahrt durch Berlin, auf der er sich mit den an ihm vorbeiziehenden neuen Funktionsgebäuden in Berlin-Moabit, dem Lehrter Bahnhof, dem Packhof, dem Ausstellungspalast und dem Gerichtsgebäude als „Spiegelbild seines eigenen Lebens" personifiziert.[90] Die modernen fotografischen wie architektonischen Monumente spiegeln beider biographische Entwicklung nicht nur, sondern sind überdies ein konstitutiver Teil ihrer Lebensgeschichte und ihrer Identitäten. Das quasi photographische Erzählverfahren sammelt und kombiniert Dokumente der modernen naturgesetzlich generierten Subjektkonstitution im Roman.
Das Zwangsläufige der Entwicklung, im Aufstieg des Neuen wie im Verfall des Alten, geht mit den Theorien von Milieu und Vererbung konform, wobei Vererbung hier – ähnlich wie von Zola – in der Form einer über Generationen hinweg gewachsenen und erstarrten, nicht nur familiären, sondern die gesamte Gesellschaft umfassenden Sozialstruktur vorgeführt wird. Zwar konnten die Wäscherin und der Proletarier nur unter den modernen Bedingungen einer durchlässigen Gesellschaftsstruktur überhaupt aufsteigen, doch bleiben sie Fremdkörper in ihrer neuen Umgebung, die sie aufgrund ihrer sozialen Herkunft stets deklassierend behandelt.

---

87 Am Beispiel des elektrisch beleuchteten Leipziger Platzes in Berlin vgl. ebd., S. 8 f.
88 Vgl. Alberti: Wer ist, S. 33.
89 Ebd., S. 25-33.
90 Ebd., S. 77 f.

Mit dem Kampf sozialer Cliquen gegeneinander habe Alberti „den Versuch gewagt, in [s]einem Roman [...] die Wirkungen des Naturgesetzes des Kampfes ums Dasein in den wichtigsten Kreisen der modernen Gesellschaft zu verkörpern."[91] Dafür zeigt er die Konkurrenzkämpfe zwischen verschiedenen gesellschaftlichen Klassen, sozialen Gruppen bis hin zur gesellschaftlichen ‚Keimzelle', der Familie. Konfrontationen zielen nie auf Kompromisse, sondern auf Sieg oder Unterwerfung. Balance und gesellschaftliche Funktionstüchtigkeit werden folglich hergestellt durch die Übermacht des Stärkeren, der alle anderen Bestrebungen und Interessenlagen unterdrückt. Das sozialdarwinistische Modell[92] soll soziale Veränderungen naturwissenschaftlich erklären können. Die Figurenkonstellation ist so angelegt, dass die drei grundlegenden, sozialen, ökonomischen und kulturellen Handlungskonflikte: der Kampf zwischen arbeitender und besitzender Klasse, zwischen medizinischem Praktikus und der Akademia, zwischen Mann und Frau derart miteinander verknüpft sind und einander bedingen, dass es keiner Nebenhandlungen bedarf. So wird Hilgers, der explizit kein Sozialdemokrat ist, aus tief empfundenem Gerechtigkeitsgefühl zum Anführer der streikenden Arbeiterschaft, womit er sich selbst in den sozialen und ökonomischen Bankrott führt. Der Streik der Bauleute, die Hilgers anführt, beschäftigt den Bauunternehmer Semisch zusätzlich, so dass seine Ehefrau Lucie unterdessen vom Leutnant von Führinghausen kompromittiert werden kann usw.

Sein Roman biete eine „synthetische Uebersicht der Geltung jenes großen Grundgesetzes [...] auf den wichtigsten Gebieten des menschlichen Lebens, wie es sich in der heutigen Gesellschaft verkörpert", so Alberti.[93] Der „Kampf ums Dasein" wird zum „literarischen Deutungsmuster"[94] und Strukturprinzip, das dem Roman zugrunde liegt und das der Roman sichtbar machen will. Als narrative Wissensstruktur wird sie für alle Figurenkonstellationen im Roman auch explizit: Im Streit der Interessengruppen werfen die Figuren selbst immer wieder die drohende Frage auf, dass sich noch herausstellen werde, wer der Stärkere sei. Auf diese Weise zieht sich das „Naturgesetz" des „Kampfes ums Dasein", das die Romane in den verschiedenen sozialen Teilsystemen beschreiben und dabei

---

91 Alberti: Natur, S. 248.
92 Darwins Modell fokussierte indes Anpassung statt Ausrottung sowie die Kontingenz und nicht die Teleologie dieser Prozesse. Zur Rezeption von Darwins Evolutionstheorie in der deutschsprachigen Literatur, die in der Tradition Schopenhauers als Überlebenskampf und durch die Popularisierung Haeckels teleologisch ausgedeutet wurde, vgl. Sprengel: Darwin, bes. S. 15-23; und Stöckmann: Wille, S. 56-60 u. ö.
93 Alberti: Vorrede, unpag.
94 Stöckmann: Naturalismus, S. 39.

auch wiederholt als solches benennen, durch die verschiedenen sozialen Klassen, Schichten und Figurationen, die, wie der Roman verdeutlicht, von diesem „Gesetz" beherrscht sind, ebenso wie als Schlagwort durch die verschiedenen Teile des Romans, die er strukturell miteinander verbindet. Die Frage, wer der Stärkere sei, bildet ein repetitives Strukturelement, das den Roman durchzieht und alle Handlungsentwicklung an das „eherne[] Naturgesetz[]"[95] rückbindet.

In Friedrich Spielhagens *Sturmflut* (1877) sind es Motiv, Begriff und Metapher des Sturmes und der Sturmflut, also die Naturgewalten des Wassers und der Luft, die als Strukturgeber des Romans für die Gewalt der Natur wie die Gewalt finanzpolitischer und (sozio)ökonomischer Kräfte der Gründerkrise stehen, die alle gesellschaftlichen, familiären und politische Kreise erschüttern, und die hier sowohl auf die quasi naturwissenschaftliche, empiriegesättigte Prognostik, aber auch nicht weniger auf das biblische Sintflut-Motiv des Gottesgerichts, hier in der Form einer zerstörerischen Naturgewalt, verweisen.[96] Ähnlich verfährt Max Kretzers *Meister Timpe. Sozialer Roman* (1888), der den „Kampf ums Dasein" wörtlich fortlaufend in unterschiedliche Erzählebenen wie Figurenrede, Erzählerkommentar oder Kapitelstruktur einspielt.[97] In Kretzers Roman *Treibende Kräfte* (1903) ist es der Titel, der die thermodynamische Kraftentwicklung von Pflanze, Mensch, Natur, Gesellschaft, Technologie und Industrie parallelisieren soll. Neben dem Erzähler, der die mechanischen mit den anthropologisch ‚treibenden Kräften' vergleicht, sind es die Figuren des Maschinenbauingenieurs, die von liebender Sehnsucht singende Verlobte, der Großindustrielle ebenso wie der Gärtner, die die Formel wiederholt aufgreifen.[98] Dem Protagonisten obliegt es indes, die verschiedenen Metaphern zum alles durchdringenden Naturgesetz explizit zusammenzuführen: „Wer kann für die treibenden Kräfte in uns, um uns und über uns.""[99]

Die wörtliche Verwendung des Sinnträgers, die Explikation des naturwissenschaftlichen Signifikanten wird zum Strukturelement im literarischen Text. Es genügt offensichtlich nicht, Figurenzeichnung und Plotführung so auszuarbeiten, dass sie auf das zugrunde liegende ‚Gesetz' verweisen, vielmehr muss das Vorhaben selbst, d.i. die Orientierung an den wissenschaftlich gefundenen Gesetzmäßigkeiten der modernen Gesellschaft, beim Namen genannt werden.

---

95 Alberti: Realismus, S. 13.
96 Spielhagen: Sturmflut.
97 Vgl. Kretzer: Meister Timpe, S. 38, 113 ff., 115, 156 ff. Vgl. dazu Stöckmann: Wille, S. 42, Anm. 6.
98 Vgl. Kretzer: Treibende Kräfte, S. 7, 33, 59, 74, 122, 225, 306. Zur thermodynamischen Wissenstextur in naturalistischen Romanen vgl. ausführlicher Stöckmann: Wille.
99 Vgl. Kretzer: Treibende Kräfte, S. 33.

Dieses ‚Einspielen' ist weder unterschwellig noch zufällig und indiziert damit die explizite, nicht allein paratextuell manifeste Selbstzuweisung der belletristischen Texte zu einem distinkten, nämlich exklusiv naturwissenschaftlichem Diskurs. Das Wort-‚Dropping' aus dem Horizont des naturwissenschaftlichen Wissens der Zeit selbst bildet innerhalb der Romane eine begrifflich manifeste, texturale Matrix, die wiederholt aufgerufen wird und dadurch die Textteile miteinander verknüpft. Diese Verwendung der Worte im Text als einer konzeptionellen Textur ist dabei mehrfach bedeutsam: Sie holt naturwissenschaftliches Wissen in die Texte hinein und ‚popularisiert' es (auf mehr oder weniger ‚richtige' oder adäquate Art und Weise, die hier nicht zur Diskussion steht); sie verleiht dem literarischen Text dadurch einen bestimmten zusätzlichen Sinn und Interpretations(spiel)-raum; vor allem aber sorgt sie dafür, dass die Texte selbst sich diesem Diskurs einschreiben, indem sich die Textteile entsprechend codieren.

Parallelen dieser narrativen Texturen des sozialen Romans zu Zolas „Experimentalroman" konstatieren die Zeitgenossen selbst, und zwar sowohl eher konservative Literaturkritiker wie Julius Hart, der festhält: „Der zeitgenössische Sittenroman ist das durchaus Zola'sche Ideal, welchem Kretzer nachstrebt",[100] als auch Carl Bleibtreu, für den Kretzer „der ebenbürtige Jünger Zola's", „der Realist par excellence" ist.[101] Dass sich der soziale Roman als Gattung profiliert, reflektiert Riehl in literar- wie in sogar sozialhistorischer Hinsicht: „Wenn aber ein künftiger Historiker die socialen Entwicklungen unserer Tage zu schildern unternimmt, dann wird er ein eigenes Capitel ausarbeiten über dieses Phänomen der socialen Romane [...]." Denn aufgrund ihrer „Fülle" würden sie „selber ein *sociales* Phänomen" – zumal dann, wenn sich „nun vollends herausstellte, daß fast alles, was irgend nennenswerth in der neuesten Romanlitteratur hervortritt, wo nicht dem Titel, doch dem innersten Kerne nach zum *socialen* Roman gehört?"[102]

4 Strategische Verwendung der Gattungsbegriffe: „sozialer Roman" oder „Experimentalroman"

Der soziale Roman weist also – bei aller Verschiedenheit – gemeinsame narrative Wissensstrukturen, gattungsspezifische und -konturierende Verfahrens- und

---

100 Hart: Zolaismus, S. 214.
101 Bleibtreu: Revolution, S. 36. – Diese Meinung teilten nicht alle Zeitgenossen; vgl. Blos: Roman, S. 426; und weitere Belege bei Bachleitner: Sozialroman, S. 471-473.
102 W. H. R. [Wilhelm Heinrich Riehl]: Der sociale Roman. In: Beilage zur Augsburger „Allgemeinen Zeitung", Nr. 159 vom 8. Juni 1851, S. 2537-2538; zit. n. Adler: Literatur und Sozialkritik, S. 311 f.; zu früheren, erst tastenden Versuchen einer zeitgenössischen Gattungsbestimmung vgl. Adler: Einleitung, S. 13-20.

Darstellungsweisen sowohl als Gattung als auch als Vertreter von Zolas Experimentalpoetik auf. Angesichts dieser narrativen Wissenstexturen und der auch zeitgenössischen Selbstprofilierung als Gattung stellt sich die Frage, warum sich die deutschen Literaten und Literaturkritiker so vehement gegen den Begriff „Experimentalroman" verwahrten.

Ein Punkt mag die terminologische Orientierung Zolas an Bernards Methode des naturwissenschaftlichen Erfahrungsgewinns gewesen sein. Das Ressentiment der deutschen Rezeption richtet sich wenigstens gegen den französischen Neologismus „roman expérimental". Pfau unterstellt Zola dabei literarpolitisches Kalkül: „Offenbar sind [...] die Bezeichnungen Realismus und Naturalismus nicht sehr geeignet, dem Haupte einer ‚neuen' Schule als Fahne zu dienen; Zola suchte daher nach einem weniger verbrauchten Namen und macht in einer glücklichen Stunde den Fund des ‚Roman expérimental'. Ein trefflicher Titel, der einen Geruch exacter Wissenschaft um sich verbreitet [...]."[103] Zola bemächtige sich also nicht nur naturwissenschaftlicher Inhalte und experimenteller Methodik, sondern vielmehr auch des Begriffs um dessen Assoziation mit ‚Wissenschaftlichkeit' willen. Der Vorwurf, Zola wolle mit dem „Experimentalroman" in erster Linie ein Wort formen und besetzen, sucht dessen Tragfähigkeit als literarisches Programm wie als Gattung zu unterminieren.

Die deutschen Kritiker protestierten gegen diese Schlagwortartigkeit, das Etikett, die neue Flagge für eine literarische Schule. Außerdem rieb man sich am Begriff „Experiment", den man nicht auf Literatur angewandt wissen wollte – aus sowohl erkenntnistheoretischen als auch systemimmanenten Gründen. Denn die Proteste richteten sich ja nicht vorrangig gegen die generelle Empiriegesättigtheit der Darstellung der sozialen Wirklichkeit, sondern vielmehr gegen den Anspruch, dass diese literarische Wiedergabe „Experiment" genannt werde und folglich Wissenschaft sei.

Denn wenn Literatur durch detaillierte Beschreibung, exakte Observation und Dokumentation zur Reportage wird,[104] gibt sie ihren künstlerischen Anspruch auf. Das aber brachte die Literaten zum einen in vergleichbare Nähe zu den wenig geschätzten ‚schlechten' Feuilletonautoren und Tagesskribenten, die eine gewichtige ökonomische Konkurrenz darstellten, von der man sich durch literarische Qualität abzuheben suchte;[105] es brachte sie zum anderen in die Nähe journalistischer Gattungen. Mit der eindeutigen Nähe zur „Sozialreportage"[106]

---

103 Pfau: Emile Zola, S. 651 f.
104 Vgl. Albers: Sehen und Wissen, S. 196 f.
105 Vgl. Bleibtreu: Revolution, S. 109-112.
106 Adler: Einleitung, S. 13.

oder zum kritisch-objektiven „Bericht"[107] verließen sie aber den Legitimationsdiskurs des literarischen Feldes. Literatur war vor dem Sozialistengesetz von 1878, das ‚tendenziöse' Schriften verbot, und gegen Verfolgung ‚unzüchtiger Schriften' nach dem StGB nur solange geschützt, wie sie als Kunst anerkannt war. Mit der Überschreitung der Systemgrenzen begründete der Staatsanwalt den Prozess gegen Friedrich Spielhagen 1881:

> Gewiss hat die Polizei wie die Rechtspflege sich im allgemeinen wenig um die Literatur zu kümmern, solange sie lediglich *Literatur* bleibt. [...] Ganz anders steht es aber mit Werken, welche auf die Formen verzichten, die in der *Literatur* gebräuchlich sind, - [...] die sich, mit einem Wort, als integrirenden Bestandteil der politischen Zeitungen präsentiren. Mit dem Augenblick, wo ein Dichter, ein Romanschriftsteller zum Zeitungsschreiber wird, wo er Ellbogen an Ellbogen mit dem Reporter erscheint, [...] sinkt ein solcher Mann [...] zum ganz gewöhnlichen Journalisten herab und muss dem entsprechend behandelt werden![108]

Das Merkmal ‚Kunst' wird zum entscheidenden Differenzkriterium gegenüber propagandistischen oder pornographischen Schriften.[109] Nur das Reklamieren ästhetischer Dignität konnte die Systemgrenzen der Literatur gegenüber der Wissenschaft einerseits und dem Journalismus andererseits aufrechterhalten. Und die vehemente Abwehr von Systemüberschneidungen erwies sich als überlebensnotwendig, als ein ideeller wie sozioökonomischer *Kampf um's Dasein der Literatur* (Karl Bleibtreu) und der Literaten.

Naturalistische Romane bezeichneten sich nicht als „experimentell", eben weil sie durchaus riskant an den Systemgrenzen operierten, indem sie offensiv wie ausdrücklich auf die Naturwissenschaften referierten. Sie legitimierten sich, indem sie sich explizit, paratextuell in eine ältere, zudem nationalliterarische Gattungstradition einschrieben.[110] So lehnt sich Alberti mit seinem sozialen

---

107 August Reißmann: Der Naturalismus in der Kunst. Eine kritische Studie. 1891. In: Deutsche Zeit- und Streit-Fragen (1892), H. 81-96, S. 265-338, hier S. 321; zit. n. Adler: Literatur und Sozialkritik, S. 290.
108 Vgl. Engel: Stenographischer Bericht, S. 400.
109 Vgl. Brauneck, Müller (Hrsg.): Naturalismus, S. 653 f. Kolkenbrock-Netz hat eingehend gezeigt, wie angeklagte Autoren im sog. Leipziger Realistenprozess 1890 auf Wahnsinn, Genialität oder ästhetische Freiheit plädieren mussten, um ihre Texte zu rechtfertigen. Vgl. Kolkenbrock-Netz: Fabrikation, S. 140 ff.
110 Ich stimme Adler darin zu, dass der soziale Roman des Vormärz „literargeschichtsteleologisch" nicht zum bloßen Vorläufer des sozialen Romans des Naturalismus degradiert werden darf; vgl. Adler: Soziale Romane, S. 183. Im Gegenteil, diskursgeschichtlich wird einsichtig, welche Bedeutung der Vormärz für den sozialen Roman des Naturalismus aus ideologischen wie programmatischen Gründen hatte.

Roman *Schröter & Co.* (1893) etwa an Gustav Freytags *Soll und Haben* oder mit *Maschinen* (1895) an Gerhard Hauptmanns *Weber* an.[111]

Wenn die vorliegenden Argumente dennoch den Schluss auf eine Gattung des sozialen Romans im Naturalismus zulassen, dann nur, wenn man dabei unzulässiger Weise gleich doppelt generalisiert, da es weder ‚den' sozialen Roman noch überhaupt eine einheitliche Position der ‚realistischen' bzw. naturalistischen Autoren gab. Vielmehr kristallisiert sich eine diskursive Gemengelage wissenschaftlicher Fundierung und sozialer Erkenntniserweiterung in Zolas Konzept des „Experimentalromans" wie in den sozialen Romanen heraus. Hinsichtlich der Unterscheidung formaler und inhaltlicher Gattungskriterien stellt der Gattungsname „sozialer Roman" ein inhaltliches Kriterium aus, nämlich das Soziale, insbesondere soziale und sozialpsychologische Gesetzmäßigkeiten als Thema; während das „Experimentelle" bzw. Empirische im „Experimentalroman" ein Etikett für ein formales Gattungskriterium als einer naturwissenschaftlichen Wissensstruktur, eines prozeduralen Wissens des methodisch geleiteten Erkenntnisgewinns, ist, das Diskurse reguliert, im Falle der Literatur: texturiert, und im Foucaultschen Sinne eine gemeinsame Aussageweise bedingt.[112]

Doch verweigerte die deutsche literaturtheoretische Reflexion die Selbstbezeichnung als „Experimentalroman" und schloss sich vielmehr begrifflich plakativ an die Tradition des „sozialen Romans" des Vormärz an – allerdings unter veränderten, von dieser diskursiven Gemengelage beeinflussten inhaltlichen Vorzeichen und veränderten strukturellen Vorgaben. Während die häufige Verwendung naturwissenschaftlicher Schlagworte und Phrasen zu Indizes im literarischen Text werden, über die er sich unübersehbar mit dem Diskurs der Natur- und noch jungen Sozialwissenschaft verknüpft, verzichten die literarischen Peritexte auf den „Experiment"-Begriff und damit auf diese Texturierungsfunktion. Die gewissermaßen ausdrückliche Nichtverwendung markiert vielmehr eine strategische Abgrenzung des literarischen vom naturwissenschaftlichen Feld. Im Unterschied zu „Experiment" ist der offenbar untertitelfähige Begriff „Studie" ein

---

111 Stöckmann: Naturalismus, S. 143.
112 Dass der soziale Roman dieses Formkriterium einer neuartigen Textkonstitutionsweise (noch) nicht erfüllt, hält Adler davon ab, im Vormärz „strenggenommen von einer Gattung ‚sozialer Roman'" zu sprechen. Adler: Soziale Romane, S. 182 f. Eben dieses Formkriterium erfüllt er im Gefolge des Zola'schen Experimentalromans mit der Konstruktion „wissenschaftlich qualifizierbarer Allegorien und Mythen"; vgl. Bachmaier: Experimentalroman, S. 104.

Term des gemeinsamen „litterarischwissenschaftlichen bedeutungsbezirk[s]"[113] und Formatierungssystems.

Die verschiedentlichen Bezeichnungen setzen unterschiedliche Präferenzen und strategische Allianzen gegenüber denjenigen außerliterarischen Interrelationen, die sich in bestimmten innertextlichen Strukturmustern manifestieren. Gattungsbegriffe können literarische und außerliterarische Bezugssysteme folglich engführen oder separieren. Dadurch wirken sie aber nicht nur verständniserleichternd, sie konnotieren vielmehr auch die mit ihnen bezeichnete Textgruppe, mehr noch: sie präjudizieren und limitieren damit auch die Möglichkeiten, einen literarischen Text zu verstehen.

Literatur

Adler, Hans: Bibliographie. In: Ders. (Hrsg.): Der deutsche soziale Roman des 18. und 19. Jahrhunderts. Darmstadt 1990, S. 427-455.

Adler, Hans: Einleitung. In: Ders. (Hrsg.): Der deutsche soziale Roman des 18. und 19. Jahrhunderts. Darmstadt 1990, S. 1-14.

Adler, Hans: Literatur und Sozialkritik. Versuch einer historischen Spezifikation des sozialen Romans [1983]. In: Ders. (Hrsg.): Der deutsche soziale Roman des 18. und 19. Jahrhunderts. Darmstadt 1990, S. 280-307.

Adler, Hans: Soziale Romane im Vormärz. Literatursemiotische Studie. München 1980.

Albers, Irene: Sehen und Wissen. Das Photographische im Romanwerk Émile Zolas. München 2002.

Alberti, Conrad: Der moderne Realismus in der deutschen Litteratur und die Grenzen seiner Berechtigung. In: Deutsche Zeit- und Streit-Fragen. Flugschriften zur Kenntniß der Gegenwart. Hrsg. von Jürgen Bona Meyer u.a. Hamburg. N. F. 4 (1890) H. 52, S. 1-36.

Alberti, Conrad: Natur und Kunst. Beiträge zur Untersuchung ihres gegenseitigen Verhältnisses. Leipzig (Friedrich) o. J. [1890].

Alberti, Conrad: Riesen und Zwerge. In: Ders.: Riesen und Zwerge. Zwei Novellen. Leipzig (Friedrich) o. J. [1887], S. 3-109.

Alberti, Conrad: Statt einer Vorrede. In: Ders.: Mode. Roman. Berlin (Bong) 1892, unpag.

---

113 Grimm, Grimm: Wörterbuch, Art. „Studie", Bd. 20, Sp. 271.

Bachleitner, Norbert: Der englische und französische Sozialroman des 19. Jahrhunderts und seine Rezeption in Deutschland. Amsterdam u.a. 1993.

Alberti, Conrad: Wer ist der Stärkere? Ein sozialer Roman aus dem modernen Berlin. Berlin (Friedrich) 1888.

Bachmaier, Helmut: Der Experimentalroman Zolas. In: Gerhard Wiese, Helmut Bachmaier, Christoph Wetzel (Hrsg.): Emile Zola. Salzburg 1982, S. 98-104.

Berg, Gunhild: Arno Holz's Formula of Art. Aesthetics as an Experimental, Mathematical Science. In: Variations. Literaturzeitschrift der Universität Zürich 21 (2013), S. 37-50.

Berg, Gunhild: Zur Konjunktur des Begriffs Experiment in den Natur-, Sozial- und Geisteswissenschaften. In: Michael Eggers, Matthias Rothe (Hrsg.): Wissenschaftsgeschichte als Begriffsgeschichte. Terminologische Umbrüche im Entstehungsprozess der modernen Wissenschaften. Bielefeld 2009, S. 51-82.

Bernard, Claude: Einführung in das Studium der experimentellen Medizin [1865]. Ins Dt. übertr. von Paul Szendrö, komm. von Karl E. Rothschuh. Leipzig 1961 (= Sudhoffs Klassiker der Medizin; 35).

Bernard, Claude: Introduction à l'étude de la médicine expérimentale. Préface par Francois Dagognet. Paris 1966.

Bleibtreu, Karl: Revolution der Literatur [1886]. Hrsg. von Johannes J. Braakenburg. Tübingen 1973.

Blos, Wilhelm: Der soziale Roman. Eine kritische Plauderei. In: Die Neue Zeit. Revue des geistigen und öffentlichen Lebens. Stuttgart (Dietz) 4 (1886), S. 424-428.

Bölsche, Wilhelm: Die naturwissenschaftlichen Grundlagen der Poesie. Prolegomena einer realistischen Ästhetik. Neu hrsg. von Johannes J. Braakenburg. Tübingen, München 1976.

Brauneck, Manfred; Müller, Christine (Hrsg.): Naturalismus. Manifeste und Dokumente zur deutschen Literatur 1880-1900. Stuttgart 1987.

Busch, Walter: Claude Bernards „Introduction à l'étude de la médicine expérimentale" (1865) und Émile Zolas „Le roman expérimental" (1880) – Strategien und Grenzen naturalistischer Aneignung eines physiologischen Forschungsparadigmas. In: Raul Calzoni, Massimo Salgaro (Hrsg.): „Ein in der Phantasie durchgeführtes Experiment". Literatur und Wissenschaft nach Neunzehnhundert. Göttingen 2010, S. 47-62.

Chevrel, Yves: Le Naturalisme. Étude d'un mouvement littéraire international. 1982. Paris 1993.

Conrad, Michael Georg: Madame Lutetia! Neue Pariser Studien. Leipzig (Friedrich) 1883.

Daiber, Jürgen: Experimentalphysik des Geistes. Novalis und das romantische Experiment. Göttingen 2001.

Dictionnaire de L'Académie française. Bd. 1. Paris (Firmin Didot) [6]1835. Paris (Firmin-Didot) [7]1878. [Paris] (Librairie Hachette) [8]1932.

Edler, Erich: Die Anfänge des sozialen Romans und der sozialen Novelle in Deutschland. Frankfurt/M. 1977.

Engel, Eduard: Stenographischer Bericht über die Gerichtsverhandlungen im Prozesse: „Angela", Roman von Friedrich Spielhagen. In: Das Magazin für die Literatur des In- und Auslandes 50 (1881) 27, S. 399-404.

Gamper, Michael: Normalisierung/Denormalisierung, experimentell. Literarische Bevölkerungsregulierung bei Emile Zola. In: Marcus Krause, Nicolas Pethes (Hrsg.): Literarische Experimentalkulturen. Poetologien des Experiments im 19. Jahrhundert. Würzburg 2005, S. 149-168.

Grimm, Jacob und Wilhelm: Deutsches Wörterbuch. 16 Bde. in 32 Teilbdn. Leipzig (Hirzel) 1854-1961.

Grimm, Jacob und Wilhelm: Deutsches Wörterbuch. Neubearbeitung. Hrsg. von der Berlin-Brandenburgischen Akademie der Wissenschaften und der Akademie der Wissenschaften zu Göttingen. Bd. 8. Stuttgart 1999.

Gumbrecht, Hans Ulrich: Zola im historischen Kontext. Für eine neue Lektüre des Rougon-Macquart-Zyklus. München 1978.

Halter, Martin: Sklaven der Arbeit – Ritter vom Geiste. Arbeit und Arbeiter im deutschen Sozialroman zwischen 1840 und 1880. Frankfurt/M., Bern 1983.

Hart, Julius: Der Zolaismus in Deutschland. In: Die Gegenwart. Wochenschrift für Literatur und öffentliches Leben. Hrsg. von Theophil Zolling. Berlin (Stilke) 30 (1886) 40, S. 214-216.

Helmes, Günter: Der „soziale Roman" des Naturalismus – Conrad Alberti und John Henry Mackay. In: Hansers Sozialgeschichte der deutschen Literatur vom 16. Jahrhundert bis zur Gegenwart. Bd. 7: Naturalismus, Fin de siècle, Expressionismus (1890-1918). Hrsg. von York-Gotthart Mix. München 2000, S. 104-115.

Höfner, Eckhard: Zola – und kein Ende? Überlegungen zur Relation von Wissenschaft und Literatur. Der „Roman expérimental" und der Hypothesen-Streit im 19. Jahrhundert. In: Thomas Klinkert, Monika Neuhofer (Hrsg.): Literatur, Wissenschaft und Wissen seit der Epochenschwelle um 1800.

Theorie – Epistemologie – komparatistische Fallstudien. Berlin, New York 2008, S. 127-166.

Holz, Arno: Die Kunst. Ihr Wesen und ihre Gesetze. Berlin (Issleib, Schuhr) 1891.

Holz, Arno; Schlaf, Johannes: Vorwort. In: Neue Gleise. Gemeinsames. Berlin (Fontane) 1892, S. 3-5.

Jurt, Joseph: La science comme modèle: Balzac, Flaubert, Zola. In: Thorsten Greiner, Hermann H. Wetzel (Hrsg.): Die Erfindung des Unbekannten / L'invention de l'inconnu. Würzburg 2007, S. 39-48.

Klausnitzer, Ralf: Literatur und Wissen. Zugänge – Modelle – Analysen. Berlin, New York 2008.

Kolkenbrock-Netz, Jutta: Fabrikation, Experiment, Schöpfung. Strategien ästhetischer Legitimation im Naturalismus. Heidelberg 1981.

Kranzhoff, Jörg Armin: Experiment. Eine historische und vergleichende Wortuntersuchung. Bonn 1965.

Kretzer, Max: Meister Timpe. Berlin (Büchergilde Gutenberg) 1927.

Kretzer, Max: Treibende Kräfte. Berlin (Kronen) o. J.

Le Dictionnaire de L'Académie françoise [!]. Bd. 1. Paris (Coignard) 1694.

Lepenies, Wolf: Der Wissenschaftler als Autor. In: Akzente 25 (1978), S. 129-147.

Mennemeier, Franz Norbert: Literatur der Jahrhundertwende. Bd. 1: Europäisch-deutsche Literaturtendenzen 1870-1919. Bern, Frankfurt/M., New York 1985.

Moe, Vera Ingunn: Deutscher Naturalismus und ausländische Literatur. Zur Rezeption der Werke von Zola, Ibsen und Dostojewski durch die deutsche naturalistische Bewegung (1880-1895). Frankfurt/M., Bern, New York 1983.

Müller, Hans-Joachim: Zola und die Epistemologie seiner Zeit. In: Romanistische Zeitschrift für Literaturgeschichte 5 (1981), S. 74-101.

Nicolosi, Riccardo: Experimente mit Experimenten. Émile Zolas Experimentalroman in Russland. In: Michael Gamper (Hrsg.): Experiment und Literatur. Bd. 2: 1790-1890. „Wir sind Experimente: wollen wir es auch sein!" Göttingen 2010, S. 367-395.

Nordau, Max: Zola und der Naturalismus. In: Ders.: Paris unter der dritten Republik. Neue Bilder aus dem wahren Milliardenlande. Leipzig (Schlicke) ²1881, S. 106-132.

Pfau, Ludwig: Emile Zola. In: Nord und Süd. Eine deutsche Wochenschrift. Hrsg. v. Paul Lindau. Bd. 13. Breslau (Schottländer) 1880, S. 32-81.

Spielhagen, Friedrich: Sturmflut. 2 Bde. Leipzig (Staackmann) [22]1909 (= Sämtliche Romane; 8).

Sprengel, Peter: Darwin in der Poesie. Spuren der Evolutionslehre in der deutschsprachigen Literatur des 19. und 20. Jahrhunderts. Würzburg 1998.

Stöckmann, Ingo: Der Wille zum Willen. Der Naturalismus und die Gründung der literarischen Moderne 1880-1900. Berlin u.a. 2009.

Stöckmann, Ingo: Die naturwissenschaftlichen Grundlagen der Poesie und ihr Text. Wilhelm Bölsches Vermittlungen. Für ein kulturalistisches Vermittlungskonzept. In: Hermann Korte, Marja Rauch (Hrsg.): Literaturvermittlung im 19. und frühen 20. Jahrhundert. Vorträge des 1. Siegener Symposions zur literaturdidaktischen Forschung. Frankfurt/M. u.a. 2005, S. 53-65.

Stöckmann, Ingo: Naturalismus. Lehrbuch Germanistik. Stuttgart, Weimar 2011.

Zola, Émile: Der Experimentalroman. Eine Studie. Leipzig (Zeitler) 1904.

Zola, Émile: La curée. Paris (Charpentier) [2]1872.

Zola, Émile: La Fortune des Rougon. Paris (Charpentier) [3]1872.

Zola, Émile: Le roman expérimental. In: Ders.: Le roman expérimental. Paris (Charpentier) 1880, S. 1-53.

Zymner, Rüdiger: Gattungstheorie. Probleme und Positionen der Literaturwissenschaft. Paderborn 2003.

David Oels

Der Tatsachenroman und seine Vorgeschichte

Obgleich von Zeit zu Zeit einzelne Bücher als Tatsachenromane auftreten, Tatsachenromane als *Corporate Books* im Rahmen des *History Marketings* empfohlen und andere Titel, wie zuletzt der „Wirtschaftskrimi" *Atomblut* (2012) des ehemaligen EnBW-Vorstandsvorsitzenden Utz Classen, als Tatsachenromane bezeichnet werden, sucht man das Lemma vergeblich im *Reallexikon der deutschen Literaturwissenschaft* (1997-2003), dem *Handbuch der literarischen Gattungen* (2009) oder dem *Handbuch Gattungstheorie* (2010). Immerhin in Gero von Wilperts *Sachwörterbuch der deutschen Literatur* findet sich der seit der 5. Auflage von 1969 weitgehend unveränderte Eintrag:

> Tatsachenroman, auch Reportageroman, allg. jeder Roman, der auf Tatsachen beruht, so Biographie, Kriminalfall, Skandalchronik, Gesellschaftsbild, Wissenschaftsgeschichte (P. de Kruif, *Microbe hunters*, H. Wendt, *Ich suchte Adam*, Ceram, *Götter, Gräber und Gelehrte*, J. Thorwald, *Das Jahrhundert der Chirurgen* u. ä.), im weiteren Sinne auch die auf historischem Fachwissen und Tatsachen beruhenden Professorenromane.[1]

Abgesehen von der wenig erhellenden Definition erstaunt insbesondere die historische Unschärfe. Während der Reportageroman auf die 1920er Jahre verweist, werden aus dem deutschsprachigen Bereich ausnahmslos Beispiele aus den Jahren 1949-1956 aufgezählt, während man den Professorenroman in der Regel für eine Erscheinung der zweiten Hälfte des 19. Jahrhunderts hält. Mit dieser vagen Situierung geht auch die begriffliche Trennschärfe verloren. So ist keins der genannten Bücher tatsächlich mit der Gattungsbezeichnung „Tatsachenroman" versehen. C. W. Ceram verwendete den Begriff immerhin in der Einleitung, und die deutsche Übersetzung der *Microbe Hunters* (*Mikrobenjäger* 1927) ist gelegentlich als Tatsachenroman wahrgenommen worden, Professoren- und Reportageromane dagegen keineswegs. Ausgeblendet wird auch die insbesondere in den 1930er Jahren geführte Diskussion um die Gattung.

1 Der Tatsachenroman am Ende der Weimarer Republik

Das erste Buch, das sich selbst ausdrücklich als Tatsachenroman bezeichnete, dürfte Carl Haensels *Der Kampf ums Matterhorn* von 1929 gewesen sein.

---

1 Wilpert: Sachwörterbuch, S. 812 f.

Der Band erschien in der zunächst von Frank Thiess herausgegebenen Reihe „Lebendige Welt. Erzählungen und Bekenntnisse", in der „nicht die Literatur, sondern das Leben selbst triumphier[en]" sollte. Und dieses „Leben", so der Herausgeber weiter, „wird dort ergriffen, wo seine unmittelbare Darstellung schon als Kunst erscheint, wo es gleichsam durch das Medium des Dichters hindurch sich selbst schreibt."² Dies ist bei Haensel die kompetitive Erstbesteigung des Matterhorns 1865 und der tragische Absturz eines großen Teils der siegreichen englischen Seilschaft auf dem Rückweg. Die Protagonisten finden sich mit Klarnamen bezeichnet und das Personal ist ebenso historisch verbürgt wie die Ereignisse in ihrem Ablauf. Zusätzlich betont wird die Faktizität in einer illustrierten Ausgabe des Buchs mit „*authentische*[n] *Matterhornbilder*[n] [...], jedoch nichts aus dem ‚Hom-Film', mit dem das Buch nichts zu tun hat."³ Der gleichnamige „Hom-Film" mit Luis Trenker nach einem Drehbuch von Arnold Fanck war Ende 1928 uraufgeführt worden und stützte sich laut Vorspann durchaus auf Haensels Buch. Zunächst wurden auch die „schönsten Szenen" als Illustrationen angekündigt. Mit der Abkehr vom Film, den beispielsweise die *Vossische Zeitung* als zu weit vom tatsächlichen Geschehen entfernt ansah, betonte man nun die Authentizität des im Buch Dargestellten.⁴ Allerdings ist Haensels Text durch den null-fokalisierten Erzähler, der nicht selten im Tatsachenroman dominiert, deutlich als Fiktion kenntlich. So weiß etwa der Bergsteiger Michel Croz, der am Gipfel des Matterhorns einen Wimpel hisste, „ganz genau, daß die von Whymper", dem Leiter der Seilschaft, „in seinem Innern beschlossene Strafrede [...] sich noch heute über ihn ergießen werde."⁵ Dabei hat es keine solche Strafrede gegeben und Croz über seine Gedanken keine Auskunft hinterlassen, da er beim Abstieg tödlich verunglückte. Trotz eines guten bis sehr guten Verkaufserfolgs scheint *Der Kampf ums Matterhorn* nur wenig kritische Aufmerksamkeit erfahren zu haben.

Bei einem weiteren Exemplar der Gattung liegt das gänzlich anders. Ernst Ottwalts „Justizroman" *Denn sie wissen was sie tun* von 1931 ist zwar in den Peritexten nicht als Tatsachenroman gekennzeichnet, jedoch knüpfte sich an das Buch eine vehemente Auseinandersetzung, in der der Autor die Gattungsbezeichnung

---

2 Thiess: Welt, S. 278. In den 1940er Jahren bekam die Reihe den Untertitel „Erlebnisbücher und Tatsachenromane".
3 Haensel: Kampf, S. 276 (Hervorh. hier und fortan stets im Original).
4 Ebd.; hp.: Kampf, unpag. In *Der Berg ruft* (1937), einer weiteren Verfilmung des Stoffs mit Luis Trenker, ist Haensels „Roman" im Vorspann wiederum als Grundlage genannt. Vgl. Rußegger: Matterhorn, S. 64 f.
5 Haensel: Kampf, S. 207.

verwendete.⁶ Diese Debatte in der *Linkskurve*, der Zeitschrift des Bunds proletarisch-revolutionärer Schriftsteller, erreichte in der (post-)marxistischen Literaturwissenschaft ebenso wie in Forschungen zur Neuen Sachlichkeit einige Prominenz, da Ottwalts Kontrahent Georg Lukács das Buch zum Anlass nahm, „seine Position einer epischen Totalität gegen die ‚Verdinglichung'" durchzusetzen – und damit dem sozialistischen Realismus den Weg zu bereiten.⁷ Lukács' Kernvorwurf lautete, dass „der Schriftsteller, der in kleinbürgerlicher Opposition zur kapitalistischen Gesellschaft steht", im Unterschied zum dialektisch-materialistisch geschulten revolutionären Schriftsteller, „nicht vom Gesamtprozeß und seinen treibenden Kräften, die er nicht versteht, ausgehen" könne. Deshalb „will [er] *Einzelheiten* entlarven. Hier ist es aber ausschlaggebend wichtig, daß diese Einzelheiten auch stimmen. Denn sobald er nicht imstande ist den *Gesamtprozeß zu gestalten*, ist er gezwungen, seinen *Einzelfall* [...] zu *beweisen*."⁸

Was hatte Ottwalt getan? Er hatte einen fiktiven Protagonisten als Durchschnittstypus entworfen, der „nur insoweit Phantasieprodukt" sei, als zu ihm „kein bestimmter deutscher Richter Modell gestanden hat." Die „Rechtsfälle, Gerichtsverhandlungen, Urteile und Ereignisse, die hier beleuchtet werden", seien dagegen „als Tatsachen aus den Jahren 1920-1931 belegbar. Auf Tatsachen beruhen auch sämtliche Schilderungen des inneren Betriebs der deutschen Rechtspflege." Sollten Leser daran irgend zweifeln, mögen sie sich „über den Verlag an den Autor wenden". Er werde dann den Beweis „durch Offenlegung des Tatsachenmaterials" beibringen.⁹ Es geht also zweifellos um bewiesene Einzelfälle und weniger um die „Totalitäten" des „Gesamtprozesses", jedoch sei dies, so Ottwalt in seiner Replik, einer veränderten, zunehmend komplexen und vom Einzelnen nicht mehr durchschaubaren Wirklichkeit geschuldet. Die „Entwicklung der Produktionsmittel in Beziehung [...] mit den Veränderungen im Verhalten und Denken" darzustellen, sei „unmöglich [...] an den Wechselbeziehungen von Menschen" in der „hergebrachten Romanform". Die „absolut überzeugende Behandlung dieses Stoffes", gemeint ist hier die zeitgenössisch viel diskutierte Agrarkrise, „muß also notwendig die hergebrachte Romanform sprengen."¹⁰

---

6   Vgl. Ottwalt: Tatsachenroman.
7   Schütz: Tatsachen, S. 3. Vgl. Gallas: Literaturtheorie; Barck: Achtung; Becker: Sachlichkeit, Bd. 1, S. 283-288; Uecker: Wirklichkeit, S. 300-312.
8   Lukács: Reportage, H. 7, S. 28.
9   Ottwalt: Denn sie wissen, S. 7.
10 Ottwalt: Tatsachenroman, S. 22-25.

Sowohl Ottwalts Verteidigung als auch Lukács' Angriff orientierten sich dabei an einem Dritten, an dem russischen Autor und Theoretiker Sergej Tretjakow, dessen „Methode", so berichtete Ottwalt den Lesern der *Linkskurve*, vor „wenigen Monaten in Sowjet-Rußland [...] als ‚Tatsachenfetischismus' ironisiert worden" sei.[11] Im Jahr zuvor hatte Tretjakow unter großer und kontroverser Anteilnahme der kulturellen Öffentlichkeit von Dezember 1930 bis Oktober 1931 Deutschland besucht und in mehreren Vorträgen „Methoden" vorgestellt, mit deren Hilfe die „neue Wirklichkeit" – in der Sowjetunion – literarisch gestaltet werden könne, wobei mit „Gestaltung" sowohl angemessene Darstellung als auch operative Wirksamkeit gemeint war.[12] Neben Bertolt Brecht, der ihn postum in dem Gedicht *Ist das Volk unfehlbar?* (1939) als seinen „Lehrer" bezeichnete, rekurrierte 1934 auch Walter Benjamin in dem „Vortrag" *Der Autor als Produzent* auf Tretjakow als Vorbild.[13] Johannes R. Becher, Vorsitzender des Bunds proletarisch-revolutionärer Schriftsteller, dagegen hatte Tretjakow als Sektierer abgelehnt und Gottfried Benn erkannte scharfsinnig auf literarische Folklore, meinte als Antidot allerdings ein Epos der „Menschengeschlechter, die vor Millionen Jahren auf der Erde wohnten", beschwören zu müssen.[14] Tretjakow hatte gegen den „klassischen Roman" und besonders gegen die Reduktion von Konflikten auf das psychologisierend dargestellte Innenleben des Einzelnen die „Biographie des Dings" gesetzt, als „sehr nützliche kalte Dusche für die Literaten", die „die vom Roman aufgeblähte menschliche Persönlichkeit auf ihren Platz stellt" und stattdessen die Geschichten von „Dingen" erzählt.[15] Damit waren keineswegs nur Waren im marxistischen Verständnis gemeint, deren Fetischcharakter entlarvt werden sollte, indem Produktions- und Zirkulationsprozesse geschildert wurden.[16] Vielmehr konnten alle möglichen Artefakte Gegenstand werden von „Holz, Getreide, Kohle, Eisen, Flachs, Baumwolle, Papier, Lokomotive, Betrieb" bis zu dem, was sich zufällig in einer Hosentasche fand: „kleine Stoffstückchen, Papierfetzen, Notizen [...] [s]ogar kleine Krümchen".[17]

> Die kompositionelle Struktur der „Biographie des Dings" läßt sich mit einem Fließband vergleichen [...]. Die Menschen stoßen auf Querbahnen des Fließbands zu dem Ding. [...] Sie treten mit dem Ding durch ihre soziale Seite in Berührung, durch ihre

---

11 Ebd., S. 23.
12 Tretjakoff: Schriftsteller, S. 40.
13 Brecht: Volk, S. 435 f.; Benjamin: Autor, S. 686 f.
14 Benn: Saison, S. 561; Mierau: Erfindung, S. 26-30.
15 Tretjakow: Biographie, S. 6.
16 Fore: Biographik, S. 369.
17 Tretjakow: Biographie; Tretjakow: Tasche, S. 88.

produktionstechnischen Fertigkeiten [...]. Die individuell spezifischen Momente der Menschen entfallen in der „Biographie des Dings".[18]

Andernorts ergänzte er, dass „ein Ding, das man während seiner Reise durch die Hände der Menschen und ihre Beziehungen verfolgt, mehr über eine Epoche erzählen könne als ein psychologischer Roman."[19]

Aus politischen Gründen sind die expliziten Bezüge auf Tretjakow beim Tatsachenroman indes gering. Nach 1933 war daran im nationalsozialistischen Deutschland nicht mehr zu denken, in der Sowjetunion und bei sozialistischen Schriftstellern dürfte spätestens nach dem ersten Allunionskongress der sowjetischen Schriftsteller, mit dem 1934 der sozialistische Realismus als Literaturkonzept verbindlich wurde, eine Tretjakow-Nachfolge kaum mehr opportun gewesen sein. Ging es dabei doch gerade nicht um die „objektive Wirklichkeit", sondern um „die Wirklichkeit in ihrer revolutionären Entwicklung".[20] Auch lässt sich tatsächlich kaum alles, was sich Tatsachenroman nannte und so genannt wurde, auf Tretjakow zurückführen. Dennoch sind bei Tretjakow und in der Diskussion in der *Linkskurve* wesentliche Positionen und Strategien genannt, die auch Tatsachenromane für sich in Anspruch nahmen. Zunächst sind das nahe liegend die Abkehr von der innerpsychischen Motivierung der Handlung und stattdessen der Rekurs auf äußere Verhältnisse, auf Dokumente, Realien und Tatsachen. Das musste keineswegs in der von Tretjakow vorgeschlagenen Art und Weise als Darstellung des Produktions- und Distributionsprozesses geschehen. Insbesondere in Deutschland war das tatsächlich eher selten der Fall. So wurden in der Diskussion zwischen Lukács und Ottwald statt deutscher Autoren Upton Sinclair genannt oder Ilja Ehrenburg. Und auch in Heinrich Eduard Jacobs *Sage und Siegeszug des Kaffees. Biographie eines weltwirtschaftlichen Stoffs* von 1934, der die Biographie des Dings geradezu zitierte, wurde das Konzept signifikant abgewandelt. Nicht der „Bildungsroman" des Kaffees, also der Weg von der Pflanze in die Tasse, sondern dessen geschichtliches Werden von der Entdeckung in Arabien bis zur zeitgenössischen Kaffeevernichtung in Brasilien sind Gegenstand des Buchs. Paratextuell motivierte Jacob sein Verfahren allerdings mit einem bezeichnenden Hinweis: „Nicht die Vita Napoleons oder Cäsars wird hier erzählt, sondern die Biographie eines Stoffes."[21]

---

18 Tretjakow: Biographie, S. 6 f.
19 Tretjakow: Tasche, S. 86.
20 Ždanov: Sowjetliteratur, S. 47. Vgl. auch Statut des Verbandes, S. 390.
21 Jacob: Sage, S. 5 (im Original in Majuskeln). Vgl. dazu Brandt: Biograph.

Stets wird in Tatsachenromanen auf die außertextliche Wirklichkeit referenziert und nicht selten wird dieser Bezug in paratextuellen Zusätzen, mit Quellenangaben, Versicherungen, Abbildungen und dergleichen, beglaubigt. Zentrale Handlungsträger sind keine „biologischen und emotionalen" Helden, sondern Dinge, Stoffe, Technologien, Industrien oder auch historisch belegte Abläufe. Die Problemkonstellationen sind daher in der Regel soziale, technische, wirtschaftliche oder wissenschaftliche, ohne dass damit jedoch eine politisch eindeutige Ausrichtung oder gar agitatorische Praxis einhergehen müsste. Veranschaulichen lässt sich dies am wohl erfolgreichsten deutschsprachigen Tatsachenroman, Karl Aloys Schenzingers *Anilin* (1937), in späteren Ausgaben „Roman der deutschen Farbenindustrie" untertitelt, dessen Gesamtauflage über eineinhalb Millionen betragen dürfte. Gegenstand ist die Entwicklung der organischen Chemie und der (deutschen) chemischen Industrie seit dem 19. Jahrhundert, die in ein doppelt national-antikoloniales Narrativ eingebunden sind. Chemische Ersatzstoffe wie beispielsweise Anilin oder Buna machen bei Schenzinger die als brutal dargestellte britische Kolonialwirtschaft überflüssig, und gleichzeitig hilft die chemische Industrie dem nach dem Ersten Weltkrieg seiner Kolonien beraubten und sich selbst als kolonisiert empfindenden Deutschland bei der Restitution nationaler Größe in moralischer und wirtschaftlicher Hinsicht. Die Faktualität wird in *Anilin* durch nicht wenige allgemein bekannte Handlungsträger (Friedlieb Ferdinand Runge, August Wilhelm Hofmann, Justus von Liebig), belegte Entdeckungen (Teerfarben oder Kunstdünger) und historische Ereignisse (Kolonialreiche, Erster Weltkrieg, Gründung von BASF und Bayer) belegt. Zusätzlich sind den „einzelnen Abschnitten [...] kurze Textteile vorangestellt, die durch einen anderen Schriftsatz gekennzeichnet sind und in denen sich eine übergeordnete Sprechinstanz artikuliert, die mittels eines Blicks von außen Kommentierungen, Erläuterungen, Fokussierungen liefert und damit bedeutungsgenerierend wirkt und lenkt."[22] Das Buch endet mit der euphorischen Heimkehr eines der wenigen fiktiven Protagonisten ins nunmehr nationalsozialistische Deutschland. Auch wenn in den einzelnen Kapiteln durchaus menschliche Schicksale ausgebreitet und die emotionalen Bedürfnisse der Helden eine motivierende Funktion haben, bleibt die Handlung doch primär auf die Forschungen, die Stoffe und die Industrien bezogen, die hier freilich keinen sozialistisch-internationalen, sondern höchst nationalen Interessen dienen.

---

22 Krah: Literatur, S. 63.

2 Vorgeschichte I: Roman

Charakteristisch für die Diskussion um den Tatsachenroman ist also die emphatische Absage an die hergebrachte psychologische und bürgerlich-realistische Romanform. Michael Prawdin, ein ukrainischer Emigrant und Autor deutschsprachiger Tatsachenromane, erklärte 1934 dazu:

> Von Dostojewskij bis Zola, von Hauptmann bis Strindberg, von Shaw bis Huysmans gab jeder einen Lebensleitfaden gegen die reale Welt seiner Zeit. Der negierende Held stand als einzelner gegen die Allgemeinheit, seine Besonderheit war das Wichtige, das Wertvolle – der psychologische Roman kam zur Blüte. […]. In dieses große „Nein!" kam der Zusammenbruch des Weltkriegs, in dem die damals lebende Generation zum erstenmal verspürte, daß über ihrem Willen, ihren Wünschen und ihrem Streben die Macht der realen Tatsachen stand.[23]

Diese Krisendiagnose ist beileibe kein Einzelfall, sondern mehr oder weniger *common sense* in der kulturellen Öffentlichkeit von Walter Benjamin bis Robert Musil, von Hermann Broch bis Alfred Döblin, um nur einige der prominentesten zeitgenössischen Kommentatoren aus dem Bereich der Hochliteratur zu nennen.[24]

Der Tatsachenroman zieht nach Prawdin die Konsequenz, dass nicht mehr das einzelne Individuum und seine innerpsychischen Problemlagen im Mittelpunkt stehen, sondern entweder ein überpersönliches Gebilde oder ein Held, an dem das Wichtigste nicht seine Besonderheiten sind, sondern das Typische.[25] Dies allerdings hatte für den „mittleren Held" des historischen Romans nach Walter Scott durchaus bereits gegolten, der per Definition nicht mehr das herausragende Individuum war, sondern ein mediokrer Durchschnitt. Trotz des weiterhin zentralen und integrativen Einzelschicksals dient „Geschichte" in den Romanen Scotts „nicht mehr, wie früher, bloß als Hintergrund und Kulisse […], als Schauplatz für die Darstellung bedeutender Persönlichkeiten", vielmehr steht Geschichte „im Zentrum der Erzählung".[26] Nach Prawdin ist für den Tatsachenroman daher noch etwas anderes entscheidend:

> Als Geschichtsroman wird er sich von den bisherigen Geschichtsromanen dadurch unterscheiden, daß er nicht nur die geschichtlichen Ereignisse und die handelnden Personen gibt, sondern auch die Hintergründe der Ereignisse und die Beweggründe der

---

23 Prawdin: Tatsachenroman, S. 14.
24 Vgl. kompakt: Kiesel: Geschichte.
25 Prawdin: Tatsachenroman, S. 15 f.
26 Potthast: Ganzheit, S. 37.

Menschen aufdeckt und so die Ursachen der geschichtlichen Entwicklung dem Leser verständlich macht.[27]

Diese „Ursachen" finden sich nicht mehr in der Disposition eines oder mehrerer Einzelner, sondern in „Kraftfelder[n], die, aus dem Kampf der Menschen mit vorhandenen Realitäten entstehend, neue Formen schaffen."[28]

Was sich hier reichlich nebulös ausnimmt, lässt sich ohne großen Aufwand auf den Vorwurf Lukács' rückbeziehen, im Tatsachenroman müssten Einzelheiten bewiesen werden, da der Gesamtprozess wegen des kleinbürgerlichen Klassenstandpunkts der Autoren nicht begriffen und dargestellt werden könne. Denn damit wird – in dialektisch-materialistischer Terminologie – die so genannte „Krise des Historismus" bezogen auf den Roman (insbesondere den historischen) reformuliert. Die unterschwellig geschichtsphilosophische Fundierung des (historischen) Romans, der die im Historismus nurmehr abstrakte Sinnhaftigkeit der geschichtlichen Totalität rückübersetzte in zustimmungsfähige konkrete Sinnkonstellationen, zerbricht mit den Krisen- und Umbruchserfahrungen der Moderne, insbesondere im und nach dem Ersten Weltkrieg. Die konstitutive Idee eines Fortschritts, und sei es nur in der Schwundstufe von Entwicklung in einem zumindest teleologisch sinnhaften „Gesamtprozess", schien kaum mehr plausibel.[29] Bei Prawdin heißt es explizit zum Scheitern des Romans:

> Es war nicht leicht für eine Generation, die immer nur von der Macht des menschlichen Verstandes und Willens gehört hatte, von dem „ewigen Fortschritt", sich plötzlich mit der Erkenntnis abzufinden, daß nicht der Mensch die Tatsachen des Lebens, sondern daß die Tatsachen das Leben des Menschen bestimmen.[30]

Damit zerfallen die Totalitäten in Einzelheiten, die deshalb jeweils begründungsbedürftig werden. Zieht man nun nicht die Folgerungen Lukács' und fängt die „transzendentale Obdachlosigkeit" mit dem historischen Materialismus auf und auch nicht die einer literarischen Moderne, die die Autonomie der „Einzelheiten" – von den positiven Fakten bis zu Lexemen – in zunehmend entfabelten Texten selbst zur Darstellung bringt,[31] favorisiert also weder „Formexperimente" noch „sozialistischen Realismus", ließe sich der Tatsachenroman auch positiv fassen, als Antwort nämlich auf die konsensuale Verfallsgeschichte des Romans. Die „Kraftfelder" Prawdins wären dann nicht nur in einer „existenziellen

---

27 Prawdin: Tatsachenroman, S. 16 f.
28 Ebd., S. 17.
29 Vgl. Potthast: Ganzheit; Oexle: Krise, bes. S. 16-21.
30 Prawdin: Tatsachenroman, S. 14.
31 Vgl. dazu Baßler: Historismus.

Tiefensicht" zu suchen, in der etwa Ernst Jünger oder der auf Prawdins Aufsatz antwortende Egon Vietta danach schürften[32] und auch nicht in einer der großen ideologischen Erzählungen des 19. und 20. Jahrhunderts, sondern ebenso in der konkreten Textur der Romane, an deren gestalteter Oberfläche.

Siegfried Kracauer stellte 1930 zur „Krisis des Romans" im Konsens mit den Wortmeldungen zum Tatsachenroman fest: „Sie besteht darin, daß die bisherige Romankomposition durch die Aufhebung der Konturen des Individuums und seiner Gegenspieler außer Kraft gesetzt ist." Im Hinblick auf die zeitgenössischen Avantgardismen bemerkte er zwar, dass „der Roman in einer der verwirrten Welt angepaßten Form" neu erstehen könne, in der „die Verwirrung selber epische Form gewönne", doch steht dieser Hinweis in Klammern. Vielmehr diente die Krisendiagnose Kracauer zur Erklärung der Popularität der Biographie. Denn die sei weniger der Sehnsucht nach dem intakten Individuum geschuldet, als eine Reaktion auf das „Bedürfnis nach einer rechtmäßigen literarischen Form". Und diese Rechtmäßigkeit, die „Objektivität der Darstellung", statt der subjektiv-beliebig gewordenen Romanform, werde beglaubigt über die Faktizität des Personals wie der Ereignisse. Die Faktizität liefere das „gültige Bezugssystem", das die Autoren der „subjektiven Willkür" enthebe: „Die Moral der Biographie ist: daß sie im Chaos der gegenwärtigen Kunstübung die einzige scheinbar notwendige Prosaform darstellt."[33]

Dies lässt sich, auch wenn Kracauer in der Biographie nur eine spätbürgerliche „Ausflucht" erkennt, eine „Grenzerscheinung, die hinter der Grenze bleibt",[34] auf den Tatsachenroman übertragen, der die „Objektivität" seiner Form ebenfalls aus der Faktizität des Geschehens herleitet. Am deutlichsten dürfte die Formulierung dieses Verhältnisses in Cerams *Götter, Gräber und Gelehrte* von 1949 erfolgt sein, in dem für die Gattung überhaupt dekretiert wurde, das „romanhafte Element" solle ausschließlich „aus der ‚Ordnung' der Fakten" gewonnen „und damit der Tatsache stets [...] Vorrang" gelassen werden vor der „romanhaften" Gestaltung.[35] In den bereits erwähnten Beispielen ist das die Chronologie der Ereignisse bei der Erstbesteigung des Matterhorns, ein raumzeitlicher und kultureller Zusammenhang bei der Geschichte des Kaffees und eine materielle Kontinuität bei der Entwicklung der (deutschen) chemischen Industrie. Dies gestattet es auch, die mit dem Historismus verabschiedete Teleologie *ex post* wieder einzuführen, nämlich als retrospektive, vom vorliegenden

---

32 Schütz: Tatsachen, S. 9.
33 Kracauer: Biographie, 196 f.
34 Ebd., S. 198.
35 Ceram: Götter, S. 16. Vgl. dazu Oels: Rotationsroutine, S. 339-354.

und unbestreitbar anerkannten Ende her. Auf diese Weise lässt sich eine narrativ einigermaßen geschlossene Romanform realisieren, ohne dass diese unmittelbar der Roman- und Fiktionsskepsis des Publikums konfrontiert würde. Denn sie erscheint als „notwendige Prosaform", die sich ausschließlich aus der „Ordnung der Fakten" herleitet. Insofern ist der Tatsachenroman trotz expliziter Abgrenzung gegen den „psychologischen" Roman des 19. Jahrhunderts auch als dessen Fortsetzung und Verlängerung zu verstehen.

3 Vorgeschichte II: Tatsachen

Wird der Roman in der zeitgenössischen Diskussion also ausführlich problematisiert, scheinen dem Tatsachenroman die Tatsachen stets unproblematisch verfügbar zu sein. Damit die Konstruktion der abgrenzenden Anknüpfung an den hergebrachten Roman über eine faktisch „notwendige Prosaform" sich rechtfertigt, müssen sie das ja auch sein. Tatsächlich ist bislang keine poetische Reflexion aus dem Umfeld des Tatsachenromans bekannt geworden, in der der Status von Tatsachen, Dokumenten und Wirklichkeit selbst zur Disposition gestanden hätte. Die Tatsachen des Tatsachenromans sind ganz im Sinne der älteren Wortbedeutung als Sachen der Tat Gottes, beziehungsweise Ergebnisse der Taten Gottes und spätestens seit dem 19. Jahrhundert auch des Menschen, Sachverhalte, an deren „Gegebenheit niemand, der Sinne und Verstand richtig gebraucht, ernsthaft zweifeln kann".[36] Tatsachen sind insofern zwar nicht gänzlich subjektunabhängig, aber doch als unmittelbar evident und intersubjektiv verifizierbare gedacht.

Dabei sind Tatsachen zeitgenössisch keineswegs unumstritten. Ebenso wie die Krise des Historismus wurde in den 1920er Jahren vehement eine Krise der Wirklichkeit diskutiert, die im Hinblick auf die Tatsachen beinahe komplementär zu verstehen ist.[37] Während für die Krise des Historismus ein Zuviel an Tatsachen festgestellt wurde, die in keine sinnhafte Ordnung mehr zu bringen waren, befürchtete die zeitgenössische Naturwissenschaft beziehungsweise deren öffentliche Diskussion und philosophisch-weltanschauliche Deutung – zu wenige oder vielmehr gar keine „echten" Fakten mehr. Verbunden ist die Auseinandersetzung um die Tatsachen in den späten 1920er und frühen 1930er Jahren (aus heutiger Sicht) untrennbar mit dem polnischen Wissenschaftstheoretiker Ludwik Fleck und dessen 1935 erschienener Arbeit *Entstehung und Entwicklung einer wissenschaftlichen Tatsache*. Fleck argumentierte,

---

36 Schrimpf: Begriff, S. 117. Vgl. Simons: Tatsache, Sp. 910.
37 Vgl. Oexle: Krise, und Oexle (Hrsg.): Krise des Historismus.

die wissenschaftliche Tatsache sei weder außerhalb der Wissenschaft gegeben noch nähere sich Wissenschaft in der Tatsachenkonstitution einer Wirklichkeit an. Vielmehr sei für die Entscheidung, was zur wissenschaftlichen Tatsache werden könne, der Denkstil entscheidend – die Menge an nicht explizierten Vorannahmen, Metaphern, eingeübten Praxen – und das diesen Denkstil tragende Denkkollektiv – die Gemeinschaft der Wissenschaftler und deren kulturelle und soziale Bedingtheit.

> Dahinter steht das epistemologische Konzept, daß Wissen nie an sich, sondern immer nur unter der Bedingung inhaltlich bestimmter Vorannahmen über den Gegenstand möglich ist. Diese Annahmen sind nach Fleck nicht a priori, sondern nur als soziologisches und historisches Produkt eines tätigen Denkkollektivs verständlich zu machen.[38]

Mag Flecks wissenschaftstheoretische Ausarbeitung auch singulär gewesen sein und, wie ihre verspätete Rezeption seit rund zwei Jahrzehnten zeigt, unzeitgemäß, so ist es die ihr zugrundeliegende Problemkonstellation jedoch mitnichten. In der Folge der Relativitätstheorie, der Unbestimmtheitsrelation und des Komplementaritätsprinzips diskutierten Naturwissenschaftler ebenso wie die kulturelle Öffentlichkeit in verschiedenen Medien über die Relativität der für konstant gehaltenen Naturgesetze, die Beobachterabhängigkeit der physikalischen Realität und damit eine Krise der Wirklichkeit.[39] In einem 1929 veröffentlichten Aufsatz Flecks mit dem Titel *Zur Krise der „Wirklichkeit"* wird die Verbindung mit der zeitgenössischen Diskussion offenkundig. Der Aufsatz erschien in der renommierten Zeitschrift *Die Naturwissenschaften* und antwortete auf einen Beitrag des Politikers und Philosophen Kurt Riezler. Riezler war zwar von der durch die „Entwicklung der Atomphysik" in die Krise geratenen „Wirklichkeit" ausgegangen, hatte allerdings versucht, diese Krise über eine quasi metaphysische „absolute Wirklichkeit" und einen transzendenten Sinn der „Menschengeschichte" zu lösen.[40] Fleck dagegen zitierte zustimmend Niels Bohr, der ebenfalls 1928 in *Die Naturwissenschaften* über *Das Quantenpostulat und die neuere Entwicklung der Atomistik* geschrieben hatte:

> Nun bedeutet aber das Quantenpostulat, daß jede Beobachtung atomarer Phänomene eine nicht zu vernachlässigende Wechselwirkung mit dem Messungsmittel fordert, und daß also weder den Phänomenen noch dem Beobachtungsmittel eine selbständige physikalische Realität im gewöhnlichen Sinne zugeschrieben werden kann.[41]

---

38 Schäfer; Schnelle: Begründung, S. XXV.
39 Vgl. Oexle: Krise, S. 79-85.
40 Riezler: Krise.
41 Bohr: Quantenpostulat, S. 245.

Diese auf die „atomaren Phänomene" bezogene Relation erweiterte Fleck zu einer „allgemeinen Wirkung des Beobachtens und Untersuchens": „Beobachten, Erkennen ist immer ein Abtasten, also wörtlich Umformen des Erkenntnisgegenstands."[42]

Kann der Tatsachenbegriff des Tatsachenromans davon gänzlich unberührt geblieben sein? Namentlich Ceram hat nach dem Zweiten Weltkrieg vehement den kategorialen Unterschied seiner Bücher zur Populärwissenschaft alten Typs betont, die ihre Leser als „Halbidioten" konstruiert habe und „nach dem Leitsatz ,Nun stellen wir uns einmal ganz dumm'" vorgegangen sei.[43] Dies lässt sich zunächst lesen als wohlfeile Kritik am diffusionistischen Modell der Wissenspopularisierung.[44] Gleichzeitig weist der Autor damit jedoch auf einen in gewisser Weise literarischen Gattungsunterschied zwischen älterer Populärwissenschaft und der neueren, auf den Tatsachenroman rekurrierenden Wissensliteratur hin. Andreas Daum hat gezeigt, dass die Wissenspopularisierung im 19. Jahrhundert vor allem auf Synthesen und Sinnstiftungen zielte. „Weniger die Entzauberung, als eine Wiederverzauberung der Welt wird [...] zum Movens der Popularisierung."[45] Dafür war es gelegentlich notwendig, unangenehme und nicht passende Wissensbestände und Theorien beiseite zu lassen oder umzudeuten. Ersteres lässt sich am zweiten Hauptsatz der Thermodynamik ablesen, der in der populärwissenschaftlichen Literatur nur selten auftauchte und dann in der Regel in den Folgerungen, insbesondere bei der Darstellung des als kulturelles Ärgernis empfundenen Wärmetods abgemildert wurde.[46] Die Strategie der Umdeutung ist vielfach am Darwinismus beschrieben worden. Schon Ernst Haeckel bezähmte Darwins Evolutionslehre in einer naturphilosophisch-monistischen Kosmogonie. Das galt um die Jahrhundertwende umso mehr für seinen populärwissenschaftlichen Adepten Wilhelm Bölsche, der in Das Liebesleben in der Natur (1898-1903) einen „faßlichen", das heißt sinnlichen und sinnvollen Zusammenhang für seine Leser stiften wollte und diesen als durchgängige Harmonisierung der Natur und des Menschen begriff.[47] Das dafür bemühte Verfahren ist ein genuin poetisches, und zwar in doppelter Hinsicht: einerseits wird die Harmonie der Welt nur dem ästhetisierenden Blick offenbar und gleichzeitig ist die dafür geeignete Darstellungsweise die Ästhetisierung und Literarisierung der Naturwissenschaft, die, so Daum, bei Bölsche zur

---

42 Fleck: Krise, S. 428. Vgl. dazu auch: Rheinberger: Historizität.
43 Marek: Darstellung.
44 Vgl. dazu etwa Kretschmann: Einleitung.
45 Daum: Wissenschaftspopularisierung, S. 14. Vgl. auch Azzouni: Topos.
46 Vgl. Oels: Hauptsatz.
47 Vgl. dazu etwa Sarasin; Hagner: Bölsche; Ajouri: Erzählen.

„All-Poesie" umgedeutet werde. Im Tiefseeschlamm wie im Haselstäubchen, im Einzeller wie im Menschen leben Poesie und Liebe.[48] „Von der Eintagsfliege zur Madonna" ist das erste Großkapitel in *Das Liebesleben in der Natur* betitelt. Die Aufgabe der Populärwissenschaft ist es nach Bölsche, diese Harmonie und Poesie erfahrbar zu machen und so Naturwissenschaft in eine universalhumanistischen Weltanschauung zu überführen. Dieser „Geistesvorgang" der „Humanisierung" ordne die

> Forschungsergebnisse [...] um auf allgemeine Menschheitsziele. Er verleiht ihnen ordnend eine ästhetische Form, die das rohe Kärrnerwerk adelt. Ihren Anschluß an die anderen Geistesgebiete arbeitet er heraus. Universale Gedanken betont er im Gegensatz zum Kleinkram. Unverständliches für den Nichtspezialisten wird in rastloser Umwertung geglättet, ausgeschmolzen, übersetzt. Als letzte Aufgabe erscheint überall der Eintritt in das Philosophische und Ethische, der erzieherische Wert für einen Idealismus, wie ihn unsere Kultur immerfort als Lebensluft ihrer Höhe braucht.[49]

Voraussetzung dieser umfassenden, eher poetisierenden als vermittelnden Wissenspopularisierung war ein sich zwar wandelndes, aber trotzdem stets gewisses Wissen, das aufgrund der ebenfalls gewissen Menschheitsziele vom Popularisator literarisch bemeistert werden konnte. Wissen wird in der populärwissenschaftlichen Literatur des langen 19. Jahrhunderts daher als vorhandenes modelliert, auch wenn es gelegentlich noch entdeckt und abschließend kartiert werden muss. Folgerichtig stellt Daum deshalb in einem impliziten „Idealkatalog" der Wissenspopularisierung der Zeit fest: „Angeraten wurde, auf die Explikation von Methode und Erkenntnisgang zu verzichten. Der Weg der Erforschung sei unwichtig für ein Laienpublikum."[50]

Dies ändert sich mit dem Tatsachenroman und dem an den Tatsachenroman anschließenden Sachbuch fundamental. Deren Hauptgegenstand wird genau dieser Prozess der wissenschaftlichen Erkenntnisgewinnung. In Paul de Kruifs Buch *Mikrobenjäger*, das 1927 einige Aufmerksamkeit erregte und gelegentlich als erster, wenn auch aus dem Amerikanischen übersetzter Tatsachenroman gilt, sind es „Bakteriologen" wie Louis Pasteur, die mit ihren Forschungen und Entdeckungen in einzelnen Kapiteln vorgestellt werden. In Schenzingers *Anilin* sind es Chemiker und bei C. W. Ceram Archäologen und Altertumswissenschaftler. Dabei geht es nicht um die Forschungsergebnisse. Die werden vielmehr

---

48 Daum: Wissenschaftspopularisierung, S. 321 f. Vgl. Joachimsthaler: Ästhetik.
49 Bölsche: Naturwissenschaft, S. 296. Zit. nach Daum: Wissenschaftspopularisierung, S. 323.
50 Daum: Wissenschaftspopularisierung, S. 252.

vorausgesetzt. Dass Howard Carter Tut Ench Amun fand, Runge Teerfarbstoffe entwickelte oder Robert Koch den Milzbranderreger isolierte, gilt als allgemein bekannt. Es geht um den Forschungsprozess mit allen Irrtümern und Abwegen, wissenschaftliche, aber auch soziale und persönliche Schwierigkeiten sowie deren Überwindung. De Kruif schließt sein Buch mit einem Zitat von Paul Ehrlich, der damit einem Bewunderer seiner Entdeckung der Syphilis-Therapie antwortet: „Sie sagen, es sei eine Grosstat des Geistes, eine wundervolle Leistung?... Mein lieber Kollege, es ist nichts anders als dass ich sieben Jahre Pech und einen Moment Glück gehabt habe."[51]

In Walter Kiaulehns *Die eisernen Engel* (1935) entwirft der Autor eine regelrechte Poetik des wissenschaftlichen Tatsachenromans aus den Verirrungen und Abwegen. Zu den Geschichten der „Historiker" stellt Kiaulehn fest:

> Wir wollen aber auch ihre Zweifel hören. Wir möchten weiter, daß sie uns die Bruchstücke vorweisen, die ihnen auf ihrem Wege in die Hände gefallen sind und die sie nicht recht zu deuten verstehen. Das ist alles. Was keinem frommt, ist der dichtende Historiker, ist das Bestreben, Phantasie als Wahrheit zu verkaufen.[52]

Von diesen Bruchstücken und Abirrungen in der Geschichte der Maschinen wie der Geschichtsschreibung erzählt dann Kiaulehns Buch.

Auf diese Weise wird die Populärwissenschaft mit ihrem statischen Wissensbegriff dynamisiert und auf eine zeitliche Ordnung umgestellt. Das zeigen auch Gattungsbezeichnungen wie „Sage", „Siegeszug" oder „Biographie" bei Jacobs Kaffeebuch, „Geburt und Geschichte" bei Kiaulehn oder „Roman" bei Schenzinger, Ceram und vielen anderen. Das impressionistisch-ekphratische Verfahren, bei dem Amöben ebenso mit der Menschengeschichte in Einklang stehen wie der bestirnte Himmel, wird zu einem neusachlich-narrativen, das die wissenschaftliche Praxis selbst zum Gegenstand macht. Keineswegs geht es dabei nur um den aufhaltsamen Fortgang des Erkennens, sondern genauso um dessen Bedingtheit. Champoillon entschlüsselt die Hieroglyphen nicht zufällig nach den Wirren der Französischen Revolution, und für Robert Koch ist das Mikroskop die Kompensation des Lebenstraums, Forschungsreisender zu werden: „[U]nd dieses führte ihn zu erstaunlicheren Abenteuern, als er in Tahiti oder Lahore hätte erleben können".[53] Auch die Gemeinschaft der etablierten Wissenschaftler wird in Tatsachenromanen nicht selten thematisiert, da das neue Wissen meist keine Anerkennung findet und unterdrückt wird. Im Falle Kochs ist es etwa

---

51 Kruif: Mikrobenjäger, S. 350.
52 Kiaulehn: Engel, S. 15 f.
53 Kruif: Mikrobenjäger, S. 103.

Rudolf Virchow, der „Dalai Lama der deutschen Medizinbonzen", der „den grössten Forscher der jüngeren Generation" abfertigt, weil er „in das Alter eingerückt [war], in welchem die vergreisenden Wissenschaftler ihre Wissenschaft für unfehlbar halten und nichts Neues gelten lassen wollen."[54] Als ob er an den Tatsachenroman ebenso anknüpfen würde wie an das Komplementaritätsprinzip, plädierte Ludwik Fleck dafür, naturwissenschaftliches Erkennen historisch und sozial zu relationieren:

> Man darf eben das soziale Moment der Entstehung der Erkenntnis nicht außer Acht lassen. Jedes denkende Individuum hat also als Mitglied irgendeiner Gesellschaft seine eigene Wirklichkeit, in der und nach der es lebt. [...] Jedes Wissen hat einen eigenen Gedankenstil mit seiner spezifischen Tradition und Erziehung. In beinahe unendlichem Reichtum des Möglichen wählt jedes Wissen andere Fragen, verbindet sie nach anderen Regeln und zu anderen Zwecken. Mitglieder differenter Wissensgemeinschaften leben in eigener wissenschaftlicher oder auch beruflicher Wirklichkeit.[55]

4 Eine moderne Wissenstextur?

Den Tatsachenromanen gelingt die Relativierung oder Relationierung des wissenschaftlichen Wissens mit einer Spaltung des narrativen Diskurses. Innerhalb der Narration, da, wo es um Forscher, ihre Entdeckungen und Erkenntnisse geht, wird deren „Wissensstil" und „Wissensgemeinschaft" in ihrer Abhängigkeit von kulturellen Konventionen oder sozialen Umständen bis zu den apparativen Einrichtungen dargestellt. In einem metanarrativen und teilweise paratextuellen Diskurs wird diese Relativierung aber gleichzeitig durch den in einer retrospektiven Teleologie eingeführten Wissenschaftsfortschritt aufgefangen und das Wissen um das Wissen und seine Geschichte als wahres beglaubigt. Insofern stützt der Roman die Tatsachen genauso, wie die Tatsachen den Roman stützen. Im Hinblick auf die „Krise der Wirklichkeit" hat der Tatsachenroman also ebenso eine kompensatorische Funktion wie im Hinblick auf die „Krise des Romans". So wie die Tatsachen es gestatten, den eigentlich verabschiedeten Roman zu rekomponieren, gestattet es der Roman, Tatsächlichkeit herzustellen.

Diese Kompensationsfunktion der Gattung gegenüber den Krisenerfahrungen der Moderne ist durchaus bemerkt und in der Regel bemängelt worden. Was Kracauer für die Biographie der Zwischenkriegszeit feststellte, gilt ebenso für den Tatsachenroman und für das Sachbuch nach dem Zweiten Weltkrieg. Wissenschaft werde hier in eine Story aufgelöst und damit vom Instrument der

---

54 Ebd., S. 122.
55 Fleck: Krise, S. 426.

Bildung zur konsumierbaren Unterhaltung, stellte etwa Hans Magnus Enzensberger fest.[56] Wolfgang Maier erkannte, dass „die abstrakten und spezialisierten Fakten" im Tatsachenroman „zwangsläufig sozialen Traumbildern (Erfolg) [verfallen] und verkitschten Ideologien [...]. Über den Tatsachen erscheint eine verführerische Welt, die den Konsumenten in Wirklichkeit unerreichbar ist, ein Surrogat des Totalen und des Sinnes."[57] Das muss zwar nicht unzutreffend sein, greift aber zu kurz. Denn der Tatsachenroman erschöpft sich nicht in einer möglichen Funktion als Palliativ. Indem er auf die Krise des Romans und des Historismus auf der einen und die „Krise der Wirklichkeit" auf der anderen Seite reagiert, beweist er seine Zugehörigkeit zu einer Modernität, die weniger in den „emphatischen Konzepte[n] von Moderne und Avantgardismus" zu verorten wäre, als in der „Zirkulation von Mode, Trends und Novitäten", die flexibel und mobil auf wechselnde Anforderungen und Bedürfnisse reagiert.[58] So hat beispielsweise in jüngerer Zeit Hans Krah in der geschilderten Spaltung des narrativen Diskurses für *Anilin* eine spezifische „Modernität" festgestellt, die auf die geschlossene Erzählungen zugunsten offener Verfahren verzichtet, ohne damit einen überbietenden oder transgressiven Anspruch zu verbinden.[59] Als Wissenstextur muss der Tatsachenroman daher nicht als formierend und präformierend im Sinne einer Wissenspoiesis gedacht werden, sondern eher rezeptiv und nachgeordnet, wissensmimetisch.

Literatur

Ajouri, Philip: Erzählen nach Darwin. Die Krise der Teleologie im literarischen Realismus: Friedrich Theodor Vischer und Gottfried Keller. Berlin, New York 2007, S. 90-137.

Azzouni, Safia: Der Topos des Erhabenen als Schlüssel zur Methode populärwissenschaftlichen Schreibens um 1900. In: Andy Hahnemann, David Oels (Hrsg.): Sachbuch und populäres Wissen im 20. Jahrhundert. Frankfurt/M. u.a. 2008, S. 211-220.

Barck, Simone: Achtung vor dem Material. Zur dokumentarischen Schreibweise bei Ernst Ottwalt. In: Sylvia Schlenstedt (Hrsg.): Wer schreibt, handelt. Strategien und Verfahren literarischer Arbeit vor und nach 1933. Berlin, Weimar 1983, S. 84-118.

---

56 Enzensberger: Wissenschaft; ders.: Bildung.
57 Maier: Heimat, S. 98.
58 Schütz: Sach-Moderne, S. 369.
59 Krah: Literatur, S. 63.

Baßler, Moritz; Brecht, Christoph; Niefanger, Dirk; Wunberg, Gotthart: Historismus und literarische Moderne. Tübingen 1996.

Becker, Sabina: Neue Sachlichkeit. 2 Bde. Köln u.a. 2000.

Benjamin, Walter: Der Autor als Produzent. In: Gesammelte Schriften. Bd. II.2. Hrsg. von Rolf Tiedemann und Hermann Schweppenhäuser. Frankfurt/M. 1989, S. 683-701.

Benn, Gottfried: Die neue literarische Saison (1931). In: Fritz Mierau (Hrsg.): Russen in Berlin. Literatur, Malerei, Theater, Film 1918-1933. Leipzig 1987, S. 552-561.

Bohr, Niels: Das Quantenpostulat und die neuere Entwicklung in der Atomistik. In: Die Naturwissenschaften 16 (1928) 15, S. 245-257.

Bölsche, Wilhelm: Wie und warum soll man Naturwissenschaft ins Volk tragen? In: Ders.: Stirb und Werde. Naturwissenschaftliche und kulturelle Plaudereien. Jena (Diederichs) 1913, S. 294-324.

Brandt, Jan: Der Biograph der Dinge. Wie und warum der Romancier Heinrich Eduard Jacob vom Romancier zum Sachbuchautor wurde. In: Non Fiktion 2 (2007) 1, S. 60-78.

Brecht, Bertolt: Ist das Volk unfehlbar? In: Gesammelte Werke. Berliner und Frankfurter Ausgabe. Hrsg. von Werner Hecht u. a. Bd. 14: Gedichte 4. Gedichte und Gedichtfragmente 1928-1939. Bearb. von Jan Knopf und Brigitte Bergheim. Berlin u. a. 1993, S. 435-436.

Ceram, C. W.: Götter, Gräber und Gelehrte. Roman der Archäologie. Hamburg (Rowohlt) 1949.

Daum, Andreas W.: Wissenschaftspopularisierung im 19. Jahrhundert. Bürgerliche Kultur, naturwissenschaftliche Bildung und die deutsche Öffentlichkeit 1848-1914. München 1998.

Enzensberger, Hans Magnus: Bildung als Konsumgut. Analyse der Taschenbuchproduktion. In: Ders.: Einzelheiten I. Bewußtseins-Industrie. Frankfurt/M. 1965, S. 134-166.

Enzensberger, Hans Magnus: Muß Wissenschaft Abrakadabra sein? In: Die Zeit vom 5. 2. 1960.

Fleck, Ludwik: Zur Krise der „Wirklichkeit". In: Die Naturwissenschaften 17 (1929) 23, S. 425-430.

Fore, Devin: Gegen den ‚lebendigen Menschen'. Experimentelle sowjetische Biographik der 1920er Jahre. In: Bernhard Fetz (Hrsg.): Die Biographie. Zur Grundlegung ihrer Theorie. Berlin, New York 2009, S. 353-381.

Gallas, Helga: Marxistische Literaturtheorie. Kontroversen im Bund proletarisch-revolutionärer Schriftsteller. Neuwied, Berlin 1971.

Haensel, Carl: Der Kampf ums Matterhorn. Tatsachenroman. Stuttgart (Engelhorns Nachfahren) 1929.

hp.: Der Kampf ums Matterhorn, in: Vossische Zeitung vom 4. 12. 1928 (Abendausgabe).

Jacob, Heinrich Eduard: Sage und Siegeszug des Kaffees. Biographie eines weltwirtschaftlichen Stoffes. Berlin (Rowohlt) 1934.

Joachimsthaler, Jürgen: Ästhetik im Zeitalter der naturwissenschaftlichen Dominanz. Wilhelm Bölsche und der „Monismus". In: Gerd-Hermann Susen, Edith Wack (Hrsg.): „Was wir im Verstande ausjäten, kommt im Traume wieder". Wilhelm Bölsche 1861-1939. Würzburg 2012, S. 395-422.

Kiaulehn, Walther: Die eisernen Engel. Geburt, Geschichte und Macht der Maschinen. Berlin (Ullstein) 1935.

Kiesel, Helmuth: Geschichte der literarischen Moderne. Sprache, Ästhetik, Dichtung im zwanzigsten Jahrhundert. München 2004.

Kracauer, Siegfried: Die Biographie als neubürgerliche Kunstform (1930). In: Schriften. Bd. 5.2: Aufsätze 1927-1931. Hrsg. von Inka Mülder-Bach. Frankfurt/M. 1990, S. 195-199.

Krah, Hans: Literatur und ‚Modernität'. Das Beispiel Karl Aloys Schenzinger. In: Gustav Frank, Rachel Palfreyman, Stefan Scherer (Hrsg.): Modern Times? German Literature and Arts Beyond Chronologies. Kontinuitäten der Kultur 1925-1955. Bielefeld 2005, S. 45-72.

Kretschmann, Carsten: Einleitung: Wissenspopularisierung – ein altes, neues Forschungsfeld. In: Ders. (Hrsg.): Wissenspopularisierung. Konzepte der Wissensverbreitung im Wandel. Berlin 2003, S. 7-21.

Kruif, Paul de: Mikrobenjäger. Zürich, Leipzig (Orell Füssli) ³1927 [recte 1928].

Lukács, Georg: Reportage oder Gestaltung? Kritische Bemerkungen anläßlich des Romans von Ottwalt. In: Die Linkskurve 4 (1932) 7, S. 23-30; 4 (1932) 8, S. 26-31.

Maier, Wolfgang: Die Heimat der Fakten. Zum Tatsachenroman. In: Gerhard Schmidt-Henkel u.a. (Hrsg.): Trivialliteratur. Aufsätze. Berlin 1964, S. 92-108.

Marek, Kurt W. (Pseudonym C. W. Ceram): Die Darstellung einer Sache mit literarischen Mitteln. In: Die Zeit vom 24. 3. 1967.

Mierau, Fritz: Erfindung und Korrektur. Tretjakows Ästhetik der Operativität. Berlin 1976.

Oels, David: „Den zweiten Hauptsatz der Thermodynamik angeben". Zu einem unpassenden Beispiel in C.P. Snows „Die zwei Kulturen". In: Non Fiktion 4 (2009) 2, S. 51-70.

Oels, David: Rowohlts Rotationsroutine. Markterfolg und Modernisierung eines Buchverlags vom Ende der Weimarer Republik bis in die fünfziger Jahre. Essen 2013.

Oexle, Otto Gerhard: Krise des Historismus – Krise der Wirklichkeit. Eine Problemgeschichte der Moderne. In: Ders. (Hrsg.): Krise des Historismus – Krise der Wirklichkeit. Wissenschaft, Kunst und Literatur 1880-1932. Göttingen 2007, S. 11-116.

Ottwalt, Ernst: Denn sie wissen was sie tun. Ein deutscher Justizroman (Berlin 1931). Reprint. Berlin (Guhl) 1978.

Ottwalt, Ernst: „Tatsachenroman" und Formexperiment. Eine Entgegnung an Georg Lukács. In: Die Linkskurve 4 (1932) 10, S. 21-26.

Potthast, Barbara: Die Ganzheit der Geschichte. Historische Romane im 19. Jahrhundert. Göttingen 2007.

Rheinberger, Hans Jörg: Zur Historizität wissenschaftlichen Wissens: Ludwik Fleck, Edmund Husserl. In: Otto Gerhard Oexle (Hrsg.): Krise des Historismus – Krise der Wirklichkeit. Wissenschaft, Kunst und Literatur 1880–1932. Göttingen 2007, S. 359-373.

Riezler, Kurt: Die Krise der „Wirklichkeit". In: Die Naturwissenschaften 16 (1928) 37/38, S. 705-712.

Rußegger, Arno: Das Matterhorn des Luis Trenker. Zum Thema Erstbesteigung als Wiederholung im Film. In: Friedbert Aspetsberger (Hrsg.): Der BergFILM 1920–1940. Innsbruck, Wien u.a. 2002, S. 57-77.

Sarasin, Philipp; Hagner, Michael: Wilhelm Bölsche und der „Geist". Populärer Darwinismus in Deutschland 1887-1934. In: Nach Feierabend 4 (2008), S. 47-67.

Schäfer, Lothar; Schnelle, Thomas: Ludwik Flecks Begründung der soziologischen Betrachtungsweise der Wissenschaftstheorie. In: Ludwik Fleck: Entstehung und Entwicklung einer wissenschaftlichen Tatsache. Einführung in die Lehre vom Denkstil und Denkkollektiv. Hrsg. von Lothar Schäfer und Thomas Schnelle. Frankfurt/M. 1980, S. VII-XLIII.

Schrimpf, Gangolf: Zum Begriff der geschichtlichen Tatsache. In: Dilthey-Jahrbuch 5 (1988), S. 100-140.

Schütz, Erhard: Sach-Moderne. Zur Avantgardisierung und Entavantgardisierung des Faktionalen im erzählenden Sachbuch zwischen 1920 und 1950. In:

Sabina Becker, Helmuth Kiesel (Hrsg.): Literarische Moderne. Begriff und Phänomen. Berlin, New York 2007, S. 367-382.

Schütz, Erhard: Tatsachen oder Transzendenz? Zur Fortsetzung der neusachlichen Diskussion um die Faktographie nach 1933. In: „Zum Tatsachenroman". Die Prawdin/Vietta-Debatte 1934. Berlin, Hildesheim 2007 (= Arbeitsblätter für die Sachbuchforschung 11), S. 3-11. http://edoc.hu-berlin.de/series/sachbuchforschung/11/PDF/11.pdf.

Simons, Peter: Tatsache. In: Joachim Ritter, Karlfried Gründer (Hrsg.): Historisches Wörterbuch der Philosophie. Bd. 10. Darmstadt 1998, Sp. 910-916.

Statut des Verbandes der Sowjetschriftsteller. In: Hans-Jürgen Schmitt, Godehard Schramm (Hrsg.): Sozialistische Realismuskonzeptionen. Dokumente zum 1. Allunionskongress der Sowjetschriftsteller. Frankfurt/M. 1974, S. 389-395.

Thiess, Frank: Lebendige Welt. In: Carl Haensel: Der Kampf ums Matterhorn. Tatsachenroman. Stuttgart (Engelhorns Nachfahren) 1929, unpag.

Tretjakow, Sergej: Biographie des Dings [1929]. Berlin und Hildesheim 2007 (= Arbeitsblätter für die Sachbuchforschung 12), S. 6. http://edoc.hu-berlin. de/series/sachbuchforschung/12/PDF/12.pdf.

Tretjakoff, Sergej: Der Schriftsteller und das sozialistische Dorf. In: Das Neue Rußland (1931) 2/3, S. 39–52.

Tretjakow, Sergej: Die Tasche [1933]. In: Ders.: Die Arbeit des Schriftstellers. Aufsätze. Reportagen. Porträts. Hrsg. von Heiner Boehnke. Hamburg 1972, S. 86-93.

Uecker, Mathias: Wirklichkeit und Literatur. Strategien dokumentarischen Schreibens in der Weimarer Republik. Bern 2007.

Wilpert, Gero von: Sachwörterbuch der Literatur. Stuttgart [8]2001.

Ždanov, Andrej: Die Sowjetliteratur, die ideenreichste und fortschrittlichste Literatur der Welt. In: Hans-Jürgen Schmitt, Godehard Schramm (Hrsg.): Sozialistische Realismuskonzeptionen. Dokumente zum 1. Allunionskongress der Sowjetschriftsteller. Frankfurt/M. 1974, S. 45-50.

Autorinnen und Autoren

Hans Adler, Halls-Bascom Professor for Modern Literature Studies an der University of Wisconsin in Madison; Forschungsschwerpunkte: Literatur und Philosophie 18. bis 21. Jahrhundert, Aufklärung, Ästhetik, Geschichte der Vernunft, Herausgeber der *Monatshefte für deutschsprachige Literatur und Kultur*; zuletzt erschienen: *Formen des Nichtwissens der Aufklärung* (hrsg. mit R. Godel, 2010); *Aisthesis und Noesis* (hrsg. mit L. L. Wolff, 2013); Johann Georg Sulzer: *Gesammelte Schriften*, Bd. 1 (hrsg. mit E. Décultot, 2014).

Gunhild Berg, Dr. phil., Universitätsassistentin (Postdoc) am Institut für Germanistik der Universität Innsbruck, Fellow am Zukunftskolleg der Universität Konstanz und Leiterin des DFG-Projekts „‚Versuch' und ‚Experiment'. Konzepte des Experimentierens zwischen Naturwissenschaft und Literatur (1700-1960)"; Forschungsschwerpunkte: Deutsche Literatur des 18. und 19. Jahrhunderts, Wissens- und Literaturgeschichte des „Experiments", Mediengeschichte des Wissens; zuletzt erschienen: Jakob Friedrich Dyckerhoff: *Collegium über Naturlehre und Astronomie bei Georg Christoph Lichtenberg, Göttingen 1796/1797. Ein Skizzenbuch der Experimentalphysik* (hrsg. u. komm., 2011); „Arno Holz's Formula of Art. Aesthetics as an Experimental, Mathematical Science", in: *Variations* 21 (2013); „Jährlich, neulich, künftig: Zur Synchronisierung von kanonisiertem, aktuellem und zukünftigem Wissen aus der Naturkunde in Kalendarik und Prognostik des Göttinger Taschen-Calenders", in: *Naturkunde im Wochentakt. Zeitschriftenwissen der Aufklärung* (hrsg. v. T. van Hoorn u. A. Košenina, 2014).

Michael Bies, Dr. sc.; wissenschaftlicher Mitarbeiter am Deutschen Seminar der Leibniz Universität Hannover, wissenschaftlicher Koordinator des DFG-Schwerpunktprogramms 1688 „Ästhetische Eigenzeiten. Zeit und Darstellung in der polychronen Moderne"; Forschungsschwerpunkte: Literatur- und Wissensgeschichte seit dem 18. Jahrhundert; Literatur und Ethnologie, Reisen und Wissen; Poetiken des Einfallens, Herstellens und Erfindens; Habilitationsprojekt zum Thema „Literatur und Handwerk"; zuletzt erschienen: *Im Grunde ein Bild. Die Darstellung der Naturforschung bei Kant, Goethe und Alexander von Humboldt* (2012); *Literatur und Nicht-Wissen. Historische Konstellationen 1730-1930* (hrsg. mit M. Gamper, 2012); *Gattungs-Wissen. Wissenspoetologie und literarische Form* (hrsg. mit M. Gamper u. I. Kleeberg, 2013).

Stephanie Bölts, M.A., Stipendiatin der a.r.t.e.s. Graduate School for the Humanities Cologne, Universität zu Köln; Forschungsschwerpunkte: Literatur und Wissen, Gattungstheorie, Literatur des 18. Jahrhunderts; zuletzt erschienen: „„Ueber die Neigung des Menschen zum Wunderbaren'. Aberglaube, Geisterseherei und Ahnungsvermögen in medizinisch-anthropologischen und erfahrungsseelenkundlichen Zeitschriften des ausgehenden 18. Jahrhunderts", in: *Vernunft, Religionskritik, Volksglauben in der Aufklärung* (hrsg. v. Th. Bremer, 2013).

Olaf Briese, PD Dr., Privatdozent am Institut für Kulturwissenschaft der Humboldt-Universität zu Berlin; Forschungsschwerpunkte: Mensch-Natur-Verhältnisse im 18. und 19. Jahrhundert, Literatur, Philosophie und politische Theorie des Vormärz, Anarchismus im 18. und frühen 19. Jahrhundert; zuletzt erschienen: *Adolf Glaßbrenner: Rindviecher, Bauchredner und Großherzöge. Berichte aus der Residenz Neustrelitz 1840–1848/49* (hrsg., 2010); *Steinzeit. Mauern in Berlin* (2011); *Eckensteherliteratur. Eine humoristische Textgattung in Biedermeier und Vormärz* (2013).

Rainer Godel, apl. Professor für Neuere deutsche Literaturwissenschaft an der Martin-Luther-Universität Halle-Wittenberg und Leiter des Studienzentrums für Wissenschafts- und Akademiengeschichte an der Leopoldina - Nationale Akademie der Wissenschaften; Forschungsschwerpunkte: (Populär)Philosophie, Anthropologie und Literatur in der Kultur- und Wissensgeschichte der europäischen Aufklärung und der Zeit um 1800; Mediengeschichte der Kontroverse in der Frühen Neuzeit / Kontroverstheorie; Literatur der Gegenwart, u.a. zur Ovid-Rezeption; Moderne und Popularität im frühen 20. Jahrhundert; zuletzt erschienen: *Zwischen Popularisierung und Ästhetisierung? Hanns Heinz Ewers und die Moderne* (hrsg. mit B. Murnane, 2014); *Klopffechtereien – Missverständnisse – Widersprüche? Methodische und methodologische Perspektiven auf die Kant-Forster-Kontroverse* (hrsg. mit G. Stiening, 2012); „The Rise of Controversies and the Function of Impartiality in the Early Eighteenth Century", in: *The Emergence of Impartiality* (hrsg. v. K. Murphy u. A. Traninger, 2014).

Annette Graczyk, Dr. habil.; Germanistin und Komparatistin, z.Zt. Dozentin am Studienkolleg der FU Berlin; Forschungsschwerpunkte: literarische Massendarstellungen, Bild-Text-Beziehungen, literarische Geschlechterdiskurse, Fragment und Ruine; zuletzt erschienen: *Das literarische Tableau zwischen Kunst und Wissenschaft* (2004), *Die Hieroglyphe im 18. Jahrhundert: Theorien zwischen Aufklärung und Esoterik* (2014), „Die gotische Ruine im Gartenreich. Überlegungen, ausgehend von Carl August Boettigers Wörlitzbesuch 1797", in: *„Seltsam, abenteuerlich und unbeschreiblich verschwenderisch". Gotische Häuser um 1800 in England, Potsdam, Weimar und Dessau-Wörlitz* (hrsg. v. H. Dilly u. B. Murnane, 2014).

Tobias Heinrich, Dr., Stellvertretender Direktor des Ludwig Boltzmann Instituts für Geschichte und Theorie der Biographie, Wien; Forschungsschwerpunkte: Theorie der Lebensbeschreibung, Literaturgeschichte des 18. Jahrhunderts, Medienanthropologie; zuletzt erschienen: „Biographie als Übersetzung: Zur Genealogie der Biographie um 1800", in: *Zeitgemäße Verknüpfungen* (hrsg. v. P. Clar, M. Greulich u. B. Springsits, 2013); „Wolfgang Amadeus Mozart - Die Biographische Konstruktion eines Genies", in: *Der Deutschunterricht* 64 (2012).

Robert Leucht, Dr. phil., Wissenschaftlicher Mitarbeiter am Deutschen Seminar der Universität Zürich; Forschungsschwerpunkte: Utopieforschung, Literatur und Wissen(schaft), Exilliteraturforschung; zuletzt erschienen: „,eine Wirtschaftsform, die vielleicht in kommende Zeiten hinüberdeutet'. Imaginäre Führerfiguren der Kriegswirtschaft und der Weg zu einer neuen Gesellschaftsordnung", in: *Die Medien im Krieg - Krieg in den Medien* (hrsg. v. S. Baumgartner u. K. Wagner, 2014); „Ingenieure des Kalten Krieges", in: *Das Imaginäre des Kalten Krieges. Beiträge zu einer Wissens- und Kulturgeschichte des Ost-West-Konfliktes in Europa* (hrsg. v. D. Eugster u. S. Marti, 2014).

David Oels, Dr., Juniorprofessor am Institut für Buchwissenschaft der Johannes Gutenberg-Universität Mainz; Forschungsschwerpunkte: Literatur- und Kulturgeschichte (19.-21. Jahrhundert), Sachbuch und populäres Wissen, Verlags- und Buchhandelsgeschichte im 20. Jahrhundert, literarische Fälschungen; zuletzt erschienen: *Rowohlts Rotationsroutine. Markterfolg und Modernisierung eines Buchverlags vom Ende der Weimarer Republik bis in die fünfziger Jahre* (2013); „Ein Bestseller der Selbstsorge. Der Ratgeber *Die Frau als Hausärztin*", in: *Zeithistorische Forschungen/Studies in Contemporary History* 10 (2013) (http://www. zeithistorische-forschungen.de/16126041-Oels-3-2013); „Die Zukunft des Sachbuchs", in: *Zukunft der Literatur* (hrsg. v. H. L. Arnold, 2013).

Sarah Ruppe, M.A., Promotionsstipendiatin der Studienstiftung des deutschen Volkes mit dem Dissertationsprojekt „,Gesellschaftskunst'. Die Realutopie eines modernen Staatswesens in Johann Gottfried Ebels reiseliterarischem Schweiz-Werk und Briefnachlass" an der Universität Konstanz; Forschungsschwerpunkte:

Literatur- und Wissensgeschichte um 1800, Literarische Utopie, Reiseliteratur; zuletzt erschienen: „J. G. Ebel als Vermittler girondistischer Staats- und Menschenrechtsideen", in: *Menschenrechte und moderne Verfassung* (hrsg. v. S. Arlettaz u.a., 2012); „Jenseits des politischen Engagements? ,Gesellschaftskunst' in J. G. Ebels *Schilderung der Gebirgsvölker der Schweitz* (1798/1802), in: Colloquium Helveticum 2012; „J.G. Ebels Modell einer ‚künftigen Schweiz' in den *Warnbriefen* und der Reisebeschreibung *Schilderung der Gebirgsvölker der Schweitz (1798/1802)*" (zus. mit U. Gaier), in: *Hölderlin und die ‚künftige Schweiz'* (hrsg. v. U. Gaier u. V. Lawitschka, 2013).

Sarah Seidel, M. A., Promotionsstipendiatin der Konrad-Adenauer-Stiftung am Fachbereich Literaturwissenschaft der Universität Konstanz; Forschungsschwerpunkte: Recht und Literatur, Narratologie, 18. Jahrhundert; zuletzt erschienen: „Vom Vorsatz bis zur Verurteilung. Gewissen als das ‚Andere' in den Kriminalgeschichten von Meißner und Schiller", in: *Gewissen im langen 18. Jahrhundert* (hrsg. v. S. Bunke, K. Mihaylova u. A. Roselli, 2014); Rezension von J. Linder: *Wissen über Kriminalität. Zur Medien und Diskursgeschichte von Verbrechen und Strafjustiz vom 18. bis zum 21. Jahrhundert*, in: *Arbitrium* 32/2 (2014); Rezension von T. Hlobil: *Geschmacksbildung im Nationalinteresse. Die Anfänge der Prager Universitätsästhetik im mitteleuropäischen Kulturraum 1763-1805*, in: *Zeitschrift für Germanistik* 2 (2013).

Barbara Thums, Professorin für Neuere Deutsche Literatur an der Universität Tübingen; Forschungsschwerpunkte: Literatur und Anthropologie, Klassizismus und Romantik, Exilliteratur und Wissenspoetik; zuletzt erschienen: „„mit der Seele den Eindruck der Sinne auffassen u denken'. Heinrich von Kleists Ästhetik der Aufmerksamkeit", in: *Wie gebannt. Ästhetische Verfahren der affektiven Bindung von Aufmerksamkeit* (hrsg. v. M. Baisch, A. Degen u. J. Lüdtke, 2013); „Zumutungen, Ent-Ortungen, Grenzen: Ilse Aichingers Poetik des Exils", in: *Literatur und Exil. Neue Perspektiven* (hrsg. v. D. Bischoff u. S. Komfort-Hein, 2013); „Festkleid oder graues Kostüm - Textile Dinge des Exils. Ästhetik und Politik der Kleidung in Thomas Manns *Joseph und seine Brüder* und Reinhard Jirgls *Die Unvollendeten*", in: *Exilforschung - ein internationales Jahrbuch* 31 (2013).

Berliner Beiträge zur Wissens- und Wissenschaftsgeschichte

Begründet von Wolfgang Höppner
Herausgegeben von Lutz Danneberg und Ralf Klausnitzer

Band 1 Gesine Bey (Hrsg.): Berliner Universität und deutsche Literaturgeschichte. Studien im Dreiländereck von Wissenschaft, Literatur und Publizistik. 1998.

Band 2 Sabine Heinz (Hrsg.) unter Mitarbeit von Karsten Braun: Die Deutsche Keltologie und ihre Berliner Gelehrten bis 1945. Beiträge zur internationalen Fachtagung *Keltologie an der Friedrich-Wilhelms-Universität vor und während des Nationalsozialismus* vom 27.-28.03.1998 an der Humboldt-Universität zu Berlin. 1999.

Band 3 Jörg Judersleben: Philologie als Nationalpädagogik. Gustav Roethe zwischen Wissenschaft und Politik. 2000.

Band 4 Jürgen Storost: 300 Jahre romanische Sprachen und Literaturen an der Berliner Akademie der Wissenschaften. Teil 1 und 2. 2001.

Band 5 Jost Hermand / Michael Niedermeier: Revolutio germanica. Die Sehnsucht nach der „alten Freiheit" der Germanen. 1750-1820. 2002.

Band 6 Levke Harders: Studiert, promoviert: Arriviert? Promovendinnen des Berliner Germanischen Seminars (1919-1945). 2004.

Band 7 Eric J. Engstrom / Volker Hess / Ulrike Thoms (Hrsg.): Figurationen des Experten. Ambivalenzen der wissenschaftlichen Expertise im ausgehenden 18. und frühen 19. Jahrhundert. 2005.

Band 8 Lutz Danneberg / Wolfgang Höppner / Ralf Klausnitzer (Hrsg.): Stil, Schule, Disziplin. Analyse und Erprobung von Konzepten wissenschaftsgeschichtlicher Rekonstruktion (I). 2005.

Band 9 Ina Lelke: Die Brüder Grimm in Berlin. Zum Verhältnis von Geselligkeit, Arbeitsweise und Disziplingenese im 19. Jahrhundert. 2005.

Band 10 Ulrike Eisenberg: Vom „Nervenplexus" zur „Seelenkraft". Werk und Schicksal des Berliner Neurologen Louis Jacobsohn-Lask (1863-1940). 2005.

Band 11 Andreas Möller: Aurorafalter und Spiralnebel. Naturwissenschaft und Publizistik bei Martin Raschke 1929-1932. 2006.

Band 12 Jutta Hoffmann: Nordische Philologie an der Berliner Universität zwischen 1810 und 1945. Wissenschaft–Disziplin–Fach. 2010.

Band 13 Axel C. Hüntelmann / Michael C. Schneider (Hrsg.): Jenseits von Humboldt. Wissenschaft im Staat 1850-1990. 2010.

Band 14 Jan Behrs / Benjamin Gittel / Ralf Klausnitzer: Wissenstransfer. Konditionen, Praktiken, Verlaufsformen der Weitergabe von Erkenntnis. Analyse und Erprobung von Konzepten wissenschaftsgeschichtlicher Rekonstruktion (II). 2013.

Band 15 Rainer Rosenberg: Innenansichten zur Wissenschaftsgeschichte. Vorläufige Bilanz eines Literaturwissenschaftlers. 2014.

Band 16 Simone Holz: Die tiefenpsychologische Krankengeschichte zwischen Wissenschafts- und Weltanschauungsliteratur (1905–1952). Eine gattungstheoretische und -historische Untersuchung. 2014.

Band 17 Gunhild Berg (Hrsg.): Wissenstexturen. Literarische Gattungen als Organisationsformen von Wissen. 2014.

www.peterlang.com